Inhalt

Bevor mir der Kopf zerspringt 9

Erster Teil · Überleben

Mein Leben begann mit dem Krieg 15
Die Kraft, die ein Mensch in sich tragen kann 21
Das Spiel um Leben und Tod 45
Die Henker haben gesprochen 106
Eine Stimme für das Unsagbare 132
Ich werde berichten, vom Umschlagplatz,
den Waggons und den Massengräbern 161
Unser Leben ist hart wie Stein 200

Zweiter Teil · Die Rache

Ich grüße dich, Kamerad 229
Sieh her, Vater, seht her, Brüder 247
Die Rache schmeckt bitter 269

Dritter Teil · Eine neue Welt

Der Tag wird kommen, an dem ich meine Festung
bauen werde 289
Ich ging und ging – immer geradeaus 318
Ich habe sie immer gekannt 337

Vierter Teil · Das Glück und das Schicksal

Endlich Frieden, endlich Freude 349
Und ich nahm dieses neue Leben in meine Hände . . 358
Lebt wohl, meine Lieben 368
Tag für Tag 373

Noch ein Wort zum Schluß 378

Allen Kindern gewidmet

Martin Gray wird die Einnahmen aus dem Buch dazu verwenden, um das Werk weiterzuführen, das er mit der »Fondation Dina Gray« ins Leben gerufen hat. Diese Stiftung hat sich den Schutz des Menschen in allen Lebensbereichen zur Aufgabe gemacht.

Bevor mir der Kopf zerspringt...

Ich lebe. Oft ist das nicht leicht. Gestern morgen kam wieder ein Journalist zu mir: ich kenne sie jetzt schon recht gut. Sie setzen das richtige Gesicht auf, sie sind betroffen, aber fragen immer weiter. Sie schauen sich alles rasch an, stoßen eine Tür auf, wollen Informationen. Das Unglück hält sie nicht zurück, denn so ist ihr Beruf.

Sie erinnern mich an die Leute Pinkerts, des »Totenkönigs«, die im Getto die Toten der Nacht von den Gehsteigen auf kleine Wagen luden: Kinder in Lumpen mit geschwollenen roten Knöcheln, Männer, denen man die Kleider ausgezogen und die man mit Papier bedeckt hatte, kleine Mädchen, denen niemand die graue, abgenutzte Puppe wegzunehmen gewagt hatte. Die Pinkertleute mit den tief über die Augen gezogenen Mützen, den weißen Armbinden mit dem Davidstern am rechten Arm taten ihre Arbeit. Sie hoben die Leichen auf, legten sie übereinander auf die Karren und brachten sie zum Friedhof ins Massengrab. Sie sprachen miteinander. Manchmal, wenn es ihnen gelungen war, ein Stückchen Brot, das nach Gips schmeckte, zu ergattern, waren sie glücklich. Sie pfiffen vor sich hin, riefen einander von einem Karren zum anderen zu. Die »Blauen«, die polnischen Polizisten, die nicht zögerten, Kinder umzubringen, begriffen die Pinkertleute nicht. Sie schüttelten den Kopf voll Verachtung und Abscheu. »Judenschweine«, sagten sie und ließen die quietschenden Karren mit den übereinandergeschichteten starren und mageren Leichen ohne allzu strenge Kontrolle passieren.

Der Journalist, der gestern morgen kam, war nicht wie die andern. Er versuchte mir zwar mit Notizblock und Tonband etwas vorzumachen, doch er saß da vor mir, unbeweglich, wie gelähmt, wagte kaum, mich anzuschauen, sprach mit leiser Stimme, schlich auf Zehenspitzen. Die anderen, die Abgebrühten, sind mir lieber. Sie wissen über Unglück, Tod und Leben Bescheid.

Der da mit seinem kleinen schwarzen Schnurrbart hatte keine

Ahnung, er tat mir weh. Er lächelte krampfhaft, doch mit seinem Schweigen brüllte er mir ins Gesicht: »Was denken Sie sich eigentlich dabei, mich hier zu empfangen, mit mir zu sprechen, durchs Zimmer zu gehen; wie können Sie denn weiterleben; schämen Sie sich denn überhaupt nicht?«

Er senkte den Kopf, betrachtete die Fotos meiner Familie: Dina, meine Frau; auch ihm zeigte ich sie, man muß ja wohl. Ich schob ihm das Bild meiner Kinder hin: Nicole, Suzanne, Charles, Richard, sie lächelten auf dem Bild. Er nahm sich das Foto, auf dem sie alle fünf auf der Wiese vor dem Haus stehen, Suzanne mit erhobenen Armen und Dina mit dem kleinen Richard. Er sagte nichts. Er schüttelte den Kopf, und ich wäre ihm beinahe an den Hals gesprungen und hätte ihn hinausgeworfen; ich wollte ihm wehtun, und ich wollte mir den Schädel an einer Mauer dieses Hauses einrennen, das Dina und ich für unsere Kinder gebaut hatten.

Ich tat es nicht. Ich blieb sitzen und blickte diesen Journalisten an, der mich ab und zu ansah und rasch die Augen wieder senkte, als wollte er sagen: »Ich sehe Sie, Sie leben, und die andern sind tot, und ich wage nicht, mich ihrem Tod und Ihrem Leben zu stellen.« Ich spürte, daß dieser Mann im Innersten Angst hatte, Angst, mir zu zeigen, was er dachte: »Warum sind Sie nicht auch tot wie die andern; schämen Sie sich nicht, noch weiterzuleben? Ihr Leben ist ein Skandal!«

Ich weiß, daß er das dachte, denn seit Monaten, seit dem 3. Oktober 1970, wiederhole ich in Gedanken jede Minute diesen Satz. Wenn es um mich stiller wird, schnürt mir die Erinnerung an meine Frau, an meine Kinder die Kehle zu. Dann möchte ich, wie gestern morgen, als der Journalist mich besuchte, mit dem Kopf gegen eine Wand rennen. Es hämmert mir im Kopf, es tut mir weh. Ich beiße mich in die Lippen, um nicht zu schreien; ich möchte mich zerfleischen, möchte brüllen: »Ich lebe!« Und dann höre ich mich schreien – es klingt wie die Schreie, die man aus den Kellern der Gestapo in der Szuch-Allee in Warschau hörte, Schreckensschreie, wie auch ich sie ausgestoßen hatte.

Besonders abends bin ich so, und Haß steigt in mir auf, Haß gegen mich selbst, weil ich lebe. Ich schalte das Radio an, drehe den Knopf, bis ich das Getöse der überlauten Worte, der Musik, die keine Musik mehr ist, nicht mehr ertragen kann. Ich werde ruhiger, die Lärmwellen überfluten mich, tun mir weh, und dieser körperliche Schmerz ist mir angenehm. Dann kann ich an sie denken, sie wieder sehen, so wie sie waren. Am 2. Oktober, am Abend vor dem Brand, liefen sie mit den Schulmappen über dem Kopf auf mich zu. Die Luft war mild, der Himmel leuchtete: seit Monaten hatte es nicht mehr geregnet, der Mistral hatte zu wehen begonnen. Ich habe sie an jenem Abend fotografiert. Am nächsten Tag blieb von meinem Leben nichts mehr übrig: meine Frau, meine Kinder waren tot, über Tanneron verzog sich der schwarze Rauch. Seit dem Brand im Warschauer Getto hatte ich keine so hohen Flammen mehr gesehen.

Auch damals war ich allein zurückgeblieben, auch damals hatte ich nichts als das nackte Leben gerettet. Ich war aus Trümmerfeldern entkommen, ich war aus den Kanälen und aus Treblinka entflohen, und keiner von denen, die zu mir gehört hatten, waren mehr da. Aber ich war zwanzig Jahre alt, und ich hatte eine Waffe: die polnischen Wälder waren tief, und mein Haß trieb mich Tag für Tag weiterzuleben, um zu töten. Später schien nach all der Einsamkeit für mich die Zeit des Friedens gekommen: meine Frau, die Kinder. Doch dann dieser Brand, Tanneron in Flammen, das Knattern des Feuers, dieser Geruch, diese Hitze, wie in Warschau. Wieder wurde mir alles genommen, was mir scheinbar geschenkt worden war: eine Frau, Kinder, ein Leben. Zum zweitenmal blieb ich mit meinem Leben allein.

Es dauerte Tage und Nächte, bis ich überhaupt begriff, daß dies die Wahrheit war. Ich dachte daran, dieses Leben, das mir anhing wie eine Klette, wegzuwerfen; Freunde bewahrten mich davor, Menschen, deren Beruf der Krieg ist und die den Tod kennen, die zeit ihres Lebens stets wieder die Unbegreiflichkeit menschlichen Schicksals erfahren, wie etwa jenes Soldaten, der, dem Tod gerade noch entrissen, von der Brücke des Schiffes fiel, das ihn in die Vereinigten Staaten zurückbrachte, und auf dem Kai starb.

Tag für Tag gab ich meinem Leben Aufschub... und ich lebe. Jene, denen das Unglück nie begegnet ist, sind darüber am meisten erstaunt. Jener Journalist gestern: ich brachte ihn zur Tür, und er schüttelte immer noch den Kopf; er starrte den Baum an, von dessen Ästen die Schaukeln meiner Kinder hängen. Ich habe noch nicht gelesen, was er über mich schreibt, aber es wird nichts Besonderes sein; er wird nicht wagen zuzugeben, was er denkt: daß es ein

Skandal ist, daß ich noch lebe, daß er mich nicht versteht. Und wenn schon. Er gehört zu jenen Menschen, die nicht begreifen, warum wir zu Hunderttausenden in den Gettos von Warschau, Zambrow oder Bialystok in den Tod gegangen sind, weshalb wir gekämpft und nach allem einige von uns überlebt haben. Er kann nicht begreifen, wie wir es bei den Tausenden von Toten in Treblinka aushalten, sie verscharren konnten, diese Kinder mit den aufgerissenen Augen und den hängenden Köpfen, über die wir Schaufeln gelben Sandes warfen. Er wird nicht begreifen, wie ich und andere geflohen sind, die Kraft gewannen, erneut zu leben, Kinder haben konnten. Er begreift nicht, daß ich heute immer noch lebe, daß ich versuche zu kämpfen, um andere Waldbrände, andere sinnlose Tode zu verhindern. Und wenn er begreift, dann nur oberflächlich. Ich verzeihe ihm das, ich bin ihm nicht böse. Er hat wirkliches Unglück nie kennengelernt, und der Himmel bewahre ihn davor, es kennenzulernen!

Mir aber, dem Überlebenden, will abends der Kopf zerspringen, wie gestern diesem Mann gegenüber. Ich begreife nicht, daß ich immer noch da bin, Unterlagen zusammenstelle, für die Stiftung kämpfe, daß ich den Behörden Termine abzuringen versuche, um Hilfe für meinen Kampf zu finden. Ich trage keine Waffe mehr wie früher in Polen im Widerstand, doch manchmal spüre ich sekundenlang die gleiche Stärke in mir wie damals. Und auch dann verstehe ich mich oft nicht mehr.

Auch aus diesem Grund möchte ich berichten, welches mein Leben, unser Leben war. Damit andere davon wissen, wenn eines Tages mein Kopf doch zerspringt, und damit unser Leben, und das Leben meines Volkes, nicht verlorengehe.

Erster Teil
Überleben

Mein Leben begann
mit dem Krieg

Mein Leben begann mit dem Krieg. Sirenen heulten, Bomber flogen dicht über den Dächern, ihre Schatten glitten über die Straße, Menschen hielten sich die Ohren zu und rannten.

Mein Leben begann mit dem Krieg: wir stürzen die Treppe in den Keller hinab, die Mauern beben. Putz fällt uns in weißen Stücken auf den Kopf. Meine Mutter ist kreidebleich, mir brennen die Augen, nebenan kreischen Frauen. Dann Stille, die Sirenen der Feuerwehr, und wieder die Schreie der Frauen.

Es ist September 1939: der Monat meiner eigentlichen Geburt. Von den vierzehn Jahren vorher weiß ich fast nichts mehr. Ich kann nicht in mir nach Erinnerungen suchen, ich will es nicht. Wozu sollte es gut sein, diese friedliche Zeit heraufzubeschwören? Wir liefen durch die Straßen hinter Droschken her bis in die Altstadt im Herzen von Warschau. Mein Vater nahm mich bei der Hand, und wir gingen zur Fabrik. Die Maschinen stammten aus Amerika: er zeigte mir den in den Stahl gestochenen Namen der Firma und des Staats: *Manchester Michigan*. Stolz ging ich neben meinem Vater an den Maschinen vorbei. Er hob einen Strumpf oder einen Handschuh auf, ließ mich die Marke entziffern – 7777, unsere Marke. Wir waren Teilhaber eines großen Werks, wir verkauften Strümpfe und Handschuhe in ganz Polen, im Ausland; ich hatte Verwandte in den USA, eine Großmutter, die in New York lebte. Manchmal gingen wir an die Weichsel, über die Jerusalem-Allee bis zur Poniatowski-Brücke. Wir durchquerten die Krasinski-Gärten. Die Juden trieben Handel untereinander. Sie schienen mir immer die gleichen schwarzen Mäntel zu tragen; sie waren arm. Ich wußte nicht, was Armut ist. Ich wußte noch nicht einmal deutlich, daß auch wir Juden waren. Sicher, wir feierten die großen jüdischen Feste, aber in unserer Familie gab es auch Katholiken. Wir standen zwischen den beiden Religionen, und mein Vater schien mir groß und gerecht ganz allein am Anfang meiner Welt zu stehen. Wir kehrten nach

Hause zurück. Ich trödelte im Sächsischen Garten, dem letzten Park vor der Senatorska-Straße. Unser Haus. Mein Vater öffnete die Tür: ich erinnere mich noch an den Duft, an die laute Begrüßung meiner zwei Brüder. Da stand meine Mutter, der Tisch war gedeckt... Das war vor meiner Geburt, lange vorher; eine Zeit, in der das Wetter immer schön war. Im Sommer 1939 ging sie zu Ende.

Plötzlich Krieg. Mein Vater steht in Offiziersuniform da. Er faßt mich bei den Schultern; ich merke, daß ich fast so groß bin wie er. Wir lassen die Mutter und meine Brüder zu Hause und gehen zu zweit zum Bahnhof. In den Straßen hat sich schon alles verändert: Soldaten in Gruppen, Lastwagen, vor den Geschäften die ersten Schlangen. Wir gehen Schulter an Schulter nebeneinander. Mein Vater hält mich nicht mehr an der Hand: ich bin ein Mann. Aus dem Abteilfenster rief er mir noch etwas zu, und plötzlich stand ich allein auf der Straße. An diesem Tag fielen die ersten Bomben. Ich sah die silbernen Bomber mit dem schwarzen Kreuz, die niedrig in Dreierformation heranflogen.

»Hier rein!«

Ein polnischer Polizist schrie es von einem Portal her, in dem sich erschrockene Passanten drängten, zu mir herüber. Ich begann, die verlassene Straße hinunterzulaufen: ich muß unbedingt nach Hause, ich gehorche niemandem. Ich sah meinen Vater vor mir, wie er mir aus dem Zugfenster etwas zurief. Ich muß ebenso stark sein wie er. Meine Mutter stieß mich in den Keller: der Putz fällt, wir husten, die Frauen schreien und weinen. Vom Fenster aus sehen wir nach der Entwarnung die ersten Brände im Arbeiterviertel.

Ich begann Zeitungen zu lesen: Frankreich, England, Amerika, alle mußten sie uns helfen. Wir würden bis zum letzten Mann kämpfen; nie würden die Deutschen in Warschau einmarschieren. Im Radio hörte ich die Aufrufe des Bürgermeisters: Nie wird Warschau sich ergeben. Meine Mutter weinte, die kleinen Brüder spielten. Mutter und ich saßen vor dem Radio. Oft legte ich den Arm um ihre Schulter. Entlang der ganzen Grenze wurde gekämpft. Es stand schlecht.

Wir hörten auch die deutschen Sender: sie sprachen von Tausenden von Gefangenen, morgen würde Hitler in Warschau sein. »Polen«, sagte die strahlende Stimme, »die Juden, die an eurem Elend schuld sind, die Juden, die den Krieg angezettelt haben, werden bezahlen!« Dann Märsche und Lieder. Ich drehte den

Knopf. Radio Warschau brachte endlos traurige Klaviermusik. Dann kamen die Bomber wieder, kamen regelmäßig, immer wieder. Der Keller bebte. Brandbomben fielen auf das jüdische Viertel ganz in unserer Nähe; wenn wir wieder nach oben stiegen, war die Luft erfüllt von dicken Rauchschwaden.

Mein Onkel kam zu uns. Er sagte zu mir: »Wenn die Deutschen in Warschau einmarschieren, werden sie sich zuerst an die Juden halten. Du weißt, was sie in Deutschland getan haben. Dein Vater traut ihnen nicht.«

Ich nickte, als wüßte ich Bescheid. Meine Mutter saß stumm neben uns. Ich nickte, aber ich begriff nichts; was waren denn diese Deutschen, deren Sprache ich kannte, für ein Volk, warum wollten sie uns vernichten, woher ihr Haß auf uns Juden? Sie beschossen Warschau mit Kanonen, sie zielten auf das große Versicherungsgebäude, die silbernen Bomber hingen jeden Tag über der Stadt; kaum erstickten Feuer im Muranow-Viertel oder in Praga, flammten im Smocza-Viertel oder in der Altstadt wieder auf.

Ich war jetzt fast ständig auf der Straße: ich wollte sehen, wissen, begreifen. Überall sah man Soldaten in zerfetzten Uniformen, ohne Gewehre. Manche lagen auf dem Gehsteig, andere standen gestikulierend inmitten schweigender Zivilisten. Sie sprachen von Tausenden von Panzern, von verwesenden Pferden auf den Straßen, von der Bombardierung von Graudenz, wo die ganze polnische Armee stand, und wo auch mein Vater war. Meine Mutter versuchte nicht mehr, mich zurückzuhalten. Jeden Morgen zog ich los, trieb mich beim Nationalmuseum herum, wo die Verwundeten hingebracht wurden. Ich sah schmutzige Männer auf blutigen Tragbahren liegen, Frauen und Kinder weinen. In manchen Vierteln waren die Straßen voll Schutt, weißlicher Staub stieg vom Boden auf, Familien durchwühlten die Ruinen.

Auf dem Boulevard Nowy Swiat, der Straße der Neuen Welt, waren die Geschäfte geschlossen. Ich rannte hinter den gelbroten Autobussen her, in denen die Soldaten nach Zoliborz fuhren. Dort hob ich mit anderen tagelang Löcher und Laufgräben aus, denn wir wollten bis zum Ende kämpfen. Bald würden ja die Franzosen und Engländer kommen. Als ich verdreckt und voll Staub nach Hause kam, sagte meine Mutter kein Wort. Als ich mich eines Abends waschen wollte, merkte ich, daß es kein Wasser mehr gab.

»Seit heute morgen«, sagte meine Mutter.

Dann hatten wir nichts mehr zu essen. Ich ging nicht mehr in die Vororte, um Gräben auszuheben. Wir mußten leben, wir mußten lernen, wie Tiere um Nahrung und Wasser zu kämpfen. Ich hatte Menschen gekannt, aber jetzt schienen sie ausgestorben zu sein. Ich prügelte mich, um meinen Platz in der langen Schlange vor der Bäckerei zu verteidigen. Ich schob, ich stieß auch Frauen weg. Ich war kräftig, ich hielt die Augen offen. Ich wollte meinen Anteil haben, Nahrung für mich und meine Familie, doch ich versuchte auch zu begreifen. War dieser Kampf vielleicht natürlich, in dem jeder für sich stand, für seine Familie? Die Menschen schienen einander nicht mehr zu kennen.

Manchmal verteilten Soldaten ihre Rationen. Einmal, in einem Park in unserer Nähe, waren es zwei in langen graugrünen Mänteln. Sie hatten die Brotbeutel aufgemacht, um sie herum drängten sich Frauen, Kinder und ein alter bärtiger Jude mit schwarzem Käppchen. Die Frauen kreischten.

»Nicht dem Juden, zuerst den Polen, geben Sie dem Juden nichts!«

Die Soldaten zuckten mit den Schultern und reichten dem Juden ein Stück Graubrot; eine Frau stürzte sich auf ihn und riß es ihm weg. Sie kreischte wie eine Wahnsinnige: »Nicht dem Juden, zuerst den Polen!«

Der Jude sagte nichts, er ging davon. Die Soldaten verteilten weiter ihren Proviant. Ich biß die Zähne zusammen und schwieg. Ich nahm mein Stück Brot. Ich sehe nicht jüdisch aus. Aber die Straßen waren voller wilder Tiere, das wußte ich jetzt. Man mußte sich vorsehen, bereit zuzupacken und zu fliehen.

An den Brunnen prügelte ich mich um Wasser. Ich ging bis an die Weichsel. Dort standen lange Schlangen: man verteilte Trinkwasser. Zwei junge Polen, kaum älter als ich, riefen: »Die Juden abseits, die Juden in einer eigenen Reihe.« Dann traten einige Juden aus der Schlange und warteten daneben. Manchmal erhielten auf fünfzig Nichtjuden nur fünf Juden Wasser. Ich blieb in meiner Schlange stehen. Ich biß die Zähne zusammen.

Auf dem Heimweg mit meinem Eimer Wasser hörte ich aus dem Norden, von Zoliborz her, die Bomber, ihr Dröhnen ließ den Boden erbeben. Sofort danach Explosionen, Rauch, der den Himmel verdunkelte, Schreie; vor mir sackte eine Fassade am Ende der Straße zusammen. Brände loderten auf.

Ich tauchte den Kopf ins Wasser und rannte los. Die Bomber hatten abgedreht. Eine Droschke brannte, das Pferd lag da, eine unförmige Masse, daneben der Kutscher mit aufgeblähtem riesigem Leib, auch er wie ein Tier. Ich lief weiter in eine andere Straße. Männer gruben im Staub, ich half ihnen; aus dem Boden reckten sich uns Hände entgegen. Ich lief weg. In anderen Straßen wurden Läden geplündert. Frauen stopften sich Konservendosen in die Schürzen, hoben sie auf und liefen mit dicken Bäuchen davon.

In der Nähe der Senatorska-Straße traf ich den Sohn unseres Nachbarn. Tadek war älter als ich; wir waren nie zusammen losgezogen, aber an diesem Tag gingen wir, zunächst schweigend, nebeneinander her. Ich war hungrig. Es schien mir, als führte ich und Tadek folge. Wir suchten. In der Stawki-Straße eine gestikulierende Gruppe Menschen. Die Tür einer Gurkenkonservenfabrik war aufgebrochen. Auf dem Boden, auf Gestellen an den Wänden Hunderte von Dosen. Ich wartete nicht lange, stürzte mich als einer der ersten darauf. Aus dem Hemd machte ich mir einen Sack. Ich griff rasch zu, ohne zu reden. Immer wieder warf ich flüchtige Blicke nach links und rechts. Ich hatte ein Fenster entdeckt. Ich wußte schon damals, daß man stets einen Fluchtweg im Auge haben müsse. Tadek machte es wie ich. Dann gingen wir rasch weg. In der Fabrik schlugen sich mittlerweile die Frauen um die Beute. Wir liefen bis zur Senatorska-Straße.

An diesem Abend konnten wir uns alle satt essen an dicken Essiggurken, die unter den Zähnen krachten und im Mund brannten. Aber unser Hunger wurde gestillt. Meine Mutter stellte mir keine Fragen. Auch sie aß Gurken. Nachts wurde uns allen schlecht, wir erbrachen uns, aber wir hatten keinen Hunger mehr. So war unser Leben geworden.

Am nächsten Tag zog ich wieder mit Tadek los. Mitten unter den geschlagenen Soldaten rollten schwere Bauernwagen daher. Flüchtlinge mit Leinensäcken und Decken hockten auf den Gehsteigen. Ich ging einfach weiter, ich sah sie, ohne sie wirklich wahrzunehmen: wir mußten essen, wir mußten leben. Aber die Läden waren ausgeräumt, die Ladentische leer.

Rennende Leute: »Zum Bahnhof! Da ist ein Zug voll Mehl!«

Auch wir liefen los. Ich war bald an der Spitze, wir mußten essen, wir mußten leben, ich mußte laufen. Stumm entluden wir den Zug; wie Ameisen, aber jeder für sich. Ich packte einen Sack und ließ ihn auf die Gleise fallen. Etwa hundert Kilo. Es war kein Mehl, es waren Kürbiskerne. Tadek und ich teilten und machten uns mit unseren fünfzig Kilo auf dem Rücken davon.

Zu Hause erwarteten sie mich jetzt schon immer: ich sorgte für unsern Lebensunterhalt. Als ich mit dem Sack hereinkam, umarmte mich meine Mutter, die Brüder hüpften vor Freude, dann tauchten sie die Hände in die weißlichen Kerne. Ich setzte mich nieder, zu Tode erschöpft, meine Haare von Schweiß verklebt. Ich war noch nicht einmal hungrig, aber ich fühlte mich wohl – es ist eine große Freude, seine Familie zu ernähren.

Tag für Tag ging es so weiter, dann plötzlich waren die Straßen eines Nachmittags leergefegt. Der Brandrauch hing noch über der Stadt. Ich war am anderen Weichselufer. Ich fühlte mich allein und verloren, ich rannte los. Ab und zu stieß ich auf Menschen, die gleich mir rannten.

Einem davon rief ich zu: »Was ist los?«

»Die Deutschen, die Deutschen! Wir haben kapituliert!«

Sie hatten gesiegt. Sie kamen.

Die Kraft,
die ein Mensch in sich
tragen kann

Ich habe sie gesehen; sie waren überall. Sie marschierten in geschlossenen Verbänden über die Jerusalem-Allee, über die Straße des 3. Mai. Sie gingen langsam, ihre Absätze knallten auf das Pflaster der Gassen. Hinter den Reihen der neugierigen Menge zog ich auf dem Gehsteig mit; ich wollte sie sehen, wollte begreifen: sie wirkten unbesiegbar, groß, blond. Manche hatten sich die Stahlhelme an das Koppel gehängt, als wüßten sie, daß keine Gefahr mehr drohte, daß wir ohnmächtig waren.

Während der Belagerung Warschaus hatte ich mich an das Elend gewöhnt, an die besiegten bärtigen polnischen Soldaten. Jetzt drang diese mächtige Armee mit Lastwagen und Panzern in endlosen Reihen ein. Ihre Flugzeuge brausten niedrig über die Jerusalem-Allee.

Auf den Gehsteigen Patrouillen: es war, als sähen sie die Menschen nicht; alle wichen ihnen aus. Ich folgte den drei Soldaten in den kurzen Stiefeln, mit den langen schwarzen Bajonetten. Ich dachte an meinen Vater. Seit Wochen hatten wir nichts mehr von ihm gehört.

An der Straßenecke hielt ein großer Planwagen, drum herum Polen mit ausgestreckten Händen. Zwei Soldaten standen aufrecht in Bergen von großen runden Broten; sie lachten und warfen die Laibe herab. In einem offenen Wagen neben dem Lastwagen fotografierte ein Offizier, ein anderer filmte die Szene. Wir mußten essen. Ich drängte mich zwischen die Wartenden, schob mich vorwärts, bald hatte ich zwei Laibe erwischt und entfernte mich.

Am Tag darauf verkündeten Lautsprecherwagen, die Deutschen würden Brot verteilen. Ich ging von einer Stelle zur anderen. Die Soldaten hatten sich in einem ausgeplünderten jüdischen Geschäft nahe der Sienna-Straße eingerichtet; davor wartete eine sehr lange Schlange von Leuten aller Schichten. Man sprach leise, murmelte, die Deutschen würden auch Suppe ausgeben.

Auf der Schwelle erschien plötzlich ein großer Soldat ohne Mütze, die Ärmel der Uniformbluse aufgekrempelt, die Hände in die Hüften gestemmt. Er brüllte: »Juden raus!« Die Menschen in der Schlange ließen die Schultern hängen, niemand trat aus der Reihe. »Juden raus!« wiederholte der Mann. Zwei Frauen lösten sich hastig aus der Reihe. Die eine war eine kleine Alte mit einem schwarzen Schal um den Kopf.

Der Soldat schritt die Reihe ab. Er schaute uns ins Gesicht; vom Ende der Schlange kam ein Mann und deutete auf jemanden: »Jude!« Alle drehten sich um: ein kleiner brauner Mann mit kurzem lockigen Bart stand plötzlich allein da, alle wichen vor ihm zurück. Der Soldat winkte ihn zu sich her, der Mann kam langsam. Selbstgewiß lächelte der Denunziant. Der Soldat packte den Juden am Bart zerrte seinen Kopf hin und her, dann versetzte er ihm einen Fußtritt. Der Mann rannte davon. Plötzlich begann die ganze Schlange mit dem Soldaten zu lachen. Vielleicht habe auch ich vor Entsetzen und Zorn gelacht.

Ich erhielt mein Brot, meine Suppe und stellte mich in anderen Reihen an. Überall gab es Denunzianten. Ich beobachtete, versuchte, mir die Gesichter der Männer und Frauen einzuprägen, die andere Männer und Frauen, die ihnen gleich waren, aus der Reihe stießen und sie »Juden« nannten. Aber es gab zu viele Gesichter, zu viele Soldaten, die alten Juden die Haare ausrissen und sie an den Bärten zerrten.

In der Senatorska-Straße sah ich kurz vor der Sperrstunde auf dem Heimweg, wie zwei Soldaten einen Mann anrempelten, der aufrecht dastand. Ich dachte: mein Vater. Ich stürzte auf sie zu, aber es war ein mir unbekannter Jude. Sie zwangen ihn, die Schuhe auszuziehen, dann mußte er unter ihren Fußtritten wie ein Frosch immer wieder über die Fahrbahn hopsen. Sie lachten, und die Leute auf der Straße lachten mit. Die Soldaten warfen einem Polen die Schuhe des Juden zu, der nahm sie dankend an, und die Deutschen gingen davon. Und am Ende der Straße stand dieser Mann, der meinem Vater ähnlich sah, mit nackten Füßen.

Meine Mutter erwartete mich in der halboffenen Tür. Sie hatte jetzt immer Angst um mich und weinte oft. Tags gingen wir von einer Dienststelle zur anderen, um nach meinem Vater zu fragen. Überall schickte man uns weg. An jenem Abend war auch mein Onkel da. Er war in der Fabrik gewesen. Eine Bombe hatte einen

Teil der Vorderfront und des Treppenhauses zerstört, doch er hatte bis in die Lagerräume vordringen können: die Maschinen und Hunderte von Handschuhen waren noch da, niemand hatte sich darum gekümmert. Die Plünderer und die Deutschen hatten geglaubt, das ganze Gebäude sei zerstört.

Am Tag darauf machten wir uns sehr früh an die Arbeit. Es war kalt, zuweilen fiel Schnee, ein feuchter Wind wehte von der Weichsel herüber. Wir zogen alle los: mein Onkel, die Brüder, meine Mutter. Einer hatte immer aufzupassen, die anderen schlichen mit Säcken voller Handschuhe aus den Trümmern. Vielleicht könnten wir uns dank dieser Ware eine Zeitlang über Wasser halten. Ich ging noch einmal allein in die Fabrik. Es waren auch noch zwei Nähmaschinen da. Hier war ich vor langer Zeit mit meinem Vater hindurchgegangen. Ich lud mir eine Nähmaschine auf die Schultern und ging.

Es war schon nach der Sperrstunde. An einer Straßenecke stand ein deutscher Lastwagen; ich hörte Befehle von rauhen Stimmen in der verlassenen Straße widerhallen. Ich versteckte mich in einem Hauseingang. Soldaten liefen hinter verspäteten Passanten her und zwangen sie, auf den Lastwagen zu steigen. Ein Mann wollte fliehen. Ein Feuerstoß, ein weißgelber Blitz dicht neben mir, ein einziger kurzer Schrei. Die Scheinwerfer des abfahrenden Wagens beleuchteten mitten auf der Straße einen Mann, der bewegungslos dalag.

Ich hob die Maschine wieder auf die Schulter und machte mich auf den Weg. So waren eben die Zeiten, und man mußte die Zähne zusammenbeißen. Ich rannte über die Senatorska-Straße. Im Treppenhaus atmete ich endlich auf. Langsam stieg ich hinauf. Aber diesmal war die Tür nicht angelehnt wie gewöhnlich. Ich klopfte, zwei leichte Schläge. Meine Mutter lächelte, sie umarmte mich, lächelte immer noch wie früher. Ich setzte die Maschine im Flur ab, sie drängte mich ins Schlafzimmer. Auf dem Bett schlief mein Vater in Kleidern, doch sogleich öffnete er die Augen und zog mich an sich.

»Schon gut, Martin, alles ist gut«, sagte er immer wieder und drückte mich fest an sich. »Ich habe mich abgesetzt. Morgen gehe ich fort.«

Ich sperrte Augen und Ohren weit auf.

»Die Deutschen, die Gestapo, sie werden ganz bestimmt eines Tages hierherkommen.«

Er gab mir mit ruhiger Stimme Ratschläge. Er hatte Vertrauen zu mir, er sagte mir alles. »Laß dich nie erwischen. Wenn sie dich schnappen, vergiß nicht, daß du nur einen Gedanken haben darfst: ihnen zu entkommen. Auch wenn du sehr große Angst hast. Du mußt ihnen entkommen! Sonst hast du nicht die geringste Chance mehr. Entkommst du, bleibt immer noch eine Hoffnung. Warte nie zu lange. Die erste Gelegenheit ist immer die beste!«

Und mein Vater lächelte.

»Erinnerst du dich, Martin, wie du hinter den Droschken hergelaufen bist? Du warst schneller als die Pferde. Also, wenn sie dich eines Tages erwischen, lauf, so schnell du kannst!« Wir fingen an zu lachen.

Dann sprach mein Vater weiter. Er war schon seit einigen Tagen in Warschau, aber er hatte zuerst das Haus beobachtet, bevor er zu uns kam. Er lebte jetzt unter falschem Namen; er wollte Transportmöglichkeiten für die besorgen – und es waren viele –, die über den Bug in das russisch besetzte Gebiet gelangen wollten. Wir würden uns auf der Straße, in Parks, bei seinen Freunden treffen, niemals hier in der Senatorska-Straße. Am nächsten Morgen weckte er mich: er trug einen langen Ledermantel, Stiefel, er wirkte riesig, und doch war ich fast so groß wie er. Auf der Straße hätte ich ihn für einen Nazi oder einen jener Volksdeutschen gehalten, die neuerdings so arrogant mit Hakenkreuzarmbinden auf den Straßen herumstolzierten.

»Du siehst wie ein Deutscher aus«, sagte ich lachend.

»Mach es wie ich, sei schlauer als sie. Überlebe!«

Er verließ uns, aber wir fühlten uns alle stärker. Überleben! Auf den Straßen sagte ich das Wort vor mich hin. Es war kalt, ich ging rasch. Der Wind trieb Wellen auf der Weichsel, es sah aus, als ziehe der Fluß nach Süden. Auf der Brücke schoben Männer, die wahrscheinlich wahllos auf der Straße aufgegriffen worden waren, deutsche Lastwagen auseinander, die zusammengestoßen waren.

Ich ging schnell vorbei, ich mußte auf den Großmarkt im Praga-Viertel. Auf dem Platz, in den kleinen Seitenstraßen, in Hinterhöfen, im Schatten einer Tür wurde alles gehandelt: Bauern hockten hinter Kartoffelsäcken, eine Frau verkaufte Stiefel, andere hielten Stoff feil. Trotz des tiefen Schnees herrschte wenig

Bewegung. Man ging ein paar Schritte nach rechts, nach links, hielt seine Ware hin. Ich verkaufte Handschuhe. Ich band mir die Paare um den Hals, bot sie Passanten an, ging in die Geschäfte. Jetzt würden mich die polnischen Händler nicht mehr bestehlen. Einmal bot ich einem Händler ein Paar Handschuhe an. Der Mann besah sie sich, schaute mich an, warf sich mit einer Kopfbewegung die langen schwarzen Haare aus dem Gesicht, legte zwei Zloty auf den Ladentisch. Ich protestierte, wollte meine Handschuhe zurückhaben.

»Soll ich die Polizei rufen, du Dieb?« sagte er.

Ich rannte weg. Man hielt mich für einen Dieb, und ich schwieg dazu: ich war Jude. Seit Ende November hatte ich am rechten Arm eine weiße Armbinde mit mindestens drei Zentimeter hohem blauem Davidstern zu tragen. Eine Armbinde, die bedeutete: diesen Menschen darf man bestehlen, schlagen, töten. Ich trug zwar die Binde nicht, aber ich war allen und jedem ausgeliefert. Ich mußte lernen, mich gegen alle zu wehren. Deshalb ging ich nicht mehr in die Läden, sondern legte mich auf die Lauer und suchte mir meine Kunden aus. Es gelang mir, die Zlotys zu bekommen, von denen wir zu Hause lebten. Solange wir Zlotys hatten, würden wir Brot haben.

Manchmal gingen die Geschäfte gut: ich konnte gegen Mittag in die Senatorska-Straße zurückkehren, neuen Vorrat holen, wieder losziehen. Ich erzählte nichts zu Hause, gab die Zlotys, brachte Brot, tauchte erneut in den Straßen unter.

In der Targowa-Straße, wo der Markt von Praga liegt, sehe ich einen Trupp Soldaten. Sie schlendern auf der Fahrbahn daher, sie wirken gefährlich. Einer davon, ein älterer Mann mit einem Gesicht voller Fältchen und mit Goldzähnen, hält mich an: »Was hast du zu verkaufen, Pole?«

Ich darf nicht verstehen. In Polen können nur die Juden deutsch. Ich lächle, spiele den Narren. Der ältere Soldat, der so friedlich aussieht, tritt auf mich zu, und bevor ich zurückweichen kann, verdreht er mir den Arm, sucht mit der anderen Hand, findet Handschuhe unter meiner weiten Jacke und wirft sie seinen Kameraden zu. Dann reicht er mir ein paar Zlotys. Ein anständiger Soldat. Protestieren nützt nichts: so ist die Welt jetzt eben.

Sie dürfen alles tun. Die polnischen Polizisten, die Eisenbahner in der schwarzen Uniform der Organisation Todt, gierige Ladenbesitzer, Gauner: wer stärker ist, darf mich ausplündern. Ich verstecke einen Teil meines Geldes in den Schuhen, und die Ganoven, die mich neulich in den Krasinski-Gärten umstellten, konnten mir nur ein Paar Handschuhe wegnehmen.

Ein anderes Mal faßt mich ein polnischer Polizist am Ärmel: »Wo hast du die Handschuhe gestohlen?«

Ich hatte ihn nicht kommen sehen, ich verhandelte gerade mit einer alten Dame. Um so schlimmer für mich. Sekundenschnell muß ich diesen Menschen in Uniform abschätzen: irre ich mich, so kann es das Ende für mich und meine Familie bedeuten. Seine Augen, unter der Mütze halbverdeckt, blicken müde, abwesend. Ich zerre ein wenig an meinem Ärmel. Er hält mich nicht sehr fest.

»Ich habe Hunger, Hunger.«
»Wo hast du die Handschuhe her?«
»Sie gehören uns. Mein Vater hatte eine Fabrik. Er ist tot.« Ich rede hastig, blicke ihm gerade in die Augen.
»Jude?« fragte er.

Ich bewege den Kopf. Wenn er will, heißt das ja. Wortlos läßt er mich frei, ich verschwinde.

Polizisten lauern mir auf; vielleicht hat mich ein Händler denunziert. Sie umringen mich, schlagen mich, bringen mich zur Polizeiwache. Im Gang warten ungefähr zwanzig Personen, zwei mit dem Judenstern haben blutig geschlagene Gesichter. Ich werde zu den Wartenden hingestoßen, aber ich setze mich nicht einmal auf die Bank. Ich werde fliehen, ich spüre es, ich weiß es. Ich muß fliehen. Die Polizisten gehen davon, ich hinterher. Die Tür steht offen. Ich halte mich einen Meter hinter ihnen, dann renne ich los. Niemals warten, nie sich erwischen lassen, hat mein Vater gesagt. Am nächsten Tag kehre ich ins Praga-Viertel zurück: in Hut und langem Mantel. Es ist gefährlich, aber wir müssen essen. Man erkennt mich nicht.

Abends fiel ich wie ein Stein in Schlaf. Ich hatte immer denselben Traum: Wir wollten meinen Vater treffen, wie wir es in Wirklichkeit taten. Wir waren sehr vorsichtig, wanderten stundenlang durch die leeren Straßen, um sicherzugehen, daß niemand uns verfolge; wir gingen: voraus meine Mutter mit den beiden Brüdern, ich allein dahinter. Wir kamen in eine enge Sackgasse, am Ende wartete mein Vater aufrecht gegen eine Mauer gelehnt. Meine Mutter und meine Brüder liefen auf ihn zu; plötzlich fuhr ein schwerer deutscher Lastwagen heran, schoß auf sie zu. Er würde sie an der Mauer zermalmen, und ich könnte nicht einmal schreien...

So träumte ich fast jede Nacht, und der Traum ließ mich aufschrecken, ich träumte nicht mehr. Ich erinnere mich an jenen Morgen; mit offenen Augen sehe ich die Szene in der Gesia-Straße wieder: Wir alle tragen die Armbinde, es ist eine jüdische Straße. Der Lastwagen mit den Soldaten biegt ein, wahrscheinlich fährt er zum Pawiak-Gefängnis; er durchrast die Gesia-Straße: Leute schreien, sie springen in Hauseingänge, ich ebenfalls, und der Lastwagen fegt im Zickzack die Straße leer. Später liegt an einer Mauer ein zerquetschter Mann, die Arme noch zum Schutz erhoben.

Sonntags ging ich nicht nach Praga. Wir verriegelten die Türen, versuchten ein bißchen zu heizen, manchmal kam mein Onkel, und wir redeten; wir zählten die Handschuhpaare, die noch übrig waren, unseren einzigen Reichtum. Der Onkel erzählte, was er erfahren hatte; er sprach mit meiner Mutter über die Lebensmittelkarten, die wir bekommen sollten, wenn wir uns beim Rat der jüdischen Gemeinde registrieren ließen: sie trugen ein großes »J«. Wie die Armbinde, damit uns Diebe und Totschläger leichter erkannten.

Sie hatten jetzt auch die Zwangsarbeit eingeführt, die jüdischen Schulen geschlossen; man sah Kinder mit nackten Füßen auf dem Glatteis betteln. Banden junger Polen schrien durch die Straßen: »Es lebe Polen ohne Juden!« – »Wir wollen Warschau judenfrei!« Sie waren mit Stöcken bewaffnet, zertrümmerten die Scheiben jüdischer Geschäfte, schlugen Juden auf den Kopf, immer zu mehreren gegen einen.

Ich möchte töten. Ich bin bereit zu töten.

Es war Sonntag, als der Mann kam: ein Dreißiger, groß, kräftig, arrogant, mit schwarzen Stiefeln, einer grauen Uniform, wie man sie in Warschau selten sah, der Armbinde mit Hakenkreuz: ein »Volksdeutscher«.

»Mein Geld!« sagte er und legte Papiere auf den Tisch. »Ich bin der kommissarische Leiter, ich vertrete jetzt den Eigentümer der Fabrik in Lodz. Hier ist Ihre Schuldenaufstellung. Zahlen Sie.«

Es waren alte Rechnungen aus der Zeit vor dem Krieg für Waren, die mein Vater in Lodz gekauft hatte.

»Zahlen Sie!«

Meine Mutter sagte mit demütiger Stimme: »Wir haben nichts mehr.«

Er wiederholte: »Zahlen Sie!«

Hätte er eine Bewegung gemacht, ich hätte ihn getötet. Aber er schrie nur herum, drohte, knallte die Tür hinter sich zu. Meine Mutter mußte sich setzen, sie rief mich zu sich: »Martin, ich habe furchtbare Angst gehabt. Deinetwegen. Sie sind die Stärkeren. Wir müssen weiterleben, laß dich ihnen gegenüber nicht im Zorn hinreißen. Später, Martin, später.«

Wir sind wie Ameisen. Ich traf meinen Vater. Er wartete bei den großen Säulen am Pilsudski-Platz.

»Sie werden wiederkommen, Martin«, sagte er. »Sie geben nicht auf. Sie sind hartnäckig. Aber wir sind es ebenfalls. Ihr müßt alles aus der Wohnung fortschaffen; ihr müßt euch auf das Schlimmste gefaßt machen.«

Als ich wegging, hörte ich seinen Schritt hinter mir wie den eines Passanten, der mich nicht kannte. Als er mich eingeholt hatte, sagte er, ohne mich anzusehen: »Wir werden uns rächen, Martin. Schließlich werden wir die Stärkeren sein.«

Wir räumten die Wohnung. Nachbarn halfen uns: sie waren nicht zu Wölfen geworden. Nur die Betten, ein paar Stühle, ein wenig Geschirr behielten wir: unsere Wohnung war jetzt wie unser Leben geworden, kalt, leer, unfreundlich. Ich liebte den großen Teppich mit dem bläulichen Schimmer, die Bronzestatue, die hohen Silberleuchter. Jetzt hatten wir nichts mehr. In unserem Haus wie auf der Straße waren SIE die Herren.

Sie kamen wieder. Gestapoleute in langen Mänteln und Polen.

»Wo ist dein Mann?«

Meine Mutter beteuerte immer wieder, sie habe seit Kriegsbeginn keine Nachricht. »Sagen Sie mir die Wahrheit«, bat sie immer wieder, »auch wenn er tot ist. Ich muß es wissen.«

Sie schwiegen, schauten uns an, durchsuchten die Wohnung. Sie rissen den einzigen Schrank auf, den wir behalten hatten. Meine Brüder weinten laut. Die Gestapoleute hatten die Hüte aufbehalten, sie zögerten zu gehen. Wir warteten. Wir wußten, sie würden wiederkommen.

Wir warteten jeden Abend auf sie. Andere kamen. Sie sprachen von den Schulden, die wir in Lodz hatten. »Du wirst zahlen, oder wir nehmen alles.«

Meine Mutter wies auf die paar Möbel.

»Du wirst deinen Schmuck herausgeben müssen.« Dann, bevor sie gingen: »Du wirst uns sagen müssen, wo dein Mann sich versteckt hält.«

Sie machten die Tür leise zu und ließen uns in dem leeren Haus allein mit unserer Angst. Meine Mutter tröstete die Kleinen, ich zählte die Handschuhpaare; mit einem Fußtritt stieß einer der Männer die Tür wieder auf, pflanzte sich auf die Schwelle: »Bald wirst du uns sagen, wo dein Mann steckt!« Dann ging er.

Ich möchte mit den Fäusten gegen die Wand hämmern: Warum sind wir so ohnmächtig, warum sind sie so stark, warum sind sie die Herren und wir die Sklaven, warum lassen sich das alle gefallen? Warum lachen die Leute auf der Straße, wenn man die Chassidim zwingt, wie Affen zu tanzen? Warum dieser Haß gegen uns, warum überall der drohende Tod?

Ich traf mich wieder mit meinem Vater. Er sprach behutsam zu mir, wie zu einem Freund. Schnee bedeckte die Wege im Sächsischen Garten. Mein Vater half mir vieles zu verstehen: die Nazis, die die Polen gegen uns aufhetzten, die Gier bei vielen, unseren Platz einzunehmen, aber auch die Hilfsbereitschaft, der wir manchmal begegneten, bei unseren Nachbarn beispielsweise. Während wir noch sprachen, hörten wir plötzlich Schreie, Gelächter und sahen einen nackten Mann durch den Park laufen, verfolgt von Soldaten, die in die Luft schossen. Wir entfernten uns. In der Nalewki-Straße ein Gewirr von Straßenhändlern und Bettlern.

»Bald wird dies das Getto sein«, sagte mein Vater. »Wir werden alle beisammen sein, aber auch dann wird es schrecklich sein. Sie werden uns nicht in Ruhe lassen.«

Ich antwortete nicht. Ich kam mir alt und weise vor wie er.

»In Lodz haben sie schon eins. Hier werden sie es auch einrichten. Wir werden uns jetzt seltener sehen. Die Gestapo wird wiederkommen.«

Wir trennten uns auf dem Tlomackie-Platz vor der großen Synagoge. Ich sah, wie er davonging: aufrecht und stark. Ich streifte meine Binde über und betrat das Judenviertel. Ich lief durch die Gesia-Straße, die Mila-Straße, die Wolynska-Straße, die Niska-Straße. Ich ging und dachte nach: ich mußte ins Praga-Viertel und verkaufen; ich mußte meine Mutter zum Postamt begleiten, um die Dollars zu wechseln, die meine Großmutter uns aus New York schickte. Ich dachte: das Leben hat sich in ein paar Monaten vollkommen verändert.

Ich vergaß die Vorsicht. In der Zamenhof-Straße tappte ich in die Falle. Lastwagen standen am Straßenrand, Soldaten griffen alle Männer auf, versetzten ihnen Kolbenhiebe oder Fußtritte. Ein Offizier hieb auf mich ein. Er schlug mich auf den Rücken, ohne mich wirklich zu sehen.

»Fünfzehn«, sagte ich, »ich bin doch erst fünfzehn.« Meine Hoffnung war nicht groß, aber ich mußte diese kleine Möglichkeit versuchen, da man erst ab sechzehn requiriert werden durfte. Er starrte mich aus pupillenlosen, fast weißen Augen an.

»Du lügst, Judenschwein.«

Ich wiederholte meine Beteuerung. Es war gefährlich. Sie schossen schnell, sie töteten wegen eines Worts zuviel. »Da rauf!«

Ein Fußtritt warf mich in den Schnee unter den Lastwagen. Ich kletterte darauf, ohne mich umzuwenden. Im Wagen redete keiner. Ein Soldat stieg nach mir auf, wir fuhren los. Abspringen, das war mein einziger Gedanke. Abspringen, dem Schicksal die Chance entreißen, um nicht von einem Feuerstoß in einem Wald hinter Zoliborz nahe der Weichsel getötet zu werden, wie viele Juden, die man wahllos in den Straßen aufgegriffen hatte. Aber der Soldat wich nicht von seinem Platz. Sein Geruch nach Schweiß und Wolle stieg mir in die Nase, sein Stiefel stieß an mein Bein, das Gewehr lag auf seinen Knien, die Hand am Abzug.

Plötzlich hielt der Wagen. Befehle, eher ein Gebrüll: wir waren im Zoliborz-Viertel mit seinen verstreuten Häusern und Gärten. Die Deutschen hatten die Polen ausgewiesen und sich hier eingenistet. Wir würden also nicht sterben müssen. Man gab uns Schippen, wir begannen, die Wege freizuschaufeln. Es war frischgefallener Schnee, der Wind wehte ihn wie Staub davon. Der tiefverhängte, fast schwarze Himmel ließ erkennen, daß es bald wieder schneien würde. Unsere Arbeit war sinnlos.

»Zieh die Handschuhe aus!« Der Offizier mit den weißen Augen. »Ihr müßt ohne Handschuhe arbeiten, das weißt du doch, oder?«

Er schlug mich. Ich arbeitete weiter. Meine Hände waren blaurot und schwer. Der Offizier ging jetzt weiter. Ich zog die Handschuhe wieder an. Ich bemerkte nicht, daß er wiederkam.

»Schweinehund!« Er sagte es leise und schlug mich. Einen Hieb in den Nacken, andere Schläge ins Gesicht.

»Her mit den Handschuhen!«

Ich gab sie ihm, und er warf sie grinsend einem andern Juden zu. Das war ihre Logik. Sie wollten wehtun!

Wir arbeiteten den ganzen Tag; als es wieder zu schneien begann, mußten wir auf die Lastwagen steigen. Die Nacht brach an. Vielleicht würden wir jetzt sterben müssen. Der Soldat saß wieder neben mir, pfiff leise vor sich hin, rauchte, ein stiller friedlicher Mensch; wer würde es für möglich halten, daß auch er töten kann? Wieder das Gebrüll: wir müssen in einen gepflasterten Hof springen. Gebäude ringsum, Stacheldraht; eine besetzte Kaserne am anderen Weichselufer. Ein magerer junger Mann mit rotem Kraushaar erklärte mir, ich solle mir keine Sorgen machen, wir seien ein Arbeitskommando, er sei schon einmal hier gewesen. Wir warten unbeweglich im eisigen Wind. Zwei Kompanien Soldaten ziehen barhaupt an uns vorüber ins Manöver; sie singen, keiner von ihnen scheint uns zu sehen; wir sind Steine, Dinge, ein Nichts. Dann laufen wir mit Eimern und Schaufeln über den Hof, wir schrubben die Böden, schippen den Schnee fort. Bei der Kantine macht mir der rotköpfige junge Mann ein Zeichen: auf einem Holztisch liegt Proviant. Er schleicht sich hinein, kommt wieder herausgestürzt und versteckt ein paar Heringe in seinem Hemd. Wir arbeiten die ganze Nacht. Von Zeit zu Zeit kann ich mich in eine Baracke schleichen, um mich ein wenig zu erwärmen. Es wird langsam Morgen: der Himmel ist klar, wasserblau.

»Sie bringen uns jetzt zurück«, sagt der junge Rotschopf.

Man drängt uns im Hof zusammen, wir müssen uns in zwei Reihen aufstellen. Mit langsamen Schritten kommt der Offizier mit den weißen Augen heran. Er baut sich vor mir auf. Ich denke: der hat es auf mein Leben abgesehen. »Unter euch ist ein Dieb«, sagte er leise. »Wer die Heringe gestohlen hat, soll sich melden. Ich gebe ihm fünf Minuten Zeit. Er oder zehn von euch.«

Und er zeigt sofort auf zehn von uns; ich bin der erste. Der Morgen ist wunderschön. Meine Mutter wartet auf mich, und ich werde sterben, ohne je gekämpft zu haben. Der Offizier geht vor uns auf und ab. Er klatscht vergnügt in die Hände.

»Ich war es!«

Der junge rothaarige Mann ist dicht vor den Offizier hingetreten, bleibt vor ihm stehen.

»Ich war es«, wiederholte er.

Ich glaube, jedem von uns schlägt wie mir das Herz bis zum Hals. Der weißäugige Offizier zögert, dann tritt er den jungen Mann in den Bauch. Der kippt lautlos vornüber, der Offizier packt eine Schaufel und drischt auf den Körper ein, und mein Kamerad, dessen Namen ich nicht einmal weiß, bricht im Schnee zusammen, die Hände über dem Kopf, ohne einen einzigen Schrei. Der Offizier zieht seinen Revolver und schießt. Unter den Flüchen der Soldaten kehren wir an die Arbeit zurück: wir sind Schweine und Sauhunde.

Kurz nach Mittag bringen sie uns nach Warschau zurück. Unweit der Zamenhof-Straße halten die Lastwagen, und wir laufen in alle Richtungen davon. Meine Mutter und die Brüder warten auf mich. Ich erzähle ihnen nichts. Unser Leben ist eben so, es hängt von einem Wort ab; es ist weniger wert als ein paar Heringe. Wir wissen es alle. Wozu noch davon sprechen?

Es dauerte einige Tage, bis ich den Offizier mit den weißen Augen vergessen hatte. Überall glaubte ich ihn zu sehen, wie er mich mit seinem unbegreiflichen Haß verfolgte. In jeder Uniform, die am Ende der Straße auftauchte, glaubte ich ihn zu erkennen. Ich flüchtete mich, versteckte mich in Hinterhöfen, rannte Stiegen hinauf, wartete endlos, zitternd, auf einer Stufe zusammengekrümmt. Zum erstenmal seit wir Krieg hatten, verspürte ich Angst. Ich war dem Haß begegnet, der grundlos tötet. Ich hatte diesen Offizier nie zuvor gesehen, und er wollte meinen Tod. Er hatte einen Mann mit einer Schaufel erschlagen und mich dabei angeblickt: er hatte auch mich getötet.

Ich sprach mit niemandem darüber, ich wurde allein mit meinem Elend fertig. Ich zwang mich, langsam durch die Straßen zu gehen, dicht an den Soldaten vorbei, zwang mich, ihnen in die Augen zu blicken, das Schlimmste zu wagen. Dann begriff ich eines Tages, daß ich gesiegt hatte. Ich konnte wieder auf den Markt von Praga gehen, ich pfiff, ich lief und ging wieder langsam, machte einen weiten Umweg den Fluß entlang. Ich gönnte mir Urlaub. Ich hatte entdeckt, wie stark ein Mensch sein kann. Wenn er will, kann er siegen; wenn er will, kann er ohne einen Laut sterben; wenn er will, kann er überleben. Dank dir, Kamerad mit den roten Haaren, dessen Namen ich nie erfahren habe, du, der ohne einen Laut für mich gestorben bist. Ich habe keine Angst mehr.

So vergingen die Tage. Es wurde immer schwieriger, im Praga-Viertel etwas zu verkaufen. Deutsche und polnische Polizisten tauchten immer häufiger auf, versperrten die Zugänge, warfen die Stände um, verhafteten.

Eines Morgens stehe ich gegen zehn Uhr in einiger Entfernung vom Marktplatz, meine Ware unter dem Arm. Ich beobachte den Platz, versuche, die Atmosphäre zu wittern, versuche zu erraten, ob sie kommen werden. Sie kommen. Nur Polen diesmal. Sie laufen, packen die Männer, stoßen sie in die Lastwagen. Im Hintergrund schauen die Deutschen dem Schauspiel zu. Ich gehe in einen Laden und lege wortlos mein Handschuhpaket hinter die Ladentür. Dann verlasse ich den Laden wieder, bevor man mich überhaupt ansprechen kann. Ich gehe um den Platz herum, überall fliehen Menschen. Ich lege mich bäuchlings auf die Erde, verzerre das Gesicht. Ich bin ruhig, die Kälte dringt in mich ein, der Schnee unter mir schmilzt, näßt meine Kleider, ich bewege mich nicht mehr. Bald merke ich, daß ich allein mit den Polizisten bin, die methodisch vorrücken. Plötzlich stößt mich einer mit der Stiefelspitze in die Seite. Ich höre die Schreie der Fliehenden, die am andern Ende des Platzes entdecken, daß sie umzingelt sind; die kleinen Straßen zur Weichsel hinunter sind verbarrikadiert.

»Was fehlt denn dem?« fragt jemand über mir.

Wieder ein Fußtritt. Ich rühre mich nicht. Und sie gehen weiter und lassen mich im Schnee liegen, bewegungslos, halberfroren, aber frei. Die Zeit scheint stillzustehen. Einer nach dem andern steigen die Händler auf die Polizeiwagen. Es sind Polen; sie riskieren höchstens eine Geldstrafe. Dann wird es still auf dem Platz. Frauen kommen jammernd, um ihre kleinen Stände wieder aufzustellen. Ich warte immer noch. Ein paar der Frauen stehen im Kreis um mich herum.

»Sie haben ihn umgebracht«, sagen sie.

Ich warte noch einen Augenblick, dann springe ich mit einem Satz auf und laufe zum Laden: meine Handschuhe liegen auf dem Ladentisch. Der Besitzer jammert vor sich hin. Als er mich sieht, ruft er: »Wer hat dir erlaubt...«

Ich ergreife das Paket und renne aus dem Laden.

»Mistkerl!«

Ich höre, wie er hinter mir herschreit. Aber jetzt ist jeder sich selbst der Nächste. Ich lebe, und ich habe die Ware. Ich fühle nicht einmal das gefrorene Hemd, das mir am Körper klebt.

Aber man konnte niemals lange an das Glück denken, das man

gehabt hatte, man durfte sich nicht der Tricks erfreuen, die man erfunden hatte. Das Leben war zum Hindernisrennen geworden. Man hatte nie viel Zeit, zu Atem zu kommen. Die Verordnungen wurden immer strenger, die Razzien immer häufiger. Nur das Wetter wurde milder. Der Schnee schmolz; am Weichselufer, in den Gärten wurde es wieder grün. Ich sehnte mich danach, wieder wie früher unter Bäumen zu laufen, stundenlang mit meinem Vater die Wälder zu durchstreifen. Aber die Zeit der Spaziergänge war vorbei.

Ich brach sehr früh am Morgen auf, um am Fluß zu sitzen und die wechselnden Farben des Wassers zu betrachten. In der Morgendämmerung schien die Stadt friedlich und ruhig, die Straßen quollen noch nicht über, die Bettler waren noch schwarze Hügel, die man übersehen konnte. Gierig sog ich die Luft ein, sie war eisig, benahm mir den Atem. Ich fühlte mich frei.

Am Ufer entdeckte ich eine Katze: einen mächtigen Kater mit kurzem grauen Pelz. Es dauerte Tage, bis ich mich ihm nähern konnte. Jeden Morgen redete ich sanft auf ihn ein. Er beobachtete mich fluchtbereit aus halbgeschlossenen Augen, gespannten Muskeln. Ich nannte ihn Laidak. Ich hätte bis in alle Ewigkeit mit ihm sprechen mögen. Ich machte Pläne, ich lachte. Ihm erzählte ich von meiner Freude darüber, daß ich auf dem Marktplatz davongekommen war.

»Bist du Jude, Laidak?«

Und ich lachte und konnte nicht aufhören zu lachen. Manchmal warf ich dem Tier ein paar Brocken von meinem Essen zu, er verschlang es, ohne mich aus den Augen zu lassen. Wenn ich näher kam, verschwand er. Laidak war sehr vorsichtig, kaum ein- oder zweimal habe ich ihn anfassen dürfen. Wahrscheinlich kannte auch er den Krieg.

Ich war auch eine Art Katze. Ich wußte: wenn die Morgenstunden ruhig sind, dann sind die Abende gefährlich. Ich trieb mich dann nicht auf den Straßen herum, sondern kehrte zurück in die Senatorska-Straße. Wir warteten dann auf den kommenden Morgen und hofften, daß sie nicht gerade in dieser Nacht kommen würden.

Wochenlang hatten sie uns angstvollem Warten überlassen. Dann brachen neue Männer unsere Tür ein, fünf, die Hüte tief in die Augen gezogen. Nur einer sprach polnisch, aber alle brüllten sie.

»Holen Sie Ihren Mann!«

Ich spürte, diesmal war alles anders. Der Pole übersetzte. Einer der Männer trat vor und schlug meiner Mutter heftig ins Gesicht. Ihr Haarknoten löste sich; in meiner Kehle stieg ein Wutschrei hoch, doch ich rührte mich nicht. Der Mann schlug wieder zu, dann begann er, auf deutsch zu sprechen, der andere übersetzte.

»Madame, Sie werden mir jetzt sagen, wo Ihr Mann ist.«

Dieser Kerl schlug meine Mutter und nannte sie »Madame«!

»Madame, wir werden den jungen Mann mitnehmen. Wir lassen Ihnen unsere Adresse da. Sie haben vierundzwanzig Stunden, um Ihren Mann zu finden und zu uns zu bringen.«

Er blickte mich an, ohne zu lächeln. Die anderen durchsuchten die Wohnung. Was sie fanden, warfen sie zu Boden.

»Den jungen Mann da bringen wir Ihnen auf jeden Fall zurück. Tot oder lebendig.«

Meine Mutter fing an zu schreien, sie klammerte sich an mich. Ich stand wie ein Stück Holz. Sie flehte um Erbarmen, immer wieder: »Lassen Sie ihn mir!«

Plötzlich verstummte sie. »Verhaften Sie mich«, sagte sie. »Lassen Sie die Kinder in Ruhe.«

Einer der Männer schrieb etwas auf einen Zettel. »Da, die Adresse, Madame. Geben Sie sie Ihrem Mann. Und holen Sie sich Ihren Sohn in vierundzwanzig Stunden ab.«

Sie stießen mich ins Treppenhaus.

Meine Mutter stürzte sich auf mich, preßte mich an sich: »Lauf, Martin, flieh!« Sie rissen sie von mir fort, warfen sie zu Boden, ich stieg mit ihnen die Treppe hinunter. Im Erdgeschoß stieß mir der eine, der kein Wort gesprochen hatte, das Knie in den Bauch und zog die Pistole.

»Du wirst uns zu deinem Vater bringen«, sagte er auf deutsch.

Ich rührte mich nicht. Ich antwortete erst, als sie polnisch mit mir sprachen. Dann beteuerte ich, daß ich nichts wisse, daß ich sie gern zu meinem Vater bringen würde, ihn aber seit langem nicht mehr gesehen hätte.

Sie schauten einander an, zögerten. Vielleicht hatte ich gewonnen. Nein. »In der Szuch-Allee wirst du dich schon wieder an alles erinnern können.«

In der Szuch-Allee lag das Hauptquartier der Gestapo. Sie stießen mich in einen Wagen neben einen gleichgültigen Soldaten. Wir fuhren schnell. Ich begann auf polnisch zu dem Soldaten zu sprechen, aber ein Hieb mit dem Gewehrkolben zwang mich auf den Boden. Laidak ist gefangen, dachte ich, aber Laidak wird den Mund halten und fliehen. In der Szuch-Allee Türen, Gänge, wieder Türen, Gänge. Längs einer Wand standen wartend Männer und Frauen mit angstverzerrten Gesichtern. Man brachte mich in ein Zimmer. Ich sah nur das Fenster, das in die Nacht hinausführte. Der eine der Männer, der meine Mutter geschlagen hatte, trat heran und schlug mich auf den Mund.

»Dein Vater ist ein Feigling«, sagte er in schlechtem Polnisch. »Er wird dich sitzen lassen.«

Er nahm den Hut ab. Ein runder Schädel mit kurzer Bürstenfrisur. »Die Juden sind alle Feiglinge«, fuhr er fort.

Dann trat er in den Gang, ohne mich weiter zu beachten. Die Tür ließ er offenstehen. Ich sah eine Frau am Boden, die Arme in die Höhe gereckt.

Ich rannte zum Fenster. Draußen war Nacht. Ich packte den Riegel, die Luft war frisch. Ich wendete mich um: der Mund der Frau stand vor Schreck und Staunen offen. Ich sprang. Ein Gedanke: Ich werde mir den Hals brechen. Aber schon rannte ich über einen Hof auf eine Mauer zu, kletterte hinüber, stand in einem zweiten Hof, rannte, kletterte über ein Gitter: die Straße. Ich rannte, ich mußte vor ihnen da sein. Ich hastete die Treppe hinauf, stieß die Tür auf, rief: »Mutter, Brüder, laßt alles liegen, kommt!«

Wir eilten die Treppe hinunter, einer meiner Brüder barfuß; wir liefen durch das menschenleere Warschau, wichen Streifen aus, schlichen über leere, düstere Plätze. Mein Onkel wohnte in der Freta-Straße. Er nahm uns für die Nacht auf. Schweigend hörte er mir zu.

Meine Mutter umarmte mich. »Ich hab' es gewußt, mein Junge, du bist wie dein Vater.«

Ich war stolz auf mich. Am nächsten Morgen, kaum war die Sperrstunde vorbei, zerstreuten wir uns. Freunde nahmen uns auf. Ich hielt mich zwei, drei Tage lang verborgen. Man suchte sicher nach mir. Ich wohnte bei einer Freundin meiner Mutter, die eine große dunkle Wohnung am Ende der Sienna-Straße hatte. Ihr Mann, ein Arzt, hatte Polen bei Kriegsausbruch verlassen und war nicht zurückgekehrt. Sie drückte mich an ihren Busen, daß mir die Luft ausging, sie machte mich reden, und ich prahlte wie ein junger Hahn, aber nachts drehte ich den Schlüssel in meiner Tür, und dort, in diesem unvertrauten Zimmer, das nach Staub roch, fiel die Trunkenheit, die ich tagsüber neben dieser Frau verspürt hatte, jäh in sich zusammen.

Wir besaßen kein Heim mehr, nie würden wir wieder in die Senatorska-Straße zurückkehren, wir waren voneinander getrennt, mein Bruder an einem Ende von Warschau, die Mutter und der andere Bruder anderswo, der Vater wechselte täglich den Unterschlupf. Bald würden wir falsche Papiere, einen anderen Namen haben, mein Vater hatte es uns gesagt. Nicht einmal unser Name würde von der Vergangenheit übrigbleiben.

Eine Familie ist eine seltsame Sache: nie zuvor war mir klar geworden, was meine Familie für mich bedeutete. Die Gestapoleute hätten mich foltern können, ich hätte meinen Vater nicht verraten; obgleich ich mich nicht regte, als man meine Mutter schlug, war mir, als würde ich verrückt. Eine Familie ist die ganze Welt, und jetzt war diese meine Welt durch die Schuld der Deutschen in Stücke zerschlagen. In diesen Nächten träumte ich davon, daß ich mir eines Tages meine eigene Welt, meine eigene Familie aufbauen würde.

Nach zwei, drei Tagen erzwungenen Wartens konnte ich es in der Wohnung dieser Frau nicht länger aushalten, die sich seufzend an mich lehnte, vor Angst fast verrückt wurde und davon zu reden begann, daß wir fortgehen sollten, sie und ich, weit fort von Warschau. Ich benutzte ihre Abwesenheit und entkam auf die Straße, in die Sonne. Wenn man mich verhaftete, sollte es unter freiem Himmel sein.

Mein Vater wurde benachrichtigt, wir trafen uns in der Altstadt, wo die engen Straßen, die dunklen Höfe die Flucht erleichterten. Er erschien mir sorgenvoll und ernst.

»Jetzt bist du wirklich ein Mann«, sagte er. »Du bist ihnen entkommen. Das ist gut. Und ich weiß, du hättest nicht geredet.«

Ich liebte plötzlich das Leben, ich fühlte mich jetzt stark. Wie konnte mein Vater mir mit einem Wort soviel Freude schenken! Würde auch ich anderen solches Selbstvertrauen einflößen können? Den Kindern, meinen Kindern, später einmal?

»Was hast du vor?«

Ich erklärte ihm, daß ich auf den Markt nach Praga zurückkehren müsse, um die Ware zurückzuholen, die wir bei Verwandten, bei Freunden untergestellt hatten. Die Mutter versuchte statt meiner zu verkaufen, aber das war nicht ihre Aufgabe, denn ich war ja da, und sie stellte sich nicht sehr geschickt an. Man würde sie immer übervorteilen.

»Treib dich nicht in der Senatorska-Straße oder der Szuch-Allee rum«, sagte er lachend und umarmte mich, was er sonst niemals tat.

Dann war ich wieder allein auf den Straßen, mischte mich unter die Menschen: Hunderte von arbeitslosen Juden waren ständig auf der Straße und versuchten etwas zu kaufen, um zu leben. In allen Augen las ich die Angst; ich erkannte wieder jenes Elend, welches mich gepeinigt hatte, als ich meinen Kameraden mit den roten Haaren hatte sterben sehen.

Ich hörte, daß man in Höhe der Dzika-Straße und auch in anderen Straßen eine Ziegelmauer errichtete. Ich sah sie mir an. Arbeiter standen da, Juden mit Armbinden. Sie setzten die länglichen Ziegelsteine, der graue Mörtel rann herunter, und sie wußten nicht, wie sie ihn richtig verteilen sollten. Es waren Gelegenheitsarbeiter, sicher waren sie glücklich, diese Arbeit gefunden zu haben. Die Mauer war schon über zwei Meter hoch; ein Mann stand auf einer Leiter und legte oben weitere Ziegel.

Die ganze Straße wurde abgesperrt: bald würden wir zusammengepfercht sein wie Tiere. In Lodz, erzählte man, hätten sie das Getto schon abgeriegelt.

Einen Augenblick lang möchte ich davonlaufen, Warschau verlassen, mich bei polnischen Bauern verdingen; ich spreche die Sprache ohne jenen Akzent, durch den die Juden sich verraten; ich werde genug zu essen haben und heimkehren, wenn der Krieg zu Ende ist. Ich rette mich aus der Menge, vor der Angst, vor dem Getto, das hier vorbereitet wird.

Ich bin in der Nalewki-Straße und träume noch, als die Lastwagen halten; ich muß mit den andern auf allen Vieren wie ein Frosch hüpfen. Ich springe schnell, aber die Schläge treffen dennoch auf den Rücken, und die Soldaten lachen und dreschen drauflos.

Die Alten, die nicht schnell genug vorwärtskommen, werden erschossen. Ich hebe ein wenig den Kopf; auf der ganzen Straße hopsen sie auf Händen und Knien, und die Soldaten zielen in Menschenhöhe. Aus anderen Straßen sind ebenfalls Schüsse zu hören. Es muß eine große Aktion sein, ein Tag des Vergnügens und des Grauens.

Nur ein paar Meter vor mir leistet eine Frau Widerstand, sie steht mit gespreizten Beinen mitten auf der Straße, einen Säugling fest an die Brust gedrückt. Zwei bullige Soldaten versuchen, ihn ihr zu entreißen. Ich sehe die riesigen Augen der Frau, nur mehr diese riesigen Augen, in denen das Entsetzen steht. Dann haben die Soldaten das Kind, werfen es einander zu, und sie steht da und reckt die Arme, weiß nicht, zu welchem sie laufen soll, um das Kind aufzufangen, das nicht einmal mehr schreit. Dann fängt einer der Soldaten den Säugling nicht mehr auf.

Die Lastwagen sind weg, wir sind aufgestanden; ich gehe weiter. In den darauffolgenden Tagen gehe ich wieder nach Praga. Aber wir haben kaum noch Ware, und wer kauft schon Handschuhe, jetzt da es Sommer wird.

Und die Leute haben Angst: alles spricht nur vom Blutbad in den Straßen Warschaus. Hunderte von Juden sind dabei getötet worden, andere hat man in die Wälder gebracht. Ich habe Glück gehabt, in der Nalewki-Straße mit ein paar Hieben und ein paar Hopsern davongekommen zu sein.

Manche verstecken sich seither. Meine Mutter, die ich alle zwei, drei Tage treffe, fleht mich an, nicht mehr auszugehen. Aber ich will sehen. Nicht mehr der Handel treibt mich allmorgendlich auf die Straßen, die Geschehnisse sind für mich zu einer Sucht geworden. Ich muß wissen, muß mir diese barbarische Welt einprägen, um eines Tages all das zu sagen, was ich gesehen, was wir erlitten haben. Der Preis dafür konnte aber sehr hoch sein.

In der Sienna-Straße bat ich Stasiek Borowski, nicht wegzulaufen. Ich mochte ihn gern, oft streiften wir gemeinsam umher, und er konnte trotz seines Gewichts so schnell laufen wie ich; mehrmals war es uns gelungen, gerade noch rechtzeitig zu verschwinden. Stasiek war rund, eine Muskelkugel. In der Sienna-Straße wollte er weglaufen, ich aber stand wie gelähmt: in dieser bürgerlichen, von Polen bewohnten Straße zwangen die Deutschen eine große Menge Juden, auf der Fahrbahn zu tanzen, zu springen, sich zu entkleiden, zu singen. Andere mußten dazu rhythmisch in die Hände klatschen, die Soldaten trieben sie durch Geschrei und Faustschläge an. Mitten in der Gruppe spielte ein alter halbnackter Jude den Bären, er hielt ein Bein in die Höhe und flehte mit nach oben gewendetem Gesicht seinen Meister um Gnade an. Wir standen unter den Zuschauern; ich sah nichts als diese grinsenden, mitleidlosen Gesichter.

Stasiek zog mich am Ärmel, ich schüttelte ihn ab: wir trugen unsere Armbinden nicht; ich zwang mich zu einem erstarrten

Lächeln, das mußte genügen. Wir Juden pflegen gewiß nicht mit dem Feuer zu spielen; seit langem wissen wir, daß man vor dem Feuer fliehen muß. Doch ich wollte dieses Gelächter hören, mir den Kahlkopf mit der Weste genau anschauen, der sich neben mir vor Lachen bog. Mich interessierten nicht mehr die Opfer und ihre Henker, sondern ihr Publikum.

Stasiek versetzte mir einen Rippenstoß, aber es war zu spät. Die Straße war abgeriegelt. Die Soldaten rückten vor, Schulter an Schulter; plötzliches Schweigen machte sich breit. Der Kahle lachte nicht mehr, er drehte verstört den Kopf nach allen Seiten. Man stieß uns auf Lastwagen; die Juden blieben unbeweglich mitten auf der Straße stehen. Als dann die Wagen losfuhren, sah ich, wie der halbnackte Jude langsam seine Kleider wieder anzog: er war ein Köder gewesen. Diesmal zogen die Nazis das polnische Vieh vor.

An jenem Tag betrat ich zum erstenmal den Pawiak, das große graue Gefängnis, von dem ganz Warschau redete. Es war meine erste Verhaftung, und das Schicksal wollte, daß ich als Pole verhaftet wurde. Stasiek fand seine gute Laune wieder: »Vielleicht lassen sie uns laufen, wenn wir unsere Judenbinden rausholen? Willst du's mal probieren, Martin, bloß um zu sehen? Du willst doch immer sehen und wissen. Hier hast du eine gute Gelegenheit.«

Ich sagte nichts. Wir standen zu Hunderten im Hof. Wir wurden in kleine Gruppen aufgeteilt und unter Geschrei und Fußtritten in feuchte Gänge getrieben. Stasiek und mir war es gelungen zusammenzubleiben; man stieß uns in eine überfüllte Zelle. Sie war so eng, daß man sich kaum bewegen konnte. Menschen stöhnten, andere baten um Zigaretten, manche fragten einander laut aus, wieder andere verfluchten die Juden, die an allem schuld seien. Ich entdeckte die Luke und versuchte, mich zu ihr hinzuarbeiten.

Aus dem Hintergrund der Zelle kam eine Stimme: »Haltet die Schnauze, ihr Idioten!«

Die Stimme erteilte Befehle, wie man sich am besten einrichten könne, nach und nach gehorchten alle, und dann konnten wir uns schließlich auf den Boden setzen. Der Mann, der gesprochen hatte, war etwa dreißig Jahre alt, über seine Wange lief eine breite Narbe. Seinem Akzent nach war er ein Warschauer Ganove, schmutzige graublonde Locken fielen ihm über die Augen.

Ich sprach ihn an. Als ich von Flucht redete, begann er schallend zu lachen, dann schlief er ein. Ich hielt mich aber neben ihm. In einem Gefängnis sind es die Gauner, die Bescheid wissen; ich würde mich nicht an den Kahlköpfigen um Rat wenden, der schniefend ebenfalls in unserer Zelle hockte, die Jacke über dem Kopf, um sich gegen die Kälte zu schützen.

Später begann Siwy, der Ganove, zu reden. Er war seit drei Monaten im Knast, weil er im Suff einen Polypen verdroschen hatte. Danach war er in sein kleines Pawiak-Gefängnis zurückgekehrt. Er sprach davon, als wäre es eine Frau.

»Den Pawiak kannst du nicht verlassen«, sagte er. »Er schmeißt dich raus, und weil du ihn gern hast und er dich gern hat, vergißt er dich nicht. Du kommst immer wieder in den Pawiak zurück. Immer.«

Am nächsten Morgen mußten wir uns im Hof aufstellen. Ich stand neben Siwy.

»Ihr seid hier, um zu arbeiten«, brüllte jemand, den ich nicht sehen konnte. »Polen hat gegen das Deutsche Reich gekämpft, und deutsche Soldaten sind gefallen. Die Polen werden das mit Arbeit bezahlen.«

Wir warteten unbeweglich, Stasiek und ich, gespannt auf das, was geschehen sollte, denn wir waren Juden, also doppelt schuldig, doppelt dem Tod geweiht. Als wir sahen, daß die polnischen Wärter Tische an der Mauer aufstellten und Schreibmaschinen daraufsetzten, begriffen wir.

»Armbinde«, flüsterte Stasiek. »Falls wir durchsucht werden.«

In der Tasche preßte ich das Stück Stoff zusammen, von dem unser Leben abhing. Ich begann, es mit den Fingernägeln zu zerreißen, dann steckte ich die Fetzen in den Mund. Stasiek tat wie ich. Wir begannen zu kauen, drückten uns ans Ende der Gefangenenschlange, die über den ganzen Hof reichte.

Bei den Tischen schrie ein Soldat: »Namen! Taschen ausleeren! Wer etwas behält, wird erschossen!«

Ich legte mein Geld auf den Tisch, Stasiek ebenso. Jetzt hatten wir nichts mehr als unser Leben. Vorläufig noch.

Wir warteten stundenlang, schweigend. Ich betrachtete den Himmel, versuchte die Mauern nicht zu sehen, nur den Himmel. Plötzlich sahen wir SS-Männer kommen. Ich kannte diese Soldaten in schwarzer Uniform: einer davon hatte der Mutter den Säugling entrissen, einer hatte ihn fallen lassen. Ich wußte, wer sie waren.

Wortlos ließen sie uns in Reihen antreten: die polnischen Wärter, die deutschen Soldaten liefen um sie herum wie Hunde um ihre Herren. Die SS-Männer blieben im Schatten der Mauer. Dann traten sie vor, und aus dem Hauptgebäude kam eine Gruppe schwarzer Offiziere.

Stasiek murmelte: »Das ist der Himmler.«

Die Offiziere sprachen miteinander, schauten uns an, lachten, gingen durch die Reihen, blieben vor einzelnen stehen. In meiner Reihe stand ein sehr großer magerer Mann mit langem schwarzem Bart. Er sah wie ein Professor oder Arzt aus. Die Offiziere blieben vor ihm stehen.

Ich hörte die Frage: »Warum bist du verhaftet?«

»Das würde ich gern wissen, Herr Reichsminister.«

Der Mann hatte eine kultivierte Stimme, sie hallte durch den ganzen Hof, sie wirkte wie eine Ohrfeige auf den SS-Offizier.

»Verräter werden bestraft, Professor Bursche.«

»Ich bin kein Verräter, bei meiner Ehre.«

»Du hast dein Vaterland verraten.«

»Ich würde mein Vaterland niemals verraten.«

Gelächter, die Gruppe der SS-Leute ging weiter. War es möglich, daß dieser kleine rundliche Mann in der knappsitzenden schwarzen Uniform Himmler war, der Reichsminister und Reichsführer SS, der Herr der Henker?

Lastwagen rollten heran: diesmal stießen uns die SS-Leute hinauf. Ich hielt mich hinter Siwy, Stasiek war hinter mir. Jedem Lastwagen folgte ein Wagen mit SS.

»Wir müssen abhauen, Siwy«, sagte ich.

»Adieu, Pawiak, adieu, Pawiak«, sagte er immer wieder.

Dann erzählte ich ihm von den Lagern, den Hinrichtungen in den Wäldern. Er hörte zu, schüttelte die langen graublonden Haare.

Ich erkannte den Szczesliwice-Bahnhof. Die SS-Leute fingen an zu brüllen. Sie stießen mit Gewehrkolben zu, zweimal schossen sie in die Luft. Sie trieben uns wie eine Herde Schafe auf den Bahnsteig. Ich wich nicht von Siwys Seite.

»Sie werden uns erschießen, Siwy.«

Wir wurden in Viehwaggons gedrängt. Ich hielt mich nahe der Tür, tastete das Holz ab, schob mich weiter, so gut ich konnte, die Waggonwand entlang. Stundenlang mußten wir warten. Die

Nacht brach herein. Manche Männer wurden ohnmächtig; dann setzte sich der Zug in Bewegung, es gab ein bißchen frische Luft.

»Ich hab' ein Messer«, sagte Siwy. »Am Ende des Waggons auf deiner Seite ist ein Drahtgitter. Stoß es raus!«

Zentimeter für Zentimeter schoben wir uns vor, dann endlich spürte ich den Lufthauch an den Beinen. Wir mußten uns niederhocken. Stasiek schob die Körper der anderen beiseite. Manche schliefen, Schulter an Schulter gelehnt. Siwy machte sich an die Arbeit.

»Ich lass' mich rausfallen«, sagte er. »Ich halt' mich an dir fest, und du gibst mir dann einen Stoß. Dann springst du auch, rollst dich ab, die Hände überm Kopf, und dann bewegst du dich nicht mehr.«

Ich erklärte es Stasiek. Wir hatten uns niedergebeugt. Siwy lehnte sich nach vorn, streckte den Kopf hinaus, ich stieß ihn. Dann nichts mehr, nur im Waggon war ein bißchen mehr Platz.

»Du zuerst«, sagte Stasiek Borowski.

Er gab mir einen Stoß. Der Schotter zerfetzte mir die Hände, aber es war Boden, fester, unbeweglicher, harter Boden. Die Schüsse folgten fast sofort danach. Der Zug rollte langsamer, aber er war schon weit weg. Vielleicht war Stasiek auch gesprungen. Ich lief querfeldein, das Gras war naß, Zweige hakten sich in meine Kleider. In einer Lichtung ein Bauernhaus, von einem Holzzaun umgeben. Die Bauern halfen mir. Der Mann gab mir Brot und etwas Geld, ohne zu fragen. Ich lief durch den Wald in die Richtung, die sie mir angegeben hatten, nach Warschau.

Am Morgen, als der Nebel zerriß, sah ich den Bahnhof von Zyrardow, eine Station inmitten von Feldern. Ich nahm den ersten Zug. Der Waggon war voller Bauernfrauen mit weißen Kopftüchern, die sie eng um die groben, roten Gesichter geschlungen hatten. Am Warschauer Bahnhof ging alles glatt. Ich kehrte in meine Straßen zurück, zu den Bettlern und den zerlumpten Kindern. Zwei Tage später traf ich meinen Vater.

»Ich war im Pawiak«, sagte ich.

Ich mußte ihm alles von meiner ersten großen Flucht erzählen.

»Du bist unvorsichtig, Martin. Man kann nicht immer Glück haben.«

Doch er hatte kaum Zeit, mich zu schelten. Er kam von der ersten Untergrundaktion. In einem Vorortsgasthaus von Warschau hatten er und seine Gruppe einen deutschen Polizisten getötet. Einen berüchtigten Henker unter den Henkern. Repressalien brachen über Warschau herein, über der Stadt verstärkte sich der Schrecken. Jede neue Aktion mußte teuer bezahlt werden.

Ich habe Siwy, den kleinen Ganoven aus dem Pawiak, nie wiedergesehen. Auch meinen Freund Stasiek Borowski nicht, der mir half, in die Nacht zu springen.

Das Spiel
um Leben und Tod

Vor dem Krieg, vor meiner »Geburt«, als ich noch nichts wußte, hatte es mein Vater gar nicht gern, wenn ich im Wald die Ameisen störte. Sie waren riesig, schwarzrot, diszipliniert. In Marschkolonnen zogen sie über die Waldpfade. Ich folgte ihnen bis zu ihrem Haufen und stocherte vorsichtig mit einem Zweig in einem der Eingänge. Dann konnte ich mich von dem Gewimmel, diesem Durcheinander, das ich hervorgerufen hatte, nicht mehr losreißen. Zu Tausenden krabbelten sie übereinander, rannten weg, kamen wieder, und die fieberhafte Erregung übertrug sich sekundenschnell auf weitentfernte Trupps. Vergeblich rief mein Vater nach mir.

»Schon wieder die Ameisen«, sagte er. Dann sprach er von der Arbeit, von der Ordnung der Dinge, die man nicht stören dürfe. Ich hörte ihm kaum zu, ich beobachtete.

Seit Anfang Oktober sind wir wie verrückt gewordene Ameisen. Auf den Straßen stehen die Menschen in Gruppen und fuchteln mit den Händen; Männer hasten von einer Tür zur andern; Möbel stapeln sich übereinander, man schleppt sie die Treppen hinauf, dann wirft man sie wieder zum Fenster hinaus. Hier streiten sich Polen; dort versteigert ein Jude seine Gemälde.

Ich trete in unseren Hof. Eine alte Frau sitzt auf der Türschwelle und weint. Sie ruft mich zum Zeugen an, schreit: »Siebenunddreißig Jahre, hier ist mein ganzes Leben, und jetzt soll ich alles verlassen.«

Ich wage nicht zu bleiben, laufe wieder auf die Straße. Familien haben Bettzeug und Koffer auf Karren geladen, sie hasten zielstrebig weiter: Ameisen.

In regelmäßigen Abständen verkündet der Lautsprecherwagen die Grenzen des jüdischen Viertels, die Verbote, die Fristen für die Umsiedlung – den 31. Oktober, dann den 15. November. Mein Vater kommt mehrmals.

»Das ist das Getto«, sagt er. »Sie werden uns Furchtbares antun. Aber wir werden unter uns sein. Und vielleicht wird es so eine Zeitlang weniger schlimm sein. Eine Zeitlang nur.«

Wir wissen, wohin wir ziehen werden: in das Haus Nummer 23 in der berühmten »Mila-Straße«, einer der Geheimunterkünfte meines Vaters. Aber wir warten bis zum nächsten Termin, für den Fall, daß es einen neuen Aufschub, neue Anordnungen geben wird.

Wir alle, Polen wie Juden, sind Tiere geworden, abhängig von Schicksal und Zufall. Im Haus Nummer 31 der Dzielna-Straße sah ich einen riesigen glatzköpfigen Möbelpacker, der lachend Möbel zum Fenster hinauswarf.

In der Wronia-Straße hörte ich ein jüdisches Kind mit fieberglänzenden Augen schreien: »Ich bin doch deutsch, ich bin doch deutsch!« Die schrille Stimme tat mir weh. Ein Alter versuchte das Kind zu beruhigen, er strich ihm übers Haar, aber das Kind schrie immer weiter.

Mein Vater wiederholt mahnend: »Wir dürfen die Selbstbeherrschung nicht verlieren, wir müssen auf der Hut sein!«

Meine Mutter möchte sofort umziehen. Ich umarme sie, rede sanft auf sie ein, wiederhole ihr wie mein Vater, daß wir noch warten müssen, daß sie nicht auf die Straße gehen soll.

Gestern sah ich in der Ciepla-Straße einen Trupp SS-Leute: ihr Anführer wendete den Kopf nach rechts und nach links, die andern lachten. Ich folgte ihnen von weitem, schlich mich von einer Tür zur andern. Sie gingen mitten auf der Fahrbahn; vor ihnen leerte sich die Straße. Sie traten in einen Laden, dann hörte ich Schreie: zwei Frauen kamen herausgestürzt, nackt, die Kleider an den Leib gedrückt. Am selben Tag warteten weiter unten in der Muranowska-Straße etwa zwanzig Juden mit erhobenen Armen an einer Mauer. Ich komme und gehe. Die Straßen sind zu einer irren Welt geworden, die Menschen drängen sich, kommen kaum vorwärts; in der Leszno-, der Sizykowska-Straße staut sich die Menge so dicht, daß ich die Ellbogen brauchen muß, um durchzukommen.

Mein Vater macht sich Sorgen. »Du hast draußen nichts verloren. Sie verhaften, sie töten.«

Meine Mutter fleht, weint, verlangt von meinem Vater, er solle ein Machtwort sprechen.

»Ich muß wissen.«

Mehr kann ich nicht antworten. Ich muß wissen. Ich will diese Ziegelmauer sehen, die immer höher, immer länger wird, und uns einschließt. Beim Parysowski-Platz sieht sie aus wie eine Gefängnismauer; unser ganzes Viertel (die Lautsprecher verbieten uns sogar, es ein Getto zu nennen) wird bald ein Gefängnis sein – der Pawiak der Juden von Warschau. Ich will wissen, denn ich will mich nicht einsperren lassen. Ich gehe inmitten der Menge und sage mir immer wieder: »Laß dich nicht erwischen!« Ich bin fast glücklich. Es ist kalt geworden, um mich herum frieren die Leute, sie zittern. Doch mir ist nicht kalt, ich bin bereit. Ich bin Laidak, der Kater vom Weichselufer, der sich nie hat fangen lassen.

Samstag, 16. November 1940: das Getto. Gestern hat uns mein Vater in das Haus Mila-Straße Nummer 23 gebracht. Als wir durch die Nowolipki-Straße gingen, sahen wir bei der Kirche der Konvertiten Priester Unterschriften für eine Petition sammeln. Sie wollten, daß die Straße nicht ins Getto einbezogen werde.

Jeder versucht, seinen Besitz zu verteidigen, so gut er kann. Man klammert sich noch ein paar Stunden lang an die Vergangenheit, an das, was früher zum Leben gehörte. Manche haben schon alles verloren: die Juden aus dem Praga-Viertel jenseits der Weichsel sind auf Lastwagen ins Getto geschafft worden. Sie besitzen nichts mehr außer ein paar Koffern. Sie hocken auf den Stufen vor den Türen und versuchen, sich vor der Kälte zu schützen.

Mein Vater sagt immer wieder: »Alles ist jetzt eine Frage der Solidarität. Wir müssen es ihnen zeigen!«

Ich habe mir die vier Zimmer unserer neuen Wohnung kaum angesehen. Ich freue mich für meine Mutter, für die Brüder, weil wir wieder ein Heim haben, eine kleine Welt für uns. Aber es hält mich nicht. Ich will sehen.

Vater hat uns schon wieder verlassen: er hilft bei der Aufnahme der Obdachlosen. Er hat seine Aufgabe. Meine Mutter fleht mich an; ich umarme sie, drücke sie fest an mich, ich liebe sie so sehr. Ich lache, scherze, aber es hilft nichts: ihretwegen muß ich auf den Straßen sein, wo Gewalt herrscht, wo die andern, mein Volk, lebt und stirbt.

An jenem 16. November stehen Posten an jeder Straßenecke. Deutsche mit Stahlhelm, daneben polnische Offiziere in blauen Uniformen (man nennt sie bereits die »Blauen«), und etwas weiter die jüdischen Polizisten vom »Jüdischen Ordnungsdienst« mit gelben Armbinden und weißen Armbinden mit Davidstern, mit Koppel und Stiefeln. Werden sie mit uns sein oder gegen uns? Sie kontrollieren die Passanten, überwachen die langen Schlangen, die vor den Läden anstehen.

Überall furchtbares Gedränge, dann plötzlich weite leere Stellen: SIE sind da. Ich gehe näher hin: drei alte Juden machen mit ausgestreckten Armen Kniebeugen. Einer wankt und fällt in den Schmutz. Er bleibt unbeweglich liegen, während ein Soldat langsam auf ihm herumtritt. Weiter unten, in der Leszno-Straße, lassen SS-Leute jüdische Polizisten im Takt auf einem Bein hüpfen. Sie also auch wie wir! In der Ogrodowa-Straße küßt eine Frau die Steine auf dem Gehsteig. SIE lachen.

Wir sind eingeschlossen, und wir sind machtlos! Längs der Mauer steht die Menge dichtgedrängt, schweigend, gebannt. Die Glassplitter, der Stacheldraht auf der Mauerkrone sind deutlich zu sehen. Die Menschen betrachten die Mauer, gehen weg. Man müßte diese Mauer überwinden: mit Leitern, mit Brettern. Man könnte auch in eines der Häuser gehen, die an die arischen Bezirke stoßen, die Häuser mit den vermauerten Türen. In eine Mauer kann man Löcher schlagen, man kann sie durchbrechen.

Ich gehe die Gettomauer entlang und komme an eines der Gettotore: mitten auf der Straße ist eine Stacheldrahtbarrikade errichtet, zwei Schilderhäuschen stehen zu beiden Seiten eines engen Durchgangs. Deutsche stehen herum, sie haben Stahlhelme auf, tragen Waffen. Sie versperren den Durchgang. Sie schwatzen miteinander. Ich möchte gern näher hingehen, mitten durch sie hindurchlaufen. Aber die Straße ist schnurgerade, ich würde sterben. Dieser schmale Durchgang: unsere Freiheit, die Tür unseres Käfigs.

Ein Zug Juden aus den polnischen Stadtteilen trifft mit Leinensäcken und Koffern am Durchgang ein. Polnische Polizisten begleiten sie. Die Deutschen machen Platz, die Juden sind müde und schmutzig, die Kinder schleppen die Füße nach. Woher kommen sie? Aus Praga vielleicht!

Die Männer nehmen vor den Deutschen den Hut ab. Ein noch junger Mann behält den seinen auf. Sie haben es bemerkt: ein Befehl. Der Zug hält an. Man stößt den Mann nach vorn. Niemand wagt, ihn anzusehen. Mit einem Kolbenhieb schlagen sie ihm den Hut vom Kopf. Ein deutscher Offizier steht mit gekreuzten Armen vor dem Schilderhaus und betrachtet die Szene. Sie prügeln den

Mann, bis er zusammenbricht, dann rufen sie die jüdischen Polizisten. Der Offizier tritt vor, gibt einen Befehl, seine Männer lachen schallend auf. Die Polizisten vom Jüdischen Ordnungsdienst pissen auf den verletzten Mann am Boden. Bald darauf setzt sich der Zug in Bewegung, und die Soldaten auf der Straße beginnen wieder zu schwatzen.

Mir war speiübel. Ich machte mich auf zur Mila-Straße. In der Nalewki-Straße sah ich die Straßenbahn. Zwei Wagen kamen vom Gettotor – von drüben, aus dem arischen Warschau, von den Krasinski-Gärten her. Auf der Plattform des ersten Wagens stand eine Gruppe deutscher Soldaten. Sie lachten über die Menge. Sie besuchten das Getto wie einen Ausstellungspark. Auf der Plattform des zweiten Wagens stand ein Blauer, ein polnischer Gendarm. Er sorgte dafür, daß niemand während der Fahrt durch das Getto einstieg. Im Wageninnern Polen, die von einem Viertel ins andere fuhren. An der Ecke Nalewki-Gesia-Straße sprang ein Mann ab und verschwand in der Menge. Ich rannte hinter der Straßenbahn her. Sie fuhr sehr schnell die lange gerade Zamenhof-Straße hinauf, erreichte die Dzika-Straße, wurde am Tor langsamer und fuhr zum Mauertor hinaus.

Ich lief den ganzen Weg zurück. Und wieder folgte ich den zwei Straßenbahnwagen. Es stimmte: es fuhr eine Straßenbahn durch das Getto, von einem Tor zum andern, vom Nalewki-Tor zum Dzika-Tor. Ein Blauer sollte verhindern, daß Fahrgäste während der Gettodurchquerung ein- oder ausstiegen. Aber wenn man auf- oder absprang, konnte man das Getto verlassen oder wieder betreten.

Ich schlief in dieser Nacht wenig. Am frühen Morgen stand ich beim Nalewki-Tor auf der Lauer. Ich beobachtete. Ich ließ mehrere Bahnen vorbeifahren. Es war noch früh. Auf der vorderen Plattform waren keine Deutschen: es war noch nicht Zeit für den »Zoobesuch«. Sie schliefen wahrscheinlich noch bei ihren Warschauer Huren. Dann ging ich zur Ecke Gesia-Straße. Die Bahn kam kreischend heran. Ich brauchte nicht einmal mehr hinzuschauen: alle Geräusche waren mir schon vertraut geworden. Die Straßenbahn mußte in der Kurve bremsen. Dann sah ich den ersten Wagen in die Gesia-Straße einbiegen.

Ich sprang auf die Plattform direkt vor mir: die Polen im Innern taten, als sähen sie mich nicht, sie wandten den Kopf ab. Jetzt die

Zamenhof-Straße; die düstere tragische Menge quoll auf die Fahrbahn. Wir fuhren an der Mila-Straße vorbei. Die Luft war frisch, ich hatte Lust, laut zu rufen, ihre Gesetze zu mißachten, keine Angst mehr zu haben, mich nicht erwischen zu lassen, zu leben; das Sirren der Fahrleitungsdrähte erfüllte mich mit Leben. Noch hatte ich das Getto nicht verlassen. Aber ich wußte, daß es mir gelingen würde. Am Ende der Zamenhof-Straße verlangsamte die Bahn ihre Fahrt, wir kamen zum Dzika-Tor. Ich kauerte mich auf der Plattform nieder. Die Bahn hielt, und ich sah den Deutschen, es war kein SS-Mann. Er trat auf die Plattform zu und bemerkte mich. Wie könnte ich je dieses alte, magere Gesicht vergessen, die buschigen grauen Augenbrauen? Wir schauten uns einen endlosen Augenblick lang an. Dann zwinkerte er mir zu; die Straßenbahn fuhr weiter. Das Getto lag hinter mir. Ich war einem Menschen begegnet.

Meine Armbinde steckte in meiner Tasche. Die Bahn fuhr in den Westen Warschaus. Gewiß, ich war in tödlicher Gefahr, aber ich war frei, weil ich ihre Verordnung übertreten hatte. Töteten sie mich, dann als freien Menschen. Das würde alles anders machen.

Hinter dem Friedhof sprang ich ab: die Straßen erschienen mir leer, weil man sich hier nicht wie im übervölkerten Ameisenhaufen des Gettos mit seiner halben Million zusammengepferchter Juden aus Warschau und Umgebung gegenseitig im Wege stand. Die Passanten in diesem luftigen und angenehmen »arischen« Warschau erschienen mir entspannt, sorglos, elegant; ich vergaß die starrenden Augen voll Hunger und Angst.

Die Cafés auf der Nowy-Swiat-Straße waren voll. Deutsche promenierten mit lachenden Frauen am Arm auf und ab. Es war fast wie im Frieden, wären nicht ab und zu bettelnde Kinder gewesen, die plötzlich verschwanden. – Zweifellos Juden, denen es wie mir gelungen war, durch die Mauer zu kommen.

Ich war nicht gekommen, um zu betteln. Ich kämpfte gegen das Gefängnis, indem ich entfloh; ich war stärker als die Henker. Ich tat, was ich wollte. In den Parks am Ufer der Weichsel wollte ich neue Kräfte schöpfen. Das Getto war eine baumlose Welt aus Stein und Asphalt. Sie erlaubten uns keinen Park im Getto. Ich wanderte durch die Krasinski-Gärten. Jenseits der Swietojerska-Straße sah ich die Mauer und deutsche Soldaten, die Wache hielten. Wie gut, seine Stärke zu fühlen, seine Muskeln, die Gedanken, die einem klar und genau durch den Kopf gehen. Ich war draußen, ich würde zurückkehren, wieder ausbrechen: ich würde leben.

Ich ging die lange, gerade Dluga-Straße hinauf. Dort gab es eine Konditorei, in die mein Vater uns oft geführt hatte. Ich erkannte sie an dem weißen Schaufenster: die Konditorei Gogolewski. Es stand keine Schlange davor. Ich kaufte Brot für teures Geld, biß gierig hinein. Dann kaufte ich Käsekuchen, *Sernik*, dann anderen Kuchen, *Bayaderki*, wie sie Vater mitzubringen pflegte. Und dann wartete ich an der Haltestelle vor dem Tetralny-Platz auf die Straßenbahn. Ich sah das Dach der großen Synagoge am Tlomackie-Platz über die Mauer ragen. Ich würde heimfahren, frei und voll Kraft, Luft und Weizenbrot.

Auf der letzten Station vor dem Getto sprang der Blaue auf die Plattform des zweiten Wagens. Ich stand direkt neben ihm. Ein rundlicher Mann, der mich nicht beachtete. Auch ich schaute ihn kaum an, blieb aber neben ihm stehen. Ich hatte noch etwas Geld bei mir, mein Einsatz. Er zog an der ledernen Klingelschnur: die Bahn fuhr weiter. Es war wie ein Glücksspiel. Ich berührte seine Hand und schob ihm wortlos die Scheine zu. Er knüllte sie zusammen und steckte sie in die Tasche, ohne sich umzuwenden.

Am Nalewki-Tor gab der Blaue ein Zeichen. Die Bahn, die gebremst hatte, wurde wieder schneller. Ich hatte gewonnen, ich war wieder im Getto. An der Ecke Gesia-Straße sprang ich ab, kaum war der erste Wagen verschwunden. Ich legte die Armbinde an. Um mich drängte sich wieder die Menge, wieder sah ich die starren Blicke, hastig redende Männer und Frauen. Bettler. Sie alle waren meine Brüder. Vielleicht waren sie nur nicht mehr jung genug, ihr Leben aufs Spiel zu setzen, nicht stark genug vielleicht.

Ich gehe die Gesia-Straße hinunter. Das Brot fest an mich gedrückt, die Kuchen in der Hand. Jemand schaut mich an.

»Wieviel?« Ein Mann hat mir die Hand auf den Arm gelegt. Er ist alt, Mantel und Hut sind elegant. »Bleiben wir nicht hier stehen. Kommen Sie.«

Er drängte mich in eine Toreinfahrt. Ich bleibe wachsam, rechts ist eine Treppe, über die ich fliehen könnte. Das beruhigt mich.

»Ich will kaufen«, sagt der Herr. »Wieviel?«

»Ich verkaufe nur das Brot.«

»Wieviel?«

Ich nenne eine Summe, die mir enorm erscheint. »Es sind Kilobrote«, sage ich.

Er hört mir gar nicht zu, zieht schon die Brieftasche. »Ich kaufe«, sagt er. »Jeden Tag, wenn Sie es einrichten können. Hier, meine Adresse.«

Er steckt mir Scheine und ein Stück Papier zu und versteckt die zwei Brote unter dem Mantel. Ich sehe ihn davoneilen, er ist so groß, daß sein Hut über der Menge dahinzuschweben scheint. Dann verdeckt ihn die Straßenbahn mit dem Blauen und den deutschen Soldaten auf den Plattformen.

Ich schaue in meine Hand: sie ist voller Zlotys, meine Zlotys! Ich habe auf die Straßenbahn, auf den Deutschen, auf den Blauen gesetzt, mein Leben eingesetzt, und ich habe gewonnen. Das hier ist mein Gewinn. Ich lache, spüre wieder die fleischige Hand des polnischen Gendarmen, der von einem gehetzten Judenjungen Geld angenommen hat, einem Jungen, dem es gelingt, das Getto zu verlassen und wieder zu betreten, wie er will. Er hat mein Geld genommen.

Der Einsatz war mein Leben.

Diese Zlotys sind nichts, sie sind nur der kleinste Teil meines Gewinns: ich habe das Augenzwinkern eines deutschen Soldaten und meine Freiheit gewonnen. Ich habe herausgefunden, daß man, und sei es nur ein einziges Mal, in der Uniform der Henker einen Menschen entdecken kann, daß es möglich ist, einen Menschen, der dich haßt, zu bestechen. Ich habe entdeckt, daß der Mensch wie der Lehm am Weichselufer ist, ich kann ihn formen, wie ich will.

Lange saß ich bewegungslos auf einer Treppenstufe. Draußen verlief sich die Menge. Bald war Sperrstunde. Aber ich hatte Zeit: ich war nicht wie die anderen, die sich durch die Straßen schoben. Ich hatte die Mauer überwunden, hatte die Schergen besiegt. Diese Männer und Frauen, meine Brüder mit den Armbinden, waren gezeichnet. Tiere, dem Tod verfallen, wenn sie sich nicht auflehnten. Sie waren meine Brüder, und doch fühlte ich mich verschieden von ihnen.

Ich hatte Lust, ihnen zuzurufen: Tut wie ich, alles ist möglich. Aber waren sie auch wirklich fähig dazu? Ich war jung, darin lag meine Chance. Ich schmiedete Pläne, während ich herumlief, berechnete die Anzahl Brote, die ich morgen kaufen und verkaufen könnte; ich plante, organisierte, phantasierte. Ein Gedanke folgte dem anderen. Ich durfte nichts dem Zufall überlassen, mußte an die Zlotys für den Blauen denken, eine Methode finden, damit ich nicht von irgendeinem Deutschen umgebracht wurde; sie hatten nur selten Verständnis. Mit jedem Schritt wurde mein Plan vollkommener. Darin lag meine Freiheit, daß ich stärker war als sie, die Henker, die Wächter, die Mörder.

An der Ecke Wolynska- und Zamenhof-Straße saß eine jüdische Familie inmitten einiger Koffer auf dem Bordstein. Vielleicht Juden aus dem Praga-Viertel, die ein Lastwagen hier abgesetzt hatte und die nun nichts mehr besaßen als dieses Wenige. Ein kleines Mädchen mit Zöpfen starrte unbeweglich vor sich hin. Ich überquerte die Straße und legte ihr zwei Stücke Kuchen auf die Knie. Es war ein Nichts, aber da ich entschlossen war, zu leben und frei zu sein, mußte ich auch andern ein wenig helfen zu leben. Wozu sollte ich nur für mich allein leben?

Mein Vater wartete vor der Tür auf mich. Neben ihm stand ein anderer Mann. »Du kommst spät heim. Viel zu spät.«

Er schaute mich nicht an, als habe er Angst, sofort die Wahrheit zu hören. »Das ist Herr Doktor Celmajster, er wohnt im zweiten Stock«, fuhr er fort. »Wir organisieren zusammen ein Hauskomitee, um denen zu helfen, die nichts mehr haben.«

Ich hörte kaum zu. Auch er wollte überleben wie ich, wollte kämpfen, helfen. Ich mußte es ihm erklären. Zwischen uns sollte Offenheit sein.

»Vater, ich war auf der anderen Seite.«

Sie blickten mich schweigend an. Ich hielt ihnen das Kuchenpaket entgegen.

»Von der Konditorei Gogolewski in der Dluga-Straße«, flüsterte Doktor Celmajster.

Mein Vater hörte mit verkrampftem Gesicht, was ich zu sagen hatte. Ich berichtete von dem Soldaten und dem Blauen und dem Brot. Er sagte nichts.

»Du hast gesagt, daß sie uns aushungern wollen.« Ich sagte es mehrmals mit wachsender Heftigkeit. Ich ahnte seinen Zorn.

»Und du glaubst, du, ein Junge von fünfzehn Jahren, kannst allein ...«

Nie hatte ich ihm widersprochen, nie hatte er mir so weh getan.

»Ich werde mich nicht umbringen lassen, Vater. Ich werde Brot besorgen. Wir können doch nicht verhungern!« Ich trat näher auf die beiden zu. »Wir werden doch alle diese Menschen nicht verhungern lassen!«

Celmajster murmelte: »Und wenn sie dich erwischen?«

»Dann ist es immer noch besser.«

Sie sagten nichts mehr. Die Mila-Straße war leer geworden. Schweigend stiegen wir nach oben.

»Wir müssen Vertrauen zu ihm haben«, sagte der Doktor, als er in seine Wohnung ging.

Wir standen allein im Treppenhaus. Mein Vater begann zu reden. Ich stand zwei Stufen über ihm, er mußte den Kopf zu mir aufheben: ich fühlte mich glücklich und beschämt. Bei jedem Wort, das er sprach, hätte ich sein Gesicht in meine Hände nehmen und flüstern mögen: »Vater, du kannst mir vertrauen.« Mir war, als könnte ich alle retten, ihn und alle, das ganze Getto.

»Du weißt, daß sie töten«, sagte er. »Sie wollen uns alle ausrotten. Durch Hunger, durch Zwangsarbeit. Ich bitte dich, Martin, versteh doch!«

Um sie zu besiegen, erklärte er mir, müsse man überdauern, kämpfen, nicht zurückweichen. Betrügen, wenn es nötig sei. Ich hörte ihm zu. Es waren meine Pläne, meine Ziele, von denen er sprach.

»Aber um zu überleben, Vater, muß man zuerst einmal essen. Und darum werde ich mich kümmern.«

Er begann zu lachen.

»Mut hast du ja, das muß man dir lassen«, sagte er und stieß mich die Treppe hinauf. »Vorwärts, du Schieber!«

Mein Vater hatte den richtigen Ausdruck gefunden. Ich wurde ein Schieber, ein Schleichhändler. Tag für Tag sprang ich auf die Straßenbahn, schob die Armbinde unters Hemd, streifte sie im rechten Augenblick wieder über. Ich lernte die Gendarmen kennen, die »mitmachten«, auf die man sich verlassen konnte, weil sie bestechlich waren. Ich suchte die Ware, verkaufte sie, berechnete Gewinn und Unkosten... Das war mein neues Leben.

Ich brach sofort nach der Sperrstunde auf, die Nacht war noch eisig. Ich spähte nach der Straßenbahn: welcher Blaue hatte heute morgen Dienst? Manchmal mußte ich warten, manchmal ging ich das Risiko ein, manchmal setzte ich auf Nummer Sicher. Aber ich spielte. Täglich mehrmals durchfuhr ich in beiden Richtungen die Mauer, setzte mein Leben aufs Spiel. Ich hatte bald Kontakte, Verbindungen, Gewohnheiten, regelmäßige Lieferanten im arischen Warschau. Falsche Papiere besaß ich auch: eine Transporterlaubnis, die mich einmal gerettet hatte. Auf dem Papier stand, daß ich auf der arischen Seite wohne und ein reinrassiger Pole sei. Trotz der Kälte ließ ich meinen Hemdkragen offen: man konnte so die dünne Goldkette und das Medaillon mit der Jungfrau Maria erkennen. Abends lernte ich die katholische Meßliturgie auf lateinisch auswendig, die wichtigsten Gebete; mein Leben konnte von diesen paar Wörtern abhängen.

Meine Gewinne waren enorm, denn im Getto wurde gehungert und gefroren. Ein paar Tage vor Weihnachten sank das Thermometer unter 15 Grad. In der Karmelicka-Straße sah ich zerlumpte Kinder, die sich eng aneinanderpreßten und die Hände hinstreckten; halbverhungerte Waisen liefen überall im Getto herum. Sie warteten vor den Verteilungsstellen auf ein bißchen dünne Suppe, die kostenlos ausgeschenkt wurde. Ich gab, soviel ich konnte. Ein kleines Mädchen mit frostroten knochigen Beinen hatte sich angewöhnt, mir abends an der Ecke Mila-Straße aufzulauern: sie rührte sich nicht, sie schaute mich nur an. Dann, eines Tages, war sie verschwunden.

»Blutsauger trinken unser Blut«, hieß es in einem Gettolied. Ich summte es mit zusammengebissenen Zähnen.

Am Tor der Leszno-Straße, einer Straße, die ich nicht mochte, weil sie wegen häufiger Razzien gefährlich war, sah ich einen Trupp jüdischer Arbeiter, die nach Hause kehrten. Sie arbeiteten »drüben«, auf der Arierseite. Deutsche Wachposten stürzten sich auf sie wie Wölfe, stießen sie mit Gewehrkolben, daß die müden Männer mit den erschöpften Gesichtern in die Knie brachen. Dann durchsuchten sie sie. Stücke Brot, Kartoffeln, ein Säckchen Mehl sammelten sich auf der Straße. Die Wachen zwangen die Arbeiter, die Waren über die Mauer zu werfen. Manche versuchten einen Bissen Brot abzubeißen, sie wurden halbtot geschlagen.

Oft schämte ich mich, satt zu werden, Handel zu treiben, schämte mich vor den skelettdürren Kindern, die sich an die Passanten klammerten, vor den Bettlern, die am Sterben waren, vor der Frau mit dem geschminkten Gesicht, die zu lächeln versuchte, während sie bittend die Hand ausstreckte. Ich schämte mich, daß ich all das nicht verhindern konnte.

Manchmal hatte ich den Wunsch, auch so auf dem Gehsteig zu liegen, vor Hunger und Kälte zu krepieren.

Doch solche Gefühle hielten nicht lange an. SIE wollen uns alle umbringen; mich werden sie nicht bekommen, und ein paar andere auch nicht. Mein Vater erzählte vom Waisenhaus Doktor Janusz Korczaks. Hunderte von Kindern wurden dort dank diesem Mann vor dem Verhungern bewahrt. Ich brachte ihnen Geld und Getreide, wann immer ich konnte. Meine Mutter und Frau Celmajster organisierten die Verteilung von Lebensmitteln. Ich gab. Aber ich machte mir nichts vor; was ich geben konnte, war fast nichts.

Unser Getto ist eine Elendshölle, ein kranker Körper mit fünfhunderttausend Wunden, die Hunger, Kälte, Verzweiflung hinausschreien. Wir alle sind Ameisen, die, vom panischen Schrecken erfaßt, nur überleben und sich retten wollen.

Neulich hörte ich in der Leszno-Straße Geschrei. Von fern sah ich, wie in den Trümmern der Post ein Mann herumkroch: sie stachen ihn mit einem Bajonett blutig. Der Mann war entdeckt worden, als er aus einem Keller hervorkam. Wahrscheinlich hatte er einen Gang entdeckt, der unter der Mauer durchführte. Er war mit Brot zurückgekommen, und jetzt mußte er sterben.

Sie töten und prügeln: Frauen, die mit einem Stück Brot davonlaufen wollen; Kinder, die auf der arischen Seite ein paar Pfennige erbetteln. Manchmal drücken die Soldaten auch ein Auge zu, manchmal verteilen sie beschlagnahmte Waren; manchmal entschuldigen sie sich mit einem Blick, durchsuchen nicht, lassen die Kinder durch.

Doch was zählen die paar Ausnahmen! Das Augenzwinkern von Mensch zu Mensch ändert nichts. SIE wollen unseren Tod. Und wenn das Getto noch lebt, Tag für Tag, dann deshalb, weil ich nicht der einzige bin, der durch die Mauer geht: die Schleichhändler sind überall. Polen kommen ins Getto, verkaufen ihre Waren und kehren mit »harten« Dollars (in Gold) oder »weichen« (in Papiergeld) auf ihre Seite zurück. In der Kozla-Straße gibt es über einen Dachboden eine Verbindung zur arischen Seite.

Sogar den Henkern ist es unmöglich, fünfhunderttausend Menschen zu überwachen, sie alle auf einmal umzubringen. Zudem sind sie habgierig: sie haben Läden eingerichtet, Fabriken, und sie lassen uns schuften wie Sklaven. Wir stellen Uniformen, Mützen, Koppel für die große Armee der Henker her.

Da sie uns nicht alle gleich töten können, lassen sie zu, daß ein paar von uns eine gewisse Ordnung in das Gettoleben zu bringen versuchen. Mit Erlaubnis der Gestapo haben zwei Männer, Ganzweich und Sternfeld, im Haus Nummer 13 der Leszno-Straße eine »Wirtschaftspolizei« aufgestellt, ein Plünderungsunternehmen, eine Schmugglerbande, eine Mafia, die SIE überwachen. Aber »die 13«, so nennt man sie, helfen uns auch überleben; sie geben den Armen, sie stehlen und sie verteilen Almosen.

Dann gibt es noch Kohn und Heller, zwei Kaufleute, die ebenfalls offiziell geduldete Schleichhändler im Getto sind: ihre alten Klapperkästen mit Pferden davor sind unsere »Straßenbahnen«, stinkend, dreckig, aber nützlich. Langsam knarren die Wagen zwischen den *Rikschas* dahin, den Fahrradtaxis, die sich durch die Menge drängen: darin sitzen fette, gutgekleidete Männer, die sich von halbverhungerten Männern durch eine traurige hungernde Menge ziehen lassen.

SIE fotografieren solche Szenen oft, machen Filmaufnahmen. Alles ist extrem in dieser Gettosituation, Reichtum und Elend. Ich weiß es. Es gibt Nachtlokale, und Kinder verhungern vor ihren Türen. Korruption geht neben Opferbereitschaft einher. Ich verkaufe meine Ware zu übersetzten Preisen, esse Kuchen aus der Konditorei Gogolewski und gebe Almosen. Ist das ungerecht? Ich lebe, so gut es eben geht in dieser Hölle, die SIE eingerichtet haben. Ich setze mich zur Wehr, wir alle versuchen uns zur Wehr zu setzen.

Ja, ich bin egoistisch geworden. Ja, ich kann einen Menschen sterben sehen und an ihm vorbeigehen, ohne stehenzubleiben. Denn ich habe begriffen, daß ich um jeden Preis leben muß, wenn ich ihn rächen will. Wenn ich aber leben will, muß ich lernen, nicht stehenzubleiben, ihn sterben zu sehen. Mein Egoismus ist die einzige Waffe, die SIE mir gelassen haben. Ich habe sie ergriffen, gegen SIE. Im Namen meines ganzen Volkes.

Jeden Tag kämpfe ich ein wenig besser. Ich springe mit einem Sack auf die Straßenbahn, der polnische Gendarm, der »Blaue«, läßt mich gewähren; manchmal fährt meinetwegen die Bahn an der Ecke der Gesia-Straße langsamer. Ich laufe zu den Geschäften, den Wohnungen, in denen man auf mich wartet. Ein paar Worte, Gesten: der Sack ist leer, ich habe meine Zlotys, laufe wieder zur Nalewki-Straße, um eine weitere Tour zu machen. Die Scheine für den Blauen habe ich griffbereit. »Geld, Geld, das beste Ding der

Welt.« Ich pfeife das Lied vor mich hin. Ich besteche die Henker. Diese Menschen, denen ich Geld geben muß, sind nichts wert. Nie würde ich die Meinen für einige dieser schmutzigen, zerknitterten Scheine verraten. Glücklich kehre ich in die Mila-Straße zurück, Zuckerzeug in den Taschen, manchmal eine Apfelsine.

Vater macht keine Einwände mehr. Aber ich spüre, wie groß seine Angst um mich ist, wie sehr er mich bewundert. Neulich habe ich Geld für ihn mitgebracht, Geld, das man ihm auf der arischen Seite schuldete. Er dankte mir. Aber wußte er, wie groß meine Freude war? Ich bin ein Mann, ich kämpfe, ich lebe. Mehrmals täglich triumphiere ich über die Henker und ihre Gesetze. Doch allein schaffe ich meine Aufgabe nicht mehr.

In der Mila-Straße 23 mache ich mich an Pawel, den Sohn des Nachbars, heran. Unten im Hof erkläre ich ihm, was ich tue. Er ist ein jüdisch-intellektueller Typ: Brille, Kraushaar; er gehört zur Haschomer Hazair, einer linkssozialistischen zionistischen Organisation. Er schüttelt den Kopf, zögert. Ich beruhige ihn.

»Du brauchst nicht durch die Mauer. Außerdem kannst du es gar nicht. Du siehst zu jüdisch aus.«

Er lacht. Er zögert immer noch. »Schachern«, sagt er mit leichter Verachtung in der Stimme.

»Leben«, gebe ich zurück. Wieder erkläre ich ihm alles ausführlich. »Also? Machst du mit?«

Er ist schließlich dazu bereit. Ich verbeiße das Lachen. Ich beginne die Menschen zu durchschauen; ich sehe so viele. Ich weiß, wie man mit ihnen reden muß. Alter und Uniformen machen keinen Eindruck mehr auf mich. Man braucht nur den richtigen Ansatzpunkt zu finden, und sie tun, was man von ihnen erwartet. Es genügt, schneller zu denken als sie, sich schneller zu entschließen, für sie zu entscheiden.

Pawel und ich bilden jetzt ein Team. Ich brauche nicht mehr jedesmal von der Straßenbahn abzuspringen: ich werfe meinen Sack hinaus, er reicht mir einen leeren mit Geld herauf. Abends zählen wir unseren Gewinn. Wir legen einen Teil auf einen gesonderten Haufen, das tun wir immer als erstes: das Geld für die anderen. Pawel verteilt es an die Notleidenden: Doktor Korczaks Waisenhaus, die Bettler, die Volksküchen, die im Getto eröffnet werden. Jeder Geldschein bedeutet uns einen Sieg.

Pawel ist der Ansicht, daß ich zu viel riskiere. Er meint, eine oder zwei Fahrten täglich würden ausreichen. Warum muß alles so hektisch zugehen; warum sollen wir nicht ein, zwei polnische Gendarmen aussuchen, von denen wir sicher sind, daß sie »Spieler«, bestechliche Komplizen sind, mit denen man immer rechnen kann? Warum gebe ich mich nicht damit zufrieden, nur mit ihnen zu arbeiten? Pawel begreift meine Gier, meine Begeisterung nicht.

Abends in seinem Zimmer versucht er, mich zur Vernunft zu bringen. Wir rauchen gemächlich, ich höre ihm kaum zu, bin müde und glücklich und warte ungeduldig auf den nächsten Morgen. Seine Schwester Pola kommt, und ich beginne das große Wort zu führen. Ich spiele mich auf, rauche, als wäre ich eine bedeutende Persönlichkeit. Pola sagt stundenlang kein Wort. Sie schaut mich nur an.

Dann, eines Abends sagt sie: »Bei Martin ist das eine Leidenschaft.«

Sie hat mich verstanden.

Pawel zuckt die Schultern. »Ich geh' ja schließlich nicht rüber«, sagt er. »Du willst überleben, aber du spielst zu hoch.«

Die Geldscheine liegen noch auf dem Tisch. Ich nehme den Stapel für die andern.

»Es ist mehr als gestern, Pawel«, sage ich.

»Und morgen wird es gar nichts geben, wenn du verlierst.«

Ich steige mit Pola in den Hof hinunter. Hier, zwischen den Mauern, haben wir unseren Schlupfwinkel. Klirrende Kälte, eine tintenschwarze Nacht.

»Pawel hat Angst um dich und fühlt sich schuldig, weil er nicht mit dir loszieht.«

Gewehrgeknatter. Eisige Kälte. Wir gehen ins Haus und steigen im Finstern bis unters Dach hinauf. Dort haben mein Vater und ich ein Versteck einzurichten begonnen. »Man kann nie wissen«, sagte er. »Sie werden uns nicht in Ruhe lassen, auch hier im Getto nicht.«

Pola und ich bleiben lange dort oben, liegen fast unbeweglich nebeneinander, ohne zu sprechen, dann steigen wir wieder hinunter.

»Laß dich nicht erwischen, Martin.«

Es waren nicht Soldaten, die mich erwischten. Als ich wie üblich hinter dem Friedhof absprang, glaubte ich mich in Sicherheit. Ich war ohne Schwierigkeit durch das Tor gekommen und berechnete schon den Preis, den ich dem Getreidehändler vorschlagen würde.

Ich hörte ihre raschen Schritte zu spät. Sie waren zu viert, richtige Gaunervisagen. Einer, der mit dem Blatternarbengesicht, grinste.

»Schau, was für ein feiner Kater«, sagte er. »Miau-miau...«

Sie hielten mich an den Armen fest, stießen mich in einen Hof.

»Ein schöner fetter Jidd, dem es gut geht.«

Er roch nach Wodka, sein Atem wehte mir ins Gesicht.

Kater, Jidd, ich kannte diese Ausdrücke, sie bedeuteten »Jude«, einen Juden, der sich heimlich herausgeschlichen hat. Und nun hatten ihn die Strolche umstellt und plünderten ihn aus.

»Her damit, Jidd.«

Sie standen im Kreis um mich herum, stießen mich. Ich versuchte loszukommen; sie warfen mich zu Boden, hockten sich auf mich und durchsuchten meine Taschen. Sie fanden die Zlotys. Der eine, fast zwei Meter groß, pfiff durch die Zähne, während er die Scheine zählte.

»Wirklich, ein schöner fetter Kater«, wiederholte er.

Sie zogen mir die Schuhe aus, einer probierte sie an. Sie schlugen mich ins Gesicht, tasteten mich erneut ab; dann verschwanden sie.

»Auf bald«, sagte der, der nach Wodka roch.

Es regnete. Ich hockte in dem verlassenen Hinterhof, ohne Schuhe, ohne Geld, und weinte vor Wut und Zorn und Erniedrigung. Die Henker genügen also nicht. Es müssen auch noch Schakale auf uns lauern. Ausgerechnet sie bringen mir meine erste Niederlage bei.

Es gelang mir, meine Geschäftspartner zu überreden, mir das Geld für den Blauen zu geben. Und ich machte weiter, vorsichtiger, immer auf der Hut; ich stieg weiter weg aus, versuchte, ihnen zu entwischen. Aber die *Szmalcowniki* hatten mich nicht vergessen. Sie wurden fett von unserem Elend.

Einmal lief ich ihnen davon, aber damit riskierte ich festgenommen zu werden. Das Spiel war ungleich, ich mußte bei jedem Zug verlieren. Dreimal plünderten sie mich innerhalb weniger Tage aus, ich konnte weder um Hilfe rufen noch mich verteidigen; mein Gesicht durfte keine Prügelspuren aufweisen: ein geprügelter Mensch ist ein verdächtiger Mensch.

Ich lernte sie kennen: den Mann mit den Blatternarben, den Rothaarigen, den sie Rudy nannten. Ich versuchte mit ihnen zu sprechen, aber sie zählten nur das Geld, stritten sich beim Teilen und beachteten mich nicht.

»Komm bald wieder, Jiddel«, sagten sie.

Eines Abends verfolgte ich sie, um mehr über sie zu erfahren. Sie gingen mit wiegenden Schultern, stießen sich an, schoben Passanten beiseite. Ich sah, wie sie hinter einem jungen Juden herliefen; er machte verzweifelte Gebärden, sie verprügelten ihn und ließen ihn halb ohnmächtig in einem Hausgang liegen. Schließlich betraten sie ein Restaurant am Ende der Dluga-Straße und fingen an zu trinken.

Gebannt beobachtete ich diese Kerle: sie lachten und tranken. Es war mein Geld, das vor ihnen auf dem Tisch lag, mein Leben, das in ihre Kehlen floß, und das Leben anderer Menschen, die weniger als fünfhundert Meter von ihnen entfernt verhungerten.

Mit diesem Geld hätten einige von ihnen ein paar Tage länger leben können. Und die Kerle tranken. Ich konnte mich nicht von dieser Stelle losreißen, von wo aus ich sie Flasche um Flasche leeren sah. Doch mußte ich zurück, Geld auftreiben, mein Leben für nichts aufs Spiel setzen. Ich erzählte meinem Vater, Pawel, Pola. Pawel rief: »Die gemeinen Kerle, die Schweine! Was für Feiglinge!« Ich hörte ihm zu, ich vermeinte, meine eigene Stimme zu hören. Dasselbe hatte ich seit Stunden zu mir selbst gesagt. »Was hilft uns das weiter. So sind sie eben«, sagte ich. Ich begann, ihnen zu erklären, was sie waren, warum man mit ihnen zu rechnen hatte; und diese Erklärungen waren für mich selbst bestimmt: Sie sind eine neue Mauer; ich muß durch diese Mauer kommen wie durch die andere. Es wird sicher weniger schwer sein.

Den ganzen nächsten Tag wanderte ich durch das Getto. Seit langem war ich nicht mehr ziellos durch die überfüllten Straßen gegangen. Kinder wühlten in Mülleimern. Eine Frau an der Ecke Nowolipki- und Smocza-Straße trug ihr totes Kind im Arm und bettelte. Ein elegantes Paar, imposanter Mann mit gekreuzten Armen, die Frau geschminkt, sang mitten auf der Straße. Drüben wurden Bücher korbweise verkauft, hier lag ein bewußtloser Mann, zweifellos vor Hunger und Kälte. Es war ein furchtbares Bild: überall Tod, ein langsamer, kriechender Tod.

Am Ende der Stawki-Straße wurden Baracken errichtet, Gleise verlegt, Bahnsteige, um die Festgenommenen zu sammeln und abzutransportieren. Manchmal drangen die Soldaten in eine Straße ein und verhafteten grundlos und selbst ohne den geringsten Vorwand. Es machte ihnen eben Spaß, sie waren die Macht und das

Recht. Meine Mutter war voller Angst: sie verließ das Haus fast nie mehr.

Ein paar hundert Meter weiter, und alles sah ganz anders aus. In der Rymarska-Straße Nummer 12 kündigte der Nachtclub »Melody Palace« an: »Diana Blumenfeld singt Gettolieder.«

Vor dem Eingang ein Menschenauflauf. Ich trat näher: Rubinstein, der Clown, stand da, kreischte, gestikulierte, wand sich und brüllte: »Wir sind alle gleich. Leg dich auf die Straße, mach ein bißchen Platz für deinen Nachbarn.«

Ich mochte ihn. Ich hatte ihn gesehen, wie er auf deutsche Soldaten zulief, sie herausforderte, sich über sie lustig machte und sie zum Lachen brachte, sein Leben aufs Spiel setzte. Auch er kämpfte auf seine Weise.

Ich hatte die Schrecken und das Elend dieser Straßen vergessen. In der Straßenbahn, mit meinen »Spielern«, denen ich meine Zlotys zusteckte und damit für einige Augenblicke mein Leben in die Hände gab, war ich weniger unglücklich gewesen.

Aber ich mußte weiter. Ich mußte diese neue Mauer, die Ganoven, die gierigen primitiven *Szmalcowniki*, überwinden. Sie stahlen, um trinken zu können – nun gut, ich würde ihnen zu trinken geben!

Am nächsten Morgen verließ ich das Getto mit der ersten Bahn. Schnee fiel in großen Flocken. Die Stadt jenseits der Mauer schien mir leer, noch halb im Schlaf. Ich hatte sehr wenig Geld mitgenommen, einige Zlotys zusammengefaltet in meine Schuhe gesteckt: das schlechteste Paar Schuhe, das ich besaß; durch die löcherigen Sohlen biß die feuchte Kälte in meine Füße. In der Wronia-Straße kaufte ich zwei Flaschen Wodka, dann stellte ich mich in der Dluga-Straße gegenüber dem Restaurant auf, in dem sie ihre Höhle hatten.

Es schneite noch immer. Der Wind pfiff die lange Straße herunter und wirbelte den Schnee auf. Ich drängte mich in einen Hauseingang, das war der einzige Schutz, den ich fand, aber oft genug bekam ich ganze Ladungen Schnee mitten ins Gesicht. Ich fluchte auf die brutalen Kerle, spuckte aus, träumte davon, eine Granate in dieses verdammte Café zu schmeißen und Warschau von den Schakalen zu befreien. Dann wurde ich ruhiger.

Zuerst sah ich Rudy, den Rothaarigen, mit hochgeklapptem Kragen kommen, später betraten zwei andere unter heftigem

Schulterklopfen das Café. Schließlich kam der Älteste der Bande, der Blatternarbige, mit einem Mädchen im langen Pelzmantel.

Ich wartete trotz meiner Ungeduld. Ich redete mir immer wieder ein, man müsse warten können; ich dachte an Laidak, der viele Minuten lang vor einem Stück Fleisch kauerte, das ich ihm hingeworfen hatte, bis er es plötzlich in einem Satz packte. Ich mußte die Bande erst ein wenig trinken lassen und sie packen, wenn der Alkohol sie etwas milder gestimmt hatte. Und das Glück war auf meiner Seite: bei diesem Schneetreiben waren sie sicher nicht auf »Jiddenjagd« gewesen, ihre Taschen mußten leer, ihr Durst riesengroß sein.

Ich rannte über die Straße, öffnete die Tür, und plötzlich stieg mir ein Geruch nach Kohl, altem Rauch in die Nase: feuchte Wärme wie in einem Dampfbad. Jemand rief: »Tür zu!«

Ich hatte es vergessen. Ich begann zu schwitzen. Da hockten sie vor mir an ihrem Tisch an der Wand, halb liegend, eine Flasche stand vor ihnen. Das Mädchen, das ich mit ihnen hatte hineingehen sehen, saß steif bei ihnen, die langen blonden Haare zu einem Zopf geflochten. Sie bemerkte mich nicht.

Ich setzte mich ans Ende ihres Tisches und stellte die zwei Wodkaflaschen, zwei große Flaschen mit rotem Verschluß, vor mich hin. »Ich heiße Martin«, sagte ich. »Manchmal nennt man mich auch Mietek.«

Sie sahen mich an, sie sahen die Flaschen an. Das Mädchen warf ihnen fragende Blicke zu.

»Der ist ein Jiddelach«, sagte Rudy.

»Ich heiße Martin.«

Ich machte eine Flasche auf, sie schoben ihre Gläser näher.

Dann begann ich zu sprechen: »Heute habe ich nichts, nicht mal gute Schuhe. Ich bin gekommen, um Tacheles mit euch zu reden. Geschäftlich eben.«

Der Blatternarbige lachte leise vor sich hin. Er hielt mir sein Glas unter die Nase.

»Verflixter, starrköpfiger Jidd. Man haut ihn, und er kommt angekrochen und will über Geschäfte reden. Alle gleich, diese Jidden.«

»Wie heißt du?«

»Stefan. Stefan Dziobak. Blattern-Dziobak.« Und er lachte wieder leise vor sich hin.

Nach und nach nannten alle ihre Namen. Es gab einen Mietek Skower, genannt Mietek der Riese: ein rundes weißes Kindergesicht, fast bartlos, zwei Meter groß, kleine stechende Augen, die tückisch funkelten. Der letzte, der bisher fast nichts geredet hatte, hieß Mokotow, wie ein Gefängnis in Warschau; das blonde Mädchen, Maria, war seine Schwester. Ich redete und erklärte, sie tranken. Ich erwähnte das Getto, die Verhungernden nicht. Wozu auch? Ich redete von Wodka, von täglichen Vergütungen, von Freß- und Saufgelagen, sicherem Gewinn und kleinem Risiko.

»Ich möchte, daß wir eine Bande werden«, sagte ich. »Und wir werden alle unseren Schnitt dabei machen.«

Sie sagten nichts. Sie tranken.

»Du bist doch bloß ein mieser Jidd«, sagte Blattern-Dziobak, »und ein Jidd ist und bleibt eben ein Jidd.«

Maria murmelte etwas, sie hörten es alle genauso wie ich: »Und Zlotys sind und bleiben eben Zlotys, und wenn die Jidden geschickter sind als ihr...«

»Komm mal rüber mit der Geschichte!« Mokotows Stimme klang tief. Er hatte am wenigsten von allen getrunken.

Ich machte die zweite Flasche auf. Langsam stieg Freude in mir hoch, Siegesfreude: ich würde diese neue Mauer überwinden. Ich war ein Nichts, ein kleiner, in die Enge getriebener Jude, und diese Ganoven hörten mir zu. Vielleicht, weil sie spürten, daß ich ihnen nicht einmal mehr böse war, daß sie mich ausgeplündert hatten, vielleicht, weil sie merkten, daß es mir auf ein echtes, offenherziges und dauerhaftes Bündnis ankam. Ich fragte sie, ob ich ihnen vertrauen könne.

Blattern-Dziobak fing wieder an zu lachen. Er deutete auf Mokotow: »Der da ist Mokotow das Grab. Und dann, mein kleines Jiddelach...« Er holte ein Schnappmesser aus der Tasche und legte es auf den Tisch. »...wenn wir dich nicht ein kleines bißchen gern hätten, glaubst du nicht, daß wir dir nicht schon längst die Zunge abgeschnitten hätten? Oder deinen kleinen Schwanz?«

Sie platzten fast vor Lachen.

»Aber er ist doch schon abgeschnitten, sein kleiner Schwanz«, prustete Mietek der Riese.

Sie hämmerten vor Begeisterung auf den Tisch, und ich lachte mit ihnen.

Nur Maria blieb starr und unbeweglich und beteiligte sich nicht am Heiterkeitsausbruch, der uns gepackt hatte.

»Wir haben schon einen Mietek, den Riesen«, sagte Dziobak prustend, »du wirst dann eben Mietek der Beschnittene sein.«

Wieder gab es großes Gelächter. Ich trank mit ihnen, ich begann mich wohlzufühlen. Es waren primitive Menschen. Ich mußte ihr Führer und ihr Freund werden, und das schien mir gar nicht so unmöglich.

Ich erklärte ihnen meinen Plan: Sie würden mich beschützen, ich würde sie regelmäßig jeden Tag dafür bezahlen. Wir würden zusammen durch das Getto fahren: als Polen konnten sie gefahrlos die Straßenbahn benutzen; um das übrige würde ich mich kümmern. Sie würden in meiner Nähe sein und ein bißchen zuschlagen, wenn andere Banden auf die »Jidden« lauerten. Als Gegenleistung würde es Zlotys, Wodka und Gelage geben, und das alles ohne die geringste Mühe.

»Es werden immer weniger Juden durch die Mauer kommen. Bei mir habt ihr garantiert jeden Tag...«

Ich bestellte eine neue Flasche Wodka.

»Bleib da, Jadzia!« Mietek der Riese hielt die Kellnerin am Arm fest. Sie war ein großes blondes Mädchen mit einem heiteren, lebendigen Gesicht; ein Mädchen saftig und frisch wie eine Frucht.

Sicher war es der Wodka, der mich sagen ließ: »Sie ist schön, eure Jadzia!«

Sie lachte und schüttelte ihr blondes Haar.

Dziobak fragte: »Na, wie gefällt er dir, dieser Mietek der Beschnittene?«

Sie lachte noch mehr, schaute mir dabei in die Augen, und mir wurde ganz wohl zumute. Ich wollte auch lachen. Zum erstenmal in meinem Leben malte ich mir aus, wie es wäre, wenn ich mein Gesicht zwischen die Brüste einer Frau drückte. Ich sagte ihr das alles und sah sie an und lachte.

»Wann fangen wir an?« fragte Mokotow.

Mietek stieß Jadzia weg. Ich war plötzlich nüchtern: ich hatte gewonnen.

Mokotow das Grab war ihr Anführer. Das merkte ich daran, daß die anderen schwiegen, wenn er sprach. Rudy machte sich dann die Nägel sauber oder kratzte sich am Kopf; Mietek der Riese schloß die Augen und schien friedlich zuzuhören, paßte aber auf wie ein

Luchs; Blattern-Dziobak lächelte meist in der unheimlichen stillen Art, die ich an ihm schon seit Beginn unserer Bekanntschaft kannte.

Es waren schon komische Kerle, diese Ganoven, aber schließlich fühlte ich mich wohl in ihrem Café und bei ihnen, und das nicht nur, weil ich sie dazu überredet hatte, mit mir zusammenzuarbeiten. Eher schon, weil sie ohne Masken waren: sie trugen keine Uniformen, sie vertraten nicht Gesetz und Ordnung. Sie gehörten ganz offen und ungeschminkt zur Warschauer Unterwelt, sie hatten mir mein Geld weggenommen, sie verdroschen die »Jidden«, aber nicht sie hatten die Gettomauer errichtet.

Und ganz sicher hatten sie auch nicht an jenen letzten Septembertagen 1939 »Juden raus« geschrien, als die Deutschen Brot und Suppe an die Schlangen der Wartenden verteilten. Damals hatte ich biedere, wohlgekleidete Bürger aus der Schlange treten und Menschen denunzieren sehen. Und ich hatte sehen müssen, wie ein Offizier meinen Kameraden mit dem roten Haar totprügelte. Ich hatte Polizisten, die Vertreter von Gesetz und Ordnung, Kinder und Frauen schlagen und bestehlen sehen, ohne daß etwas dagegen geschah. Mehrmals täglich schob ich einem Blauen Geld zu, einem feinen ehrenwerten Gendarm, der sich für Zlotys verkaufte...

Sie, Rudy, Mietek der Riese, Blattern-Dziobak und Mokotow das Grab waren Vagabunden, Ganoven, Räuber, erbarmungslose Schakale, aber sie spielten nicht falsch, sie versteckten ihre Karten nicht. Sie tranken gern, und sie stopften sich gern voll. Sie stahlen und raubten, das wußte ich ja. Aber sie waren anständige Kanaillen.

»Wir fangen morgen an.«

Ich mußte sie sofort packen, ihnen beweisen, daß sich unsere Abmachung für sie sofort bezahlt machen würde. Obwohl ich noch nicht genau wußte, wie ich es einrichten sollte, obwohl ich vor Angst zitterte, daß es schiefgehen könnte, konnte ich nicht mehr zurück. Wir verabredeten einen Treffpunkt in der Nähe des Friedhofs, dort, wo sie mich das erstemal erwischt hatten. Mokotow hörte mir genau zu. Dann füllte er sein und mein Glas, es war der Rest in der Flasche. Wir kippten den Wodka hinunter und schlugen mit den Gläsern gleichzeitig auf den Tisch.

Mokotow ging mit mir hinaus. Es schneite noch immer, aber

der Wind hatte sich gelegt. Wir gingen ein paar Schritte von der Tür weg.

»Du kannst uns vertrauen«, sagte er. Dann drehte er sich um und ging davon.

Ich fuhr ins Getto zurück. Die nächsten Stunden waren entscheidend für mich, ich mußte alles vorbereiten, ich mußte Erfolg haben. Ich war dabei, vom einsamen Amateur zum Profi zu werden: jetzt hatte ich Angestellte, und wenn ich sie behalten wollte, mußte ich sie bezahlen, also meinen Umsatz steigern. Das Räderwerk setzte sich in Bewegung; ich mußte wachsen oder untergehen. Ich sprach Pawel und Pola. Ihre Mutter hatte ein paar Ersparnisse. Morgen würde ich sie brauchen.

Dann ging ich zu meinem Vater und besprach mich mit ihm. Ich wußte, wo er zu finden war. Er arbeitete den ganzen Tag in den Aufnahmestellen für die Juden, die uns die Deutschen aus ganz Europa schickten, aus dem »Reich« und aus Österreich. Wir sahen sie mit ihren Koffern oder Pappkartons ankommen, mit der Arroganz und den Vorurteilen der Westjuden, die plötzlich und brutal in unser Gefängnis geworfen wurden, in dieses polnische Getto, in dem man wegen eines Worts oder eines Blicks umgebracht wurde, in dem man vom Typhus verfolgt wurde oder an Hunger und Kälte umkam.

Mein Vater saß im Aufnahmebüro in der Prosta-Straße Nummer 14 und registrierte gerade Deportierte aus Danzig. Einer von ihnen, ein Herr mit Spazierstock, schrie beim Eintreten, er sei Katholik, schon sein Vater sei Konvertit gewesen, er hasse die Juden, er wolle wissen, ob es eine Kirche gebe. Ich hätte ihm die Faust ins Gesicht schlagen mögen.

Mein Vater sagte nur ruhig: »In der Grzybowska-Straße finden Sie die Konvertitenkirche.«

Er sah mich und kam plötzlich lachend auf mich zu.

»Vater, es handelt sich um eine große Sache.«

Er schüttelte den Kopf, sein Blick und die vorgeschobene Unterlippe mißbilligten, was ich ihm sagte. Aber er versuchte nicht einmal mehr, mir zu widersprechen. Er fragte einfach: »Was willst du?«

Ich wollte, daß er mich mit dem Chef der Träger bekanntmache, dieser geschlossenen Bruderschaft starker, brutaler Kerle, die den Transport im Getto beherrschten. Viele von ihnen waren

Schmuggler. Und auch sie gaben manchmal etwas für die Armen. Ich wußte, daß mein Vater gelegentlich mit ihnen zu tun hatte.

»Martin, sie sind die Unterwelt des Getto.«

Ich zuckte die Achseln. Was spielte es schon für eine Rolle? Ich brauchte sie, wir alle brauchten sie: mein Vater, der Unterstützungen verteilte, die Kinder in Doktor Korczaks Waisenhaus und die auf den Straßen, die betenden Chassidim, die Intellektuellen, welche die kleinen Untergrundzeitungen druckten, die Pola verteilte.

Vater und ich machten uns auf den Weg. Die Nacht war hereingebrochen. Es herrschte eine solche Finsternis, daß die Passanten aneinanderstießen. Die Deutschen hatten die totale Verdunkelung befohlen, man redete von Krieg gegen Rußland.

»Ich gehe hinein«, sagte Vater. »Warte hier auf mich.«

Wir standen vor einem niedrigen Gebäude in der Kozla-Straße.

»Ich werde dich empfehlen, aber mehr kannst du nicht verlangen. Danach gehe ich.«

Ich mußte nur kurz im Hof warten, dann rief mich mein Vater: »Sie erwarten dich.«

Er klopfte mir auf die Schulter, als wollte er sagen: Geh, mein Junge, und sei erfolgreich, geh, wenn du denkst, du mußt es tun ...

Sie saßen zu viert in einem fast leeren Zimmer: stiernackig, breitschultrig, einer mit einer Narbe auf der Wange. Wirklich, heute war mein Tag in der Unterwelt, der arischen wie der jüdischen.

»Na, Kleiner, du willst in unserem Gebiet jagen?«

Ich gab darauf keine Antwort, sondern lehnte mich gegen die Wand und begann zu reden: auch hier keine großen Worte, sondern Zlotys, soundsoviele pro Sack, der im Getto von der Straßenbahn bis zu meinem Kunden getragen würde. Sie würden sich um nichts zu kümmern brauchen, mußten nur da sein, wenn die Bahn bremste und ich ihnen die Säcke zuwarf. Sie würden im Eiltempo damit verschwinden. Das war schließlich ihr Beruf.

Ihre Namen lernte ich später kennen. An jenem Abend stellten sich Karren-Trisk, Jankele der Blinde, Kive der Lange und Chaim der Affe nicht vor.

Sie hörten zu, feilschten wegen des Preises, verständigten sich durch Blicke.

»Morgen früh hast du deine Träger«, sagte Jankele der Blinde. »Aber nur einen Tag lang zur Probe. Später sehen wir weiter.«

Mehr verlangte ich gar nicht. Die Maschinerie mußte nur erst einmal in Gang gesetzt werden. Pawel und Pola hatten das Geld. Alles war bereit: Pawel würde sich in der Zamenhof-Straße aufhalten, zwischen der Wolynska- und der Muranowska-Straße sollte mitten auf gerader Strecke abgeladen werden, es würde rasch gehen, die Träger hatten nur die Säcke zu nehmen. Ich würde den Fahrer schmieren, damit er bremste.

Ich legte mich in Kleidern aufs Bett. Ich war ganz zerschlagen, mir war übel. Niemals zuvor hatte ich soviel getrunken und geraucht, aber vor allem hatte ich Menschen kennengelernt, von deren Existenz ich vor ein paar Monaten nicht einmal etwas geahnt hatte. Ich träumte davon, daß Jadzia mich an sich drückte, fest gegen ihre Brüste, die ich groß und rund unter der gestickten Bluse vermutete...

Ich mußte Leuten mit Zuchthäuslernamen Vertrauen schenken und mich vor Polizisten, die das Gesetz vertraten, in acht nehmen. Die Zeiten waren seltsam. Ich, der Sohn aus guter Familie von der Senatorska-Straße, war Mietek der Beschnittene geworden.

Sie sind am vereinbarten Treffpunkt: Mietek der Riese und Mokotow das Grab hocken in einem Hauseingang, Rudy lehnt an der Mauer ein paar Meter weiter, Blattern-Dziobak raucht abseits und lächelt wie immer.

»Für dich gibt's keine Mauer«, sagt er. »Du gehst und kommst, wie's dir gefällt.«

Ich antworte nur mit einem Kopfnicken. Ich muß sie heute morgen in die Hand bekommen, die Zeit der Saufgelage und Witze ist vorbei. Jetzt arbeiten wir. Sie stehen um mich herum, und ich erkläre: die deutschen Gendarmen wechseln alle zwei, die polnischen Blauen alle vier, die jüdischen Polizisten alle sieben Stunden. Meine Bande muß die »Spieler« kennenlernen, die Leute, die man schmieren kann. Wir gehen unter dem niedrigen, schweren Himmel dahin, es riecht nach Schnee; Dziobak keucht hinter uns drein, ich bin sehr rasch.

»He, das ist doch kein Wettrennen, Jidd«, schnauft er. »Du bringst uns ja um!«

»Du wirst ein bißchen dünner werden. Dann kannst du besser trinken.«

Vier Säcke stehen schon da, weil ich verspätet bin. Wir warten die »gute« Straßenbahn mit dem Blauen ab, der sich schmieren läßt, und laden die Ware auf.

»Mietek der Riese, das ist deine Sache, du bist der Stärkste.«

Sie stellen sich vor den Säcken auf.

»Ihr macht ein finsteres Gesicht«, sage ich. »Ihr bildet eine Mauer um die Säcke.«

Ich spiele. Ich sage ein paar Worte über das Getto, nicht viele: sie werden es ja selber sehen. Ich werde die Säcke in der Zamenhof-Straße ausladen. Wir steigen nicht aus. Wenn Deutsche kommen oder Gendarmen, die nicht mitmachen, kennen wir uns nicht.

»Ihr seid brave, anständige Polen, und Tod den Jidden.«

Und wir begannen: zunächst eine, zwei Fahrten, bald war es Routine. Manchmal luden wir an die zehn Säcke auf die Plattform, eine Tonne Ware. Sie stellten sich darum herum mit ihren entschlossenen Gaunervisagen; eine Mauer der Gewalttätigkeit. Wir verdienten das Dreifache, Vierfache.

Ich schmierte die Gendarmen, ich bezahlte die Träger, den Kontrolleur, den Fahrer, ich bestach sogar die Deutschen und zahlte meiner Truppe Sold. Diese Getreidesäcke bedeuteten für mein Volk im Getto das Leben. Wenn ich ablud, was immer nur ein paar Minuten dauerte, standen meine Leute um mich herum und beschützten mich. Ich konnte sie spüren, wie sie Schulter an Schulter entschlossen dastanden: sie waren meine Mauer. Ich bezahlte sie, sie konnten sich vollfressen und besaufen wie nie zuvor.

Und sie hatten das Getto entdeckt. Sie sagten nichts, aber ich sah, wie Mokotow Bettlern, die sich an den Einstieg der Straßenbahn drängten, Geld gab. Sie sprachen niemals mehr von »Jidden«.

Mehrmals mußten wir mit anderen Schakalbanden kämpfen, die mich umstellt hatten. Mietek der Riese teilte Hiebe aus, die einen Baum gespalten hätten, und er tat es nicht nur, um unsern Vertrag zu erfüllen. Ich glaube, die Schakale ekelten meine Leute jetzt an. Dziobak wollte töten. Mokotow und ich mußten eingreifen.

»Wir müssen verhandeln«, sagte ich. »Krawall könnte Aufmerksamkeit erregen.«

Blattern-Dziobak stieß sein Messer in die Tischplatte. »Das da, das begreifen sie«, sagte er.

Ich erklärte ihm meine Sorgen, meine Pläne: Wir mußten uns mit den besten anderen Banden zusammenschließen, sonst würde uns irgendeiner bei der Gestapo denunzieren. Wenn sie sich weigerten, dann könnte man vielleicht immer noch... Ich deutete auf das Messer.

Mokotow machte sich auf und durchstreifte die Spelunken Warschaus, und nach und nach konnten wir Zamek den Sanften, einen riesigen Boxertyp mit Quadratfäusten, und seinen Schwager, Wacek den Bauern, loskriegen. Unschätzbarer Wacek: er war ein echter Bauer, der eines Tages zu Besuch zu Zamek nach Warschau gekommen und plötzlich, ohne es zu merken, zum Ganoven geworden war.

Wacek der Bauer war ein stumpfer Klotz, aber dank ihm konnten wir unser Getreide direkt auf dem Land einkaufen. Manchmal warteten wir am Ostbahnhof im Praga-Viertel mit einem Kastenwagen und zwei Pferden auf ihn, wenn er mit anderen Burschen vom Land kam. In wenigen Minuten luden wir die Säcke um, manchmal direkt unter den Augen der Gendarmen, und verzogen uns.

Dann mußte ich Ptaczek den Vogel kaufen. Er hatte ein zartes, weiches Gesicht. Es war besser, ihn auf unserer Seite als gegen uns zu haben, aber er war der geborene Spitzel. Er schaute mich mit seinen übersanften Augen an, sprach mit unterwürfiger Stimme, aber von Mietek dem Riesen hörte ich, daß er immer wieder sagte: »Wir brauchen den Jidden nicht, wir können dasselbe ohne diesen kleinen Juden machen.«

Mokotow gab ihm ein paar Ohrfeigen, aber Ptaczek verteidigte sich nicht einmal; er sagte, er habe es nur im Scherz gemeint. Ich beauftragte den rothaarigen Rudy, ihn zu überwachen, aber ich dachte doch oft an Blattern-Dziobaks Schnappmesser.

Diese Männer konnte ich nur durch Geld und ihre Achtung vor mir, nicht durch Angst an mich binden. Denn ich war nur das, was ich tat, und für sie zählte nur, was ich ihnen verschaffte. Sie wußten genau, es bedürfte nur eines Wortes, und die Gestapo, die Wachsoldaten oder die Polen schnappten mich, ich verschwände. Ich wußte sehr wohl, daß ich nicht schwer wog gegenüber diesen Kolossen und Ganoven, denen Faust oder Messer locker saßen. Ich mußte diese Bande durch List, Interesse und Freundschaft, nicht durch Angst regieren.

Manchmal überkam mich Angst inmitten meiner Bande. Ich fiel aus der Rolle, erinnerte mich für Augenblicke an früher und sah die Ganoven am Tisch neben mir wie in einem Alptraum. Ich konnte

Pila die Säge kaum ansehen. Er war die Häßlichkeit selbst mit seiner niederen Stirn, den engliegenden Augen, dem fliehenden Kinn. Er hatte in allen Gefängnissen Polens gesessen und war jedesmal wieder ausgebrochen. Ich wollte gar nicht wissen wie. Im Stiefelschaft trug er eine Art scharfen Schraubenzieher, eine dünne, glatte Stahlnadel mit Holzgriff. Wenn Pila die Säge mit gekreuzten Armen auf der Plattform der Straßenbahn stand, gingen die Polen rasch ins Innere und setzten sich hin. Und da auch die anderen da waren, belästigte uns nie jemand.

Wenn einer neugierig herumstand, traten Mokotow oder Mietek der Riese auf ihn zu und schoben ihn stumm ins Wageninnere. Ich saß gemütlich dort drinnen, »las« Zeitung und beobachtete genau, was auf der Plattform geschah: Machte der Blaue mit? Würden Deutsche einsteigen? Bei jeder Fahrt riskierte ich mein Leben. Bei jeder Fahrt versuchte ich auch, meine Trümpfe zu verbessern. Ich sah jetzt aus wie ein polnischer Ganove, hatte mir die richtige Kluft zugelegt: den kleinen weißen Hut mit hochgebogener Krempe, hohe Stiefel, die *Saperki*. In meinem offenen Hemdkragen konnte man die Goldkette und das Medaillon mit der Jungfrau Maria sehen. Ich sah friedfertig aus hinter meiner Zeitung, harmlos wie ein kleiner Strolch, und ich schlug Kapital aus meiner Jugend.

Wenn dann das Gettotor hinter uns lag, machte ich mich bereit; bald kam die Ecke Nalewki- und Gesia-Straße, dann die Gesia-Straße und die Zamenhof-Straße, jetzt die gerade Strecke; schon bremste der Fahrer, ich legte die Zeitung weg; die Ecke Wolynska-Straße, das war der richtige Augenblick. Wenn ich Pech hatte, kostete es mein Leben.

Ich stürzte auf die Plattform. Mietek der Riese warf schon den ersten Sack hinaus, ein Träger schwang ihn sich auf den Rücken, ein zweiter Sack, ein neuer Träger... Hier galten Sekunden Menschenleben. Es wurde nicht gesprochen. Erstaunte Fahrgäste schauten zu. Der letzte Sack, Pawel reichte mir leere Säcke mit Geld herauf. Die Träger tauchten in der Menge unter. Auf einer Rikscha, die ein junger Mann mit geschorenem Kopf zog, sah ich zwei wunderschöne Säcke Korn.

Ich steckte im Räderwerk: Pawel, Pola, Vater und sogar Mokotow, natürlich auch meine Mutter, alle versuchten unsere Aktionen einzuschränken. Aber nicht mehr fahren, die Henker herausfordern und sie damit lächerlich machen, nicht mehr die Säcke tragen, die rotes Lebensblut für das Getto bedeuteten, das wäre für mich der Tod gewesen. So fuhr ich bis zu zehnmal täglich, und die Zlotys häuften sich in meiner Hand; ich teilte aus, mein Vater kaufte Devisen, ich wechselte sie auf der arischen Seite. Unser Gewinn wuchs, und die Aufnahmestellen im Getto und Doktor Korczaks Waisenhaus bekamen ihren Teil davon.

Wenn ich abends allein ins Getto zurückkehrte, wurde ich erwartet. Rubinstein der Clown schnitt seine Grimassen für mich, die Kinder in den mit Sicherheitsnadeln über der nackten Haut zusammengehaltenen Lumpen warteten auf mich. Und ich gab. Doch was ich gab, bedeutete nicht viel: morgen, in einer Woche, in einem Monat würden sie tot sein. In ihren Augen sah ich den Tod. Auch wenn ich diese paar Kinder hätte retten können, so blieb doch die große Zahl der anderen, die sich vor den Volksküchen drängten, die gekrümmt auf den Gehsteigen lagen, die Hunderttausende ausgehungerter Menschen im Getto. Wenn ich heimkehrte, durch die Zamenhof-, die Mila-Straße ging, hätte ich vor Wut und Verzweiflung schreien mögen: soviel Not, die Kinder, diese Demütigungen, und ich sollte aufhören!

Wenn ich gekonnt hätte, ich hätte auch nachts noch gearbeitet.

Ich warf meine Säcke noch schneller, meine Handgriffe wurden immer geübter. In der Straßenbahn, auf der Lauer liegend, dachte ich darüber nach, wie ich mein System, meine Organisation noch verbessern könnte. Manchmal riß ein Sack: das Korn rann auf den Boden. Die Passanten stürzten sich darauf, füllten sich die Taschen. Ich verfluchte die Träger nicht wegen der verlorenen Ware, sondern wegen des Risikos: kein Korn würde den Kindern, den Bettlern entgehen, doch die Deutschen waren nie weit weg.

Ein paar Tage später entdeckten mich Gettobesucher, fröhliche Urlauber, die zwischen zwei Besuchen in den Warschauer Bordellen hierher kamen, um uns sterben zu sehen. Rufe vom ersten Wagen aus, als sie sahen, wie ich meine Säcke hinunterwarf. Schreie, Schüsse. Die Träger verschwanden, ließen die Säcke zurück.

Ich zögerte abzuspringen – eine Sekunde zu lange! Die Bahn bremste, hielt, schon standen zwei Soldaten mit gezogenem Revolver vor mir, brüllten, packten mich am Arm. Sie führten mich zur Plattform des ersten Wagens, die Bahn fuhr weiter. Sie hatten mich erwischt. Bald kam das Dzika-Tor, die Schilderhäuschen, die Gendarmen. Der Fahrer – wir hatten ihn geschmiert – fuhr sehr langsam, wie um mir Zeit zur Flucht zu geben. Aber wie sollte ich es anstellen? Sie bewachten mich zu viert, beschimpften mich.

Plötzlich Geschrei, die Straßenbahn verlangsamte die Fahrt noch mehr. Ich sah, wie Mokotow das Grab und Mietek der Riese sich im Wagen prügelten, Blattern-Dziobak, Rudy der Rote, Pila die Säge und Wacek der Bauer mischten sich ein. Die polnischen Fahrgäste stürzten auf die Plattform, eine Frau schrie, der Fahrer fuhr noch langsamer. Die Soldaten schauten einander fragend an, sie begannen zu brüllen, aber die Prügelei ging weiter, eine Scheibe zersplitterte.

Sie beobachteten mich nicht mehr, und diesmal waren sie eine Sekunde zu spät: schon tauchte ich in der Menge unter und rannte durch die Niska-Straße davon. Ich wartete ein paar Stunden und traf mich mit Pawel, der die meisten Säcke hatte retten können; dann zog ich wieder los.

An unserem Treffpunkt, dem Lokal in der Dluga-Straße, saßen sie alle, tranken und lachten. Sie begrüßten mich mit Freudengeschrei. Wir tranken zusammen den herben Warschauer Wodka. Unter uns gab es nun schon wochenlange Zusammenarbeit, geteilte Erfahrungen, eine ganze gemeinsame Vergangenheit. Und heute hatten sie mich gerettet.

Mokotow nahm mich beiseite. Er hatte zwei neue Mitglieder für unsere Bande gefunden. Ich vertraute ihm. Ein paar Tage später traf ich Gutek und Brigitki die Karte. Gutek war ein Volksdeutscher, rundköpfig, mit kurzem Blondhaar. Am linken Arm trug er die rote Hakenkreuzbinde. Aber er war im jüdischen Smocza-Viertel Warschaus aufgewachsen, dessen Bewohner mehr oder weniger am Rande des Gesetzes lebten. Er sprach jiddisch, war ein Gauner, der aussah wie ein braves, wohlerzogenes Kind, ein bildhübscher junger Arier, aber er haßte die Nazis. Ihn anzuwerben war Mokotows erster Geniestreich gewesen.

Gutek stellte sich auf die vordere Plattform mit seiner prachtvollen Armbinde, seinem feinen Nazigesicht und spielte den Fremdenführer für die Urlauber. Er beschimpfte die »Judenschweine«, machte sich über die Greise lustig, die orthodoxen Juden mit Käppchen und Bart, und die Soldaten drängten sich um ihn; er zeigte ihnen die Straßen, deutete auf Frauen, riß zotige Witze. Und während die Soldaten sich auf der einen Seite der Straßenbahn vor Lachen bogen, reichte ich auf der anderen von der hinteren Plattform meine Säcke hinaus. Manchmal ließ sich Gutek auch zum

Trinken einladen, aber wenn er in unsern Schlupfwinkel in die Dluga-Straße zurückkehrte, war ihm übel vor Ekel, und wir mußten ihn trösten.

Brigitki die Karte war Mokotows zweiter Geniestreich. Dieser Brigitki war nur ein kleines zerbrechliches Wesen mit langen dünnen Fingern. Neben Mietek dem Riesen oder Pila der Säge verschwand er fast völlig, so klein und unscheinbar wirkte er. Er war aus dem Gefängnis in Lemberg entwichen, und nach ein paar Tagen entdeckte ich, wie groß seine Talente und wie weitreichend seine Beziehungen waren. Durch ihn konnte ich gegen fette Schmiergelder alle Papiere, alle nur denkbaren Armbinden bekommen. Ich besaß bis zum Eintritt der USA in den Krieg einen amerikanischen Paß und Pässe verschiedener lateinamerikanischer Republiken, und ich hatte selbstverständlich auch Papiere, die bewiesen, daß ich ein junger Pole arischer Abstammung war. Doch Brigitkis größter Triumph war, als er eines Tages eine Armbinde der »Volksdeutschen« und Papiere vor mich hinlegte, aus denen hervorging, daß ich ein gewisser »Schmidt« war.

So wurde ich zum Simulanten und Zauberkünstler. Wenn polnische Polizisten kamen, streifte ich meine Ganovenhaltung ab. In der linken Tasche trug ich in einer flachen Metallschachtel meine Hakenkreuzbinde, die stets sauber und gut geplättet sein mußte, wie es sich für das Abzeichen der Herrenrasse gebührte. Ich schob sie über den linken Arm und war »Schmidt«, ein arroganter, blasierter, hochnäsiger Kerl, der Polnisch mit schwerem deutschem Akzent sprach, und die Blauen, die man so oft Juden quälen sah, wagten kaum, mich zu kontrollieren. Ein paar hundert Meter weiter mußte ich wieder zum Ganoven werden. Ich zog die Armbinde ab und verfiel wieder in den wiegenden Gang der Warschauer Strolche; dann, wenn wir hinter dem Gettotor waren, sprang ich ab und »schmückte« mich mit der jüdischen Armbinde, die ich in der rechten Tasche aufbewahrte. So wechselte ich mehrmals täglich Gesicht, Namen, Persönlichkeit, Sprache. Aber ich mußte stets auf der Hut sein, darauf achten, wie ich den Volksdeutschen oder den Ganoven spielte, und gleichzeitig den Gegner im Auge behalten, um blitzschnell entscheiden zu können, wie ich mich verhalten sollte. Ich lernte ein Doppelleben, ein dreifaches Leben führen! Es war wie vor dem Spiegel: ich handelte und sah mich handeln, ich sprach und hörte mich sprechen, ich handelte und war längst anderswo und bereitete Neues vor. So konnte ich überleben.

Manchmal blieben wir am Abend trotz der Sperrstunde alle im Getto. Ich lud meine Bande zum Trinken, zum Essen ein, brachte sie zum Lachen. Wir verkrochen uns im Café Sztuka in der Leszno-Straße Nummer 2, wir aßen uns voll und tranken in Wolken von Zigarettenrauch und unter wilden Gesängen. Hübsche Mädchen bedienten uns. Wir verkehrten mit den Schiebern des Gettos, den Männern von der Leszno-Straße »Nummer 13«, den Agenten von Kohn und Heller, mit Spitzeln der Gestapo, Kollaborateuren, Schmugglern, wie wir es waren, und auch mit den Bäckern, diesen Fürsten unseres Gefängnisses. Essen und Trinken waren der maßlos empörende Luxus, den uns unsere privilegierte Situation ermöglichte. Manchmal betrank ich mich, aber tief innen blieb ich kalt wie klares Wasser.

Eines Abends erwischte mich eine Razzia im Café Sztuka. Die Deutschen transportierten uns ab; wir mußten uns nackt ausziehen und uns unter die orthodoxen Juden mischen, die zum Mikva, dem rituellen Freitagsbad, gingen. Sie trieben uns alle zusammen, Männer und Frauen, dann filmten sie die Szene. Ihr Gelächter dröhnte in meinem Kopf wie Schläge.

Und doch mußte ich mit Blattern-Dziobak trinken, mit Ptaczek dem Vogel, der meinen Tod wollte, anstoßen. Und wenn wir das Café Sztuka, das Restaurant Gertner oder das Café Negresco verließen und den Bauch voll hatten, wenn Rudy der Rote oder Mietek der Riese im Schnee durch die Leszno-Straße torkelten und ich an die saftigen Orangen und Bananen dachte, die wir geschlemmt hatten, dann mußte ich sehen und durfte doch nicht hinsehen, um überleben zu können; ich durfte die zerlumpten Kinder, die Bettler nicht sehen, die aus dem Dunkel auftauchten, uns die Hände hinstreckten und ihre tragische Bitte wimmerten: »Erbarmt eich, jiddisch Herz!«

Eines Morgens erwischten mich polnische Polizisten auf der Marszalkowska-Straße. Ich war allein. Das war ein Fehler, denn schon mehrmals hatte es genügt, daß Mietek der Riese, Pila die Säge und die anderen auftauchten, um die Blauen zur Einsicht zu bringen. Sie durchsuchten mich rücksichtslos, fanden meine Armbinden und vor allem die Devisen, diese schönen runden »Mäuse«, die Dollars, die ich für meinen Vater hinüberbrachte. Sie warfen mich in eine Ecke ihres Wagens und teilten die Beute untereinander. Wie Schakale jagten jetzt auch die Polizisten die »Jidden«.

»Und was fangen wir jetzt mit dir an, kleiner Jidd?«

Ein Fettwanst trat mich in die Seite. Sie besprachen sich: sie hatten mich bestohlen, folglich war ich für sie eine Belastung. Sie hatten nur die Wahl zwischen der Gestapo und der Polizei vom »Jüdischen Ordnungsdienst«.

Ich spielte meine letzte Karte aus und brüllte los: »Laßt mich am Leben, ihr werdet's nicht bereuen!«

Der Motor lief, der Chauffeur blickte die andern drei fragend an. Sie dachten wahrscheinlich an meine »volksdeutsche« Armbinde, meine jüdische, meine Devisen. Sie waren ratlos.

Und so wählten sie den besten Weg: sie übergaben mich der jüdischen Gettopolizei in der Gesia-Straße. Sie hätten mich auch töten können. Ich hatte die erste Runde gewonnen.

Es folgten noch eine Reihe anderer Hürden: die jüdischen Polizisten warfen mich in eine Zelle, in der ungefähr dreißig armselige Gestalten zusammengepfercht waren. Ich wurde geprügelt. In einer Ecke betete ein alter Mann. Ich schäumte vor Wut: ich war ein Gefangener der Juden und war dennoch für die Gestapo bestimmt; regelmäßig holten die Deutschen die Gefangenen ab oder verlangten vom Judenrat einige hundert Arbeiter. Czerniakow, der Vorsitzende des Judenrates, ließ sie aus den Gefängnissen holen. Alle in dieser Zelle warteten Tag für Tag darauf, daß man sie abholte und zu Bauarbeiten in die Lager brachte, aus denen man nicht mehr zurückkam.

Deshalb schrie ich, trommelte gegen die Tür, entfesselte einen Tumult, und als die Wärter mit erhobenen Schlagstöcken eintraten, stürzte ich mich auf sie, packte einen von ihnen an der Kehle und flüsterte ihm, während er auf mich eindrosch, eine Summe und Pawels Namen und Adresse in der Mila-Straße zu. Draußen mußten sie unbedingt erfahren, wo ich war. Die Wärter ließen mich halbtot auf dem Boden liegen: sie hatten gut und fest zugeschlagen, diese jüdischen Polizisten!

Ich wartete. Wieder hatte ich meinen Einsatz gespielt, das Glück herausgefordert. Drei Tage später wurde ich aus dem Gefängnis in der Gesia-Straße entlassen. Mein Vater hatte teuer dafür bezahlt. Frühmorgens, nach Aufhebung der Sperrstunde, verließ ich das Gefängnis. Am Spätnachmittag kamen die Deutschen, um Gefangene abzuholen. Vom Ende der Gesia-Straße aus schauten die Leute von ferne zu, wie sie auf die Planwagen stiegen. Alle wußten, daß man sie nie wiedersehen würde.

»Du hast wirklich Glück gehabt«, sagte Pawel. Er wollte nicht, daß ich gleich wieder mit der Arbeit begann, aber er hoffte nicht einmal, daß ich ihn überhaupt anhören würde.

Der Anblick dieses jüdischen Gefängnisses hatte mich empört und noch mehr erbittert. Nein, ich war diesen Polizisten nicht böse, die mit ihren Schaftstiefeln und Abzeichen die arischen Gendarmen nachahmten. Sie liehen ihre Hände den Henkern, weil sie glaubten, sich retten, die besten unter ihnen hofften, uns damit helfen zu können. Aber ich hatte auch gesehen, daß sie von den Deutschen geprügelt wurden, daß man auch sie zwang, stundenlang auf einem Fuß zu hüpfen, den »Frosch« auf den Straßen zu spielen, daß es ihnen verboten war, sich einem arischen Gendarm mehr als auf fünfzig Meter zu nähern. Sie waren Verurteilte wie wir. Wohl hatten ein paar unter ihnen Denunzianten- oder Henkerseelen, aber die meisten waren Opfer wie wir...

Die eigentlich Schuldigen waren die, welche diese Mauer hatten bauen lassen, uns töteten und aushungerten. Gegen die galt es zu kämpfen.

So fing ich wieder an. Zunächst ging alles gut. Dann aber traten neue Schwierigkeiten auf. Ein Erlaß untersagte bei Strafe von 1000 Zlotys den Verkauf von Gütern an Juden. Die Preise stiegen. Die Verkäufer wurden seltener, Streifen und Kontrollen immer häufiger, das Spiel immer gefährlicher, der Einsatz immer höher.

Wenn mich die Mauer meiner Ganoven umgab, wenn ich den Trägern meine Säcke zuwarf, hatte ich keine Zeit nachzudenken. Aber abends, knapp vor der Sperrstunde, fuhr ich meist allein mit der Straßenbahn zurück. Ich wollte im Getto schlafen. Meiner Mutter wegen, auch um Polas willen, die im Versteck unter dem Dach auf mich wartete. Und dann: Es war meine Herausforderung an die Henker, mein Stolz, so nach Hause zurückzukehren, mit einem Kuchenpaket aus der Konditorei Gogolewski für meine Brüder. Es war meine Art, Verachtung für SIE zu zeigen, meine Freiheit zu behaupten. Denn was ist ein Leben ohne Stolz und Herausforderung?

Ich stand auf der Plattform des zweiten Wagens, die frische Luft gefiel mir. In den Gettostraßen hatte ich das Gefühl, zwischen den schwarzgrauen Mauern in diesem Gestank, der aus den Mülleimern drang und den die zahlreichen Menschen ausdünsteten, zu ersticken. Die Straßenbahn hielt einen Augenblick lang am Tor. Ich achtete kaum darauf. Es war Routine. Der polnische Gendarm war ein »Spieler«, an meinen Schmiergeldern verdiente er mehr, als er sich jemals erträumte. Instinktiv hob ich plötzlich den Kopf; ich erkannte den Soldaten mit dem rosigen Puppengesicht und der korrekt aufgesetzten Mütze, der unter dem Torbogen herankam, ich erkannte ihn an dem großen Pistolenhalfter, das ihm vor dem Bauch hing. Das Getto zitterte vor ihm: es war »Frankenstein«. Eines Tages war er die lange gerade Dzielna-Straße heruntergerannt, den Revolver entsichert. Er schoß und tötete einen Mann. Man erzählte sich, er habe ein Notizbuch hervorgenommen, etwas hineingeschrieben, dann sei er weitergelaufen, habe gezielt, geschossen und wieder einen Mann getötet. Dann sei er gemächlich wieder zum Gettotor gegangen, wo er Wache stand. Man sagte, er brauche jeden Tag fünf oder sechs zufällige Opfer.

Und nun steht er mir direkt gegenüber.

»Was hast du hier zu suchen, Jud?«

Ich lächle, und in mir bricht etwas auf wie eine Wunde. Ich schüttle den Kopf, als hätte ich nicht verstanden.

»Was hast du hier zu suchen, Jud?«

Ich schaue ihm direkt in die Augen und wiederhole mir innerlich immer wieder: ruhig, Martin, bleib ruhig!

Auf der Plattform steht ein eleganter Mensch, der mir aufgefallen ist, weil er helle Handschuhe trägt, wie sie mein Vater früher herstellte.

»Sie sehen doch, er ist kein Jude«, sagt der Herr mit einem starken polnischen Akzent.

Frankenstein läßt mich nicht aus den Augen. Ich zucke mit den Schultern und wende mich dem Herrn zu.

»Er hält Sie für einen Juden, wissen Sie«, sagt er polnisch zu mir. Frankenstein steht unbeweglich neben mir, ich kann seine Nähe spüren; es ist, als wolle er mich mit seinem athletischen Körper erdrücken. Ich schüttle den Kopf, dann sage ich wie beiläufig zu Frankenstein und dem Polen: »Das ist wirklich komisch. Vor zwei Tagen hat man mich schon mal für einen Juden gehalten.«

Frankenstein tritt einen Schritt zurück. »Du hast Schwein«, sagt er. »Ich brauch' einen Juden!« Und mit einer geschmeidigen Bewegung springt er von der Straßenbahn ab, nachdem er ruckartig an der Lederschnur gezogen hat.

Mein ganzer Körper war von kaltem Angstschweiß bedeckt. Der polnische Herr begann mit mir zu sprechen, die Straßenbahn fuhr weiter, durch die Gesia-Straße, die Zamenhof-Straße, ich wagte nicht abzuspringen, vielleicht war der Mann ein Agent der Gestapo; das plötzliche Auftauchen Frankensteins hatte mich unsicher gemacht.

Ich stieg außerhalb des Gettos aus, nahm eine Bahn in der umgekehrten Richtung, aber sobald ich drin war, spürte ich, daß mich das Pech verfolgte: der Blaue weigerte sich, meine Zlotys anzunehmen. So setzte ich mich ins Wageninnere, nahm meinen hellen Hut ab, zog den Mantel aus. Frankenstein konnte ja wieder in die Bahn einsteigen, und mein Leben hing davon ab, daß er mich nicht erkannte. Ich saß neben der Tür und umklammerte in der Tasche den Griff des Schnappmessers, das Blattern-Dziobak mir besorgt hatte, ein weißes Messer mit dünner Klinge. Die Bahn bremste plötzlich mitten in der Dzika-Straße unweit der Mila-Straße, in der ich jetzt bei Pola sein sollte, um meine Hände in ihr blondes Haar zu tauchen, während sie mein Gesicht streichelte ... ER stieg tatsächlich ein, stellte sich dicht neben mich hin, sein Stiefel berührte meinen Schuh. Er hätte nur seinen schönen rosigen Arierkopf zu senken brauchen. Aber er schaute geradeaus, und dann ging er vorbei, ich sah seine Schultern, den Mantel und das enge Koppel.

Wieder war ich außerhalb des Gettos, erschöpft, aber lebendig. Ich wanderte ziellos durch die Krasinski-Gärten, machte mir Vorwürfe wegen meiner Unbedachtsamkeit, hörte die Stimme Pawels, die Predigten Polas und meines Vaters. Ich wußte, meine Mutter würde die ganze Nacht weinen, weil sie glaubte, ich sei gefangen oder tot. Ich stieß mit dem Schuh gegen die gefrorene Erde. Wann endlich würden wir Gewehre haben, wann endlich würden wir kämpfen und unsere Toten rächen können!

Im Café in der Dluga-Straße traf ich Mokotow das Grab. Er saß schweigend vor einer Wodkaflasche, aber sein Glas stand unberührt vor ihm. Ich sank neben ihm auf die Bank, und es tat mir wohl, als sein Arm den meinen berührte.

»Na, Martin?« fragte er einfach und schob mir sein Glas hin. Ich kippte den Wodka in einem Zug hinunter, dann saßen wir eine Weile Schulter an Schulter, ohne zu sprechen.

Schließlich: »Du wohnst in der Mila-Straße 23?«
Ich antwortete nicht. Ich mußte weinen.
Meine Verkrampftheit löste sich. Mokotow stand auf und legte mir die Hand auf die Schulter.
»Hoffentlich erschrickt deine Mutter nicht vor meiner Visage.«
Ich trank allein weiter. Dann kam Jadzia. Sie hatte ein kleines gemütliches Zimmer; darin stand ein Ofen, den sie mit Holz heizte. Ab und zu stand sie auf, um nachzulegen, und ich sah ihre weiße Haut, ihre schweren Hüften im roten Widerschein des Feuers. Dann legte sie sich wieder neben mich, war zärtlich und leidenschaftlich, drückte mich fest an sich, wiegte mich sacht, summte mit tiefer Stimme, wie ich sie bei ihr nie gehört hatte, vor sich hin.
Am nächsten Morgen nahm ich meine Arbeit wieder auf. Doch hatten wir eine Pechsträhne. Ptaczek der Vogel erschien nicht am vereinbarten Treffpunkt. Er war davongeflogen, unser Vogel. Mietek der Riese und Mokotow suchten ihn vergeblich eine ganze Woche lang in allen Warschauer Kneipen.
»Wir müssen vorsichtig sein«, sagte Mokotow immer wieder.
Die Straßenbahn hielt drei Stationen vor dem Getto, und polnische Gendarmen stiegen ein, bevor wir überhaupt etwas tun konnten. Sie zögerten keine Sekunde, luden die Säcke aus, stießen uns auf die glatte Straße, Pila die Säge, Wacek den Bauern, Mokotow und mich.
»Der Vogel«, murmelte Mokotow, ehe er zu Boden fiel.
Er lag auf der Erde, brüllte, als hätte er sich das Bein gebrochen. Ein Schrei: Pila die Säge heulte los und rannte davon. Dann sprang Mokotow auf und nahm Reißaus. Die Blauen schrien, liefen in alle Richtungen; es hagelte Schläge auf Wacek den Bauern und mich. Sie packten uns und brachten uns zum Polizeiposten. Dort durchsuchten sie uns unter Beschimpfungen.
»Bist du der Jud?«
Der deutsche Polizist war eingetreten, ohne daß ich ihn bemerkt hätte. Ich leugnete nicht. Offensichtlich waren wir denunziert worden.
»Laßt den andern laufen!«
Wacek der Bauer erhob sich wortlos, als habe er mich nie gesehen, aber ich hatte Vertrauen zu ihm und Mokotow, Mietek und Pila. Sie waren meine ganze Hoffnung. Der deutsche Polizist besaß einen menschlichen Kopf mit zwei Augen, einer Nase, einem

Gesicht und grauen Haaren. Ohne überhaupt etwas zu sagen, begann er, mich ins Gesicht zu schlagen. Zum erstenmal wurde ich wirklich systematisch verprügelt. Aber es war noch nicht ganz die Folter. Er schlug auf Mund, Nase, Augen. Und er traf gut mit seinen Riesenpranken. Dann versetzte er mir einen Kinnhaken, der mich nach hinten warf, einen Schlag in die Nieren und schließlich einen Fußtritt in den Bauch, der mich zusammenkrümmte.

Ich fiel zu Boden. Genauso war mein Kamerad mit den roten Haaren gestorben, einiger Heringe wegen. Ich hatte es geschickter angestellt als er, ich wußte schon, daß man die Henker besiegen kann; jeden Tag besiegte ich sie, ich hatte sie nur noch nicht krepieren gesehen. Aber ich hatte noch keine Erfahrung bei Verhören. Ich maß den gutgezielten Schlägen zu große Bedeutung bei. Heute weiß ich, daß es viel mehr braucht, um einen Mann zu töten.

»Zur Gestapo«, befahl der deutsche Polizist.

Man schleppte mich zunächst in eine eisige Zelle. Zusammengekrümmt lag ich da, versuchte die geschwollenen Augen zu öffnen und wartete. Mokotow und Mietek, Pila und Wacek würden mich auch hier nicht verlassen. Ich wiederholte es immer wieder, und nach und nach kamen mir die Kräfte wieder.

Die Polizisten mußten mich zu einem Wagen tragen. Auf der Straße, kurz bevor sie mich auf die Ladefläche warfen, sah ich Maria in ihrem dicken Pelzmantel. Sie kam dicht zu mir heran. Sie blickte mich nicht an, aber sie gab mir zu verstehen: Mokotow ist in der Nähe, er hat mich geschickt. Nur Mut!

Ich sah den blonden Zopf Marias vor mir. Manchmal war sie dagewesen, wenn ich zu Mokotow ins Praga-Viertel gegangen war. Sie hatte mit starrem, leicht ironischem Blick betend dagesessen. Ihr Bruder machte sich über sie lustig.

»Wenn du kein Jude wärst«, sagte er zu mir, »dann würde meine Schwester dich bestimmt gern heiraten.«

Sie wehrte sich nicht dagegen, sondern blickte mir gerade ins Gesicht. »Aber die Juden haben Christus getötet. Weißt du das nicht, Martin?«

Der Wagen fuhr an, rollte dahin; plötzlich gab es einen scharfen Ruck, die Bremsen knirschten. Flüche ertönten, und Mietek der Riese zerrte mich an den Beinen aus dem Wagen, lud mich auf seinen Rücken und rannte schwankend mit mir davon. Wir trafen uns alle im Café an der Dluga-Straße. Sie hatten mich auf Jadzias

Bett gelegt; ich konnte sie durch die Schlitze meiner verschwollenen Augen kaum sehen.

»Das war Ptaczek der Vogel«, sagte Blattern-Dziobak einfach.

Dann kam Jadzia zurück, sie ließen mich mit ihr allein. Sie sprach nicht, ging nur zum Ofen und tauchte ihr Taschentuch in das abgekochte Wasser, um mir das Gesicht zu waschen. Dann schlief ich. Später kam Mokotow.

»Es ist besser, wenn du ins Getto zurückgehst. Wir werden es heute abend mit der letzten Straßenbahn probieren, wir zwei.«

Es gab keine Schwierigkeiten. Ich spielte den betrunkenen Polen zwischen Mokotow und Mietek, die sich lachend immer wieder in die Rippen stießen. In der Mila-Straße 23 stiegen sie mit mir hinauf bis vor die Wohnungstür, denn ich hätte die Treppe allein nicht geschafft, aber sie klopften nicht.

»Wir gehen jetzt«, sagte Mietek der Riese. »Wir werden auf deine Gesundheit trinken!«

Ich blieb an die Tür gelehnt stehen, klopfte vorsichtig mit der Faust an. Es tat mir weh, den Arm zu heben. Endlich kam jemand. Meine Mutter schloß mich in die Arme.

»Ich habe großes Glück gehabt, Mutter«, murmelte ich.

Das Glück. Es war mir treulos geworden und kehrte schließlich reuevoll zu mir zurück. Aber meine Eltern teilten mein Vertrauen ins Glück nicht. Pawel hatte meinen Vater informiert. Er selbst schlief aus Vorsicht nie in der Mila-Straße, um sich nicht einer Verhaftung auszusetzen, die mir, dem ordinären Schleichhändler galt, während er große politische Verantwortung zu tragen hatte, über die er sich mir gegenüber allerdings ausschwieg.

Ich lag im Halbschlaf, dann erkannte ich seinen stoßartigen Atem. So atmete er, wenn er zornig war. Er stand mit gekreuzten Armen am Fußende des Bettes.

»Martin«, sagte er. »Jetzt ist Schluß. Ich habe den Entschluß gefaßt und bestehe darauf.«

Er schickte meine Mutter aus dem Zimmer, schloß die Tür und begann mit immer noch gekreuzten Armen von der Gestapo und ihren Foltermethoden zu sprechen. Ich sei ein Kind, ich habe gekämpft, dem Getto und meiner Familie geholfen, nun sei es genug. Er habe Pflichten mir gegenüber. Er forderte mich auf, ihm zu schwören, niemals mehr ohne seine Erlaubnis durch die Mauer zu gehen.

Meine Augen und mein Bauch schmerzten, ich konnte mich kaum bewegen, aber ich schüttelte den Kopf. Nein, ich konnte es ihm nicht schwören.

»Du wirst hier nicht mehr fortgehen, Martin!«

Trotz der Schmerzen schlief ich in dieser Nacht. Am nächsten Morgen ging es mir schon viel besser. Ich konnte die Lider heben, sehen. Jugend ist die beste Medizin. Doch als ich die Tür zu öffnen versuchte, merkte ich, daß sie verschlossen war. Von Stunde zu Stunde wuchs meine Wut. Mutter schob mir unter der Tür einen Brief meines Vaters durch. Er schrieb, er warte auf mein Versprechen. Solange er das nicht habe, würde man mir Essen durch das Fenster schicken. Zur Essenszeit ließen sie von der Wohnung über uns einen Korb mit Lebensmitteln herunter. Meine Mutter flehte mich draußen vor der Tür an.

Ein Tag verging, dann noch zwei weitere. Am vierten Tag hatte ich meine Kräfte wiedererlangt. Ich tobte vor Zorn wie ein Irrer. Drunten in der Straße grüßte Mokotow herauf. Pawel erklärte mir, alles stehe sehr schlecht, die Bande löse sich auf; Rudy der Rote und Blattern-Dziobak prügelten sich; Pila die Säge und Brigitki die Karte wollten eine eigene Bande auf die Beine stellen. Alle soffen sich besinnungslos. Mietek der Riese, Zamek der Sanfte und Wacek der Bauer dachten daran, wieder die »Katzen«, die »Jidden« auszuplündern, die die Mauer überquerten.

»Wir haben Durst«, wiederholte Mietek immer wieder. Mokotow wartete noch ab, doch er warnte Pawel, daß nicht mehr viel Zeit bleibe.

Ich versuchte, mit meinem Vater zu verhandeln, erklärte ihm, daß ich mich bei meiner Bande lächerlich mache. Er wollte nichts hören. Ich sei in tödlicher Gefahr, und er würde mich auch gegen meinen Willen beschützen. Zum ersten- und auch zum letztenmal in meinem Leben beschimpfte ich meinen Vater.

Dann hockte ich lange in einer Ecke des Zimmers. Mein Vater glaubte, im Recht zu sein. Warum ihn also beschimpfen? Wieder stand eine Mauer vor mir, und da ich nicht leben konnte, ohne sie zu überwinden, mußte ich eben hindurch, wenn ich dazu fähig war.

Ich begann die Vorhänge, die Laken und Decken zu zerreißen. Ich flocht und knüpfte sie zusammen, das Seil schien fest genug. Ich schob das Bett bis ans Fenster. Es war ein altes, schweres Bett mit gedrechselten Füßen. Ich schlang mein Seil darum. Es reichte nur ein Stockwerk tief, und wir lebten im dritten Stock. Vorsichtshalber band ich mir das Seil um den Oberschenkel: ich wollte hier heraus, nicht mich umbringen. Dann ließ ich mich langsam Zentimeter für Zentimeter hinab. Im zweiten Stock trat ich ein Fenster ein und gelangte in ein leeres Zimmer. Es war gelungen. Ich machte die Tür auf: Doktor Celmajster und seine Frau saßen vor den Resten ihres Mittagessens.

»Guten Tag, Frau Celmajster, guten Tag, Herr Doktor. Erkennen Sie mich?«

Sie saßen wie versteinert da.

»Ich möchte nur hier durch.«

Und schon war ich an der Wohnungstür. Während ich die Treppen hinunterlief, wiederholte ich meinen Satz »Guten Tag, Frau Celmajster, guten Tag, Herr Doktor« und lachte aus vollem Hals. Ich hatte eben endgültig die väterliche Autorität abgeschüttelt und hinter mir gelassen. Jetzt waren mein Vater und ich wirklich gleichberechtigt. Gegen seinen Befehl hatte ich eigene Verantwortung auf mich genommen.

Einige Tage später, ich fuhr bereits wieder durch die Mauer, trafen wir uns im Café Sztuka wie zwei Freunde, die einander schätzen und lieben. Mokotow das Grab wartete auf der Straße auf mich, seine Gegenwart verlieh mir Kraft.

»Komm nicht zu oft hierher«, sagte mein Vater. »Sie werden immer häufiger Razzien veranstalten, ich weiß es aus sicherer Quelle.«

Wir bestellten Wodka und stießen an.

»Du könntest wieder zu Hause wohnen«, sagte er.

Ich trank langsam.

»Du wärst selbstverständlich frei, völlig frei, und könntest tun und lassen, was du willst.«

Am selben Abend kehrte ich in die Mila-Straße zurück. Ich hob meine Mutter in die Höhe und küßte sie. Sie lachte vor Freude. Dann mußte ich meine beiden Brüder trennen, die sich um die Schokolade stritten, die ich von »draußen« mitgebracht hatte.

Wieder vergingen Tage ohne einen Zwischenfall. Doch auf den Straßen waren Todesgefahren und das Schauspiel des Todes. In der Bonifraterska-Straße, an der Gettogrenze, sah ich ein Kind laufen, einen Sack mit Kartoffeln auf dem Rücken. Der Junge war etwa im Alter meines Bruders, ungefähr zehn. Ein Gendarm erwischte den

Jungen, packte ihn, wie ein Bauer ein Kaninchen packt, holte seinen Dolch aus der Scheide und stieß ihn dem Kind an den Kopf. Vielleicht hatte er die Kehle treffen wollen, doch der Kleine wehrte sich. Er floh, mit den Händen vor der Stirn, die rot vom Blut waren, dann stolperte er, fiel und blieb auf dem Gehsteig liegen. Eine Frau stürzte aus einer Haustür auf die Kartoffeln zu, die über die Straße gerollt waren, und begann sie aufzusammeln. Der Gendarm legte an, zielte ruhig: auf der Fahrbahn lag ein zweiter Körper.

Immer häufiger sieht man die Pinkert-Leute ihre Karren voll magerer Leichen durch die Straßen schieben. Aber Pinkert hat auch in der Smocza-Straße eine Zweigstelle aufgemacht, in der er »Luxusbegräbnisse« anbietet: für zwölf Zlotys kann man Totengräber in »Uniform« mieten. Aber wir sterben zu schnell für diese Art Beerdigung. Wir werden wie Ungeziefer behandelt.

Wenn ich im arischen Teil Warschaus bin, versuche ich oft, trotz des enormen Risikos, die großen Plakate abzureißen, auf denen ein scheußlicher, abstoßender Jude zu sehen ist, aus dessen Bart eine Laus kriecht. »Juden – Läuse – Typhus« steht darunter. Wir sind Seuchenträger, wir sind Ungeziefer. Und wir werden desinfiziert. Nach den Razzien, der Kälte, dem Hunger, dem Tod ist das unsere neue Marter. Man zwingt uns, in kochendheiße oder eisigkalte Bäder zu steigen.

Ich arbeite, wie man tötet: voller Haß. Ich schließe mich immer tiefer in meine Wut ein. Wie soll ich auch diese Polen nicht hassen, die ruhig auf der Marszalkowska-Straße spazierengehen! Ich kann nur meine Ganoven ertragen, die gesetzlos sind wie ich.

Als mein Vater mich bat, Professor Hulewicz zu besuchen, der in der Nähe des Boulevards Nowy Swiat wohnte, zuckte ich zunächst die Schultern.

»Er hilft uns«, sagte mein Vater.

Ich gab ihm keine Antwort. Wer half uns denn tatsächlich? Die ganze Welt ließ uns seelenruhig sterben. Mein Vater erklärte mir mit ruhiger Stimme, was der polnische Widerstand war, welche Strömungen, welche Meinungsverschiedenheiten es gab.

Und dann stand ich vor der Tür von Professor Hulewicz. Wieder einmal war das Glück auf meiner Seite: der Professor war nicht zu Hause, und so lernte ich Zofia kennen.

Seit Monaten hatte ich ein gemeinsames Leben mit Blattern-Dziobak, Pila der Säge, Brigitki der Karte und Mietek dem Riesen geführt. Ich hatte mit Jadzia geschlafen. Diese Burschen wechselten die Frauen häufiger als die Hemden. Und Jadzia war allen gut, die sie nicht übermäßig prügelten. Mit Pola verband mich in unserm Versteck in der Mila-Straße eine Art körperliche Freundschaft: wir brauchten einander, wir mußten unsern Körpern Sicherheit geben, während um uns das Getto starb. Die Männer meiner Bande, Jadzia, Pola... als ich vor Zofia stand, wußte ich nicht, was Liebe ist.

Während ich sie anschaute, begann ich einfach zu lachen, als lockerten sich meine Muskeln, als stiege ich nach einer großen Anstrengung in ein heißes Bad, als räkelte ich mich ausgeruht, sauber, wie neugeboren. Auch sie begann zu lachen, und dann sprachen wir. Nicht vom Getto oder vom Krieg, sondern von früher, vom Weichselufer, von einem Zirkus, der nach Warschau gekommen war und sein Zelt auf dem Altstadt-Ring aufgeschlagen hatte. War das 1938 gewesen?

»Auf dem Theaterplatz«, behauptete sie.

Sie zeigte mir ihre Bücher, das Foto ihres Vaters, eines Kavallerieoffiziers in russischer Gefangenschaft.

»Wir haben nur einen einzigen Brief bekommen«, sagte sie mehrmals.

Ihre Mutter war während der Belagerung Warschaus gestorben, seither lebte sie bei ihrem Onkel, Professor Hulewicz. Ich war verzweifelt, weil ich nichts für sie tun, ihr den Vater nicht wiederbringen konnte. Ich schämte mich fast, zuzugeben, daß meine Familie lebte. Aber dann überkam uns wieder die Freude. Ich erzählte ihr von meiner Mutter, und da sie nicht wußte, was ein »Tscholent« war, würde meine Mutter ihr eins machen.

Als ich fortging am Abend und ganz selbstverständlich sagte: »Also bis morgen, Zofia, wenn ich kann«, hätte ich nicht zu sagen gewußt, wann ich ihr zum erstenmal begegnet war. Es kam mir so vor, als gehörte sie zu meiner Kindheit, als hätten wir uns schon immer gekannt, als hätte sie mit uns gelebt, mit meinen Brüdern, neben meiner Mutter, lächelnd in unserm Haus.

In jener Zeit mußte man die Dinge packen, wenn sie sich zeigten, denn am nächsten Tag konnte schon alles zu spät sein. Und so sahen wir uns über eine Woche lang regelmäßig, Zofia und ich. Bevor ich abends ins Getto heimfuhr, besuchte ich sie, und wir redeten und lachten miteinander.

Dann kam sie eines Tages mit in unsere Hölle, doch, vielleicht weil die erste Märzsonne schien, vielleicht weil wir nichts mehr sahen als uns beide, das Getto wirkte weniger düster und unheimlich als gewöhnlich. Wir gingen ins Theater. Man gab den »Geizigen«. Zofia mußte lachen, denn auf dem Plakat hatte man Molière absichtlich weggelassen und nur den Namen des jüdischen Übersetzers genannt: wir durften keine Stücke von arischen Autoren aufführen. Später gingen wir am Weichselufer spazieren, trieben uns auf der Poniatowski-Brücke herum. Es waren einige wenige Stunden, in denen ich mich aus meiner Tretmühle stahl und die ich wieder aufholte, indem ich noch rascher arbeitete.

»Ja, auch mir kommt es so vor, als ob ich dich schon immer gekannt hätte«, sagte ich. Dann erzählte sie mir von ihrem Vater, der sehr katholisch sei. »Aber kein Antisemit, du wirst schon sehen.«

Wir kehrten ins Getto zurück, gingen ins Eldorado-Theater. Ich mußte ihr erklären, warum alle im Saal lachten, als auf der Bühne ein Kopf aus den Kulissen auftauchte und eine angsterfüllte Stimme sagte: »Gläubt ihr, mer kenn?« Dies war die Parole in den Gettostraßen, die Frage, die sich Passanten zuriefen, ehe sie sich in eine Richtung wagten, in der vielleicht Frankenstein mit dem Revolver in der Hand herumging oder wo vielleicht andere Deutsche Verhaftungen für die Lager, die Bäder, den Tod vornahmen.

»All das wird ein Ende haben«, sagte Zofia.

Auch ich glaubte daran. Ich war voll Glück, wenn ich ihr zuhörte, sie anschaute, sah, wie sie die langen blonden Locken schüttelte. Sie war die erste Frau, mit der ich Hand in Hand ging. Wir wanderten mit schwingenden Armen, als hätte es nie Krieg gegeben, als wäre ich kein Jude, als herrschten nicht die Henker in Warschau. Wir sprachen von der Zukunft, als wäre sie unser fester Besitz.

Als ich Zofia zum letztenmal sah, sagte sie: »Wenn zwei Menschen das Gefühl haben, daß sie sich schon immer gekannt haben, dann ist das vielleicht wirklich die große Liebe fürs ganze Leben.«

Wir hatten uns noch nicht einmal geküßt, und wir taten es auch an jenem Abend nicht.

Aber die Zeit war gnadenlos. Man mußte zupacken, oder man hatte nichts in Händen. Es wurde kein Aufschub gewährt.

In der Nacht des 14. März, es gibt Daten, die man nie vergißt, klopfte mein Vater an meine Tür, er legte jetzt immer Wert darauf zu zeigen, daß ich unabhängig war. Er blieb auf der Schwelle stehen.

»Hörst du, du mußt morgen sehr, sehr vorsichtig sein. SIE passen jetzt ganz scharf auf.«

Warum hatte er mich geweckt? Ich war doch immer vorsichtig.

»Der polnische Widerstand hat Igo Sym umgebracht«, erklärte er. »Jetzt verhaften sie die Künstler und Intellektuellen. Überall sind Razzien.«

Was ging mich Igo Sym an, dieser Schauspieler, der es mit den Deutschen hielt? Und was die Repressalien betraf, wir kannten die Methoden der Henker; vielleicht würden sie sich jetzt mit dem arischen Warschau befassen, und wir hätten eine kurze Atempause.

»Sie haben Professor Hulewicz und seine Nichte verhaftet«, sagte mein Vater.

Er schloß leise die Tür hinter sich. »All das wird ein Ende haben«, hatte Zofia gesagt. Und ich kannte nur die Zärtlichkeit ihrer Hände. Ich blieb unbeweglich in der Dunkelheit auf meinem Bett liegen. Es kam mir vor, als habe man mich mit einem einzigen Hieb vom Kopf bis zu den Füßen gespalten und als fingen sie immer wieder aufs neue damit an.

In dieser Nacht konnte ich nichts tun, aber morgen vielleicht. Sicher waren sie im Gettogefängnis, dem Pawiak, eingesperrt. Ich sah wieder die Zelle vor mir, hörte Siwy sagen: »Du gehst immer wieder zum Pawiak zurück.« Sicher war Zofia im Pawiak. Und ich lag hier, aufgeschlitzt, von unerträglichem Schmerz befallen, heftiger als alle Schläge, die ich je erhalten hatte. Sie nahmen mir Zofia weg, dieses Stückchen Glück in meiner Hölle, sie rissen ihr Lachen von mir fort, ihre Zärtlichkeit, all das, was sie mir gezeigt hatte: das wahre Leben, in dem Menschen keine Wölfe sind. In dieser Nacht war in mir nur noch eisige, schneidende Auflehnung.

Wir versuchten alles, um sie zu retten. Die polnische Polizei, die Warschauer Unterwelt und sogar die Wächter im Gefängnis. Es war umsonst. Die Geiseln waren im Pawiak wie begraben, ich hatte keine Hoffnung mehr.

Jeden Abend streifte ich durch das Viertel. Ich hatte keinen anderen Grund, als etwas für Zofia zu wagen. Ich ging die Pawia-Straße hinunter, dann die Smocza-Straße, die Dzielna-Straße, die

Karmelicka-Straße. Das Rechteck war geschlossen, ich stand wieder am Ausgangspunkt. Ich konnte nur noch nach Hause gehen oder trinken. Und ich betrank mich in einer der Gettokneipen.

Vor dem »Casanova« in der Leszno-Straße grüßte Rubinstein der Clown mich mit einer tiefen Verbeugung: »Alle gleich im Getto. Im Getto sind wir alle gleich!«

Er brach in schneidendes Gelächter aus. Dann stieß er hervor: »Die Dicken und die Fetten werden schmelzen, und dann haben wir Fett.«

Er schnitt eine Grimasse und fing wieder von vorn an: »Wir sind alle gleich...«

Ich hörte, wie sein Geschrei die Straße hinunter hallte. Mokotow das Grab war der einzige, der Bescheid wußte, wir tranken zusammen, aber ich betrank mich nie völlig. Ich trank, wie man eine Medizin schluckt, um die Kälte loszuwerden, die in mir saß und mich steif und starr machte. Das Warten dauerte viele Tage, dann erfuhren wir, daß sie erschossen worden waren, alle. Sie waren nur ein paar Tage im Pawiak gewesen, und ich war vergeblich um die Gefängnismauern herumgeschlichen.

An jenem Tag, es muß Anfang April gewesen sein, und das Wetter war schön, ging ich auf der Holzbrücke über die Chlodna-Straße, die »arisch« geblieben war, ins »Kleine Getto«. Ich mußte weit weg von der Mila-Straße sein, so weit weg wie möglich. Sorgfältig durchforschte ich die Treppenhäuser, die Stockwerke, die Keller, es verging viel Zeit dabei. Rings um die Sienna- und die Twarda-Straße inspizierte ich die Gebäude, notierte im Kopf die Lage der Hinterhöfe, dann legte ich mich an der Ecke Twarda-Sienna-Straße auf die Lauer. Gelegentlich kamen deutsche Gendarmen, die Wache am Tor standen, bis hierhin, das Gewehr über der Schulter, unbesiegbar, Tierbändiger, die ein paar Schritte in den Käfig tun. Ich mußte lange warten, dann endlich vernahm ich den sieghaften Klang der Stiefel auf dem Gehsteig und sah den Schatten des Soldaten.

Ich packte das Messer, das Blattern-Dziobak mir besorgt hatte, und stürzte los. Aber ich hatte eine Frau übersehen, sie stieß gegen mich, ich glitt aus, verlor das Messer, und schon schrie der Soldat: *Halt!* Es blieb mir nichts anderes übrig, als in die Sliska-Straße zu flüchten. Ich hörte ihn hinter mir schreien, hörte seine Schritte hallen. Er schoß, ich floh in einen der Hauseingänge.

Aber er war schon da: »Komm raus, Jud!« schrie er.

Ich glitt bis an die Treppe. Dort gab es einen Kellereingang. Ich wartete. Wieder sah ich seinen Schatten. Er trug einen Stahlhelm, war in Leder und Stahl gepanzert, wirkte riesig. Vorsichtig kam er heran, ich sprang vor und packte ihn am Hals. Ich klammerte mich an ihn, preßte mit allen meinen Kräften, doch er wirbelte mich im Kreis herum, ohne auch nur zu schwanken.

Sein Kolben traf mich auf das Auge, mir war, als ob mir der Kopf zerspränge; schließlich fiel der Soldat auf die Knie, ließ seine Waffe los, um meine Hände wegzureißen. Ich drückte weiter zu; das Blut machte mich blind, mein Blut.

Ich rannte quer durch den Hof davon, die Sliska-Straße hinauf und zur Brücke. Mein Gesicht war geschwollen, ich konnte das Auge nicht öffnen. Das Glück verließ mich nicht: ich kam bis zur Mila-Straße. Der Schmerz tat mir gut, es war ein brennender Schmerz, und zum erstenmal, seit ich Zofia verloren hatte, spürte ich wieder Leben in mir, heftig pulsierendes Leben. Ich hatte diesen Hals umklammert gehalten, der Rand des Stahlhelms hatte mir die Nase zerschunden, aber ich hatte zugedrückt, ich hatte meine Nägel in diese Haut gekrallt, und der Henker war in die Knie gegangen. Ich lebte wieder. Aber der Preis dafür war hoch: ich hatte mein linkes Auge verloren.

Doktor Celmajster desinfizierte die Verletzung mit behutsamer Hand. Er erklärte mir den Schaden: der Brauenbogen, die Pupille. Vielleicht würde eine ganz schwache Sehfähigkeit verbleiben. Ich sollte jedoch immer daran denken, daß ich nur noch ein einziges Auge hätte.

»Es ist dein kostbarster Besitz, Martin«, sagte er. »Bewahre ihn dir.«

Er kam jeden Tag, und dank seiner Hilfe ging die Heilung rasch vonstatten. Bei seinem letzten Besuch wieder die Ermahnungen: das rechte Auge. Aber ich begriff recht wohl, daß er damit etwas anderes sagen wollte, daß er mich als Ganzes meinte.

Schon auf der Schwelle, sagte er beinahe schüchtern: »Und bewahre dich, Martin, dich selber bis zum Ende. Es gibt nur das Leben, und du, ihr, die Jungen, ihr seid unser Leben. Bewahre dich!«

Als ich wieder ausgehen und meine Arbeit aufnehmen konnte, waren wir in einen neuen Höllenkreis eingetreten. Man starb jetzt nicht mehr an Kälte, und doch starben viel mehr Menschen. Jeden Tag wurden die Hungertoten in den Straßen aufgelesen, jeden Tag wurde getötet: die deutschen Wachen waren hemmungslos. Durchsuchung folgte auf Durchsuchung. Die Menschen wagten sich nicht mehr hinaus und versteckten sich in ihren Kellern. Auf den Straßen, auf den Gehsteigen sah ich Leichen, denen man die Kleider weggenommen hatte. Die Karmelicka-Straße in der Nähe des Pawiak war zur »Schmiede des Todes« geworden, wie die zerlumpten Kinder sagten.

Mein Vater versuchte mir Hoffnung zu geben, der Krieg würde bald zu Ende sein. Doch wurde sie immer schwächer. SIE trugen den Krieg überall hin, nach Jugoslawien, nach Griechenland, jetzt drangen sie auch in die russischen Ebenen vor. Es gab Gerüchte, sie hätten alle Juden in Kiew getötet. Man munkelte von *Einsatzkommandos*, die den Auftrag hatten, die Juden zu liquidieren. Und doch wurden sie in Warschau immer mehr: zahllose Flüchtlinge drängten sich in unsere Mauern, ausgehungert, ausgeplündert. Verzweifelt beschrieben sie die erlittenen Schrecken.

Auf der Straße sah ich eine unglückliche Frau mit zerrauften Haaren, die ständig den Namen ihres Kindes schrie: im Zug, der sie nach Warschau brachte, hatte das weinende Kind einen Bewacher gestört, und er hatte es auf die Gleise geworfen. Die Mutter wollte hinterherspringen, doch der Wachtposten drohte, er werde alle Juden im Wagen töten. Sie war wahnsinnig geworden, als sie in Warschau ankam, und irrte nun durch die Straßen. Schritt für Schritt würden wir noch alle wahnsinnig werden! In unserm Hof in der Mila-Straße sah ich Kinder einen Leichnam kitzeln, den man dort hingelegt hatte, bis die Pinkert-Männer ihn abholten.

Ich fahre immer noch auf die andere Seite, doch es wird von Mal zu Mal schwieriger und gefährlicher. Übrigens haben sie mittlerweile offiziell die Todesstrafe für Leute angeordnet, die heimlich über die Umfassungsmauer des Gettos kommen. Aber ich mache weiter: die Kinder auf den Straßen sind noch zahlreicher und elender geworden. Manche von diesen bettelnden Kindern sind kaum drei, vier Jahre alt. Ich gebe dem »Centos«, das sie zu ernähren versucht. Aber wer liest die Anschläge von »Centos«, in denen um Hilfe gebeten wird: »Unsere Kinder sollen leben«, rufen die Plakate. Aber wer kann alle Kinder retten?

Egoismus, Korruption, Gleichgültigkeit und Ohnmacht sind

unser Los. Rote Anschlagzettel verkünden, daß man in der Gesia-Straße, im Gefängnis der jüdischen Polizei, acht Juden hingerichtet hat. Polen haben das Urteil vollstreckt. Die acht Menschen sind tot, weil sie eine Buße nicht bezahlen konnten; eine Frau wurde wegen 100 Zloty hingerichtet. Und das Café *Meril*, nur ein paar Straßen weiter, veranstaltet einen Tanzwettbewerb, bei dem der erste Preis 2000 Zloty beträgt.

In allzu vielen von uns haben die Henker das Mitgefühl abgetötet. Sie versuchen, uns dem Bild anzugleichen, das sie sich von uns gemacht haben. Und dann werden sie uns ausrotten.

Als der erste Schnee fällt, sperren sie Gas und Elektrizität und verringern die Lebensmittelrationen. Wie soll ich da nicht versuchen, durch die Mauer zu kommen, immer noch und immer wieder? Aber jetzt verkehren die Straßenbahnen nicht mehr. Ich hatte längst damit gerechnet, ich bin vorbereitet.

Ich rief Mokotow das Grab, Mietek den Riesen, Zamek den Sanften und die andern zu einer Besprechung ins Café in der Dluga-Straße. Sie hatten sich an die Straßenbahn, an den leichten Verdienst gewöhnt, an die Saufgelage, die bis in die Morgenstunden dauerten, und an die Prostituierten im Getto.

»Aus, erledigt und vorbei, mein kleiner Mietek der Beschnittene«, sagte Blattern-Dziobak immer wieder zu mir. »Verzieh dich mit deinen Devisen nach Lemberg oder tauch hier in Warschau unter. Spiel den toten Mann!«

»Du kannst untertauchen, ganz bestimmt, glaub mir«, sagte Wacek der Bauer. »Bei uns finde ich einen Bauernhof für dich, du arbeitest, du zahlst ein bißchen. Du siehst wie ein richtiger Bauer aus.«

»Sie werden nicht immer hier sein«, sagte Zamek der Sanfte.

Ich hörte ihnen zu. Eigentlich hatten sie mich ganz gern.

»Wir fangen in der Kozla-Straße wieder an«, sagte ich.

»Verdammter starrköpfiger Jidd«, sagte Dziobak.

Mokotow begann vergnügt zu lachen.

»Na ja, du zahlst, du trägst das Risiko, also triffst du die Entscheidung«, sagte Dziobak endlich.

In der Kozla-Straße grenzte ein Gebäude an die Freta-Straße auf der arischen Seite. Die Deutschen hatten feinmaschige Gitter vor alle Ausgänge, Kellerlöcher und Fenster anbringen lassen. Aber wir hatten Hunderte von Trichtern aneinandergebaut, die durch die

Maschen der Gitter paßten: ich stieß den Trichtersatz gegen das Gitter, die nageldünnen Hälse durch das Maschennetz, und wir schütteten die Milch, die Säcke voll korn hinein, und in der Kozla-Straße nahmen die Träger von Karren-Trisk oder Chaim dem Affen sie ab.

In der Nacht fuhren wir mit einem Lastwagen an die Gettomauer. Ich wählte dafür einen Winkel am Parysowski-Platz aus, der von den Toren am weitesten entfernt lag: die Blauen hatte ich tüchtig geschmiert. Auf der anderen Seite der Mauer wartete Pawel. Wir warfen unsere Strickleitern hinauf und in der feuchten Finsternis der polnischen Winternacht und unter völligem Stillschweigen brachten wir in ein paar Minuten unsere Säcke hinüber. Oben hockte ich rittlings auf einer Planke, die mich gegen die Glassplitter in der Mauerkrone schützte. Ich überwachte die Aktionen stets selbst, schließlich war es meine Ware und schließlich war dies mein Getto.

Manchmal tauchte eine deutsche Streife auf. Sie schossen, brüllten, ich sprang hinunter, man hörte die Schreie von Verletzten, sah die gelben Blitze der Mündungsfeuer, und doch mußte die Ware fortgebracht werden. Sie war kostbar, sie bedeutete das Leben.

Eines Nachts mußte ich in der Nähe des Parysowski-Platzes in einen Abwasserkanal steigen und mich dort einen ganzen Tag versteckt halten, aber ich konnte dabei zwei Säcke voll Korn retten. Dann kam ich schmutzig und stinkend ins Café in der Dluga-Straße. Die zwei Säcke zog ich hinter mir her, in den Gesichtern der Trinkenden zeigte sich Erstaunen.

»Nicht umzubringen, der Kater Mietek«, sagte Brigitki die Karte. Das stimmte, ich wollte nicht krepieren.

Pawel, Karren-Trisk, Chaim der Affe und Jankele der Blinde kontrollierten das Unternehmen auf der Gettoseite. Seltsamerweise funktionierten die Telefonverbindungen zwischen dem Getto und dem arischen Warschau noch immer. Auch das war eine Geheimwaffe für Pawel und mich.

Unser Code war kurz: »Welche Meta macht mit?«

Meta, das war der Teil der Mauer, wohin wir gehen mußten, da die Blauen dort zwei Stunden lang mitspielten. Pawel hatte sie bestochen; er hatte auch den Blauen ihren Tribut bezahlt, die die ganze Mauer kontrollierten, die heimlichen Zöllner der Schmuggler. Der Tarif war pro Sack festgelegt, Betrug war nicht möglich.

Ich hatte Pila die Säge und Mietek den Riesen auf meiner Seite, und so wurden auch wir nicht übers Ohr gehauen.

Der Lastwagen stand in einem Schuppen bereit, manchmal beim Ostbahnhof am anderen Ende von Warschau. Das Telefon klingelte. Es war Pawel. Ich gab den andern das Zeichen, den Motor anzuwerfen, und fragte: »Welche Meta macht mit?«

Dann rannte ich los, stieß die Tür des Schuppens auf, hielt mich am Wagen fest, kroch auf die Ladefläche, wo Mietek und Mokotow schon hockten. Wir rollten ohne Licht auf vorgeplanten Wegen, um Straßensperren zu vermeiden. Unsere Späher, die »Kerzen«, deuteten uns von einer Stelle zur anderen, daß der Weg frei war.

Wir fuhren wie zu einem Überfall, die Aktion war geplant wie ein Sturmangriff: wenn wir zu spät kämen, dann würde die »Meta nicht mehr mitmachen«, andere Blaue würden dort Posten stehen und uns niederschießen. Ich gab meine Kommandos durch stumme Gesten, und manchmal brachten wir in ein paar Minuten Dutzende von Säcken über die Mauer.

Plötzlich wurden die Wachen verstärkt. Streifen auf Motorrädern tauchten mit jaulenden Motoren auf. Unsere Ware war »heiß« geworden, wurde beschlagnahmt. Ich tobte vor Zorn, betrank mich bis zur Besinnungslosigkeit. Dann änderte ich den Schlachtplan. Ich sprach mich mit den Pinkertleuten ab und stopfte Särge mit Nahrung voll, versteckte Mehl auf Leichenwagen, denen die Deutschen aus Angst vor dem Typhus nie zu nahe kamen. Aber dann mauerten sie den Friedhof zu, denn sie wußten natürlich genau, daß wir die Toten benutzten, um die noch Lebenden zu retten. Also änderte ich den Aktionsplan noch einmal: ich benutzte die Abfallwagen, die unregelmäßig durch die Mauer fuhren, um den Müll abzutransportieren.

Es war immer ein Spiel um Leben und Tod. Sie zogen methodisch die Schlinge um unseren Hals enger, und wir rangen immer mehr nach Luft. Ich brachte ein bißchen Atemluft herein. Aber die Preise dafür stiegen immer weiter an.

Schließlich mußte ich ohne Visier kämpfen.

Pola meinte, es sei Selbstmord. Sie ergriff meine Hände und hielt sie fest. Pawel rauchte, bedrückt und schweigend.

»Manche schaffen es«, sagte ich.

»Sie werden fast alle erwischt, einer nach dem andern.«

Würden wir nicht sterben, fast alle? Ich stand auf, es war keine Zeit mehr für Diskussionen.

»Bist du einverstanden, Pawel, ja oder nein?«

»Ich werde dort sein«, sagte er.

Ich rannte die Treppe hinunter. Ich würde im Großen wieder anfangen. Fast mein ganzes Geld investierte ich in die Operation: ich bestach die jüdischen Polizisten, die Blauen, die »13« von der Leszno-Straße, und die, so sagten sie wenigstens, bezahlten mit meinem Geld die deutschen Gendarmen; ich bezahlte die Männer von Kohn und Heller, die offiziellen Gettolieferanten, die wiederum die deutschen Kontrolleure bezahlten; ich zahlte für einen Wagen mit zwei kräftigen Pferden, für falsche Papiere, für eine Einfuhrgenehmigung.

Wie alle fruchtbaren Gedanken war auch mein Plan sehr einfach. Ich spielte nicht mehr mit einer Meta der Gettomauer, sondern mit einem Gettotor. Und wir schafften es. Hoch oben hockte ich auf den Waren, wies meine falschen Papiere vor, und der Blaue tat so, als kontrolliere er sie; er machte mit, das ganze Gettotor machte mit. Ich konnte mehrmals fahren, zwei Stunden hatte ich Zeit, manchmal auch weniger, um unter Pawels Führung ins Getto vorzustoßen. In einem Hof, wo Dutzende von Trägern aus Winkeln, Kellern, Treppenhäusern auftauchten, wurde der Wagen in wenigen Sekunden völlig entladen. Manchmal ließen wir sogar eines der beiden Pferde zurück und fuhren mit nur einem wieder hinaus. Eines Tages kam ich mit zwei Wagen und vier Pferden ins Getto und fuhr mit zwei Pferden wieder nach draußen. Ich hatte eine Torwache beim Eintritt bestochen, eine weitere für die Rückfahrt.

Ich transportierte Tonnen von Getreide und Zucker, und wenn das Tor hinter uns lag und ich die lange Gesia-Straße mitten durch die Menschenmenge hinabfuhr, von meinem Platz oben auf der Ladung diese Reihen gekrümmter Gestalten sah, fühlte ich mich als Herrscher, als Wohltäter, der seinem Volk Heil und Hoffnung bringt.

Aber die Preise waren noch nie so hoch gewesen. Und der Einsatz auch nicht. Ich spielte mit offenen Karten. Jeder Durchgang durch das Gettotor war ein Wunder.

Einmal hielt ich vor dem Dzika-Tor. Zamek der Sanfte hatte die Zügel in der Hand. Ich hockte hoch oben auf meinen Getreidesäcken und sah Pawel unbeweglich mitten unter den wartenden Menschen stehen, wahrscheinlich war er voller Angst wie immer. Aber das Dzika-Tor »spielte mit«. Der Himmel war bald blau, bald bewölkt. Während ich langsam von den Säcken heruntersteig, roch ich den guten Duft des Getreides. Auf mich wartete noch eine zweite Fuhre Korn in einem Schuppen im Praga-Viertel. Mokotow das Grab würde den anderen Wagen schon beladen haben und mich erwarten. Ich reichte dem Blauen meine Ausweise: ich war ein junger Pole und wohnte in der Powazkowska-Straße. Der Blaue beachtete die Papiere kaum. Der deutsche Posten stand im Schilderhäuschen. Auch er »spielte mit«. Alles schien gut zu gehen.

Dann hörte ich sie kommen. Sie fuhren die Mauer entlang. Ich kletterte wieder auf die Ladung, hielt mich an den Säcken fest.

»Du weißt von nichts«, sagte ich für alle Fälle zu Zamek.

Sie bremsten am Tor, sprangen von den Motorrädern. Einer zog die Pistole und zielte in unsere Richtung. Der andere trat zum Schilderhaus. Alle begannen zu schreien, der bestochene Deutsche und der Pole brüllten noch lauter als die anderen, um sich zu retten.

Die zwei Gendarmen in den langen Ledermänteln riefen uns zu, wir sollten absteigen und mit erhobenen Händen unsere Papiere vorzeigen. Schon trafen mich Schläge in die Nieren und auf den Kopf.

Ich hielt meine Papiere ausgestreckt vor mich hin und sagte immer wieder: »Aber warum denn, ich weiß doch nichts, was ist denn los?«

Zamek blieb stumm.

Einer der Motorradfahrer fuhr davon, der andere hielt uns in Schach. Ab und zu schlug er uns.

Dann kam der erste in Begleitung eines Autos zurück. Sie hatten es auf mich abgesehen. Zamek der Sanfte wurde kaum beachtet. Ganz sicher wieder eine Denunzierung.

Man stieß uns mit Faustschlägen auf die Rücksitze, dann fuhren wir durch das Dzika-Tor. »Du kommst immer wieder zum Pawiak zurück«, hatte Siwy gesagt. Und so war es. Sie durchsuchten mich. Ich hatte zu viele Zloty bei mir, als daß ich den Unschuldigen hätte spielen können. Sie prügelten mich immer wieder, dann kam ich in eine Einzelzelle. Zamek den Sanften hatte ich endgültig verloren. Ich hockte mich in die finsterste Ecke der Zelle.

Stunden vergehen: Schreie im Gang, meine Tür geht auf, im Hof andere Verhaftete, schweigend, mit gesenktem Kopf. Wir fahren los. Ich erkenne die Straßen, das Nalewki-Tor, das arische Warschau mit seinen friedlichen, freien Passanten, dann Bäume, das blasse, zögernde Grün des Frühlings. Die Szuch-Allee: das Gestapo-Hauptquartier! Diesmal stehe ich mit erhobenen Armen an der Mauer einer Zelle im Keller. Dann Treppen, Hiebe mit dem Gewehrkolben. Ein ruhiges Bürozimmer voller Sonne, ein Mann auf einem Stuhl mit sorgfältig gekämmtem Haar, die Hände flach auf dem Tisch. Langes Schweigen.

»Pack aus«, sagt er.

Ein Dolmetscher am Fenster übersetzt.

Ich sage, ich sei Pole und hätte jemanden in der Straße getroffen; ich hätte Geld verdienen wollen. Mehr wisse ich nicht. Ich nenne wieder meinen falschen Namen.

»Pack aus«, sagt der Mann erneut.

Er blickt mich nicht einmal an. Ich sage, er solle mir Fragen stellen, ich wolle jede beantworten, ich sei unschuldig. Er wartet nicht einmal, bis der Dolmetscher fertiggesprochen hat. Langsam steht er auf, greift nach einem langen, biegsamen Bambusrohr und beginnt auf mich einzuschlagen. Ich höre die Schläge pfeifen, sie zerfetzen die Luft und meine Haut. Wie soll ich meine Schreie zurückhalten?

»Los, pack aus!«

Er setzt sich wieder. Ich hole Luft und versuche, etwas zu sagen. Da brüllt er los, springt mit rotem Gesicht auf, stößt mich gegen die Wand, ich spüre den Lauf eines Revolvers im Nacken.

»Pack aus, ich zähle bis zehn!«

Warum muß ich sterben? Mir brennen die Wangen, meine Zunge liegt mir wie ein Kloß im Mund, erstickt mich. Auch Zofia ist tot, und meine Mutter hat ihr keinen Tscholent bereitet, der ihr so gut gerät. Lebt wohl, meine Lieben. Ich werde sterben, ohne Schlachtruf und ohne Rache. Lebt wohl.

Die Tür ist aufgegangen, jemand kommt herein.

»Ich will ihm eine Lektion erteilen«, sagt mein Henker auf deutsch.

Plötzlich bin ich voll Hoffnung.

»Fünf...«, sagt mein Henker.

»Ich weiß doch nichts, ich schwöre es Ihnen!«

Er zählt weiter, dann ein Schuß dicht an meinem Ohr, den der andere abgefeuert hat. Aber ich stehe noch da und lebe.

»Ich gebe dir Zeit bis morgen.«

Er zerrt mich in die Mitte des Raums. Ein Tritt zwischen die Schenkel krümmt mich zusammen.

»Ich will alle Namen deiner Bande und die der Soldaten, die euch geholfen haben. Morgen will ich sie wissen«, sagt er.

Was wußte er wirklich? Er schien nicht zu ahnen, daß ich Jude war.

Dann saß ich wieder im Pawiak in einer Zelle. Neben mir stöhnte ein Mann auf dem dreckigen Boden, den Körper voll blauschwarzer Stellen, die Augen irr. Man hatte ihn halb zu Tode gefoltert. Später stöhnte er nicht einmal mehr. Morgen würde ich auch so daliegen. Doch vier Tage lang schienen sie mich vergessen zu haben. Am zweiten Tag nannte ich dem polnischen Wärter, der die Suppe austeilte, eine Summe. Er hob den Kopf, die Summe war sehr hoch. Er schaute mich mit ausdruckslosen Augen an.

»Nur damit Sie einem Freund Bescheid sagen, wo ich bin. Er wird Sie bezahlen.«

Er zögerte. Ich nannte die Summe nochmals.

»Wer?« fragte er.

Ich gab ihm die Adresse des Schuppens, den wir in Praga gemietet hatten und in dem Mokotow auf mich wartete. Ich wußte, er würde dort sein. Der Wärter ging. Ich hatte meinen Einsatz gemacht, nun konnte ich nur noch hoffen. Als er am vierten Tag kam, lächelte er mir zu. Mokotow war also großzügig gewesen.

»Das Grab und der Riese werden sich darum kümmern«, sagte er.

Mokotow und Mietek: plötzlich fühlte ich mich stark. Doch am Abend des vierten Tages holte mich die Gestapo, sie war mir zuvorgekommen. Ein Privatwagen diesmal, kein Militärlastwagen. Ein anderes Bürozimmer, ein neuer Henker, groß, elegant, glatzköpfig, das Gesicht purpurn im grellen Licht der Lampen.

»Du hast verschwiegen, daß du Jude bist!«

Hatten sie im Sanitätsraum des Pawiak, wo sie mich ein wenig verpflastert hatten, festgestellt, daß ich beschnitten bin?

»Juden reden immer«, sagte er.

Sie hatten nicht einmal mehr einen Dolmetscher dabei, so sicher waren sie, daß ich Deutsch verstand. Ich antwortete auf polnisch, daß ich unschuldig sei, daß ich nur Polnisch spräche. Sein Gesicht wurde noch röter, er stürzte sich auf mich, er brüllte; ich konnte seine Goldkronen sehen.

»Das langt mir, Jud – Schluß damit, Jud!«

Ich wußte, ich würde nicht reden, niemals, auch wenn er mich umbrächte; mit meinem Schweigen würde ich siegen. Sein Wutgebrüll war ein Eingeständnis der Schwäche. Ich wußte, er war schwach, feige, verachtenswert; ein tollwütiges Tier, das man töten muß, weil es schädlich ist...

Und dann fingen sie richtig an. Sie umringten mich und warfen mich einander zu, wie einen Luftballon, den man zum Platzen bringen will. Sie streckten mich auf einem Tisch aus und prügelten mich zu zweit, abwechselnd mit einem Rohrstock und mit einem Gummiknüppel. Dann nahmen sie Lederpeitschen. Sie stießen mir die Stiefel zwischen die Schenkel, und morgens in der Pawiakzelle kam Blut mit dem Urin.

Es dauerte mehrere Tage: sie warfen mich auf den Lastwagen, zerrten mich an den Haaren in die Zelle, und am nächsten Tag oder in der nächsten Nacht ging es von neuem los. Bei jeder Fahrt hoffte ich, daß Mokotow das Grab oder Mietek der Riese den Wagen angreifen würden. Aber es geschah nichts. Und diese entsetzliche Verlassenheit schmerzte mich am meisten.

Dann mußte ich die Hände auf den Tisch legen, und sie drückten ihre Zigaretten auf meinen Daumenballen aus, dann gossen sie Säure darüber. Und schließlich hängten sie mich an Händen oder Füßen auf wie ein Tier an einen Metzgerhaken. Sie waren ja Schlächter.

Ich wußte: wenn sie so weitermachten, würde ich vielleicht doch reden. Also mußte ich mich zum Sterben entschließen. Ich dachte daran, mich umzubringen, aber ich war erst siebzehn und voller Lebenshunger, voller Verlangen, diese Henker zu erniedrigen, mein Spiel weiterzuspielen und mein Glück herauszufordern.

Als sie mich zu Boden sacken ließen und der rotgesichtige Henker schwitzend näherkam, sagte ich auf deutsch: »Ich werde reden.«

Er schlug sich auf die Schenkel, er streichelte mir mit seiner Peitsche das Gesicht, er lachte: »Na siehste, Jud!«

Und dann tat er genau das, was ich erwartet hatte. Er rief die Soldaten und den ersten Henker herein.

»Unser kleiner Jud hat sich entschlossen, ein paar Sachen auszuplaudern.«

Er warf sich selbstgefällig in die Brust, die anderen lachten. Mühsam kam ich hoch. Meine Rippen schmerzten, die Hände waren von der Säure zerfressen.

»Er bringt es nicht fertig, einen kleinen Jidden zum Reden zu bringen«, schrie ich. »Er hat es sich bloß eingebildet!«

Mit erhobenem Gummiknüppel stürzte er auf mich zu. Ich nahm alle Kraft zusammen und spuckte ihm ins Gesicht.

»Er bringt es nicht fertig, einen Juden zum Reden zu bringen, und er wird mich töten, weil er es nicht fertigbringt! Er hat es nicht geschafft, und er wird mich deswegen umbringen«, schrie ich und schloß die Augen. Niemand sagte ein Wort; plötzlich begann er zu schreien, zu brüllen, wie ein Känguruh hüpfte er durchs Zimmer.

»Und du wirst reden, Jud, ganz bestimmt wirst du reden«, kreischte er. Noch immer brüllend befahl er den Soldaten zu verschwinden. Ich hörte Gemurmel, dann plötzliches Schweigen: ich war wieder mit ihm allein.

»Du wirst jetzt auspacken, Jude!« Sein Gesicht war dicht vor meinem.

»Du wirst mich umbringen, aber du wirst gar nichts damit erreichen!« Und ich spuckte ihn wieder an.

Er wich zurück. Er war totenbleich. In der Hand hielt er den Revolver. Er zögerte, und auch das Glück zögerte, mir zu Hilfe zu kommen, das Glück, das ich wieder einmal herausgefordert hatte. Dann ging er aus dem Zimmer. Ich wurde in den Pawiak zurückgebracht. Zwei Tage vergingen. Meine Wunden eiterten, und ich spürte, wie der Tod in mir mächtig wurde. Ich konnte mich nur unter Schmerzen bewegen. Am dritten Tag erst ging die Zellentür auf: Vor mir stand der Henker.

»Du bist mutig, Jude«, sagte er. »Und du bist gerissen. Ich biete dir ein Geschäft an.«

Ich hörte zu. Die Sache war einfach: mein Leben gegen meine Organisation. Mein Leben, wenn ich die Deutschen und Polen denunzierte, die bereit gewesen waren, mit uns zu »arbeiten«. Warum besaß ich nicht genügend Kraft, dem Kerl an die Gurgel zu springen? Meine Schwäche half mir, den Haß zu meistern, einen Plan zu machen.

»Laß mich erst mal verarzten, wenn du mich schon am Leben lassen willst.«

Ich duzte ihn einfach; das war eine Revanche, die mir das Leben kostbar machte.

Ich verhandelte wie bei einem Geschäft, denn ich mußte ihn dazu bringen zu glauben, es sei mir wirklich ernst mit dem Geschäft.

Seine Augen stierten mich mörderisch an, aber seine Worte waren honigsüß.

»Abgemacht, Jude. Wir werden dich gesundpflegen. Und dann hast du ein prima Leben, wie ein richtiger kleiner Arier.« Sicher lachte er und dachte an die Kugel, die er mir durch den Kopf schießen würde.

Ich schwatzte weiter, weigerte mich, sofort auszupacken. »Zuerst will ich ins Lazarett.«

Man brachte mich in die Krankenstation des Pawiak. Vor meiner Tür stand ein Soldat. Dann kam Doktor Scherbel, ein Gestapoarzt, zur Visite. Ein kleiner, rundlicher Mann, der friedlich und sanft aussah. Später erfuhr ich, daß er »aus Spaß« zuweilen Gefangene ohne Narkose operierte.

Eines Morgens lächelte mir der polnische Arzt, der mich behandelte und die ganze Woche lang nicht ein einziges Mal zu mir gesprochen hatte, freundlich zu.

»Es geht Ihnen schon wieder ganz wunderbar«, sagte er, »aber das Grab und der Riese haben sich gesagt, daß Typhus für Sie das Allerbeste wäre. Und wissen Sie, ich bin auch dieser Ansicht.«

Freude hüllte mich ein wie eine warme Sonne. Das Leben kam zu mir zurück. Ich ergriff seine Hand. Er drückte sie und kniff ein Auge zu. Dann gab er mir eine Spritze.

Zwei Stunden später packte mich das Fieber, ich begann zu phantasieren. Man brachte mich eilig aus dem Pawiak fort: die Deutschen fürchteten sich vor Ansteckung.

Im Stanislaw-Krankenhaus in einem Vorort Warschaus stellten Mokotow das Grab und Mietek der Riese den Direktor vor die Wahl zwischen dem Tod und einer hohen Summe Zloty. Und dann brachten sie mich eines Nachts durch ein Fenster hinaus. Ich erinnere mich noch dunkel an das Schwingen des Seils die Wand hinunter. In mein Bett legte man eine Leiche. Und sie brachten mich sogar ins Getto zurück. Ich schlief tage- und nächtelang. Doktor Celmajster behandelte mich mit den Medikamenten, die er auftreiben konnte. Aber ich war jung, und das half ihm.

Es waren langsam dahinfließende milde Tage. Mir schien, als wären wir in die Senatorska-Straße zurückgekehrt und ich wäre wieder ein krankes Kind, das jeden Augenblick nach seiner Mutter ruft.

Eines Morgens stand ich auf. Alpträume und Träume lagen hinter mir. Übrig blieben nur die gebrochenen Rippen, die gebrochene Nase, die ausgeschlagenen Zähne. Ich konnte den Arm nicht mehr senkrecht emporheben. Aber ich lebte. Im Hof schien warm die Aprilsonne, die Luft war mild.

Ich ging aus. Die Szene war unerträglich geworden. An der Ecke Smocza- und Gesia-Straße stand eine Jammergestalt neben einer Leiche und schrie in regelmäßigen Abständen: »Ein paar Groschen für das Begräbnis Monieks, meines einzigen Sohns!«

Ich ging durch unsere Hölle, und mit jedem Schritt wuchsen in mir meine Stärke und mein Haß. Am Abend entschloß ich mich wieder anzufangen. SIE ließen mir nicht die Zeit dazu.

Am Freitag, dem 17. April, kamen sie gegen Abend ins Getto. Ich hörte ihre brutalen Stimmen, ihre Tritte. Sie verhafteten die »Politischen«, die Verfasser, Drucker oder Leser der Untergrundblätter; sie nahmen auch die Bäcker mit, die Leute aus der Leszno-Straße 13.

Nach den ersten Schüssen verkrochen wir uns sofort in unser Versteck. Sie brachten die Gefangenen direkt vor den Türen um. Am nächsten Tag berichtete mein Vater, daß Todeskommandos in Warschau eingetroffen seien.

Das Getto verstummte, es wartete auf das Schlimmste; doch das Unheil zog vorbei. Ich versuchte wieder Kontakt zu meiner Bande aufzunehmen: Zamek der Sanfte war seit der Pawiakgeschichte verschwunden. Blattern-Dziobak hatte Warschau verlassen. Wacek der Bauer verkaufte Lebensmittel, die er auf dem Land zusammenkaufte. Weil ich so lange gesessen hatte, waren sie mutlos geworden: sie hatten Angst, sogar Mokotow das Grab und Mietek der Riese, denen ich mein Leben verdankte. Sie hatten durch mich gut verdient, und sie hatten mich gerettet. Wir waren quitt.

Ich unternahm noch einige Aktionen zusammen mit Mokotow, doch die Schwierigkeiten wuchsen von Woche zu Woche und wurden schließlich unüberwindlich. Große weiße Ziffern wurden im Abstand von fünfzig Metern auf die Gettomauer gemalt; vor jeder Zahl mußte ein jüdischer Gettopolizist Wache stehen und diesen Abschnitt der Mauer kontrollieren.

Nach dem 17. April waren die Streifen häufiger geworden, die Zeit Frankensteins, des Einzelkillers, war vorbei. Hin und wieder stellten sie Juden in einem Hinterhof an die Wand, als Exempel oder unter irgendeinem Vorwand.

Ich mußte eine andere Methode entwickeln, die Mauer zu überwinden. Mir fielen die Abwässerkanäle ein. Als ich versuchte, in der Muranowska-Straße einen Kanalisationsdeckel hochzuheben, wurde ich wieder geschnappt.

Die zwei Soldaten mit Stahlhelm befahlen mir, die Hände hochzuheben, dann stießen sie mich in einen Hof an der Ecke Pokorna-Straße. Ich bewegte mich langsam. Würde mich mein Glück wieder im Stich lassen? An einer Mauer warteten bereits ein Dutzend Männer mit erhobenen Händen. Vier Soldaten bewachten sie, andere patrouillierten noch durch die Straßen. Bald würde sich das Erschießungskommando aufstellen, und sie würden feuern.

Als ich mich der Mauer näherte, entdeckte ich eine Kellerluke, ein Glasfenster dicht über dem Boden. Ich bewegte mich vorsichtig darauf zu. »Ergreife die erste Chance, Martin, es gibt vielleicht keine zweite...«

Ich stürzte mich kopfvoran durch die Glasscheibe und fiel auf Kisten in einem finsteren Keller. Sofort knallten die Schüsse, brüllten die Stimmen, die ich so gut kannte. Ich stürzte auf die Tür zu, hastete Stufen hinauf, kein Mensch war zu sehen, eine offene Tür. Im Zimmer auf einem Bett ein kleines Mädchen, bewegungslos, eine Puppe im Arm, weißes Kleidchen, mager, gespannte gelbe Haut, verhungert.

»Man muß überleben, Martin.«

Ich hörte sie schreien. Im Nebenzimmer stand eine wuchtige Kommode. Ich räumte ein großes Schubfach aus und versteckte die Laken und Decken unter dem federleichten Leichnam des Kindes. Dann zwängte ich mich in die Schublade, zog sie mit meinem Gürtel zu, krallte schließlich die Fingernägel ins Holz, um sie ganz zu schließen. Sie hämmerten mit den Gewehrkolben an die Tür. Sie schossen, dann stürmten sie herein, ich hörte sie fluchen, hörte das Getrampel der Nagelstiefel; das Kind hielt sie kaum eine Sekunde zurück. Sie suchten stundenlang, ließen die Hausbewohner im Treppenflur antreten, brüllten. Ich stellte mir das Entsetzen der Frauen, die Schläge vor. Aber ich hatte es mir zum Gesetz gemacht: ich mußte weiterleben, für dieses kleine Mädchen, das zu schlafen schien.

Dann wurde es still. Ein Befehl, und im Hof, in dem auch ich hätte stehen sollen, knallten eine Salve und einige Einzelschüsse.

Hunger, Kälte, Typhus, Schläge, einige Morde genügten ihnen jetzt nicht mehr. Sie brauchten den Massenmord, die ungeheure

Hekatombe. In meiner Schublade verkrochen, nach Luft ringend, von Krämpfen gelähmt, wußte ich plötzlich, daß ich den Weg ins Entsetzen noch nicht bis zu Ende gegangen war, daß ich noch gar nichts gesehen, gar nichts getan hatte.

Die Henker haben
gesprochen

Mittwoch, 22. Juli 1942: Die Henker haben gesprochen. Vor dem Anschlagbrett des Judenrats bilden sich Gruppen, zerstieben. Männer rennen davon, Frauen schreien. An der Ecke Mila-Straße hockt eine von ihnen im Rinnstein. Die Hände an den Kopf gepreßt, schluchzt und heult sie, als sei sie wahnsinnig geworden, ihr Schrei schwillt an und verstummt. Am Fenster unseres Hauses sehe ich meine Mutter. Ich versuche sie mit einer Handbewegung zu beruhigen, sie hebt die Arme flehend zum Himmel. In der Zamenhof-Straße knattern Schüsse, dann setzt wieder der Schrei dieser Frau ein. Es ist der Todesschrei des Gettos.

Die Henker haben gesprochen: Sie wollen jeden Tag Tausende von uns für die »Umsiedlung nach dem Osten«. Sie wollen die Bevölkerung des Warschauer Gettos »umsiedeln«; sie wollen, daß der Judenrat die Opfer sammle. Sie wollen.

Ich laufe durch das Getto: überall Wahnsinn und Entsetzen. Schreie, Gewehrfeuer, Männer und Frauen, die fieberhaft nach dem amtlichen Dokument suchen, das ihnen erlaubt, der »Umsiedlung« ein paar Tage länger zu entgehen. Die »Lebenskarte«, das lebenserhaltende Papier, ein ärztliches Gutachten, der Beweis, daß sie zur Familie eines jüdischen Polizisten gehören. Schon hat jeder dieser Scheine seinen Preis; schon stellen die Rabbiner fiktive Heiratsurkunden aus: die jüdischen Polizisten steigen im Kurs. Pola hat mich gebeten, ihr um jeden Preis einen zu finden. Pawel hat sich einen Arbeitsnachweis beschafft. Und sie glauben sich damit retten zu können! Bestenfalls gewinnen sie einen Aufschub.

Ich gehe bis ans Ende der Stawki-Straße. Vor dem jüdischen Krankenhaus haben Krankenpfleger Betten und Tische aufgestapelt. Jetzt tragen sie die Kranken herunter. Man legt sie auf »Rikschas« und Karren. Manche werden von Verwandten und Freunden auf dem Rücken weggeschleppt. SIE wollen das Krankenhaus zum Sammelplatz machen. SIE wollen, daß es bis heute abend evakuiert werde. Und um sechs Uhr wollen sie 6000 von unseren Leuten haben. Wie viele werden es morgen sein?

Seit die Henker gesprochen haben, erscheint unsere bisherige Unsicherheit wie heiterer, glücklicher Frieden verglichen mit dem, was SIE mit ein paar Worten geschaffen haben. Ich kehre nach Hause zurück, um meine Mutter zu beruhigen; aber wie könnte ich sie überzeugen, während das ganze Getto vor Angst zittert, während einige Familien in unserem Haus mit verzweifeltem Fatalismus schon die fünfzehn Kilo Gepäck vorbereiten, die man ihnen erlaubt. Als ob dieser Osten etwas anderes sein könnte als eine Etappe auf dem Weg zum Tod.

Mein Vater ist gekommen. Er ist außer Atem, ungekämmt, mit verstörtem Gesicht. Er faßt mich am Arm, zieht mich auf den Treppenabsatz hinaus, wo uns meine spielenden Brüder und die fassungs- und sprachlose Mutter nicht hören können.

»Die Todeskommandos sind gekommen«, sagt er. »Sie sind in Warschau.« Er ballt die Fäuste. »Und wir haben keine Waffen!«

Dann wird er ein wenig ruhiger und gibt mir Arbeitsnachweise, die uns als Arbeiter in einem der deutschen Gettobetriebe ausweisen.

»Vielleicht kommen die Arbeiter eine Zeitlang davon.«

Eine Zeitlang. So leben wir schon seit September 1939, von einer Woche zur anderen, und wie sehr hatten wir doch auf den Sieg der Alliierten gewartet, geglaubt, der Krieg werde rasch zu Ende gehen. Falschmeldungen hatten das Getto in fieberhafte Unruhe versetzt: Göring sei tot, die Engländer hätten Berlin zerstört, die Russen die gesamte deutsche Armee vor Moskau vernichtet, Amerika, wo wir so viele Verwandte hatten, sei im Begriff, sie hinwegzufegen. Doch SIE sind immer noch da, SIE beherrschen Europa vom Atlantik bis zur Wolga, von der Ostsee bis zum Schwarzen Meer. Und wen kümmert unser Sterben?

Wir selbst müssen uns retten. Ich gehe herum wie Tausende anderer im Getto. In der Zamenhof-Straße treibt man schon Gefangene zusammen; in anderen Straßen stößt man Flüchtlinge auf die Fahrbahn, Greise, Bettler, Kranke, Waisenkinder, die man bei Razzien aufgegriffen hat. Die jüdischen Polizisten brüllen mit erhobenen Schlagstöcken Befehle: sie müssen am Abend 6000 Köpfe beisammen haben. Dann setzt sich die Herde in Bewegung, ich folge ihr die ganze Zamenhof-Straße hinunter, dieser armseligen, zerlumpten Menge, diesen Armen, Dieben, Kindern, Lahmen, Alten, diesem Strandgut aus weit entfernten Gettos: 6000 Menschen. Die Gehsteige leeren sich, je näher der Zug kommt. Man sieht ihn mit Grausen: er ist unser morgen.

Neben mir höre ich eine Frau murmeln: »Gott nimmt sie zu sich, danke, danke, sie sind am Ende ihrer Leiden.«

Ich gehe hinter ihnen her bis zum Krankenhaus, weil ich wissen will. Viehwaggons stehen an den Bahnsteigen, die Polizisten schreien. Ich erkenne den riesenhaften Szmerling, er rennt mit erhobener Reitpeitsche zu den SS-Männern hinüber, um Bericht zu erstatten. Er ist ein Jude, wie seine Opfer, wie ich. Sie werden in die Waggons getrieben, Familien werden auseinandergerissen, und wenn einer schreit, protestiert, sich wehrt, ein Schlag mit einer Eisenstange, ein Schuß. Ich beobachte, ich sauge mir die Augen voll: morgen kann es mich und die Meinen treffen. Ich will wissen, denn man muß diesen »Umschlagplatz« genau kennen, wenn man fliehen, siegen will. Gestern war da noch eine große Straßenkreuzung, gestern gab es das Wort »Umschlagplatz« noch nicht. Heute jedoch ist dieser Platz zum Mittelpunkt der Hölle geworden, jeder zittert davor.

Auf meinen Streifzügen fand ich einen Schreiner. Sie sind jetzt Gold wert, aber ich kann bezahlen. Ich bringe ihn dazu, mit mir durch das Getto zu kommen, ich zerre ihn am Arm hinter mir her. Überall, in allen Straßen und Gassen sehen wir Szenen des Wahnsinns. Warum nur haben wir keine Waffen, warum lassen wir zu, daß sie uns niedermetzeln?

In unserer Wohnung lenke ich Mutter und Brüder ab, ich will ein sicheres Versteck haben, das ist die beste Arbeitserlaubnis. Der Schreiner macht aus der Rückwand eines Schranks eine Tür, die ein unsichtbarer Sperrklotz verschließt. Dann schieben wir gemeinsam den Schrank vor eine Zimmertür: da wird das Versteck für meine Mutter und die Brüder sein, hinter einem Schrank voll Wäsche. Ich lasse einen zweiten Schrank für mich herrichten, darin werde ich mich hinter einem Türflügel verstecken.

Ich bezahle den Schreiner. Er ist grauhaarig, seine Hände sind breit und voller Sägemehl, gierig greift er nach den Scheinen, er sieht mich kaum an. Man müßte ihn zwingen können zu vergessen, man müßte sein Gedächtnis auslöschen können, doch wir sind gezwungen, ihm zu vertrauen. Unser Leben liegt in diesen Händen, und wer kann sicher sein, daß er es nicht gegen das seine preisgeben wird?

Es ist nutzlos, so zu denken, man muß handeln. Ich gehe von Zimmer zu Zimmer, schleppe Vorräte in das Versteck, lege Trinkwasserreserven an, bringe Matratzen. Meine Mutter beobachtet mich willenlos und ergeben.

»Alles wird gutgehen, *Mame*, ich schwöre es dir. Alles wird gutgehen.«

Ich umarme sie, drücke sie an mich, damit sie meine Stärke, meinen Mut, meine Zuversicht spüre. Dann führe ich sie ins Versteck. Meine Brüder jubeln, sie wollen gar nicht wieder heraus. Schließlich lege ich die Borde ein, staple die Wäsche auf und schließe die Schranktüren. Ich muß mich setzen. Jede Nacht werde ich sie herauslassen und die Abfälle wegbringen.

Von der Straße her dringen Schreie zu mir herauf, das Geräusch von hastigen Schritten: die jüdischen Polizisten hetzen Menschen, sicher fehlen ihnen noch ein paar zur geforderten Kopfzahl, also verhaften sie nach Gutdünken. Ich sehe, wie einer von ihnen mit einem langen Schlagstock eine Frau jagt. Sie rennt mit erhobenen Armen, wird immer langsamer, stürzt schließlich zu Boden, und der Polizist zerrt sie an den Haaren hoch und nimmt sie mit.

Es ist sehr schwer, Mensch zu bleiben: am 23., einem Donnerstag, um halb neun begeht Czerniakow, der Präsident des Judenrats, Selbstmord. Er bietet uns seinen Tod dar als Aufschrei des Zorns, der Auflehnung, der Verzweiflung, aber auch als Mahnung. Doch nur wenige verstehen ihn. Die Polizisten müssen »Köpfe« zusammenbringen, sonst stoßen am Abend die Henker sie, die Treiber, in die Waggons auf dem Umschlagplatz. Rette sich, wer kann, mein Leben gegen das der anderen. Es ist sehr schwer, Mensch zu bleiben.

Die Straßen werden immer leerer. Deshalb dringen die Polizisten jetzt in die Häuser, steigen die Treppen hinauf, schlagen Türen ein, reißen Menschen aus ihren Betten, stöbern sie in Verstecken auf, die ein Nachbar oder Verwandter verraten hat. Ukrainer kommen, Letten und Litauer, Judenjäger, Wilde, die von der SS als Jagdhunde benutzt werden. Der Umschlagplatz füllt sich, die SS-Männer zählen nach und schließen die Türen der Waggons. Zuweilen wird gleich auf dem Platz aussortiert, rechts bedeutet: in den Waggon, links: Zwangsarbeit für die SS. Links ist die Hoffnung.

Ich werde auf der Straße verhaftet wie Tausende anderer; man führt uns in einer Kolonne zum Umschlagplatz, treibt uns ins Krankenhaus und pfercht uns dort zusammen, bis die Waggons bereit sind. Hier lerne ich, daß der Mensch zu allem fähig ist. In den beiden unteren Stockwerken hausen die Ukrainer, die Litauer: sie kampieren dort, sie töten, vergewaltigen. In den darüberliegenden Stockwerken sind wir, die Juden, für die Waggons bestimmt und für diesen Osten, von dem einige sagen, er bedeute den Tod, und andere behaupten, er sei die Hoffnung.

Wenn die Ukrainer die Türen im Krankenhaus öffnen, um uns zu den Waggons zu treiben, bricht ein rücksichtsloser Kampf aus: man prügelt sich, um in die oberen Stockwerke zu gelangen und so vielleicht eine Stunde, vielleicht einen Tag Aufschub zu gewinnen. Von der Stawki-Straße aus schießen die Ukrainer in die Fenster. Getroffene fallen zu Boden, Frauen kreischen, wahnsinnig gewordene Männer fuchteln in der Luft herum. Die Räume sind voller Abfall und Unrat, man schläft auf Leichen. Mancher stürzt sich aus dem Fenster, und die Ukrainer schießen auf sie, um sie noch im Sturz zu treffen, so wie man Vögel erlegt.

Ich bin geschnappt worden und ich bin geflohen. Manchmal an einem einzigen Tag zweimal. Ich habe entweder einen jüdischen Polizisten geschmiert oder einen Augenblick der Unaufmerksamkeit ausgenützt, wenn ich für die linke Seite, das Arbeitslager, aussortiert worden war, und bin vom Lastwagen gesprungen. Jedesmal wurde ich entschlossener, wußte ich sicherer, ich würde entkommen, war ich besser vorbereitet. Ich trage ein Seil um den Leib gewickelt, habe stets ein Messer und Geld bei mir. Und außerdem kenne ich als Schwarzhändler fast alle jüdischen Polizisten, meine »Mitarbeiter«. Sie respektieren und fürchten mich, sie wissen, daß ich über Mittel und Beziehungen verfüge, und so helfen sie mir. Aber die Preise steigen rapid. Die Henker werden immer anspruchsvoller.

Ein SS-Trupp griff mich in der Niska-Straße auf. Einer von ihnen, ein Rothaariger mit rot geädertem Gesicht, hält in behandschuhten Händen ein langes Stück Stacheldraht. Er stellt sich vor mich hin und peitscht mir mehrmals mit dem Draht über das Gesicht. Ich blute, die Wunden brennen, doch ich schweige, gehe weiter, denke an den Umschlagplatz und spüre die Schläge nicht; ich denke an das Blut, die Wunden, die mich in den Waggon bringen werden. Ich muß den Mund halten und abwarten, bis sich der Rothaarige anderen Opfern zuwendet.

Wieder der Umschlagplatz. Eine Wahnsinnsszene immer. Ein kleiner SS-Mann, der kleinste, den ich je gesehen habe, steht am Zugang zu den Waggons. Er trennt Mütter von ihren Kindern, er lächelt, er knallt mit der Reitpeitsche.

Jüdische Polizisten lauern auf die Unglücklichen, die sich zur Sanitätsstation Doktor Rembas zu schleichen versuchen. Mitten in diesem Inferno versuchen der Doktor und ein paar Krankenschwestern immer wieder, einige Menschen vor den Waggons zu bewahren; mitten in diesem Strudel von Korruption und Unmenschlichkeit, unter den tollwütigen, irrsinnigen Bestien gibt es noch Menschen. Doch die Polizisten treiben jene, die nicht bezahlen können, zu den Waggons zurück. Ich kann bezahlen und werde zwei Tage lang warten, bis meine Wunden vernarben, dann werde ich ins Getto zurückkehren.

Gestern haben sie in der Karmelicka-Straße Menschen wie Säcke in einen Wagen geworfen. Eine Stunde später rennt ein jüdischer Polizist durch die Mila-Straße hinter einem Kind her. Er erwischt es schließlich, packt es am Arm und schreit: »Ich habe es!« Darauf kommen die Eltern heraus und sie gehen alle zusammen zum Umschlagplatz. Kinder sind gute Köder.

Ich möchte töten. Doch dann, als ich es tun konnte, zögerte ich.

Ein jüdischer Polizist stand im Zimmer der Tochter von Frau Celmajster. Er zerrte das kleine Mädchen von der Mutter weg, die Kleine klammerte sich an die Mutter, an ein hölzernes Pferd, beide schrien wie Wahnsinnige. Ich raste die Treppe hinunter, ohnmächtig vor Wut, ich mußte eingreifen; es gibt Augenblicke, in denen man, ohne Rücksicht auf die Risiken, kein Feigling sein darf. Ich sprach zum Polizisten, ich flehte ihn an, ich beleidigte ihn; seine Augen rollten wie die eines scheuenden Pferdes, er hob den Schlagstock gegen mich. Darum stürzte ich mich kopfvoran auf ihn und hämmerte auf sein Gesicht ein. Kurz darauf ging er zu Boden. Frau Celmajster und die Kleine waren in eine Ecke geflüchtet, beide hatten die gleiche starre Haltung, die Hände vor den Mund gepreßt.

Der Polizist lag ausgestreckt am Boden, und ich bekam Angst, ihn getötet zu haben. Ich, der davon träumte, diese Männer zu vernichten, die uns den Henkern auslieferten, um ihre eigene Haut zu retten, fühlte mich diesem Mann plötzlich nahe. Er war zum Werkzeug gemacht worden, aber er war ein Opfer wie ich. Als er sich aufrichtete, stand ich mit erhobener Peitsche vor ihm. Ich stieß ihn zu einem Schrank und schloß ihn dort ein.

»Ich lass' dich heute abend frei, wenn sie die Kopfzahl erreicht haben. Und morgen verschwinde irgendwohin.«

Seine Augen waren noch immer rund und irr.

»Meine Quote, meine Quote«, sagte er immer wieder.

»Morgen, irgendwo anders.«

Die Henker hatten gesagt: Jeder jüdische Polizist muß täglich vier Köpfe liefern, das ist seine Quote. Dann verlangten sie fünf, schließlich sieben.

So geht es Tag für Tag weiter. Ich lasse meine Mutter und die Brüder nicht mehr aus dem Versteck. Pola hat sich auf die Dächer geflüchtet; eigentlich sollte ich nicht aus dem Haus gehen, doch ich fordere mein Glück heraus: ich schleiche durch die Straßen, bin zur Hyäne geworden. Ich dringe in verlassene Wohnungen ein, kaum sind die Ukrainer und die jüdischen Polizisten fort. In der Zerstörung, die sie angerichtet haben, wühle ich nach Nahrungsmitteln. Manchmal muß ich Frauen beiseiteschieben, die vergewaltigt und umgebracht wurden. In einem Zimmer schreit ein verlassener Säugling. Ich versuche, nichts mehr wahrzunehmen. Was könnte ich auch tun? Ich stopfe mir ins Hemd, was ich finde, und kehre zu den Meinen zurück.

In einem Wohnhaus in der Nowolipie-Straße stehe ich im vierten Stock plötzlich einem Ukrainer gegenüber, einem Einzelgänger, einem Nachzügler, einem stiernackigen, bärtigen Plünderer. Er packt mich am Arm, stößt mich die Treppe hinunter. Zwischen uns kein Wort, es gibt nur seine Brutalität und meine scheinbare Unterwürfigkeit. Im zweiten Stock erregt die offene Tür einer Wohnung seine Aufmerksamkeit. Er läßt mich für den Bruchteil einer Sekunde los, ich stoße ihn mit allen Kräften vorwärts, ziehe die Tür ins Schloß und halte sie zu, bis er zu schießen beginnt. Dann stürze ich in die gegenüberliegende Wohnung, deren Tür ebenfalls offensteht. Er rennt die Treppen wieder hinauf, ich springe in die Wohnung hinüber, die er gerade verlassen hat, lasse die Tür offen, bin bereit zu kämpfen. Doch er steigt die Treppe hinunter. Ich warte ein paar Sekunden, dann werde ich wieder zur Hyäne und wittere nach Nahrung für die Meinen.

Der Hunger ist noch immer IHRE beste Waffe. Schmuggel ist nahezu unmöglich geworden; der Hunger treibt die Menschen aus den Verstecken. Und SIE wissen das. Ende Juli lassen sie Anschläge an den Wänden anbringen; wer sich freiwillig am Umschlagplatz meldet, soll drei Kilo Brot und ein Kilo Marmelade erhalten. Ferner würden drüben, im Osten, Familien nicht mehr getrennt. Ich habe die Ausgehungerten gesehen, Menschen, die um jeden Preis essen wollten, die Brot und Marmelade für herrlicher hielten als das Leben. Sie drängten sich zum Umschlagplatz, die Gettopolizei brauchte nicht einmal mehr zu prügeln. Frauen mit hohlen Gesichtern unter ihren Tüchern lachten wie Wahnsinnige, als man ihnen das große Graubrot zuteilte. Sie rissen es hastig an den Mund oder brachen es mit den Nägeln auseinander. Ich sah Eltern, die alles in Kauf nahmen, um nicht von ihren Kindern getrennt zu werden. Und ich schämte mich. Ich wußte nicht, was wirklicher Hunger ist, aber ich wußte, die meisten kamen, um bei den Ihren bleiben zu dürfen.

Die Freiwilligen waren so zahlreich, daß man viele zurückweisen mußte. Menschen, denen es nicht gelungen war, bis zum Umschlagplatz vorzudringen, flehten und winselten um ihr Brot, ihre Marmelade. Sie wollten mit ihren Familien das Getto verlassen. Sie wurden abgewiesen. Danach ergriff einige Tage lang ein neuer Wahn das Getto: im Osten gab es Essen und Arbeit. Manche bekamen Briefe von Verwandten, in denen stand, die Arbeit sei zwar hart, die Ernährung aber reichlich. Ich sah, wie sich die Menschen zum Umschlagplatz drängten: warum hätten sie mir auch glauben sollen?

Einige Tage lang trieb ich mich so auf den Straßen herum, schlich hinter der unterwürfigen, beinahe heiteren Menschenmenge her. So sah ich eines Morgens die Karren herankommen. An diesem Tag schien die Sonne grell und blendend. Nach vielen Regentagen war das Wetter umgeschlagen, die Hitze begann drückend auf dem Getto zu lasten. Ich habe sie gesehen: Chaim den Affen, Jankele den Blinden und Karren-Trisk, sie kamen die Zamenhof-Straße herauf. Auch sie gingen zum Umschlagplatz. Ich lief neben ihnen her und hielt mich an einem der Karren fest: »Trisk, Jankele, ihr seid verrückt!«

Sie lachten. »Vor allem werden wir sicher sein, Arbeit haben und zu essen«, antworteten sie mir.

Jankele der Blinde schrie mich an: »Mietek, worauf wartest du denn noch? Im Osten ist es wie überall: wer zuerst kommt, mahlt zuerst.«

»Los, entschließ dich schon, Mietek, wir halten dir einen Platz frei.« Chaim der Affe schnitt wie üblich Grimassen und machte weitausholende, ermutigende Handbewegungen.

Ich flehte sie an, es sich anders zu überlegen und abzuwarten. Aber sie hatten auf alles eine Antwort: die Briefe, die von da drüben eintrafen, die Deutschen, die am Umschlagplatz Leute zurückwiesen... Sie waren verrückt, verblendet, berauscht. Am Ende der Zamenhof-Straße sprang ich vom Karren. Die Henker waren nicht nur primitive Barbaren, sie handelten heimtückisch und planmäßig, säten Uneinigkeit. Sie zu besiegen würde lange dauern, und nur wenige unter uns würden überleben. Ich mußte auf jeden Fall einer von ihnen sein.

Dann meldeten sich keine Freiwilligen mehr. Es gab kein Brot und keine Marmelade mehr, die Razzien begannen wieder. Straßen wurden abgeriegelt, man hörte wieder überall Gewehrfeuer. In der Leszno-Straße beschimpfte eine nichtjüdische Polin die Deutschen, die Kinder mitnahmen: Schüsse, ein Schrei, die Razzia ging weiter.

Die Bewohner des Gettos verstecken, verschanzen sich in ihren Wohnungen, die blendende Sonne brennt auf leere Straßen herab. Meine Mutter und meine Brüder ersticken fast in ihrem Versteck. Es herrscht eine Gluthitze, der Teer schmilzt auf den Straßen, die Luft steht unbeweglich, es fehlt an Wasser.

Ich gebe mir Mühe, meine Brüder aufzuheitern, aber sie fragen immer wieder: warum, warum? Sie wollen im Freien herumlaufen, und ich muß ihnen beibringen, daß sie still sein, bewegungslos auf den Matratzen liegen müssen, sobald sie Lärm oder Stimmen vernehmen. Manchmal genügt das Weinen eines Säuglings, um fünfzehn Menschen ins Verderben zu stürzen.

Tagsüber setze ich meine Beutezüge fort.

Es muß Mitte August gewesen sein. Ich kam gerade nach Hause, als ich singen hörte. Und dann sah ich auch. Sie hielten einander bei den Händen, sie hatten sich gekämmt und gewaschen, an ihrer Spitze ging Doktor Korczak: die Waisenkinder zogen zum Umschlagplatz. Früher einmal hatte ich geklatscht, wenn sie Gedichte aufsagten und bei Wohltätigkeitsveranstaltungen im

Femina-Theater lustige Szenen aufführten. Ich hatte regelmäßig für das Waisenhaus gespendet, und jetzt gingen sie zum Umschlagplatz.

Doktor Korczak kam mit starrem Blick auf mich zu, sein Gesicht war unbeweglich. An jeder Hand hielt er einen kleinen Jungen. Ich ging dicht neben ihm her und flüsterte ihm zu: »Doktor, lieber Herr Doktor.« Ich flehte ihn an, doch er antwortete mir nicht, als habe er mich nicht erkannt, mich nicht gehört. Ich ging bis zur Einzäunung mit ihnen. Dann sah ich, wie sie den Umschlagplatz betraten. Die Waggons standen an den Rampen, der kleine SS-Mann lächelte.

»Komm!« Mein Vater faßte mich am Arm und zog mich in Richtung Mila-Straße zurück.

»Korczak hat vermeiden wollen, daß sie Angst haben. Er geht mit ihnen.«

Ich vermochte nicht zu antworten. Wie konnte Korczak das zulassen? Warum hatte er nicht versucht, die Kinder zu verstecken? Warum brachte er sich selbst zum Opfer dar?

»Verurteile ihn nicht«, sagte mein Vater. »Verurteile niemanden. Auf seine Art versucht er, sie zu retten und sie zu beschützen.«

Wir wanderten lange umher.

»Sie wollen uns vernichten, sie wollen unser Volk ausrotten, Martin.« Vater sprach zu mir von unseren Hoffnungen, von dem, was wir in Jahrhunderten geschaffen hatten, von den Kindern, von der Zukunft. All das wollten sie nun systematisch vernichten.

»Sie haben einen Plan: der Osten bedeutet unseren Untergang.«

Vor unserem Haus in der Mila-Straße Nr. 23 drückte mein Vater mir leicht den Arm: »Denk daran, Martin, du mußt überleben! Heute und immer!«

Er hatte versucht, Waffen zu beschaffen und Kontakte mit dem polnischen Widerstand aufzunehmen, doch Waffen waren kostbar und die Führer der Untergrundarmee häufig Antisemiten. Sie zögerten, wichen aus, suchten Ausflüchte. Als könnten wir warten, während das Getto nach und nach immer leerer wurde und die jüdischen Gettopolizisten einer nach dem anderen zu reißenden, grausamen Bestien wurden, von denen die SS jeden Tag höhere Kopfquoten forderte.

Ich habe einen jüdischen Polizisten gesehen, der mit dem Beil Wohnungstüren aufbrach und die Bewohner herauszerrte. Andere schleiften schreiende Frauen davon. Die Ukrainer und Litauer vergewaltigten und töteten. Sie waren auch nachts auf der Jagd, und nach und nach breitete sich Totenstille wie ein immer größerer Blutfleck über das Getto.

Jeden Tag mußte ein weiteres Planquadrat »judenfrei« werden: die Miethäuser zwischen der Dzielna-, Zamenhof-, Nowolipie- und Karmelicka-Straße, dann das »Kleine Getto«, dann die Gebäude zwischen der Zamenhof- und der Nalewki-Straße. Die Bewohner hatten manchmal nur fünf Minuten Zeit, um auf die Straße zu kommen, sich unter Schlägen in Gruppen aufzustellen und zum Umschlagplatz in Bewegung zu setzen. Danach durchsuchten ukrainische SS-Leute, Letten, Litauer und Gettopolizisten die Gebäude, plünderten und töteten die Menschen, die sie noch fanden. Sie zertrümmerten die Wohnungseinrichtungen, zerfetzten die Betten, rissen Wände ein: sie suchten Verstecke, in denen sich Familien verkrochen hatten, sie suchten Gold und Schmuck. Sie gierten nach Gold, nach Frauen, nach Blut.

Jeden Tag verlieren die Passierscheine an Wert: schon müssen die Arbeitsbescheinigungen von der SS und den Beamten des SD gestempelt sein. Der Irrsinn erreicht neue Dimensionen: jeder hofft, zu den letzten Gruppen zu gehören, die die Deutschen noch ungeschoren lassen. In einer der Werkstätten, die für die Deutschen arbeiten, sehe ich kleine Mädchen mit entsetzten Katzenaugen, die Gesichter gepudert, die Lippen geschminkt, sie spielen junge Frauen, um so vielleicht eine Arbeitserlaubnis zu erhalten. Ich sehe Alte mit gefärbten Haaren. Was ist aus uns geworden? In welcher gräßlichen Tragödie, für welchen Teufel spielen wir mit?

Zweimal gelingt es mir, für ein Arbeitslager bezeichnet zu werden, auf den Lastwagen zu klettern und abzuspringen. Ich kenne jetzt die Strecke, die sie fahren, die Geschwindigkeit der Wagen, und ich weiß, an welchem Punkt man abspringen muß. Zweimal wurde ich auch in einen Viehwaggon gestoßen, hörte die Holztür quietschen und zufallen, hinter der wir ersticken sollten. Ich kämpfte, ich schrie: ich war kein Anfänger mehr, ich war ein erfahrener Ganove. Wir brachen die Gitter vor der Lüftung hoch oben links heraus und flohen zu mehreren. Beim zweitenmal hatte ich eine kurze Säge bei mir, denn ich wußte ja schon Bescheid. Ich sprang nicht, denn ich wollte vermeiden, daß sie auf mich schossen, sondern kletterte auf das Dach des Waggons und kroch von dort bis ans Ende des Zuges. Ich hörte die Soldaten singen und lachen, hörte eine Frau schreien. Beim vorletzten Waggon hatte ich gerade noch genug Zeit, mich platt auf den Bauch zu werfen, zwischen den Wagen stand ein Soldat Wache. Ich kroch in entgegengesetzter Richtung auf den Dächern gegen den Fahrwind nach vorn und sprang bei der nächsten Kurve ab.

Jedesmal gelang es mir, mit einem der jüdischen Arbeitertrupps, die die Deutschen noch im arischen Warschau beschäftigten, ins Getto zurückzukehren. Wo sonst hätte ich auch hingehen sollen? Meine Familie war im Getto hinter dem Schrank voller Wäsche versteckt und wartete jeden Abend darauf, daß ich sie mit meiner Zuversicht ermutigte und die Abfälle wegschaffte, die sich tagsüber angesammelt hatten. Ohne mich hätten meine Mutter und meine Brüder den Verstand verloren. Und ich war wirklich voller Zuversicht: nach jeder Flucht war ich stärker, sicherer, daß ich überleben würde, daß es genügte, nur fest zu wollen, um das Glück auf seine Seite zu bringen.

Als sie meinen Vater festnahmen, stellte ich mich freiwillig auf dem Umschlagplatz. Flucht und jüdische Polizisten, das war mein Bereich. Mein Vater saß in einem der düsteren Räume des Krankenhauses. Er blickte mit verzerrtem Gesicht auf die Männer, die mitten unter Kot und Blut schliefen.

»Komm«, sagte ich.

Er zögerte.

»Vater, hier mußt du mir folgen!« Ich zog ihn hinter mir her in die unteren Stockwerke, die alle anderen zu vermeiden suchten. Wir kamen sehr schnell zum Umschlagplatz.

»Tu genau, was ich tue!«

Vater warf mir einen fragenden Blick zu. Ich war meiner Sache sicher, ich wußte, daß wir Glück haben würden. Und tatsächlich wurden wir für die linke Seite, den Lastwagen, bestimmt. Ich sprang hinauf, setzte mich hinten hin und verteidigte den Platz neben mir für meinen Vater. Sobald der Wagen anfuhr, kauerte ich mich nieder.

»Spring doch«, fuhr mein Vater mich an.

»Zu früh, warte und spring dann mit mir!«

Und wir sprangen gemeinsam, auf mein Zeichen hin; kein einziger Schuß fiel, und wir tauchten in einer verlassenen Gasse unter und versteckten uns in einem sonnendurchfluteten Hinterhof. Die

Hitze war mörderisch. Wir wuschen uns und setzten uns im Schatten einer Mauer nieder.

»Du bist ein Meister geworden, Martin.«

Ich lachte. »Du hast zu früh abspringen wollen, Vater. Der Wagen war kaum losgefahren.«

Wir redeten lange miteinander wie zwei Brüder. Ich erzählte von meinen Ausbrüchen, von den Zügen, von meiner kleinen Säge, dem Messer, dem Seil, das ich um den Leib geschlungen trug. Mein Vater lachte, und ich redete und redete, als hätte ich getrunken. Dann kehrten wir mit den Arbeitern heim. Für ihn und für mich war das Getto unser Schlachtfeld; wir durften nicht desertieren.

Doch der Kampf ums Überleben wurde immer schwieriger. Jedesmal fand ich bei meiner Rückkehr die Zerstörung in unserem Gefängnis größer; jedesmal war ein weiteres Viertel tot. Durch die verlassenen Straßen fegten die heißen Windstöße dieses Glutsommers. Ich glaube, damals, in jenem Sommer 1942, habe ich ein für alle Male begriffen, daß nur eines wichtig ist: das Leben.

Mitten in der Gesia-Straße lag ein Klavier, wahrscheinlich war es aus einem Fenster geworfen worden; weiter unten zerbrochene Möbel, aufgeschlitzte Daunenbetten. Ich war umhergestreift und hatte dabei die Ukrainer nicht bemerkt. Wieder stand ich in der Kolonne, die unter Schlägen und Geschrei schwerfällig zum Umschlagplatz zog.

Wieder werde ich bei der Aussortierung den Arbeitsfähigen zugeteilt und steige auf einen Lastwagen. Doch diesmal ist es unmöglich zu fliehen. Die Straße windet sich durch das Land, weißer Staub wirbelt auf und verdeckt mir die Sicht. Ich merke mir Wegzeichen, denn ich muß fliehen, muß zurückkehren.

Nach einem Dutzend Kilometer halten wir an. Ein Lager mit Baracken und Stacheldrahtzaun. Es ist das ehemalige Lager der polnischen Armee in Rembertow. Mein erstes Lager. Tage vergehen. Die Meinen sind in Warschau. Ich versuche mir einzureden, daß sie abwarten werden, daß mein Vater sie jeden Tag aufsucht. Im Augenblick ist es sinnlos, an sie zu denken. Die einzige Möglichkeit, ihnen zu helfen, ist Flucht. Ich darf nur daran denken. Wir schleppen Sand, schachten Kanäle aus. Da im Lager die Gettoganoven die besten Posten innehaben, entgehe ich dank ihrer Freundschaft den härtesten Arbeiten und brauche nur Loren zu schieben. Es hagelt Schläge, aber ich lebe.

Am Abend reden ein junger Gefangener, Jankele Eisner, und ich über Fluchtmöglichkeiten. Jeden Morgen versammeln sich Polen am Lagertor. Sie wollen uns abkaufen, was wir noch besitzen, es gegen Brot tauschen. Jankele ist unschlüssig, er ist mit seinem Vater hier. Aber meine Familie ist in Warschau, ich muß bis zum Ende bei ihnen sein.

Zwei Tage sind genug: eines Morgens komme ich in Kontakt mit einem Polen, am nächsten Morgen gleite ich beim Ausmarsch neben ihn in den Haufen der Käufer. Er schiebt mir eine Mütze zu, und schon bin ich ein junger Pole, der hinter der davonziehenden Kolonne herschaut. Ich sehe, wie Eisner sich ein paarmal umdreht.

Eine teure, aber leichte Flucht. Nun muß ich nur noch die Straße entlang nach Hause gehen, mich in Gräben ducken, die jüdischen Arbeiter finden, die vom Flugplatz Okecie ins Getto zurückkehren. Vorwärts, Martin, vorwärts, Mietek. Da ist sie wieder, die lange Ziegelmauer, dahinter die Straßen, die Bahnschienen und die Mila-Straße 23. Der Schrank ist geschlossen, die Wäsche gut gestapelt. Ich will nicht bis in die Nacht warten, ich reiße die Laken und Decken heraus. Meine Mutter und die Brüder pressen sich gegen die Wand, voll Angst, die Augen schreien ihren Schrecken heraus; aber dann, als sie mich erkennen, bricht stumme Freude hindurch; meine Mutter wirft sich mir in die Arme, die Brüder umklammern meine Beine. Wir leben.

Die Tage vergehen.

Auch mein Vater lebt. Er kommt nur selten zu uns, seine geheimen Aufgaben nehmen ihn stark in Anspruch, doch zu wissen, daß er hier im Getto ist, genügt mir. Ich bin immer bei ihm und er ist bei mir, auch wenn Tage vergehen, ohne daß wir einander sehen.

Mehrmals hat er mir vom Osten berichtet. Dort drüben tötet man die Juden. Einem Mann ist es gelungen, von einem Zug zu springen, zurückzukommen, und er hat erzählt: die Schienen verlieren sich in der Heide, einer menschenleeren Gegend, die die Bauern »Treblinka« nennen. Dort verschwinden unsere Leute, ganze Züge voll, und die Waggons kehren nach ein paar Stunden leer nach Warschau zum Umschlagplatz zurück. In etwas mehr als einem Monat haben sie 200 000 aus unserer Mitte weggeführt.

Treblinka – das Wort wächst in mir wie eine Giftpflanze. Stunde um Stunde packt mich immer heftiger wahnsinnige Wut, ich spüre, wie sie mir in den Kopf steigt, ihn verwirrt. Ich kann nicht mehr schlafen, kann nicht mehr in geschlossenen Räumen sein, ich muß hinaus, IHNEN offen die Stirn bieten.

Und natürlich schnappt mich die SS. Ein gutes Dutzend Männer mit gespreizten Beinen mitten auf der Straße. Sie beachten uns kaum, uns Juden. Mit einem Ruck der Gewehrläufe bedeuten sie uns, uns in Reihen aufzustellen. Es sind viele, die man auf den Straßen, in den Wohnungen aufgegriffen hat. Plötzlich sehe ich, wie ein betrunkener, splitternackter Mann aus einem Haus hervortaumelt, singend schwankt er bis in unsere Mitte, lacht, dann torkelt er nach vorn, beginnt zu hüpfen. Die SS-Männer lachen. Einer stützt den Mann, andere halten ihn fest, sie wollen ein bißchen Spaß mit ihm treiben, ehe sie ihn töten.

Ich renne los, laufe die Treppe des Gebäudes an der Ecke Mila-Straße hinauf, schon höre ich die Rufe und die Schritte eines der SS-Männer. Ich denke an den Soldaten, den ich habe töten wollen. Damals hatte ich kein Glück. Ich kauere mich im dritten Stock hinter die Tür, die zur zweiten Hintertreppe und in den Hof hinunter führt. Man kann sie nicht sehen, doch ich kenne diese Häuser, seit Wochen ist mir ihre Geographie vertraut. Der Mann kommt, er steigt fast sorglos die Treppe herauf, ich springe ihn von hinten an, umklammere seinen Hals. Ich bin stärker geworden. Die Schläge, die sie mir gegeben haben, haben mich zu Stahl gemacht; meine Hände, die sie verbrannt, die Finger, die sie zerquetscht haben, können jetzt zudrücken, sie sind wie Eisenklammern, stark wie mein Haß.

Er wehrt sich, doch ich lasse nicht los, er fällt zu Boden, seine Beine schlagen um sich; ich will ihn gerade zur Hintertreppe schleppen, da wird er schlaff, Blut läuft ihm aus Nase und Mund. Mein Leben hängt von ein paar Sekunden ab: ich bringe ihn in den Keller hinunter, während draußen Rufe ertönen. Auch andere Gefangene haben wohl die Gelegenheit benutzt und sind geflohen, Gewehrfeuer, Schritte, Gebrüll. Sie suchen nach ihm. Doch es ist schon spät, es ist bereits die Stunde der Kopfzählung. Die Kolonne zieht ab, die Schreie klingen ferner. Und ich vergrabe diesen großen Soldaten, meinen ersten Toten, im Keller. Ohne Zaudern, ohne die geringsten Gewissensbisse decke ich seinen Körper mit Erde zu und stampfe sie fest.

Ich gab den Karabiner meinem Vater; er stellte mir keine Fragen.

»Vorsicht morgen früh«, sagte er einfach.

Und sie kamen wirklich wieder, riegelten die Straßen ab, schossen in die Fenster, durchsuchten, töteten, verhafteten, plünderten. Den ganzen Tag blieb ich im Versteck. Ich schlummerte, war ruhig.

Am Abend stieg ich bei Einbruch der Nacht aufs Dach. Dort war die Luft frischer. Der Himmel war weit und ruhig und bläulich über mir. Nach all dem Blut, dem Lärm, der Hitze, dem Entsetzen konnte ich mich nun an einen Schornstein lehnen. Das Blech war noch warm. Ich döste, das Gesicht dem leichten Nachtwind zugewandt. Diese Dächer wurden mein neues Reich. Ich überquere sie in allen Richtungen, gewöhnte mich rasch an die schmalen höchstens dreißig Zentimeter breiten Laufstege auf den Dachfirsten. Ich benutzte sie ohne Zögern und konnte so von der Mila- zur Zamenhof-Straße, von der Gesia- zur Nalewki-Straße gelangen, die Kupiecka-Straße entlanggehen, in die Hinterhöfe blicken und vor allem das Gefühl wiedergewinnen, frei zu sein, während der Tod durch die Straßen fegte.

Ich kannte jeden Pflasterstein auf den Straßen, ich konnte von der Straßenbahn abspringen, gleich, wie schnell sie fuhr, ich erkannte einen bestechlichen »Blauen« schon an seinem Blick, jetzt beginne ich auch die Geheimnisse der Dächer zu entziffern. Ein prüfender Druck mit dem Fuß, und ich errate die Festigkeit des Blechs, des Holzes, der Ziegel. Ich springe, verstecke mich hinter Schornsteinen, klammere mich mit den Beinen fest, um, flach auf einem Steildach liegend, die Bewegung der Ukrainer und SS-Männer auf den Straßen verfolgen zu können. Die Dächer sind vertrautes, freundliches Gelände für mich. Auf ihnen kann ich mich vor den Ukrainern und Letten, die sich manchmal heraufwagen, in Sicherheit bringen. Sie brechen die Dächer auf, sprengen sie an einzelnen Stellen, um Familien aufzuscheuchen, die sich auf den Dachböden versteckt haben. Von meinem Beobachtungsposten aus sehe ich den Rauch der Explosionen in Richtung Dzielna-Straße, ich höre das Krepieren der Handgranaten auf dem Blech. Sicher werden sie eines Tages auch hierher kommen. Doch bis jetzt bin ich hier noch der Stärkere.

Auf diesen Dächern habe ich zum zweitenmal getötet. Ich ging aufrecht auf dem hölzernen Laufsteg, als ich seinen Kopf in einer Dachluke auftauchen sah. Ein Ukrainer. Er kletterte gemächlich mit seinem Gewehr heraus, richtete sich auf. Er hatte Zeit. Ich konnte mich nur langsam umdrehen, warum sollte er auf das Vergnügen verzichten, sorgfältig auf mich zu zielen? Die Ukrainer sind Jäger. Ich war mir über all dies in dem Augenblick im klaren, als ich seinen Kopf aus der Dachluke hervorragen sah. Darum begann ich auf ihn einzureden, noch ehe er sein Gewehr auf mich richten konnte. Ich redete polnisch, deutsch, russisch.

»Willst du Gold?«

Ich wiederhole das magische Wort immer wieder: Gold. Die Ukrainer sind Diebe, und ich bin Jude, also muß ich Gold haben.

»Willst du Gold?«

Gold, Gold. Sein Gewehr liegt halb im Anschlag. Ich nähere mich ihm ein paar Schritte, um ihn sicher zu machen. Ich erzähle von meinem Versteck, von dem Gold, den Schmuckstücken, die dort liegen. Ich biete ihm ein Vermögen für mein Leben. Er sieht mich an, ich bin unbewaffnet, was riskiert er schon?

»Wo?«

Noch habe ich nicht verloren, aber auch nicht gewonnen. Ich deute auf die zweite Dachluke am Ende des Laufstegs, auf dem ich stehe und auf den er sich wagen muß, wenn er mein Gold haben will.

»Zurück«, sagt er. »Dreh dich nicht um!«

Er ist vorsichtig. Langsam, das Gewehr immer noch auf mich gerichtet, tritt er ganz aufs Dach. Er ist riesig, schwerfällig, die Tuchhose hat er unter den Knien in seine hohen schwarzen Stiefel gestopft. Ich nehme das alles wahr, schätze den Mann ab, den ich töten muß. Er lehnt sich an meinen Schornstein. Ich bin nur zwei Meter von ihm entfernt, stehe bewegungslos, mit halberhobenen Händen. Er ist unschlüssig. Mein Gesicht muß harmlos werden, meine Augen sanft, ich muß schwach und feige wirken.

»Gold!«

Ich beginne von neuem, deute auf die Luke. Er kommt näher, immer näher, vorsichtig, den Finger am Abzug.

»Rühr dich nicht«, sagt er.

Mietek der Kater wartet auf dich...

Ich springe mit den Füßen voran auf ihn zu, falle auf die Hände, kralle mich ins Holz des Laufstegs. Meine Sohlen haben seine Brust kaum gestreift, doch das genügt, ihn aus dem Gleichgewicht zu bringen. Er drückt ab, der Schuß geht in die Luft, dann rutscht er laut schreiend das Dach hinab, reißt die Dachrinne mit sich, stößt wieder einen Schrei aus, doch kann ich ihn bereits nicht mehr sehen. Doch wer im Getto kümmert sich schon um einen Schuß und ein paar Schreie? Er ist in den Hof hinuntergestürzt, und das gibt mir einen kleinen Aufschub. Ich steige hinab, schleife den Körper hinter ein paar Kisten und verstecke ihn dort. In der Nacht verscharre ich ihn mit Hilfe jüdischer Polizisten. Sie oder wir. Ihr Krieg läßt keinen Raum für Gewissensbisse.

Ich verlasse die Dächer nur nachts, um zu meiner Mutter und den Brüdern zurückzukehren, die tagsüber schlafen. Meiner Mutter geht es nicht gut: sie leidet unter dem Eingesperrtsein, die ständige Anspannung bringt sie um, sie hat Angst um ihre Söhne. Angst vor der Stille, die sich im Haus breitmacht. Ich weiß nicht, wo Pawel und Pola sind, wo die Celmajsters und ihr Töchterchen sich aufhalten. Wir sind Überlebende auf Zeit.

Vater kommt, wann immer es möglich ist. Er versucht, den Widerstand zu organisieren, er verbreitet das Wort Treblinka. Aber wie sollen wir kämpfen? Wir haben keine Waffen. Es bleibt nur der Kampf des einzelnen ums Überleben, die Jagd nach Nahrung in den verwüsteten Wohnungen, der Wille, noch einen weiteren Tag lang durchzuhalten, bis zu den Stunden tief in der Nacht, in denen sie manchmal früher, manchmal später aufhören, uns zu hetzen. Dann streifen Schatten in den Straßen aneinander vorbei, sie sind auf der Suche nach Wasser, bringen Abfall fort; andere sind aus Kellern, Schränken und Verstecken hervorgestiegen, schöpfen Luft und verschwinden wieder, wenn der Morgen graut.

Ich habe kein Erinnerungsvermögen mehr. Jeder neue Tag bringt so viel Unbekanntes, daß ich nicht mehr weiß, was am Vortag geschah. Meine Ausbrüche vermischen sich; der Ukrainer, der SS-Mann, der Schmuggel, der Pawiak, alles wird zum Magma der Vergangenheit, selbst wenn ein Ereignis am Vorabend stattfand. Was vergangen ist, spielt keine Rolle mehr. Man muß von einem Tag zum anderen leben, man muß fest entschlossen sein, bis zum nächsten Tag weiterzumachen. Wer zurückblickt, ist ein toter Mann. An das Gestern denken ist eine Krankheit, die zum Tode führt. Meine Mutter leidet unter ihr: völlig erschöpft, die Hände flach auf den Knien, starrt sie ins Leere und denkt an »früher«!

»Mutter, Mutter, ich flehe dich an!«

Sie schüttelt den Kopf. Die Erinnerung trägt sie mit sich fort, sie verliert sich in der Zeit des Glücks.

Auf dem Dachboden eines Hauses in der Gesia-Straße fand ich Riwka. Zunächst bemerkte ich sie nicht, weil sie sich in den finstersten Winkel verkrochen hatte, dort, wo das Dach den Boden berührt. Doch wenn man seit Monaten auf der Hut sein muß, dann entwickelt man einen sechsten Sinn, ich wußte: es war ein Lebewesen in der Nähe, schwächer als ich, denn es hatte Angst. Ich untersuchte den Dachboden in der entgegengesetzten Ecke, dann drehte ich mich plötzlich um:

»Raus, oder ich töte dich!«

Sie stöhnte, ich hörte ihr Zähneklappern. »Raus!«

Sie rutschte auf den Knien zu mir her, Tageslicht fiel auf ihr erhobenes Gesicht, die blonden Haare, die ihr auf die Schultern fielen. Sie erstarrte. Was war aus mir geworden, daß ich einem menschlichen Wesen solches Entsetzen einzuflößen vermochte? Was hatten sie aus mir gemacht? Ich kauerte nieder, streichelte ihr Haar; ich empfand ein unwiderstehliches Verlangen, sie an mich zu drücken und mit ihr zu weinen.

»Du darfst nicht hier bleiben. Irgendwann einmal erwischen sie dich. Und außerdem wirst du hier verhungern.«

Sie bewegte sich nicht, aber sie zitterte immer noch, während sie mich wie ein verirrtes Tier anstarrte, irr vor Schrecken.

»Und deine Leute?«

Sie schüttelte den Kopf, dann begann sie lautlos und ohne Tränen stoßweise zu schlucken. Ich brauchte ihre Antwort nicht. Ich streichelte ihr Haar, und Freude, am Leben zu sein, stieg in mir auf. »Sei ruhig, sei doch ruhig. Du lebst.«

Sie wurde noch immer von lautlosem Schluchzen geschüttelt und blieb auf den Knien liegen. Ich zog sie hoch, drückte sie an mich, wiegte sie hin und her. Ich erfuhr ihren Namen, Riwka, und allmählich wurde sie ruhiger.

»Du gehst mit zu mir nach Hause.«

Das war sehr unvorsichtig, denn ich würde sie über die Dächer bis in die Mila-Straße hinter mir herziehen müssen; es war auch nicht vernünftig, denn ich würde sie mit Essen versorgen müssen, und sie würde meiner Mutter und den Brüdern Luft und Raum wegnehmen. Aber warum sollte ich überleben, wenn auch ich dabei zum Henker wurde?

Ich zog sie aufs Dach hinaus. Wieder begann sie zu zittern, ihr schwindelte, sie verkrampfte sich, war unfähig, auf dem schmalen

Laufsteg zu gehen. Ich ließ sie auf dem Bauch vorwärtsrutschen, Meter um Meter. »Ich kann nicht mehr«, sagte sie immer wieder, doch sie kam voran. Wir schoben uns die Nalewki-Straße entlang, bogen zu zwei Hinterhöfen ab, versteckten uns hinter Schornsteinen, um zwei Ukrainern zu entgehen, die auf gut Glück mit ihren Maschinenpistolen über die Dächer schossen.

Zu Tode erschöpft erreichten wir in der Nacht die Mila-Straße 23. Und während ich ihr half, auf den Dachboden hinunterzuspringen, bemerkte ich den stechenden Geruch von Gas. Wir rannten; in unserer Wohnung war der Geruch noch stärker. Wir rissen alle Fenster auf, ich zerrte die Laken und Decken aus dem Schrank, stieß den Holzriegel zurück: da lagen sie nebeneinander. Ich stürzte zum Fenster, gab ihnen Ohrfeigen, sprühte Wasser auf ihre Gesichter. Riwka half mir. Langsam kamen sie wieder zu sich, erbrachen, stöhnten. Aber der Gasgeruch blieb gleich stark. Ich stieg die Treppe hinunter, ging in die verlassenen Wohnungen.

Im Erdgeschoß entdeckte ich schließlich, wo das Gas ausströmte. Sechs Menschen lagen in einem Zimmer tot auf dem Fußboden. Sie hatten die Fenster verschlossen, Karbidflaschen geöffnet, den Boden mit Decken abgedichtet, damit das Gas nicht entweichen konnte; es waren zwei Kinder mit Lockenköpfen darunter, die zu schlafen schienen. Eines von ihnen hatte die Ärmchen mit geballten Fäusten hinter den Kopf gelegt. Schüttelfrost packte mich, Verzweiflung und Wut. Besaßen wir das Recht, den Henkern die Arbeit so leicht zu machen? Ich stand wie erstarrt. Riwka trat zu mir, sie löste nach und nach meine Hände, die ich in mein Haar gekrallt hatte.

Wir gingen zu meiner Mutter zurück. Riwka war bereits angenommen. Meine Mutter redete und redete, als habe sie dieses Mädchen schon immer gekannt, meine Brüder spielten mit ihr. Dann schliefen sie ein. Riwka stieg mit mir aufs Dach, wir lehnten uns gegen den lauwarmen Schornstein. So saßen wir und hielten uns an den Händen, als plötzlich das dumpfe Dröhnen von Flugzeugen den Himmel erfüllte. Wir richteten uns auf.

»Die Russen, die Russen sind da!« schrie ich.

Riwka preßte sich an mich. Wenige Minuten später war die Nacht taghell erleuchtet. Leuchtkugeln sanken langsam zu Boden und übergossen Warschau mit ihrem Licht, dann hörten wir Explosionen aus dem Praga-Viertel. Wir riefen, wir flehten um einen Bombenregen, um eine Vernichtung, die die Henker begraben würde, auch wenn wir dabei ebenfalls zugrunde gehen mußten. Aber wieder umfing uns die Nacht, und wir waren allein; erschöpft legten wir uns schließlich nebeneinander zum Schlafen nieder.

Es war nur ein Tag unter anderen gewesen, ein guter Tag, denn wir waren noch am Leben.

Am nächsten Morgen zog sich die Schlinge noch enger um uns zu. Schon beim Morgengrauen, das einen glühendheißen Tag ankündigte, sah ich vom Dach aus, wie Gettopolizisten in der Gesia-Straße Plakate an die Wände klebten. Dann zogen sie ab, und aus den Häusern, von den Dächern kamen Gestalten und näherten sich den Anschlägen, rannten wieder davon. Ich informierte mich: es war eine neue Aussiedlungsverordnung, vom Judenrat unterzeichnet, die Bewohner der Smocza-, Gesia- und Dzika-Straße müssen bis um zehn Uhr ihre Wohnungen verlassen haben. Die Türen müssen unverschlossen bleiben. Um zehn Uhr riegelten deutsche und ukrainische Soldaten die Straßen ab. Ich beobachtete sie, während sie wie bei einem Manöver vorgingen, als existierten die weinenden Frauen, die zu Tode geängstigten Kinder nicht. Dann trieben sie den Zug zum Umschlagplatz. In den leeren Häusern begannen die Jagd auf die Versteckten und die Plünderungen. Am Abend lebten wir aber immer noch.

Mitten in der Nacht rief Pawel meinen Namen. Ich glitt von Riwkas Seite zur Dachluke, blieb auf dem Bauch liegen. Ich konnte Pawels Gesicht nicht sehen.

»Sie machen auch bei Többens und Schultz Razzia«, sagte er. Seine Stimme kam stoßweise und in einem Ton, den ich an ihm nicht kannte, einer Mischung aus Entsetzen und Wut. »Sie haben Pola und meine Mutter mitgenommen und auch unser ganzes Geld.«

Ich hörte ihm zu. Nach und nach erkannte ich sein ausgemergeltes Gesicht, sah ich die Bartstoppeln auf seinen Wangen.

»Du darfst nicht mehr in den ›Shop‹ gehen, Pawel. Sie werden dich erwischen. Morgen oder übermorgen. Sie erwischen dich bestimmt. Versteck dich.«

»Nein!« Er schrie. »Sie verkaufen Nummern«, fuhr er fort. »Sie werden 35 000 Köpfe im Getto übriglassen. Ich muß eine Nummer kriegen, Martin!«

»Versteck dich, Pawel!«

»Ich muß eine Nummer kriegen, Martin!«

Wir schwiegen, ich auf dem Dach liegend, er auf dem Dachboden kauernd. Ich wartete.

»Du hast doch viel Geld, Martin.«

Ich sagte nichts. Er sprach mit leiser Stimme, und aus seinen Worten konnte ich seinen Haß spüren.

»Deine Mutter, deine Brüder, dein Vater leben noch. Du hast Geld, Martin. Ich brauche Geld, Martin, heute nacht noch, viel Geld.«

»Versteck dich Pawel.«

»Ich weiß, wo euer Versteck ist, ich weiß es ganz genau!« Er brüllte die Worte fast. Also hatten sie auch Pawel in ein reißendes Tier verwandelt. Ich stürzte auf den Dachboden, packte ihn bei den Schultern und schüttelte ihn, wie man einen morschen Baumstamm schüttelt, den man aus der Erde reißen will.

»Ich würde dich finden, Pawel, auch am Ende der Welt, und ich würde dich umbringen!«

Er wehrte sich nicht. Er war krank vor Angst. Pawel, mein Freund, der uns verpfeifen wollte, den sie zum Wahnsinn getrieben hatten. Ich drückte ihm die Kehle zu.

»Du wirst verschwinden, Pawel, weit weggehen und die Mila-Straße vergessen!« Damit ließ ich ihn los. Er fiel zu Boden, blieb lange bewegungslos liegen, dann richtete er sich wortlos auf.

Ich hörte seine Schritte im Treppenhaus, die Schritte Pawels, meines Freundes, der für mich in der Zamenhof-Straße Schmiere gestanden, in der Gesia-Straße auf mich gewartet hatte. Wir hatten Lachen, Freude und Angst miteinander geteilt, wir waren Brüder; ich hatte ihn reich gemacht und dabei das Risiko fast ganz allein getragen. Er hatte es für unfein gehalten zu schachern, seine geheiligten Prinzipien wären dabei verletzt worden; diesen Pawel gab es nicht mehr.

Tage vergehen, wieder sprengen sie Dächer in die Luft. Einen Gelähmten stürzen sie in seinem Rollstuhl zum Fenster hinaus und schießen lachend auf ihn. Eine Menschengruppe, die an der Nalewki-Straße an die Mauer gestellt wird, beginnt beinahe freudig zu singen; sie werden niedergemetzelt. Kinderstimmen, wieviele? Woher? Sie schreien in der Nacht nach ihrer Mutter. Ich kann sie nicht mehr ertragen. Ich presse mich an Riwka, wir lieben uns leidenschaftlich dort an unserem Kamin, dann schlafen wir ein; in unseren Armen halten wir uns gefangen, beschützen einander.

Wieder Tage einförmigen Entsetzens. Dann kam eines Morgens, sehr früh, David aufs Dach gestiegen. Er fuchtelte wild mit den Armen. Ich sprang von Dach zu Dach zu ihm hin. David, ein zarter Mensch, der dauernd lächelte; ich wußte, daß er sich oft mit Vater in die Arierviertel schlich, um Waffen zu kaufen. Er saß da gegen eine Mauer gelehnt.

»Na, du lebst ja noch, Martin!« Er legte mir den Arm um die Schulter. »Sie haben vorgestern deinen Vater verhaftet. Wir haben nichts tun können.«

Schon war er aufgestanden. »*Masel tov*, Martin, viel Glück. Ich muß gehen. Sie schlafen noch.« Er glitt durch eine Dachluke, ich war allein. Unter mir sah ich Riwka, die mich unvorsichtigerweise stehend erwartete. Meine Mutter und die Brüder warteten ebenfalls auf mich. Dann stand Riwka vor mir, voller Furcht.

»Bleib niemals aufrecht stehen«, sagte ich zu ihr, »sonst sehen sie dich.«

Sie stellte keine Fragen. In jener Zeit gab es nur Unglücksnachrichten. Ich brachte sie in unser Versteck. Die Brüder empfingen sie stumm, mit heftigen Armbewegungen. Meine Mutter drückte ihren Kopf an meine Brust.

»Martin, Martin, ich kann nicht mehr, ich kann nicht mehr weiter.«

Ich wiegte sie hin und her wie ein Kind, streichelte ihr Haar, und allmählich beruhigte sie sich. Ich war so alt, und sie waren alle so schwach, so schutzlos, meine Mutter, Riwka, die Brüder. Ich war so alt geworden durch all das, was sie nicht wußten.

Vater zum Umschlagplatz getrieben, und am Ende der Reise das Wort Treblinka.

Ich stieg wieder auf das Dach und legte mich im Schatten nieder. Er würde fliehen, vom Zug springen, wieder nach Warschau kommen. Wozu ich fähig war, das vermochte er tausendmal besser. Den ganzen Tag lang gab ich mich fast völlig meinen Erinnerungen hin: unser letztes Lachen in jenem fremden Hinterhof, als wir uns nach der Flucht vom Lastwagen wuschen; vorher, als er im Café Sztuka meine Unabhängigkeit zur Kenntnis nahm, während Mokotow das Grab auf mich wartete und unruhig auf dem Gehsteig auf- und abging. Ohne daß wir uns häufig begegnet wären, waren wir diese letzten Jahre Seite an Seite vorwärtsgegangen und uns nie fremd geworden. Er hatte mir Kraft gegeben. Meinen Willen hatte ich von ihm. Wir waren für immer verbunden, und solange der eine von uns lebte, würde der andere nicht sterben. Hab Dank für dieses Leben, Vater.

Ich lag da, die Fäuste vor den Mund gepreßt, zusammengekrümmt, und die Erinnerungen durchfluteten mich wie Fieberschauer. Ich weinte.

Einige Tage Stille. Ich sah den Rauch aus den Kaminen in den tiefblauen Himmel steigen, der Sommer wollte kein Ende nehmen; sicher liefen drunten am Weichselufer die Kinder barfuß durchs Wasser. Ich begann zu hoffen: vielleicht würden wir unter den wenigen tausend Überlebenden sein? Ich nahm meine Streifzüge über die Dächer und das Stöbern in den leeren Wohnungen wieder auf.

Doch die Atempause war nur kurz. Wieder riegelten sie die Straßen ab. Es gab immer noch zu viele von uns. Tag für Tag, Stunde um Stunde rückten sie näher auf die Mila-Straße zu. Ich verfolgte ihren Vormarsch genau. Wir hielten bis Mitte September 1942 durch.

Ich saß versteckt in einem Winkel, den zwei Kamine bildeten, hörte Schreie, überschaute die Dächer bis zur Nalewki-Straße hinüber. Die Ukrainer hatten jenen Sektor noch nicht durchsucht; ich rechnete damit, daß sie dort drüben auftauchen würden, und hatte deshalb meinen Schlupfwinkel auf der anderen Seite, fast an der Kreuzung Mila- und Zamenhof-Straße, gesucht, wo sie bereits gewesen waren. Ein paar Minuten lang hatte ich die Straße aus den Augen gelassen.

Als ich wieder hinunterblickte, sah ich sie: Riwka sehr aufrecht zwischen meinen Brüdern, die sie an der Hand führte; dahinter meine Mutter, ein paar Kleidungsstücke an die Brust gedrückt. Sie standen mitten im Zug. Ich schloß die Augen, Schweiß überströmte mich. Dort unten standen sie, unbeweglich, gefangen. Der Schreiner, Pawel oder ein Zufall? Es hatte keinen Sinn, darüber nachzudenken, sie hatten uns geschnappt. Ich hatte mein Seil, die Messer, die kurze Säge. Ich stieg die Treppen hinunter, langsam, um mich zu beruhigen. Vorwärts, Martin!

Die Straße war voller Sonne und Staub. Die Ukrainer brüllten, schossen auf die Dächer hinauf, dann ein paar Schüsse in Kopfhöhe über die Kolonne hinweg. Der Zug erbebte, begann zu wogen. Sie ließen mich die Straße überqueren, als sähen sie mich gar nicht. Was war ich schon für sie? Einer von den 400 000, die sich kampflos ergaben, die kaum zu fliehen versuchten, die man aus den Verstecken trieb. Ich ging mit erhobenem Kopf die Straße entlang: sie wußten nicht, wer ich war, warum ich auf sie zukam; ich, dem Feuer und Säure die Hände verbrannt hatten und der nicht gesprochen hatte; ich, dem es gelungen war, unter ihren Augen Sack um Sack Getreide hereinzuschmuggeln. Ein Ukrainer stieß mich in die Kolonne.

»Weine nicht, Mutter!«

Ich trat dicht vor sie hin, nahm ihr die Kleidungsstücke, die sie an die Brust gedrückt hielt, als wären sie ihr kostbarster Besitz, eines nach dem anderen fort und wickelte sie zu einem Bündel zusammen. Dann strich ich meinen Brüdern über die Köpfe.

»Ich bin bei euch, Riwka!«

Sie war ruhig, so als habe sie endlich das Ende des Weges erreicht. Ich drängte die Meinen in die Mitte der Menschenmenge. Man durfte nicht am Rand bleiben, dort regnete es Schläge. Dann setzten wir uns durch die Zamenhof-Straße in Bewegung. Wir stolperten über zerfetzte Kleider, über verstreute Bücher, wichen zertrümmerten Möbelstücken aus, stiegen über die Reste des Lebens von Tausenden unserer Leute hinweg, über Dinge, um die sie sich geplagt hatten, über unser aller Leben. Die für September erstaunlich heiße Sonne brannte auf unsere Rücken nieder. Ich ging hinter den Meinen her, lenkte sie, damit sie nicht an den Rand gedrängt würden. Schon waren wir in der Dzika-Straße, ich sah den Umschlagplatz, das Krankenhaus. Ich kannte jeden Pflasterstein auf diesem Platz, jeden der Henker.

»Riwka, du wirst entkommen!«

Sie besaß eine Chance. Ich hatte Geld, um ihre Freiheit zu erkaufen. Meinen beiden Brüdern würde es niemals gelingen, den Umschlagplatz zu verlassen. Also würde ich mit der Mutter und ihnen gehen.

»Du mußt dich in Sicherheit bringen, Riwka. Wir treffen uns später wieder!«

Ich redete wie ein Prediger, doch sie wendete nicht einmal den Kopf. »Flieh, Riwka, jetzt!«

Wir konnten schon das Gebrüll der SS-Männer hören, das Kreischen der Waggontüren, Entsetzensschreie und Gewehrschüsse.

Ich flehte Riwka an. »Ergreife die erste Gelegenheit. Jetzt. Später weiß ich nicht mehr, ob es klappen wird!«

Schon waren die Waggons in Sicht; die Gettopolizisten stießen die Menschen, die sich fortzustehlen versuchten, in die Reihen vor den Schiebetüren zurück. Wieder stand der kleine SS-Mann mit der Reitpeitsche da.

»Riwka!«

Sie antwortete mir nicht, aber ohne den Kopf zu wenden, ließ sie einen Augenblick lang die Hand meines Bruders los, suchte meine Hand und drückte sie sehr fest.

Man brachte uns nicht einmal ins Krankenhaus. Sie brauchten Köpfe. Sie näherten sich dem Ende ihrer Arbeit, wollten schnell machen; es gab kein »rechts« und »links« mehr, wir stiegen alle in die Waggons. Es gelang mir, die Meinen in einen nur halbvollen Viehwagen zu manövrieren, so konnten wir alle beisammenbleiben, doch als sie die Tür schlossen, wurden wir in die Mitte gedrängt und waren von allen Seiten her eingezwängt; jeder Versuch, an die Wand zu gelangen, erwies sich als vergeblich. Meine Mutter, Riwka und ich bildeten eine Insel, in deren Mitte meine zwei Brüder standen.

Dann mußten wir warten. Wir waren bereits halb erstickt. Wehklagen, Schreie, Hilferufe... Schließlich setzte sich der Waggon in Bewegung. Sofort begann ich zu sprechen, um meine Nachbarn von den Möglichkeiten einer Flucht zu überzeugen. Manchmal brüllte ich laut. Doch ich war nicht allein, ich steckte eingekeilt in der Wagenmitte und war entschlossen, meine Brüder, meine Mutter und Riwka nicht zu verlassen. Ich versuchte es immer wieder, erklärte geduldig, was ich vorhatte, konnte mich ein paar Zentimeter auf die Lüftungsluke zuschieben. Aber meine Brüder wären in dem Gedränge sicher zu Tode getrampelt worden.

Da sagte ich nichts mehr, faßte Mutter und Riwka um die Schultern, meine Brüder standen in unserer Mitte und klammerten sich an meinen Beinen fest. Mutter weinte lautlos, ihre Tränen fielen auf meine Hand. Ab und zu stieß jemand einen Schrei aus, eine heftige Bewegung ging durch die Menschen im Waggon. Ich stemmte mich fest dagegen, um die Meinen zu schützen.

Wir rollten nach Treblinka.

Eine Stimme
für das Unsagbare

Der Zug fuhr nach Treblinka. Die Fahrt dauerte die ganze Nacht. Wir hörten kein Bremsenkreischen, nicht das Fauchen der Lokomotive, das dumpfe, rhythmische Rollen und Stampfen der Räder auf den Schienen, der Zug hatte für uns keines der beruhigenden Maschinengeräusche: dieser Zug war ein einziger Schrei.

Wir waren fast hundertfünfzig Personen in einem Waggon zusammengepfercht, konnten uns nicht bewegen, standen in der Gluthitze dieses polnischen Spätsommers, der kein Ende nehmen wollte, im Gestank des Angstschweißes. Neben mir betete ein Mann, ein anderer beschimpfte ihn über meine Schulter hinweg und versuchte, ihn zu schlagen. Brüllen schlug gegen die Waggonwände, schwoll an, verebbte. Manchmal der Schrei eines Kindes, wenn das Brüllen abbrach. Ich hielt die Schultern meiner Mutter und Riwkas umklammert, meine Brüder krallten sich an meine Beine. Ich ließ meine ganze Zärtlichkeit, meine ganze Stärke in meine Arme strömen, auf daß sie, die ich liebte, sie spüren könnten. Sie, mit denen ich nicht einmal mehr sprechen konnte, weil meine Stimme im Schreien unterging.

Dann der Durst: Männer schlugen sich, um an die vergitterte Luke zu gelangen, sie waren bereit zu töten, um einen Atemzug frischer Luft zu schöpfen. Der Gestank, der Dunst körperlicher Angst, von Urin und Kot. Menschen brachen zusammen, andere wurden wahnsinnig. Im grauenden Morgen sah ich, wie eine Frau sich mit verkrampften Händen das Gesicht zerkratzte.

Plötzlich stand der Zug, die Schreie verstummten. Schritte, dann Stimmen, das Geräusch von Waggons, die abgehängt wurden und davonrollten. Warten, die höher steigende Sonne glühte auf dem Holz, dem Blech. Wieder Geräusche, Stöße, neue Waggons wurden angekoppelt. Wir rollten langsam, dann hielt der Zug, eifrige Schritte.

Quietschen, Gebrüll, das Licht stach in die Augen, der Waggon wurde unter Schlägen und Geschrei geleert.

Treblinka.

Hier beginnt eine andere Zeit.

Hier müßte ich eine andere Stimme, Worte für das Unsagbare haben. Jeder Buchstabe eines Wortes müßte die ganze Schönheit des Lebens ausdrücken können und die Tausende von Leben, die ausgelöscht werden würden. Ich müßte den Blick meiner Mutter beschreiben können, die Finger meiner Brüder, die sich an mich klammerten, Riwkas Haar, das ich weit weg in einem Zug von Frauen und Kindern sehe.

Hier beginnt eine andere Zeit.

Von Treblinka kenne ich bis jetzt nur den Namen. Aber ich weiß, daß die Meinen hier sterben werden.

Wieder Gebrüll. SS-Männer, Ukrainer mit Peitschen, mit Knüppeln, die auf Rücken und Köpfe niedersausen. Durch einen Lautsprecher immer wieder eine ruhige Stimme: »Männer nach rechts, Frauen und Kinder nach links!« Mit gesenktem Kopf, um den Schlägen zu entgehen, sehe ich den kleinen Bahnhof, lese die banalen Aufschriften: Speisesaal, Wartesaal, Aborte, Fahrkartenschalter. Alles stimmt wie in einer Bühnendekoration. Und dann entdecke ich in der Ferne die hinter Tannenästen verborgenen Stacheldrahtzäune.

Die Meinen sind in der niedergebeugten Menge schon entschwunden, die grauen, die blonden Haare, die Köpfchen mit Locken. Meine Mutter, Riwka, meine Brüder. Das Herz schlägt wild bis zum Hals. Ich weiß, sie werden nie zurückkehren. Ich weiß, daß ich sie nicht mehr vor dem Tod bewahren kann, daß er sie nehmen wird. Und mein Vater ist vielleicht ebenfalls hier.

Ich bewege mich langsam vorwärts, versuche, ein paar Sekunden Zeit zu gewinnen, um zu begreifen, um nicht zu erdulden, sondern zu wählen. Um uns herum rennen die Gefangenen mit gebeugtem Rücken und eingezogenen Köpfen in alle Richtungen, sammeln Gepäckstücke, drängen uns zur Eile.

Einer stößt mich an, ich halte ihn am Ärmel fest: »Was geht hier vor?«

Er macht sich heftig los, gibt mir einen Stoß. »Nur ruhig, ruhig, kümmere dich nicht darum, gehorche!«

Ich reihe mich in die Schlange ein, versuche, den Schlägen auszuweichen. Zwei Greise werden zu einer Tür mit dem Roten Kreuz gebracht: das Lazarett.

Der Lautsprecher erteilt weiter seine Befehle: »Ziehen Sie die Kleider aus, Sie werden jetzt duschen, dann werden Sie zu Ihren neuen Arbeitsplätzen geführt.«

Ich schaue den Stacheldrahtzaun an, die Waggons, die leer zurückfahren, die anonyme, schweigende Menge der Gefangenen. Hier hat der Tod keinen Namen.

»Nehmen Sie Ihre Wertgegenstände und Papiere mit. Vergessen Sie die Seife nicht.«

Ich gelange auf einen Platz, auf dem bereits nackte Männer warten, und da höre ich es plötzlich: das ungeheure, regelmäßige, dumpfe Dröhnen eines großen Motors. Manchmal nimmt er heulend einen neuen Anlauf; es ist ein gleichgültiges monotones Rattern, der Puls des Konzentrationslagers, den die brüllenden Stimmen der SS-Männer nicht übertönen können.

Schwarz, Reitpeitschen in der Hand, gehen die SS-Männer zwischen den nackten Menschen auf und ab. Den einen oder anderen berühren sie am Arm, er muß sich wieder ankleiden. Ich habe mich noch nicht ausgezogen; ich gleite in die Nähe dieser Gruppe, schiebe Männer beiseite, die sich mühsam niederbeugen, um die Schuhe auszuziehen. Eine unerbittliche Kraft treibt mich, sie schreit in mir: Ich will, ich muß! Los, Martin! Los, Mietek! Dort drüben ist das Leben! Los!

Einer der SS-Männer schlägt mit dem Knüppel auf meine Schulter. Ich bin ausgesondert.

Lebt wohl, meine Lieben. Lebt wohl. Jetzt kann ich nur noch eines für euch tun: weiterleben. Um euch zu rächen, um zu verkünden, wer ihr wart und wie sie euch ermordet haben.

Schläge und Flüche. Ich beginne zu laufen, folge den anderen, schleppe Kleiderbündel zum Sortierplatz, helfe sie aufstapeln. Immer im Laufschritt, vornübergebeugt unter der Last der Kleider, die alles sind, was vom Leben meines Volkes noch übrigbleibt. Es sind weitere Waggons angekommen, der Rest unseres Zuges. Nun ist der Kleiderablageplatz, auf dem kaum eine Stunde vorher nackte Menschen dicht aneinandergepreßt standen, wieder sauber und leer, der Platz, über den meine Mutter, meine Brüder und Riwka gingen, bevor sie in der Baracke verschwanden.

Wieder dröhnt der Lautsprecher. Ich laufe weiter, lade mir die schwersten Bündel auf, renne, so schnell ich kann: ich muß überleben.

Mit jedem Schritt lerne ich Treblinka besser kennen: den gelben Sand, den hartnäckigen Geruch, die Schreie, den Pulsschlag des Lagers, dieses unablässige Motorengebrumm in der nordöstlichen Ecke des Lager, wo am Ende einer Doppelreihe schwarzer, kaum mannshoher Kiefern ein Backsteingebäude steht, halb versteckt hinter einem Abhang mit Stacheldrahtzaun: es ist wie ein Lager im Lager.

Auf dem Sortierplatz lege ich Kinderkleider, Männerhüte, Brillen, Mäntel auf gesonderte Haufen, man muß von Stapel zu Stapel rennen. Ukrainer sind ständig mit Peitschen hinter uns her und schlagen zu, manchmal schießt ein SS-Mann oder tötet mit einem Kolbenhieb. Auch ich laufe jetzt mit gesenktem Kopf.

»Paß auf dein Gesicht auf«, flüsterte mir einer der Gefangenen zu.

Ein leichter Wind kam auf, trug das Motorengeräusch deutlicher zu uns herüber: dort unten, im anderen Lager, wurde im Sand gegraben. Ich hörte deutlich, wie sich Metallzähne unablässig in den Boden fraßen.

Dann wurden wir auf einem großen Platz zwischen den Barakken zusammengetrieben. Die SS-Männer stellten sich vor uns auf, die Ukrainer standen an unseren Seiten wie Wachhunde. Und es gab auch wirkliche Hunde, riesige Hunde, die an ihren Leinen zerrten. Die SS-Männer gingen durch unsere Reihen und wählten Männer aus, die vortreten mußten und von Ukrainern weggebracht wurden. Dann hörte man Gewehrschüsse. Wir mußten in einer Reihe antreten, erhielten einen Blechnapf mit Wasser, in dem ein paar Kartoffeln schwammen, und wurden in eine der Baracken getrieben.

Ich lebte. Aber war dies noch Leben? Der Gestank in der Baracke war unerträglich, viele Männer stöhnten, andere beteten. Ich kauerte mich neben einen Mann, der mit zusammengepreßten Fäusten und verkrampften Kinnbacken in die Luft starrte. Er zitterte unaufhörlich. Er trug ein rotes Abzeichen, war also ein alter Lagerinsasse.

»Wo kommen sie hin?« fragte ich. Er sah mich an, ohne zu begreifen.

»Wo kommen sie hin, die andern aus dem Zug?«
»Ins Gas.«
»Wohin?«

»Ins untere Lager, drüben im Norden.«

Ich kauerte mich gegen die Holzwand. Meine Familie, Tausende, ganz Warschau, und ich lebte.

In der Finsternis hörte ich Männer weinen, dann das Geräusch einer umstürzenden Kiste und ein Röcheln. Einer begann laut zu beten. In dieser Nacht wählten noch mehrere den Tod.

Ich verkroch mich in mich selbst, damit mein Leben nicht von selbst aufhörte, um diesem feigen Frieden des Selbstmords zu entgehen. Da sie uns das Leben nahmen, war dieses Leben wertvoll, und da die Meinen getötet worden waren, war ich nun der Treuhänder ihres Lebens. Sie hatten mir ihre Vergangenheit vermacht, das, was aus ihnen noch hätte werden können, ihre vergangenen Freuden und Schmerzen. Durch mich allein würden sie weiterleben.

Vielleicht war es meinem Vater doch gelungen zu fliehen, vielleicht kämpfte er im Widerstand auf dem Land, vielleicht war er nach Warschau zurückgekehrt. Und durch mich würde die Vergeltung leben. Ich war entschlossen weiterzuleben, ich war entschlossen zu fliehen. Im Namen all der Meinen, im Namen meines Volkes.

Am nächsten Morgen hingen vier Leichen an den Barackenbalken.

Wir mußten auf dem Platz zum Appell antreten, ein SS-Mann namens Lalka, das Püppchen, redete: wir seien nichts, weniger als Hunde, weniger wert als die Erde, in die man uns werfe, wir seien Ungeziefer. Er aber gehöre zur Rasse der Könige.

Es war mein erster Morgen in Treblinka. Doch schon verblich die Vergangenheit, schon verschwamm auch die Gettozeit mit dem »Vorher«, der Zeit vor dem Krieg, vor meiner »Geburt«. An diesem zweiten Tag begriff ich, was Leben und Tod in Treblinka bedeuteten.

Ich sah, wie die Männer, die Spuren von Schlägen im Gesicht trugen, aussortiert wurden, sie waren auf Grund solcher »Todesanzeigen« zum Tode bestimmt. Sie wurden ins »Lazarett« geführt.

Ich sah, wie Häftlinge mit Spaten totgeschlagen wurden. Ich sah, wie man Hunde auf sie hetzte, und begriff, warum man mit gesenktem Kopf einhergehen, warum man immer laufen, tüchtiger, schneller sein mußte, denn die SS-Männer oder die Ukrainer töteten immer wieder einige, um die anderen anzutreiben. Wir waren ja zahlreich genug.

Es rollten immer je zwanzig Waggons heran; drei Schübe zu zwanzig Waggons bildeten einen Zug. Und andere Menschen, die Riwka glichen, meinen Brüdern, meiner Mutter glichen, andere, die meine Mutter, meine Brüder, meine Freunde, meine Familie, mein Volk waren, wurden auf die Rampe gestoßen, voneinander getrennt, Männer nach rechts, Frauen und Kinder nach links, entkleideten sich, und wir halfen ihnen dabei.

»Was geschieht hier mit uns?« fragten sie.

»Nichts, nur ruhig, nur ruhig«, sagten wir.

Ich sammelte Schuhe ein, schleppte nach Schweiß riechende Kleider, rannte. Und ich lernte, hastig die Taschen zu durchsuchen, nach Keksen, Zucker, diese Stückchen Leben schnell in den Mund zu stecken und hinunterzuschlucken ohne zu kauen. Eine Bewegung der Lippen oder der Kaumuskeln bedeutete Tod, das »Lazarett« oder eine Kugel ins Genick, Tod unter Gewehrkolben oder Peitschenhieben.

Ich rannte die Allee entlang, diese schöne Allee mit den schwarzen Kiefern, die zur Himmelsstraße führte, und sammelte Gegenstände ein, die dort fallengelassen worden waren, denn diese Allee sollte schön, einladend und friedlich wirken. Ich stieg in die Waggons und säuberte sie vom Kot.

Am Abend sah ich auf dem Appellplatz die neuen »Todesanzeigen« vortreten und zum »Lazarett« gehen; ich sah, wie auch Männer mit unverletztem Gesicht willkürlich aussortiert und mit einem Blick zum Tod bestimmt wurden. Jede Sekunde hielt der Tod Ernte in unseren Reihen. Langsamkeit bei der Arbeit: Tod. Ein zu leichter Packen Kleider: Tod. Einen Bissen kauen: Tod. Sie mußten spüren, daß ihre Gewalt auf uns lastete wie die Macht unbegreiflicher Götter. Sie waren unser Schicksal.

Abends kehrte ich in die Baracke zurück, lebend, erschöpft, schwer atmend, den Kopf völlig leer. Ich war kaum dazu gekommen, an Flucht zu denken, so große Mühe hatte es mich gekostet, am Leben zu bleiben. Aber ich hatte die hohen Stacheldrahtzäune gesehen, dahinter den Graben, gleichfalls mit Stacheldraht gefüllt, einen zweiten Stacheldrahtzaun dahinter, den Weg für die Wachtposten, eine flache Strecke von mehreren Metern Breite, ebenfalls von Stacheldraht abgesichert. Wachttürme in Abständen von je zweihundert Metern ragten über diesem undurchdringlichen Wall auf. Hier war Flucht unmöglich.

Es blieb nur die Flucht in den Tod. Auch in dieser Nacht erhängten sich wieder Männer in der Baracke.

Als ich zum drittenmal hörte, wie ein Mann die Kiste über den Boden schleifte, sprang ich auf ihn zu, packte ihn bei den Schultern und schüttelte ihn: »Sie wollen doch gerade, daß wir sterben!«

Mit heiserer Stimme schrie ich ihn an: »Wenn wir alle sterben, was sollen wir dann tun?«

»Etwas tun? Was denn? Unter ihren Händen krepieren?« Er stieß mich fort. Ich legte mich nieder, lauschte auf das unerträgliche Geräusch der umstürzenden Kiste, das Fallen des Körpers, das Röcheln, die endlose Stille. Sich selbst zu töten bedeutete Auflehnung, zugleich aber auch Eingeständnis der Niederlage.

Am nächsten Morgen wieder Appell, Lalkas Tiraden. Und wir senkten die Köpfe. Und wieder lief ich mit hochgezogenen Schultern. Wenn wir den Tod annahmen, dann war Lalka im Recht.

Du mußt leben, Martin.

Ich rannte, und die Zeit galt nicht mehr. Wie viele Tage waren es? Wie viele Eisenbahnzüge? All diese Gesichter, von Männern, Frauen, Kindern, ihre Gebärden wie von Ertrinkenden. Der Keks, den ich hinunterwürgte und der die Kehle wundriß, aber den Magen füllte. Die Kleiderberge.

Und jeden Abend die kostbaren Stunden, in denen ich mir immer wieder sagte: Du mußt fliehen. Die Kämpfe in der Nacht, um die Selbstmörder zu hindern, sich selbst aufzugeben, und dann am nächsten Morgen ein Mann, den ich am Sterben gehindert hatte, zwischen zwei Ukrainern auf dem Weg zum »Lazarett«. In der Nacht jene »Todesanzeigen«, die ich mit Sand und Speichel zu verdecken versuchte, damit man die Wunden am nächsten Morgen nicht sähe.

Die Zeit des Lebens gab es in Treblinka nicht mehr. SIE hatten eine andere Zeit geschaffen, eine Zeit ohne Uhren, bestimmt von der Ankunft der Züge, vom Gebrüll, den Appellen und dem Keuchen des Motors, der im unteren Lager arbeitete. Ich wußte nicht einmal mehr, wie der Himmel sein Licht im Laufe des Tages verändert. Ich sah nur noch den gelben Sand und IHRE Stiefelschäfte, wenn sie an mir vorbeistapften. Verstohlen warf ich manchmal beim Laufen einen Blick auf die Baracken, auf die ganze Anlage, abends beim Appell, während der Tod lauerte, blickte ich zum unteren Lager mit seinen zwei Zugängen, dem einen am Ende der Himmelsstraße, auf dem mein Volk verschwand, und dem anderen, dem offiziellen Tor, durch das die Ukrainer und SS-Männer gingen.

Nachts wuchs die Verzweiflung mit dem Hunger und der Erschöpfung. Ich kämpfte gegen die dunkle Wolke an, die mir den Verstand raubte, und ich besaß nur ein Mittel dagegen; unablässig wiederholte ich die Worte: leben, leben im Namen all der Meinen. Leben, um Rache zu nehmen, und um der Welt zu sagen: Treblinka, das war der Tod.

In Treblinka lebte man nicht lange. Ich wußte es. Selbst wenn es mir gelingen würde, angesichts des Grauens nicht den Verstand zu verlieren, hing ich vom Zufall ab, ihrer Entscheidung, einem Schlag ins Gesicht, der Kugel eines SS-Manns. Ich mußte rasch handeln. Ich versuchte, das Lager immer genauer kennenzulernen. Ich mischte mich unter die »blauen Kommandos«, die unser Volk an den Waggons empfingen. Ich war bei den »roten Kommandos«, die auf dem Sammelplatz Kleider schleppten und den Menschen beim Ausziehen halfen.

Ich trug Säcke voll Frauenhaar aus der Baracke, in der man nackten Frauen mit ein paar Schnitten der Schere den Kopf fast kahlschor. Dann gingen sie über die Himmelsstraße, den Weg mit den schwarzen Bäumen. Ich stapelte die Sachen: alles wurde sortiert und erfaßt. Arme Juden, die aus Warschau oder vom andern Ende Europas mit ein bißchen Geschirr, einem Füllfederhalter, den Bildern ihrer Kinder gekommen waren! O Mutter, ich habe so viele Kleider zusammengetragen, wie du sie trugst, meine Brüder, ich habe so viele Fotos gesehen, die euch glichen! Jeder Gegenstand bedeutete Leid, ein Leben mit seinen Freuden und Hoffnungen. Ein Leben, das nun tot war und nur durch die Rache und die Erinnerungen der Überlebenden weiterdauern würde.

Ich arbeitete in den Holzfällerkommandos und hoffte, im Wald Gelegenheit zur Flucht zu finden, doch wir wurden zu scharf bewacht. Ich arbeitete in den »Tarnkommandos«, die Fichtenzweige über den Stacheldraht legen mußten, damit das Lager nicht sichtbar sei, damit es nicht mehr sei als eine Lichtung im Wald, auf der Hunderttausende von Leben verschwanden, nicht mehr als dieser Motor, der den gelben Sand durchpflügte. Ich fegte die

Himmelsstraße, die Baracken, den Bahnsteig mit dem Straßenkommando. Und ich entging dem »Lazarett«.

Dann kam ein Tag, ich weiß nicht der wievielte seit meiner Ankunft, denn es gab keine Zeit in Treblinka, der Tag, an dem ich beim Verladekommando arbeitete. Die Waggons standen am Bahnsteig, und wir schleppten gebückt Kleider hinzu. Wir füllten sie bis unter das Dach mit Kleiderbündeln. Und dann plötzlich sah ich diesen Zug zum erstenmal als das, was er wirklich war: ein Zug, der mit Kleidern vollbeladen aus Treblinka abfahren würde. Ich lief noch schneller.

Mein Plan nahm Gestalt an. Ich würde in einen Wagen steigen, zwischen den Packen ein Versteck bauen, mich einschließen lassen und mit dem Zug davonfahren. Ich rannte, sprang in einen Waggon, doch das Beladen war zu Ende. Ich versuchte es erneut, aber überall waren die Kleider so fest gestopft wie eine Mauer. Schon kamen die SS-Männer heran, um die Ladung zu überprüfen. Sie schoben eigenhändig die Türen zu, wenn zwischen Wänden und Kleidern kein Zwischenraum mehr war. Ich hatte zu spät daran gedacht; jetzt mußte ich vom Bahnsteig fort; ich war ins Räderwerk der Angst, des Entsetzens und der Müdigkeit geraten. Ich hatte meine erste Chance ungenutzt vorübergehen lassen, jene erste Chance, die man ergreifen muß.

An diesem Abend begann ich in meiner Verzweiflung zu glauben, daß mein Vater entkommen sei, daß er kämpfe, daß er sich in einem dieser Züge versteckt habe, die Treblinka verließen.

Während der folgenden Tage gab es keinen Zug, und ich wurde wieder dem Straßenkommando zugeteilt und fegte die Wege. Dann sah ich, wie ein Zug beladen wurde, und konnte nicht dabeisein. Ich war vorbereitet, wußte genau, wie ich vorgehen würde, doch hatte ich die erste Chance verstreichen lassen.

In den Nächten riß mich eine schwarze Woge mit sich fort. Ich sah meine Familie wieder, lebte erneut in der Senatorska-Straße, verschob Getreidesäcke, und Mokotow das Grab lachte. Ich trank den beißenden Wodka, den mir Jadzia eingoß. Ich hielt Zofias Hand, und wir lachten. Und ich fand auch den Gestapo-Henker wieder, der im Pawiak in meine Zelle gekommen war und den ich besiegt hatte. War all das umsonst gewesen?

Am nächsten Morgen machte ich mich an Kieve heran. Er war einer der Gettoganoven, ein Schlepper und Dieb. Einst ein Fleisch-

und Muskelberg, war er nun abgemagert, doch immer noch stark und viel widerstandskräftiger als die meisten. Wenn er den Mund auftat, sah man nur das Zahnfleisch und ein paar schwärzliche Zahnstümpfe, von einem Kolbenhieb ganz zu Beginn des Gettos. Wir hatten weder Zeit noch Kraft, miteinander zu sprechen. Vor dem Appell drückte ich mich zu ihm hin und schüttelte ihn. Er fuhr mit einem Ruck in die Höhe, als wäre ich der Tod. Als er mich erkannte, knurrte er.

»Kieve, du kennst doch den Kapo. Ich will unbedingt zum Ladekommando!«

Der Kapo war ein deutscher Jude, der uns prügelte, wer weiß, ob er das tat, um uns vor noch brutaleren Schlägen zu bewahren oder um sein Leben zu schützen? Er mußte uns schlagen oder sterben. Kieve starrte mich an. In Treblinka gewöhnte man sich auch das Reden ab. Ein Wort konnte einen ins »Lazarett« bringen.

»Kieve, wenn wir aufladen, der Zug, und zu zweit...«

Er ergriff meine Schulter. »Glaubst du wirklich, Mietek?«

Hastig erläuterte ich ihm meinen Plan. Er senkte den Kopf, rieb sich mit den dicken, halbzerquetschten Fingern das Zahnfleisch.

»Aber wir müssen im Ladekommando sein.«

»Ich red' mit dem Kapo.«

Der Tag wurde sehr lang für mich. Zwei Konvois kamen. Tausende von Männern, Frauen und Kindern. Ihre Schreie, die Kleider, ihr Haar. Durchhalten, Martin, nicht aufgeben! Ich rannte. Am Abend Appell. Ein langer Appell, drei »Todesanzeigen« und viel zu viele andere, als daß ich sie hätte zählen können, wurden zum Lazarett gebracht. Schließlich die Baracke. Ich stürzte mich auf Kieve.

»Ich hab' mit dem Kapo gesprochen«, sagte er.

Ich drängte ihn zu sprechen, voller Unruhe darüber, daß ich mein Leben ihm und dem Kapo in die Hand hatte geben müssen. Eine ungute Vorahnung nagte in mir.

»Er hat nichts gesagt. Bloß zugehört.«

Das hieß gar nichts, vielleicht war es nur Vorsicht, die hier in Treblinka so notwendig war.

Die Nacht verging: ich schlief schlecht. Der Motorenlärm aus dem unteren Lager hörte nicht auf. Ich sah die Lichter der Scheinwerfer drüben im Nordosten, hinter den Stacheldrahtzäunen, von wo keiner zurückkehrte.

Am Morgen wurden beim Appell wieder »Todesanzeigen« ausgesondert. Dann folgte Lalkas Sermon: wir seien der Dreck der Erde. Er rief die Kapos; sie trabten zu ihm hin, schlugen ihre Mützen mit trockenem Knall gegen den rechten Oberschenkel. Dann kamen sie durch unsere Reihen. Und Kieves deutscher Kapo ließ uns vortreten. Ukrainer umringten uns. Doch wir zogen nicht zum »Lazarett«, wir gingen die Himmelsstraße hinunter, den Weg mit den schwarzen Tannen und den Blumen am Rand, der zu dem Ziegelgebäude führte. Mit jedem Schritt konnten wir es deutlicher sehen: es glich ein wenig einer Synagoge, war ein massiver, nüchterner Bau mit einer schmalen Tür und einem Davidstern darüber.

Ich hatte die erste Chance nicht gepackt und mein Leben anderen in die Hand gegeben, ich hatte verloren. Um nicht eines Tages für unsere Flucht zahlen zu müssen, hatte uns der Kapo auf die Himmelsstraße geschickt.

Je näher wir kamen, desto lauter wurde der Motorenlärm. Man konnte Metall in der Erde knirschen hören, es klang wie Geschrei. Die Ukrainer übergaben uns einer andern Gruppe ihrer Landsleute am Eingang zum unteren Lager. Wir durchquerten das Stacheldrahtverhau und standen vor dem großen Ziegelgebäude. Rechts lag die Lazarettbaracke. Wir gingen um das Gebäude herum. Ich sah den großen Bagger mit seiner Eisenklaue in den gelben Sand greifen, der Motor dröhnte.

Die Ukrainer begannen zu brüllen, Gefangene rannten mit Bahren heran. Die Ukrainer hoben die Peitschen und Knüppel. Auch ich lief zu den Bahren, zu denen sie uns schickten. Grobe Sackleinwand. Kieve packte das andere Ende. Wir liefen auf die großen offenen Tore an der Längsseite des Gebäudes zu. Sie waren aus Holz, beinahe drei Meter breit.

Und wir sahen.

Die Leiber waren nackt, verschlungen wie Lianen. Sie waren gelb, Blut war ihnen aus den Nasen gelaufen. Es waren meine Mutter, meine Brüder, Riwka, es war mein Volk. Wir machten es wie die anderen, packten die Toten mit den Händen und rannten. Wir hielten vor anderen Gefangenen an, die mit Zangen die Mundhöhlen der Toten untersuchten und Goldzähne herausrissen. Dann rannten wir zur Grube im gelben Sand. Unten standen Gefangene auf den Leichenhaufen und legten die Körper zurecht.

Wir warfen unseren ersten Toten hinunter. Dann mehr, immer im Laufschritt, manchmal drei Kinderkörper quer über der Bahre. Hundertmal stürzte ich meine Mutter, meine Brüder, Riwka, mein Volk in die Grube, und drüben, einige zehn Meter entfernt, fraß sich der Bagger wie ein Tier in den Sand.

Ich war ein »Totenjude« geworden, und ich begriff, daß das Getto, der Umschlagplatz, der Waggon, in dem wir nach Treblinka fuhren, das obere Lager, aus dem ich gekommen war, noch nichts gewesen waren.

Hier war das Ende.

Das Ende des Lebens und das Ende des Menschen. Denn die Henker trugen die Gesichter von Menschen, sie glichen den Körpern, die ich hinabwarf, sie glichen mir. Und doch hatten sie diese Mordfabrik erfinden können, die so raffinierten Gaskammern mit ihren Duschen, aus denen das Gas strömte, mit Trennwänden aus weißen Fliesen, kleinen Eingangstüren, einem schrägen Boden, der zur großen Tür hin abfiel, die wir öffnen mußten und hinter der jedesmal die Leichenberge lagen. Unsere Leichen.

Denn wir waren die Totenjuden, Tote auch wir. Außer den Wächtern sahen wir niemals ein lebendes Wesen. Manchmal erblickte ich drüben im oberen Lager die Gestalt eines nackten Mannes, der mit einem Kleiderbündel rannte. Ich gehörte nun zum Reich des Todes, zur Welt der Ausgestoßenen. Wenn man uns Essen brachte, kam der Karrenführer nicht bis zu uns heran. Einer von uns mußte den abgestellten Karren vom Eingang herüberbringen.

Wir lebten unter Toten und Mördern. Doch ich wollte weiterleben. In der Baracke, die ebenfalls von Stacheldraht umgeben war, ein Gefängnis in einem Lager, das in einem größeren Lager lag, nahmen die Selbstmorde zu. Ich versuchte sie jeden Abend zu verhindern.

Ich hatte das Massengrab gesehen, und ich wußte: wir waren zu Zeugen geworden.

Meine Stimme sollte so laut sein wie die Tausende von Stimmen, die im Gas und im gelben Sand erstickten. In mir sollten sich die Leiber rächen, die von den Gefangenen in den Gruben nebeneinander gelegt wurden. Nach zwei, drei Lagen von Leichen schob die Planierraupe Sand darüber. Stellvertretend für das Leben meines Volkes wollte ich weiterleben.

Viele Gefangene schienen dahinzuleben, ohne zu begreifen, was sie taten, als besäßen ihre Gebärden keinen Sinn mehr. Sie waren zu leeren menschlichen Hülsen geworden, angetrieben von Schlägen und Angst, Befehle ausführend. Andere lebten wie ich, versuchten zu überdauern. Und deshalb kämpfte ich abends gegen die Selbstmordversuche an. Wir mußten ein Block von Männern werden, die einander kannten, die eines Tages zur Faust würden, die zuschlug, bevor man sie zertrat.

Eines Tages stieß Kieve einen Schrei qualvoller Wut aus und ließ die Tragbahre fallen. Er ergriff einen Körper, preßte ihn an sich, wie um sich zu vergewissern, daß wirklich kein Funke Leben mehr in ihm war, und lief auf einen Ukrainer zu. Dieser schoß, Kieve kam in die Grube. Ich habe nicht einmal das Gesicht des Leichnams gesehen.

So verhielten wir uns alle: wir fürchteten die Gesichter der Toten, sahen sie nicht an, wollten nicht wissen, ob wir einen dieser Menschen einmal gekannt hatten.

Iwan, ein riesiger Ukrainer mit winzigem Kopf, überwachte uns. Er tötete aus Spaß. Darum lud ich die schwersten Leichen auf, manchmal zwei gleichzeitig, damit er mich nicht ins Gesicht schlage, der aus mir eine »Todesanzeige« gemacht hätte, um dem Befehl »Runter mit dir!« zu entgehen. »Runter in den Graben!« rief er und zwang die so Verurteilten, sich auf die noch warmen Leiber derer zu legen, die wir hinabgeworfen hatten.

Man mußte laufen, immerzu laufen, atemlos und den Leib von Hunger gequält. Ich suchte mir die »Zahnärzte« aus, die rasch arbeiteten. Einige brauchten weniger als eine Minute, um eine Mundhöhle zu untersuchen: der Finger glitt in den Mund, die Kneifzange packte zu. Man mußte sich einen guten »Zahnarzt« suchen, denn es war eine unerträgliche Qual, unbeweglich eine Leiche mit ausgestreckten Armen zu halten, wenn man am Rande des Zusammenbrechens war. Und wer müde war, mußte sterben.

Wenn ich am Abend jemanden sagen hörte: »Zieht weg!«, versuchte ich einzugreifen, denn das bedeutete, daß einer die Kiste wegziehen solle, damit er sterben könne. Manchmal ließ ich es sein, denn ich mußte meine Kräfte schonen: ich wollte überleben.

Manchmal half uns das Entsetzen. Als sie die neuen Gaskammern ausprobierten, warteten wir lange, an unsere Bahren geklammert, und konnten Atem schöpfen, weil es ihnen nicht gelang, mit dem neuen Gift zu töten, das sie zum erstenmal brauchten. Wir konnten uns ein wenig ausruhen.

Manchmal begegnete ich der tollkühnen Hilfe eines »Zahnarztes«, der es wagte, mich nach einem Scheinhalt weitergehen zu lassen. Er spielte mit seinem Leben. Einer, ein junger dürrer Mensch mit langen bleichen Händen, besaß außergewöhnliche Fingerfertigkeit. Er extrahierte nach dem Gefühl, fast ohne hinzusehen. Er gab mir ein Zeichen, ich solle mit meinen drei Kinderleichen weitergehen. Die Kleinen waren kaum fünf, sechs Jahre alt.

Der SS-Mann, den wir »Idioten« nannten, weil er uns ständig mit diesem Wort beschimpfte, trat heran: »Wieso?« fragte er.

»Sie waren kaum fünf Jahre alt, ganz bestimmt keine Goldzähne.« Ich hörte zu, in Schach gehalten von einem Ukrainer, der seinem SS-Meister gefolgt war.

»Das ist mir ein sauberer Vorwand«, sagte »Idioten«. Und er wies den jungen Mann mit den langen weißen Händen zum Graben. Er fiel fast gleichzeitig mit den drei kleinen Leichen hinein.

Unter den warmen Leibern entdeckten wir Kinder, die noch lebten. Kinder, an den Körper ihrer Mutter geklammert. Wir erwürgten sie mit bloßen Händen, bevor wir sie in die Grube warfen, und setzten damit unser Leben aufs Spiel, weil wir Zeit dabei verloren. Die Henker wollten, daß alles rasch geschah. Sie trieben uns an, bis plötzlich Stille eintrat: unsere Arbeit war beendet. Wir warteten ein paar Minuten auf den nächsten Schub. Wir hörten sie kommen, horchten auf die nächsten irren Schreie, auf das Bellen der Hunde. Und manchmal fanden wir verstümmelte Menschen mit blutigem Unterleib. Hunde waren von Menschen dressiert worden, lebende Menschen in den Tod zu hetzen.

Ich müßte eine andere Stimme, eine andere Sprache besitzen, um das Gefühl der Scham auszudrücken, das mich zuweilen überflutete wie Lebensekel, und auch den Lebenshunger, den Willen weiterzuleben, um sagen zu können, was wir gesehen hatten, was man uns angetan, wozu man uns gezwungen hatte.

Je barbarischer sie sich verhielten, desto stärker wurde meine Gewißheit, daß sie besiegt werden würden. Dieses Reich des Todes konnte unmöglich zum Reich des Menschen werden. Die Pest mußte eines Tages ein Ende haben. Dann würde ich da sein müssen, als Zeuge und Richter. Im Namen der erwürgten Kinder, im Namen meines Volkes. Und so rannte ich weiter unter der Last der Leichen, deren Gewicht uns manchmal erraten ließ, daß diese anonymen Toten aus Ländern kamen, in denen kein Hunger herrschte, in denen die Juden völlig überraschend aus ihrem Frieden herausgerissen worden waren.

Am Abend kehrten wir völlig erschöpft und mit dem Geruch des Todes behaftet in die Baracke zurück. Manche lächelten wie Irre, andere beschimpften einander; manchmal prügelten sie sich. Einige hängten sich auf.

Ich konnte oft nicht einschlafen, weil ich auf das schreckliche Geräusch der weggestoßenen Kiste, auf die SS lauerte. Denn sie kamen nachts in die Baracke, von ihren Ukrainern begleitet, und suchten neue Opfer, schleppten sie zur Tür und töteten sie neben der Grube. Manche der Gefangenen hatten abends nicht mehr Kraft genug, sich zur Mitte oder zum Ende der Baracke zu schleppen. Sie boten sich willig dem Tod dar. Ich brachte jeden Abend die Kraft auf, mich bis zu den Pritschen im Hintergrund zu schleppen. Und mich faßte die Krankheit.

Die ganze Nacht kämpfte ich gegen Alpträume. Ich wachte unversehens auf, glaubte Stimmen, das Geräusch der fortgezogenen Kiste zu hören, sah mich in der Grube liegen, zwischen meiner Mutter und meinem Vater. Am Morgen mußte ich mich übergeben, es kam schwärzlich-roter Schleim. Ich fror, meine Beine zitterten, vor meinen Augen tanzte gelber Staub, die Farbe des Sandes in Treblinka. Nur unter Schmerzen konnte ich die Arme bewegen, mich aufrecht halten.

Und dennoch war ich beim Appell da und rannte mit den anderen. Meine Schritte hallten in meinem Kopf, Schreie stachen wie glühende Nadeln in meine Ohren. Ich ergriff die Bahre, der Kreislauf begann. Die neuen Gaskammern produzierten reichlich, die Schübe folgten pausenlos aufeinander, die Leichen häuften sich. Ich tat meine Arbeit als »Totenjude«. Ich zerbiß mir die Wangen, die Muskeln in meinen Armen bebten wie überspannte Federn, und jedesmal, wenn ich vor einem »Zahnarzt« anhielt, fürchtete ich, vor seinen Füßen zusammenzubrechen. Ich machte den Mund nicht auf, denn dann hätte ich geschrien.

Ich rannte, warf die Leichen hinab, zwang sogar meinen Partner zur Eile: ich spürte am Blick der Ukrainer, daß sie mich im Auge behielten. Wenn ich nachließ, würde ich sterben. Ich wollte aber leben. Deshalb lud ich mir die schwersten Leichen auf, um den Argwohn in Iwans grausamen Fuchsaugen zu täuschen.

Es sind nur Säcke, Martin! Auf, Mietek, halte durch, überlebe!

Und ich packte die Bahre und rannte auf den »Zahnarzt« zu. Laufen bedeutete das Leben.

Ich hielt fast bis zum Schluß durch, und es war ein langer Tag: volle Gaskammern, schwere Körper. Dann der letzte Lauf, die Kammern waren leer.

»Schnell!« Ich flehte den »Zahnarzt« mit den Augen an, hauchte nur dies eine Wort. Er hob die Lippen des Toten mit einem Finger auf, ich konnte weiter.

»Halt!«

»Idioten« stand mit erhobener Reitpeitsche neben mir. Er rief den »Zahnarzt«. Im Mund der Leiche blitzte seitlich ein Goldzahn auf. Der Mann stieg von selbst in die Grube, und da der Bagger dicht neben uns dröhnte, hörte ich nicht einmal den Schuß.

»Idioten« schlug mich mit der Reitpeitsche. Ich wußte, ich würde keinen weiteren Tag durchstehen. Das Fieber schüttelte mich mit seiner brennenden Faust: vielleicht war ich schon zum Tode verdammt, vielleicht war mein Gesicht vom Hieb »Idiotens« gekennzeichnet, und ich würde eine jener »Todesanzeigen« sein, die man beim Appell aussonderte.

Doch sie beachteten mich nicht. Ich schleppte mich auf dem Boden kriechend bis ans Ende der Baracke. Meine Beine waren wie abgestorben. Dann kam ein Mann und zerrte mich aus dem Hauptgang fort. Ich zeigte ihm mein Gesicht.

Todesanzeige?

Es war fast stockfinster. Er beugte sich nieder und fuhr mir mit den Händen übers Gesicht.

»Dir fehlt nichts«, sagte er. Manchmal logen sie, um nächtliche Selbstmorde zu verhindern.

»Ich bringe mich nicht um«, sagte ich.

»Du hast wirklich nichts, ich schwöre es dir.«

Ich blieb liegen, von Fieberstößen, Übelkeitsanfällen geschüttelt.

»Krank?«

Ich versuchte zu erbrechen.

»Du mußt aushalten«, sagte er. »Wo bist du her?«

Wieder stieg die schwarze Welle der Erinnerung in mir auf. Er sprach mit dem Akzent der Gettoganoven. Ich begann zu reden wie im Delirium. Ich sprach vom Schwarzmarkt, der hundertmal überwundenen Mauer, den Getreidesäcken, die so gut rochen, Frankenstein, dem Café Sztuka.

»Abram ist auch hier«, sagte der Mann.

Abram, Abramle genannt. Oft brach ich mit Blattern-Dziobak, Mokotow dem Grab, Pila der Säge, Zamek dem Sanften und Pawel, dem Pawel vor jener Augustnacht, wie ein Gewitter über sein Gasthaus herein. Und Abramle bereitete uns den Tisch mit weitausholenden Gebärden, lachte insgeheim vor Freude über das viele Geld, das wir bei ihm zurücklassen würden, spaßte, machte sich über Pawel lustig. Abramle war einer meiner treuesten Kunden gewesen.

»In der Küche.«
»Wer bist du?«
»Moishe. Kennst du Karren-Trisk?«

Jankele der Blinde, Chaim der Affe, Trisk: Sie waren die Zamenhof-Straße hinuntergegangen und hatten nicht auf meine Warnungen gehört. Nun hatte ich mich ein wenig später zu ihnen gesellt, hier in Treblinka.

»Ich bin aus seiner Familie. Ich werde dir helfen«, fügte der Mann hinzu.

So begegnete ich im Reich des Todes einem Menschen. Ein Mensch, den die Gesetze als Dieb betrachteten, sprach die seltsamen Worte: »...dir helfen!«, Worte, die bedeuteten, daß er sich noch größerer Gefahr aussetzen würde, in dieser Hölle, wo jeder nur wie durch Wunder weiterlebte.

Moishe hatte mit den Kapos Freundschaft geschlossen, er bekam dank Abramle ein bißchen mehr zu essen, und »Idioten«, der Mörder, protegierte ihn aus unerfindlichen Gründen. Im Lager Treblinka mußte man Beziehungen zu den Kapos haben, wenn man überleben wollte. Auf sie hagelten nicht dauernd die Hiebe nieder, sie drohten nicht dauernd unter der Arbeit oder dem Hunger zusammenzubrechen.

Beim Morgenappell schüttelte mich immer noch das Fieber, doch ich hatte neue Hoffnung geschöpft. Trotzdem wendete ich mein Gesicht ab, als die SS-Männer und die Ukrainer durch die Reihen gingen. Vielleicht hatte mich Moishe ja doch belogen, und ich war eine »Todesanzeige«? Aber sie sahen mich, und ich wurde nicht herausgeholt, der Tod schlug neben mir zu.

An diesem Tag entging ich der Arbeit bei den Gaskammern und an den Gruben, ich wurde zum Wegekommando eingeteilt und arbeitete im Garten. Ich drehte die Pumpenkurbel am Brunnen, und der andere Gefangene neben mir half mir, indem er allein arbeitete, während ich mich nur an der Eisenstange des tiefen Brunnens festhielt, aus dem feuchte Frische aufstieg.

Ich war in die privilegierte Kaste des unteren Lagers aufgestiegen. Aber auch wir konnten wie alle andern beim Abendappell zum Tode bestimmt werden. Auch am Tag darauf entkam ich der Arbeit an den Gaskammern. Ein Kapo führte mich zur Küche. Dort fand ich Abramle, und er schien immer noch der gleiche aufgeweckte Spötter. Er schien überhaupt nicht überrascht, mich zu sehen.

»Mietek, wir landen alle hier«, sagte er. »Den hintersten Tisch für Mietek!« Er wies auf eine Ecke, die nicht eingesehen werden konnte.

»Iß schnell«, sagte er, plötzlich ernst geworden.

Ich verschlang die noch heiße Kartoffel, mein Hunger war größer als das Fieber. Ich konnte mich ein wenig erholen, ein paar Tage Frist gewinnen, die mir andere schenkten, die Menschen geblieben waren. An die Kurbel geklammert, die mein Kamerad wortlos für mich drehte, wuchs meine Zuversicht, daß die Menschen eines Tages über die schwarzen Bestien siegen würden, die uns jetzt töteten. Ich mußte überleben. Doch der Tod lauerte auf uns: Abramle, Moishe und ich selbst, wir blieben »Totenjuden« und waren den Launen unserer Herren und dem Bedarf der »Totenfabrik« unterworfen. Wir waren nur Zurückgestellte. Immer wenn ein größerer Transport ankam, trieb man uns alle zu den Holztüren der Gaskammern, zu den Gruben, und wir hoben die Leinwandbahren auf und rannten unter dem Rattern des Baggers, der neue Gruben im gelben Sand aushob.

Ich hielt durch. Wenn das Fieber mich wieder packte, folgte ich Moishe, nahm leichtere Körper auf, ließ mich von ihm leiten, schützen, mitreißen. »Idioten« ließ es geschehen, er erlaubte mir diesen Vorzug, der für mich Leben bedeutete. Nach und nach überwand ich das Fieber, dank Abramle bekam ich ein paar Kartoffeln mehr, dank ihm entging ich der tödlichen Regelmäßigkeit der Gruben und der »Fabrik«.

Eines Abends kehrte Moishe nicht in die Baracke zurück: Iwan hatte ihn in der Nähe der Küchenbaracke niedergemacht, weil er nicht rasch genug gelaufen war. In dieser Nacht wurde mir klar, daß ich bald an der Reihe sein würde, wenn ich nicht flöhe: man konnte im unteren Lager nicht überleben. Am nächsten Morgen gab mir »Idioten« bei den Gruben eine erste Warnung. Meine Bahre war ihm nicht vollgeladen genug, doch anstatt mich zu töten, wie er es gewöhnlich tat, ließ er mich in Achtungstellung vor sich antreten.

»Wenn du schreist, Jud, bring' ich dich um.«

Er begann mich am ganzen Körper zu schlagen, vermied aber, das Gesicht zu treffen. Vielleicht in Erinnerung an Moishe. Ich schrie nicht, mein Leben war gerettet. Aber ich mußte in die Grube hinuntersteigen und die Leichen zurechtlegen, als wären es Holzscheite, mußte auf ihnen herumtrampeln, als wären sie nicht eine halbe Stunde zuvor noch vor Angst und Hoffnung zitternde Menschen gewesen.

In der Grube verloren immer wieder Gefangene den Verstand, andere flehten um den Tod. Und der Tod kam aus den Händen Iwans oder der anderen Ukrainer. Ich stieg wieder aus der Grube, meine Hände feucht und rot von Blut. Es blieb mir nicht mehr viel Zeit, ich näherte mich dem Ende meines Lebens. Schon war ich dem Henker aufgefallen, ich war schon zu lange im Lager: bald würde ich jenen Fehler begehen, der mich für den Tod bestimmte.

In der Baracke setzte ich mich hin. Ich hatte gekämpft, um zu überleben, doch es hatte nicht ausgereicht. Nach der Spielregel mußte ich verlieren. Ich hatte die erste Chance verpaßt, ich war nicht in den Kleiderzug gesprungen. Nun war ich am Ende der Reise, vielleicht noch ein paar Tage oder noch ein paar Stunden.

Fliehen oder sterben.

Alles, was ich getan hatte, mein ganzes Volk, meine Energie, mein Zorn, mein Rachedurst, würde nichts mehr bedeuten, wenn ich scheiterte. Wenn ich bereitwillig starb, hatten die Henker die letzte Runde gewonnen. Alle meine Siege über sie im Pawiak, im Getto wären nutzlos gewesen. Ich mußte aus Treblinka entkommen, dies war der einzige, der entscheidende Sieg; nur er würde aus mir den Zeugen machen, den Rächer, den Mann, durch den die Meinen, mein ganzes Volk, erneut leben würden.

Immer wieder sagte ich das vor mich hin, um mich zu ermutigen und Kraft zu gewinnen. Ich mußte allein vorgehen: Moishe war tot, Abramle nicht zuverlässig genug, andere würden Repressalien fürchten. Ich könnte mich nur auf mich selbst verlassen. Die ganze

Nacht schmiedete ich methodisch Pläne. Die Stacheldrahtzäune waren unüberwindlich, über die Himmelsstraße zu entkommen war unmöglich. Die Fabrik war scharf bewacht, der Weg zum Himmel nur in einer Richtung offen. Es blieb einzig der östliche Eingang, den die SS-Männer und Ukrainer benutzten. Doch dieser lag von unserer Baracke zu weit entfernt, als daß ich hätte hingelangen können, und wahrscheinlich war auch er bewacht. Aber es gab keine andere Möglichkeit, als aus dem unteren Lager ins obere zu entkommen und dort erneut die Flucht in einem Waggon zu versuchen.

Es blieb keine andere Wahl. Dieser Plan war Wahnsinn, aber ich lebte in einer Welt, die irrsinnig geworden war. Ich würde es schaffen oder sterben.

Aber würden sie mir genug Zeit lassen? Darüber sollte das Schicksal entscheiden. Ich begann die Möglichkeiten auszukundschaften. Dank Abramle arbeitete ich in der Küche. Ich dachte daran, einen SS-Mann oder einen Ukrainer umzubringen, seine Uniform anzuziehen und durch das Tor zu gehen. Doch das war ein unmöglicher Traum. Ich wartete ab, jede Stunde, die ich weiterleben durfte, war ein Trumpf, den ich mir aufhob, und das Ziel, das ich mir gesetzt hatte, verlieh mir neue Kräfte.

Ich wurde wieder an die Gruben geschickt. Ich arbeitete wie eine Maschine, rannte, trat ungeduldig vor dem »Zahnarzt« auf der Stelle; ich durfte nicht sterben, ich mußte durchhalten.

Und ich habe durchgehalten. Wie viele Stunden, wie viele Tage? Ich weiß es nicht mehr: in Treblinka gab es keine menschliche Zeit mehr.

Ich hielt bis zu jenem Augenblick durch, in dem ich einen mit SS-Leuten besetzten Lastwagen durch das offizielle Tor auf unsere Baracke zufahren sah. Die SS-Männer sangen. Sie gingen in den Raum, in dem die Goldzähne aufgehäuft lagen, die die »Zahnärzte« den Toten aus dem Mund brachen und die von den Ukrainern häufig gestohlen wurden. Ich hatte Abramle gefragt, und der hatte es von den Kapos erfahren.

»Die SS holt sich Gold zum Privatgebrauch. Du weißt ja, Mietek, wir Juden sind alle reich.« Er begann zu lachen.

Ich beobachtete den Wagen. Niemand bewachte ihn. Ich sah, wie er wieder wegfuhr, die SS-Männer waren hinaufgesprungen, klopften einander auf den Rücken: der Wagen fuhr durch das Osttor und wurde nicht einmal langsamer. Hinter den Baracken des oberen Lagers entschwand er meinem Blick. Dort oben wartete meine Chance.

Am Abend verbesserte ich meinen Plan. Ich lag auf der Lauer. Auch in jener Nacht erhängten sich wieder einige Männer. Mehrere Male hörte ich, wie die Kiste über den Boden knirschte. Als nur noch unbestimmte Stille herrschte, eine Stille, die von den Schreien der Männer zerrissen wurde, die Alpträume hatten, schob ich die Kiste wieder hin und nahm die toten Kameraden, die mir helfen würden, vorsichtig in die Arme. In Treblinka erhängte man sich mit einem Gürtel, und diese Gürtel brauchte ich. Ich knüpfte die Toten los, nahm die Gürtel und machte daraus zwei starke Tragegurte, die ich mir um den Leib wickelte. Am nächsten Morgen war niemand erstaunt, unsere erhängten Kameraden auf dem Boden liegen zu sehen. Was waren schon drei Tote im Mittelgang für uns, die wir Tote zu Hunderten ertragen mußten?

An diesem Tag kehrte ich voller Angst zu den Gruben zurück: Martin, heute darfst du nicht sterben. Ich hielt durch, ich rannte, lud zwei, drei Leichen auf die Bahre, nahm keine Rücksicht auf meinen Kameraden, der am anderen Ende der Bahre keuchte. Ich rannte um mein Leben. Die folgenden Tage, wieviele es waren, vermag ich nicht zu sagen, hielt ich mich mit einer Schaufel in der Hand in der Nähe der Küchenbaracke auf. Angst hatte ich nur vor den Appellen, dem Blick eines besoffenen Ukrainers, dem Zufall, der töten konnte.

Als die Sonne bereits hinter den Bäumen, dem Horizont Treblinkas verschwunden war, kam wieder der SS-Wagen, in gelbe Staubwolken eingehüllt.

Ich lehnte meine Schaufel an die Barackenwand und schaute mich um. Ich würde durchkommen. Es war gar nichts anderes möglich, denn ich mußte durchkommen. Ich warf mich unter den Wagen, fand Verstrebungen, vorspringende Teile, schob meine Gurte darüber, zog sie unter mir durch, klammerte mich mit meinem ganzen Lebenswillen fest. Dieser Wagen wurde zu meinem Fleisch, meinem Schutz, ich hing zwischen seinen Rädern, wie in einem Leib, aus dem mich nur der Tod, nicht die Erschöpfung, wegreißen konnte. Und doch fürchtete ich, loslassen zu müssen. Meine Muskeln zitterten, die Gurte schnitten mir in Hals und Beine. Wie schwer war dieser ausgehungerte Körper!

Ich wartete eine qualvoll lange Zeit. Ich hörte das Gelächter, den Lärm der Stiefel auf Holz und Eisen. Plötzlich sprang der Motor über mir an, der Wagen bebte, fuhr endlich ab. Nach ein paar Metern glaubte ich schreien zu müssen, so schmerzhaft brannte das Auspuffrohr an meinem Bein. Ich änderte meine Lage, verwuchs noch mehr mit der vibrierenden Maschine, dieser Mutter, die mich forttrug, die mich schüttelte und in Staub hüllte.

Ich ließ nicht los. Ich danke euch, meine erhängten Kameraden, dir, Moishe, und dir Unbekanntem, der für mich die Brunnenkurbel drehte, danke dir, Abramle, für die warmen Kartoffeln, die meinen Fingern heute Kraft geben. Danke dir, meinem ganzen Volk, euch Leibern in der Grube, euch Kindern, die ich mit meinen Händen erdrosselte, um euch das Ersticken unter den feuchten Leibern zu ersparen. Dank euch dafür, daß ihr mir soviel Mut gegeben habt, und Dank diesem rollenden Wagen.

Wir fuhren über unebenen Boden, der Motor dröhnte, Staub drang mir in den Mund. Dann hielt der Wagen. Ringsum Schreie, Appellrufe. Ich hörte ihre Stiefel auf dem Trittbrett, sie sprangen herunter. Ich mußte noch warten. Krämpfe durchzuckten meine angespannten Muskeln, ich konnte die Finger nicht mehr bewegen, und ohne die beiden Gurte wäre ich sicher zu Boden gefallen. Aber ich hielt immer noch aus. Um den Wagen herum redeten sie, gingen und kamen.

Plötzlich brach die Nacht herein. Schweigen fiel über das Lager Treblinka. Ich wartete immer noch, sah Scheinwerfer über die Stacheldrahtzäune hingleiten, ab und zu fiel eine Tür, Stimmen riefen einander auf deutsch etwas zu.

Ich machte einen Gurt los und glitt zu Boden. Welches Glück, die Erde wieder zu berühren, meinen Rücken auf diesem Sand auszustrecken, der all die Meinen in sich aufgenommen hat und mich nun so brüderlich empfängt. Doch mußte ich vorsichtig sein. Ich klammerte mich erneut an den Wagen, ließ mich nur auf den Boden gleiten, wenn ich vor unerträglichen Schmerzen in den Muskeln hätte schreien müssen. Da hörte ich plötzlich ein Geräusch neben dem Wagen. Es war zu spät, mich festzuklammern. Ich nahm das Fläschchen Blausäure, das mir Moishe gegeben hatte, und machte mich bereit, es zum Mund zu führen. Ich wendete mich nicht einmal um, ich wartete auf den Kegel einer Taschenlampe, auf einen Schuß, auf ein Brüllen. Und dann spürte ich plötzlich, wie sich neben mir ein Körper ausstreckte: einer von den deutschen Schäferhunden mit dem fahlen Fell lag neben mir, beroch mich friedlich.

Ich begann ihn zu streicheln, und er leckte mir die Hände. Er ging fort und kehrte wieder, ein Wesen voll Unschuld in der milden Nacht, und drüben, in dem engen Gang der »Fabrik«, von dem aus fünf Türen zu den Gaskammern führten, stürzten sich andere Exemplare seiner Gattung blindwütig und zum Töten dressiert auf die Geschlechtsteile der Menschen.

Doch wer war hier Bestie, der Mensch oder der Hund? Aus Hunden wie aus Menschen konnte man alles machen. Es gab keinen Menschen, keinen Hund, keine verfluchte Rasse, es gab nur Menschen, die zu Henkern geworden waren, es gab andere, die sie dazu dressiert hatten. Vielleicht gab es Gesellschaftssysteme, die mehr als andere Henker hervorbrachten.

Der Hund verschwand. Einen Augenblick lang hatte ich Angst, er könnte seinen Herrn holen. Dann klammerte ich mich erneut an den Wagen und wurde ruhiger. Ich mußte jetzt einfach weiter warten. Wenn der Wagen losfahren sollte, würde ich mich festhalten, wenn nicht, würde ich die erstbeste Chance ergreifen.

Gegen Morgen wurde es kühl, über den Boden kroch Nebel, ein günstiges Zeichen. Aus dem unteren Lager knatterte von einem Wachturm der Feuerstoß eines MG, und der Motor des Baggers dort unten, wo Abramle und meine Kameraden aus der Baracke zurückgeblieben waren, begann zu arbeiten. Wahrscheinlich würde nur Abramle meine Abwesenheit bemerken, und auch er nur einen Augenblick lang, denn für die Henker besaßen wir weder Namen noch Gesicht. Wir waren Tote, die arbeiteten, Wesen, die manchmal aufschrien und sich rot färbten, wenn eine Kugel sie traf.

Wir waren nichts.

Ich hörte, wie der Motor aufheulte; das tat er immer, wenn die Baggerschaufeln sich in die oberste, härteste Sandschicht fraßen. Man hob eine neue Grube aus; meine Kameraden würden sich versammeln, die »Todesanzeigen« freiwillig vortreten und die anderen mit schwerbeladenen Bahren hin- und herrennen.

Ich war dem unteren Lager entkommen, jenem Ende der Himmelsstraße, woher keiner zurückkehrte, und das, wie meine Kameraden sagten, niemand entließ, es sei denn himmelwärts. Nun mußte ich auch dem oberen Lager entkommen. Ich mußte es. Ich hatte es geschworen. Daß ich immer noch da war, den Lärm des

Baggers hörte und mir die Grube mit meinen Kameraden vorstellte, die auf den Leichen standen; daß ich noch lebte, nicht mehr bei ihnen und doch unter ihnen, verlieh mir unüberwindliche Kraft. Es würde mir gelingen. Im Namen meines Volkes.

Der Nebel wurde dichter. Lalkas Stimme, immer dieselbe Stimme, die unser Ende verkündete, unser Ausgelöschtsein, drang bis zu mir herüber. Es war Appell. Ich wartete. Dann wickelte ich mir die Gurte um den Leib. Nun würde ich alles aufs Spiel setzen müssen. Stimmen, die miteinander jiddisch sprachen, ertönten neben dem Wagen: ich kroch bis zu den Reifen. Eine Gruppe von Gefangenen stand etwa zwanzig Meter von mir entfernt. Ich richtete mich auf, stellte mich neben den Wagen und beobachtete den Ukrainer, der sie bewachte. Im rettenden Nebel ging ich mit steifen Beinen und bleischweren Armen zu ihnen hinüber. Ich packte einen Karren, keiner würde ihn mir entreißen können. Ein Gefangener drehte sich zu mir um und blickte mich überrascht aus fiebernden Augen an.

»Wo kommst denn du her?«

Ich machte eine Kopfbewegung. »Später.«

Er zögerte, zuckte die Achseln. Es gab wenige in Treblinka, die sich um den andern kümmerten.

Ich blieb nur kurz bei dem Wegekommando, beim Appell schob ich mich weit von den Leuten weg. Ich mußte in der Menge der Gefangenen untertauchen. Meine Chance lag im barbarischen Verhalten der Henker, in den regelmäßigen Exekutionen, darin, daß sie jeden Abend Menschen aus den Reihen aussonderten und ins »Lazarett« brachten, Arbeitstiere, die natürlich ersetzt werden mußten. Im oberen Lager wie im unteren gab es keine Namen, keine Gefangenennummern, keine Gesichter.

Ich faßte Sulpe wie alle anderen. Es war mir gelungen, ich war nicht mehr im tiefsten Abgrund.

Und trotz des Grauens hier im oberen Lager begann ich wieder zu leben. Denn ich hatte die Gruben und die »Fabrik« kennengelernt, ich war dem letzten Kreis der Hölle entronnen, den Lebende nie betreten. Ich konnte leben, weil ich wieder Hoffnung hatte.

Mit gekrümmtem Rücken, das Gesicht zur Erde gewandt, rannte ich und sagte mir immer wieder, daß ich SIE auch hier besiegt hatte, wie im Pawiak, wie im Gestapo-Haus in der Szuch-Allee, die Herren und Meister des Todes. Nur mit der Waffe meines Willens, und das war der Beweis dafür, daß ich Mensch war, ihnen überlegen war. Sie mordeten, sie prügelten, sie brüllten, aber sie waren nur teuflische Hampelmänner. Rede nur, Lalka, sag, daß ich Dreck bin, Ungeziefer, sprich mit deiner selbstgefälligen Stimme, du Puppe in Schwarz; ich bin Mensch und ich werde siegen, dir aus den Fingern entwischen.

Mein einziges Ziel war, zu einem Ladekommando am Zug zu kommen. Doch ich mußte vorsichtig sein und allein vorgehen, versuchen, das Räderwerk des Lagers zu durchschauen, die Kapos und »Goldjuden«, die Lageraristokratie. Ich mußte dem Tod entgehen, rasch arbeiten, mein Gesicht verbergen, grau und unsichtbar werden. Und ich mußte mit meinen Kräften haushalten. Ich durchsuchte trotz der Gefahr die Kleider, die wir zum Sammelplatz schleppten, verschlang unzerkaute Kekse und Zuckerstücke.

Ich arbeitete hockend, mußte Etiketten aus den Kleidern reißen, um sie anonym zu machen. Dabei ging ich Risiken ein, versteckte etwa ein scharfes Messer, das ich in einer Lederjacke fand. Denn ich mußte ja aus dem Waggon entkommen. Ich arbeitete in allen Kommandos, trug Säcke mit Frauenhaar, das man nach Farben sortiert hatte, schleppte ganze Armladungen von Schuhen.

Dann mußte ich im »Lazarett« arbeiten. Dort fand ich den lebendigen Tod. Die Baracke lag im Ostteil des Lagers hinter dem Sammelplatz. Auf ihr ein riesiges Rotes Kreuz. Ich kam in das Wartezimmer. Es wirkte sauber und einladend mit seinen bequemen Sesseln. Von da ging man ins »Sprechzimmer«. Ein Gefangener in weißem Kittel führte die Ankommenden dorthin. Doch in diesem »Sprechzimmer« gab es, hinter einem Vorhang versteckt, eine offene Tür, an der ein bewaffneter Ukrainer neben einer Grube stand.

Ich nahm die Körper von alten Menschen entgegen, die noch zitterten, Leichen von Kindern und Kranken. Wieder war es die Grube, aber ich brachte es fertig, mich wegzustehlen, in anderen Kommandos unterzutauchen. Ich arbeitete wieder beim Empfang der Züge unter dem unerträglichen, entsetzten Blick der Mütter und Kinder.

Sie packten mich am Arm: »Was geschieht hier mit uns? Wo sind wir?«

»Nur ruhig, ruhig«, antwortete ich.

Was sollte ich sagen? Was tun? Ich stieß auf Gesichter, die mir bekannt erschienen, und wenn es kräftige Männer waren, die eine Chance bei der Selektion besaßen, flüsterte ich ihnen zu: »Zieh dich nicht aus!«

Das hätte mich das Leben kosten können. Wir durften kein Wort mit den Ankommenden sprechen, wir durften sie nicht anschauen.

Neben mir wurde ein Gefangener vom »Blauen Kommando« von einer herzzerreißenden Frauenstimme voll Freude und Entsetzen angerufen: »Schloime, Schloime, ich bin's!«

Ich wußte, er machte keine Bewegung, er arbeitete wie wild, um nicht hören zu müssen; ich vernahm seinen Schritt, der sich entfernte, und die schreiende Stimme: »Schloime, Schloime, ich bin's doch!«

Da kamen Stiefel heran, folgten Schloime, dessen Gesicht ich nicht einmal gesehen hatte, und ein Schuß fiel. Wie konnten sie einem Gefangenen vertrauen, der hier seine Mutter oder seine Schwester ankommen sah?

»Schloime! Schloime!« schrie die Stimme.

Ich säuberte die Waggons, lud verdurstete Kinder und Greise aus. Ich las auf jedem Waggon in fester Kreideschrift die Zahl der Insassen: 120, 160, 145. Auf dem »Umschlagplatz« in Warschau tat weiterhin ein pedantischer SS-Mann methodisch seine »Arbeit«, vielleicht sogar der Kleine mit der Reitpeitsche. Bei jedem Schub packte mich erneut die Angst, meine Mutter, meine Brüder, Riwka würden wieder aussteigen, und ich müßte sie in den Tod gehen lassen. Ich wußte nun, was mit ihnen geschehen war, ich kam von dort, wo der Bagger grub, wo die Hunde im Korridor heulten, wo die Kinder manchmal noch nicht ganz tot waren, wenn die großen Holztüren aufgingen. Ich wußte. Ich hatte es gesehen. Mit jedem Zug wurden meine Mutter, mein Vater, Riwka, die Brüder, mein Volk, auf den Bahnsteig getrieben.

Manchmal schrien Männer und Frauen: »Wir sind keine Juden!«

Wie angstgejagte verirrte Tiere liefen sie auf die Ukrainer oder SS-Männer zu und kreischten vor Entsetzen: »Pole, nicht Jude, nicht Jude! Katholik! Ich hasse die Juden!« Sie starben etwas früher an einer Kugel, oder sie teilten das gemeinsame Los.

In Treblinka tötete man nicht Juden, hier vernichtete man nicht eine bestimmte Rasse: die Henker wollten den Menschen ausrotten, und sie hatten beschlossen, bei den Menschen, die man Juden nannte, zu beginnen; doch verurteilt waren alle Menschen. In

Treblinka wurde der Mensch zerstört. Doch um das Ziel des ungeheuren Unternehmens zu verschleiern, verbargen die Henker den Menschen unter dem Namen Jude. Es würden nur die Henker und ihre Hunde übrigbleiben.

So starben die Polen, die auf dem Bahnsteig hinrannten und riefen: »Nicht Jude, nicht Jude, Katholik!« Was störte es die Henker? Diese Polen konnten nur Menschen sein, also mußte man sie ausrotten. Ich hörte die Wahnsinnsschreie von Menschen, die vielleicht bei der Gettomauer aufgegriffen worden waren, oder deren Gesichter jüdisch aussahen. Sie gingen in den Tod, ohne zu begreifen, daß ihre Konfession oder ihre Rasse sie nicht sehr lange geschützt hätte; früher oder später hätten sie zwischen dem Los einer Bestie und dem Leben eines Menschen wählen müssen. Jude oder nicht Jude, in Treblinka habe ich herausgefunden, daß es nur den Menschen gibt.

Auch das würde ich sagen müssen, draußen!

Die Zeit verging, und in Treblinka starb man schnell. Ich bemühte mich, immer bei den Ladekommandos am Gleis zu arbeiten. Dort herrschte das Grauen der ankommenden Züge, aber es gab auch die Hoffnung, einen Zug beladen zu dürfen.

Eines Tages stießen mich die Ukrainer zum Auskleideplatz, wo ein Teil des »Roten Kommandos« arbeitete. Ich mußte den Kindern und Alten ausziehen helfen. Ihre Bewegungen waren langsam und unbeholfen, sie waren fassungslos, gebrochen, von der Fahrt erschöpft. Ihre Stimmen, ihre Augen fragten. Und ich wußte. Sicher als einziger von den Gefangenen im oberen Lager hatte ich gesehen. Ich wußte mit meinem ganzen Wesen, mit meinen Augen und meinen Händen, was ihr Schicksal war. Ich mußte meine Brüder und meine Mutter zur Eile antreiben und immer wieder sagen: »Nur ruhig, ruhig!« Ich sah ihre feuchten gelblichen Leiber in der Grube liegen und war machtlos.

Mehrmals mußte ich beim Auskleiden helfen. Mir wurde deutlich, daß ich nicht mehr lange durchhalten, daß ich einen Ukrainer oder SS-Mann anspringen und zu töten versuchen würde. Wieder gelangte ich ans Ende einer Reise, an eine jener Wegscheiden, an denen es nur die Wahl zwischen Leben oder Tod gibt. Ich mußte spielen.

Einer der Kapos war ein Warschauer Jude, einer von den Ganoven, die an der Gettomauer die *Meta* kontrolliert und die Schmuggler für ihre Säcke hatten zahlen lassen. Ich hatte bereits ein paarmal mit ihm gesprochen.

»Du bist doch der Mietek«, hatte er gesagt. Dann schwieg er lange.

»Dein Getreide hat ihnen auch nicht geholfen.« In seiner Stimme war ein Anflug von Brüderlichkeit und Verzweiflung. Ich mußte es wagen. Wir saßen Schulter an Schulter im Hintergrund der Baracke.

»Ich komme von dort unten.«

Wieder Schweigen. Er stellte keine Fragen, und das war ein gutes Zeichen.

»Hörst du's?« In dieser Nacht hörte der Bagger mit Graben nicht auf. Tagsüber waren zwei Konvois angekommen, als würden die Menschen in irgendeinem Winkel von Warschau oder Polen oder noch weiter weg immer zahlreicher wiedergeboren.

»Sie heben Gruben aus.«

Ich begann zu erzählen, und es dauerte fast die ganze Nacht. Ich sprach von Abramle und Moishe, die er gekannt haben mußte, früher in den Straßen des Gettos, in der Zeit des Lebens.

Wieder Schweigen, dann: »Mietek, erzähl es nie jemandem!« Er packte mein Knie mit hartem Griff. »Erzähl es nie wieder. Sie haben Spitzel!«

Ich hatte gewonnen, ich hatte einen Menschen gefunden.

»Ich muß bei der ersten Ladung dabeisein!« Wir blieben nebeneinander liegen bis zum Appell.

»Erzähl es nie wieder«, warnte er mich noch einmal.

Ein Morgen, ein Tag, viele Tage. Wie viele? Zeit der Menschen, lebendige Zeit gab es in Treblinka nicht. Ich sah den Mann nicht mehr. Ich wurde von einem Kommando zum andern befohlen.

Dann, eines Tages beim Appell, als wir wegtraten, uns zerstreuten, stieß er mich zweimal in den Rücken und brüllte: »Los, marsch, marsch!« Er stieß mich zu einem anderen Kapo und zu einem Ladekommando hinüber.

Wir zogen los unter den Flüchen des Kapos. Am Bahnsteig stand der Zug mit leeren, offenen Waggons, daneben der verladefertige Packen.

Dank dir, Kamerad; Dank dir, Mensch!

Der Plan, den ich vor so langer Zeit entworfen hatte, war in meinem Kopf, meinen Händen gegenwärtig: Ich legte meine Packen in eine Ecke des Waggons, sammelte die Ballen, nicht zu viele, nicht zu wenige, gerade so viele, um zu einem Nichts zu werden, zu einer eifrigen und anonymen Ameise in der Kolonne. Dann ging ich von dieser Ecke mit ihrer Höhlung zur anderen Ecke hinüber, und die Gefangenen hinter mir stapelten weiter. Der Kapo brüllte, die Ukrainer und SS-Männer gingen den Bahnsteig auf und ab, die Gefangenen hasteten mit gebeugten Rücken, rannten, sprangen, luden auf.

Ich blieb höchstens eine Minute allein im Waggon, doch sie reichte aus. Ich tauchte in mein Loch, schloß mich mit einem Packen darin ein, streckte die Arme, um den Stapel zu stützen, stemmte mich mit Kopf und Schultern gegen weitere Packen. Ich spürte den dumpfen Aufprall neuer Ballen, die mich in meinem Eckchen Freiheit gegen die Waggonwand preßten. Dann trat Stille ein. Meine rechte Hand hielt krampfhaft das Giftfläschchen umklammert, die linke das Messer. Warten, Stimmenlärm, ein Schuß. In meinem Versteck hörte ich nicht einmal mehr den Bagger lärmen. Mir war, als wäre ich der Hölle schon entronnen.

Knirschen und Türenschlagen, immer näher; die SS-Männer schlossen die Waggons. Dann Stille, Gebrüll, vielleicht war ein Waggon nicht genügend vollgeladen, dann endlich wieder Kreischen und Türenschlagen. Mein Waggon. Dann andere. Und Warten; der Zug rückte vor, hielt wieder an. Wieviel Zeit verging? Warten.

Endlich begann mein Waggon zu rollen, langsam zuerst, dann drang scharfe Luft durch die Bretter der Waggonwand. Der Zug fuhr schnell. Das Stampfen der Achsen, das Fauchen der Lokomotive, das dumpfe, rhythmische Rollen auf den Schienen, dieser Zug hatte für mich alle beruhigenden Maschinengeräusche.

Dieser Zug war ein Schrei: der Schrei meines Lebens.

Ich werde berichten, vom Umschlagplatz, den Waggons und den Massengräbern

Der Zug rollte dahin. Ich preßte mich gegen das rauhe Holz, tastete die Wand ab, dieses Holz, gegen das so viele Menschen meines Volkes die Stirn, die Lippen gedrückt hatten, an denen sich so viele der Meinen zwischen Warschau und Treblinka die Nägel abgebrochen hatten.

Ich zwang mich abzuwarten, der Erregung nicht nachzugeben, die mich drängte, das Holz zu zertrümmern, es mit dem Kopf zu zerschmettern, mein Messer irgendwo hineinzustoßen, die Bretter mit den Zähnen, den Händen fortzureißen, Luft und Freiheit in mich hineinzutrinken. Ich bezwang mich nach und nach, atmete wieder ruhiger, konnte wieder denken, war fähig, einen Plan zu entwerfen. Ich begann einen Spalt zwischen zwei Brettern zu verbreitern, um besser zu sehen, und plötzlich erblickte ich den Horizont. Er war ein dunkelroter Streifen, von keinen Wachttürmen und Stacheldrahtverhauen verstellt, nur von den dunklen Waldmassen gesäumt, die in der hereinbrechenden Nacht immer undeutlicher wurden. Ich sah bestellte Felder, über die ab und zu grauer Nebel strich; ich sah das weite einsame Land ohne bewaffnete Männer, Kadaver, Kolonnen gebückter Gefangener. Ich konnte mich nicht sattsehen an dieser stillen und friedlichen Weite, dieser unschuldigen Erde, mit ihren Sandflächen und Mooren, auf der die Menschen Treblinka errichtet hatten.

Der Zug wurde langsamer, fuhr im Schrittempo, Angst ergriff mich wieder. Wir kamen durch einen Bahnhof. Auf dem erleuchteten Bahnsteig hatten Soldaten ihr Gepäck und ihre Waffen an die Wände gelehnt und aßen. Manche lagen mit dem Eßgeschirr in der Hand halbaufgerichtet neben den Schienen und betrachteten den Zug, und ich glaubte, sie würden meine Augen sehen, aufspringen und schreien. Ich packte das Messer fester. Niemals würde ich nach Treblinka zurückgehen.

Dann gewann der Zug wieder an Geschwindigkeit, tauchte in die

Ebene ein. Es war jetzt völlig Nacht geworden. Nun begann ich zu bohren, die Bretter zu zerschneiden, Splitter drangen in meine Finger, ich schwitzte. Wieder kamen wir durch einen verlassenen Bahnhof, der undeutlich von zwei gelben Blinklichtern erleuchtet war. Sobald wir erneut in der Nacht untergetaucht waren, stemmte ich mich gegen die Kleiderbündel und begann zu drücken. Plötzlich gaben die Better krachend nach und die kalte feuchte Luft peitschte mir ins Gesicht, mein Versteck war erfüllt vom Lärm des Zuges und den Gerüchen der Erde.

Ich mußte rasch handeln, bevor vielleicht wieder ein Bahnhof, möglicherweise voller Soldaten, kam. Ich klammerte mich an die Bretter, ließ mich aus dem Waggon gleiten, kauerte mich mit dem Rücken an die Wand nieder und starrte in die Nacht, die finster war wie das Nichts. Aber mir war nicht bange.

Mein Leben war seit Jahren nichts anderes gewesen als Sprünge ins Ungewisse, Wetten, Einsätze auf das Unbekannte. Außerdem kam ich von einem Ort, an dem nur die Dinge freundlich sind, die Menschen aber grausam. Warum hätte ich Furcht davor haben sollen, in die Nacht hinauszuspringen? Die Geschwindigkeit, der Erdboden, das Dunkel, sogar die Steine, alles war mir lieber als die Bestien mit den Menschengesichtern, die ich dort gesehen hatte.

Ich sprang, die Arme um den Kopf gelegt, rollte die Böschung hinunter, landete in einem Graben voll eiskaltem, pflanzendurchwachsenem Wasser. Benommen lauschte ich in die Stille hinaus, auf die Brise im Unterholz, das Glucksen des Wassers. Ich zog mich zum Rand des Grabens hinauf, blieb liegen mit dem Gesicht gegen die schwere, feuchte Erde und atmete den Duft von Gras und Wasser.

Ich versuchte, den hartnäckigen Geruch loszuwerden, der an mir haftete, den Gestank des Todes, den Gestank der Gruben, den Gestank, der über Treblinka hing und meine Kleider durchdrungen hatte. Ich wälzte mich im Gras, rieb mir Blätter ins Gesicht, ich trank Wasser aus dem Graben und stand schließlich auf, zitternd vor Kälte. Da waren nur noch die Geräusche der Dinge um mich, ich war weit weg vom Keuchen des Baggers, der seit Wochen meinen Lebensrhythmus bestimmt hatte.

Die ganze Nacht lief ich quer über die Felder, meine Füße sanken in Morast ein, Schlamm klebte an meinen Beinen; ich drängte mich durch die niedrigen Zweige der kleinen schwarzen Fichten, die in dichten Gruppen auf der Ebene standen. Hier und da ließen mich Rübenhaufen zusammenzucken; ich zitterte vor Furcht, als wären sie die Haufen von Dingen, die wir vom Sammelplatz in Treblinka wegtrugen, aber es waren nur Feldfrüchte, schwer und rauh wie Steine, die man aber nur abzuschaben und zu schälen brauchte, um lange an ihrem harten, bittersüßen Fleisch zu kauen.

Am Morgen sah ich über dem Nebel die Sonne aufgehen, eine dunstige rote Scheibe, die ich fest anstarrte, um keine Angst mehr zu haben, zum Himmel aufzublicken. Ich kam in einen Wald, streckte mich am Rand unter die Bäume und grub erschöpft meine Zähne in die Rüben.

Unter mir war die Erde, ich preßte meinen Bauch, meine Beine, die flachen Hände dagegen, auf daß sie mir ihre Kraft mitteile, mir Ausgeglichenheit schenke, mich leben lehre. Unter Moospolstern, die ich aufhob, entdeckte ich lange braune Würmer, ich verfolgte ihre Windungen mit den Augen, ich beobachtete das geduldige, unbeirrbare Vorwärtsstreben der Ameisen. Ich entdeckte die Zeit und die Dinge wieder: so verging der Tag. In der Ferne sah ich Gestalten am Horizont, Bauern hinter ihren Pferden, einen Karren auf einem Weg und dort drüben im Osten, wo die Sonne aufgegangen war, ein Dorf.

Einen Tag und eine Nacht brauchte ich, um mit den Augen und allen Sinnen zu begreifen, daß Treblinka die Natur nicht aufgehoben hatte, daß trotz Treblinka Menschen ruhig ihrer Arbeit hinter einem Pferdegespann nachgingen. Einen Tag, dann noch eine Nacht, nicht um Treblinka, meine Mutter, meine Brüder, Riwka zu vergessen, sondern um in der Welt jenseits dieses Totenreichs wieder leben zu lernen.

Am zweiten Morgen war die verstörte Trunkenheit des gehetzten und zum Sterben verdammten Menschen von mir gewichen. Ich war davongekommen, um meinem Volk in die Ohren zu schreien, was Treblinka war; ich war geflohen, um Rache zu üben und um zu leben. Vielleicht hatte auch mein Vater überlebt. Vielleicht.

Ich wusch mich im eisigen Wasser eines Bachs, dann wanderte ich am Waldrand dahin: ich mußte mich wieder daran gewöhnen, den Himmel anzuschauen, den Menschen ins Gesicht zu blicken. Wenn ich die Toten von Treblinka nicht verraten wollte, mußte ich wieder lernen, wie die Lebenden und mit ihnen zu leben. Ich mußte Treblinka überwinden, um es niemals zu vergessen!

Es muß gegen Mittag des zweiten Tages gewesen sein, die Sonne war gelb geworden. Ich verließ den schützenden Wald, ging quer durch die Felder auf die Straße, auf einen stillstehenden Karren mit Holzrädern zu, der mit Rüben beladen war. Der Bauer saß daneben, ein Mann mit rotem Gesicht, die Mütze in den Nacken geschoben. Ich mußte auf ihn zugehen. Er hatte mich schon gesehen, aber er aß weiter Graubrot mit Speck.

»Ich suche Arbeit«, sagte ich. »Ich brauche Arbeit. Meine Eltern sind tot.«

Er kaute geruhsam sein weiches Brot, seinen fetten Speck. Dann schüttelte er den Kopf.

»Nein«, sagte er. »Bestimmt nicht.«

»Ich kann alles tun, ich muß arbeiten.«

Er aß weiter und schüttelte dabei immer wieder den Kopf. »Vielleicht drüben, am anderen Ufer des Bug.«

Und da drüben, wahrscheinlich nur wenige Kilometer entfernt, da drüben in Treblinka, rannten meine Kameraden auf die Gruben zu und warfen die Kinder hinein, töteten Iwan und »Idioten«. Abramle war vielleicht schon tot.

Ich spürte das Verlangen, diesen Menschen bei den Schultern zu packen, ihn zu schütteln und ihm zu sagen, woher ich kam, von der »Fabrik« zu erzählen, von den Zügen, den ausgebrochenen Goldzähnen, den Kindern, meiner Mutter, Riwka. Doch ich sagte nur: »Kann man ans andere Ufer kommen?«

Er erhob sich. Er ging gebeugt, seine Bewegungen waren die langsamen, schweren Bewegungen der Bauern. Er streckte den Arm aus und erklärte mir mit dumpfer Stimme, wie ich die Furt finden könne.

»Du willst nicht über die Brücke, was?« Seine Augen blitzten einen Moment lang ironisch und komplizenhaft auf. Ich dankte ihm, und als ich mich schon zum Gehen wandte, rief er mich. Er trat ans Karrenende und kam mit einem halben Laib Rundbrot und einem Stück Speck zurück.

»Für mich hab' ich genug«, sagte er.

Ich ergriff das Brot und den Speck, es waren zwei Hände voll. Ich ging über die Felder auf den Wald zu. Dort setzte ich mich mit dem Rücken gegen einen Baum und legte Brot und Speck vor mich hin.

Dank dir, Bauer, danke, Mensch, der mir geholfen hat, eine menschliche Welt wiederzufinden. Ich aß langsam, ich lernte den Geschmack der Nahrung wieder kennen, dieses noch frische Brot, das lebendig und weich war wie der Speck, in den ich meine Zähne schlug. Ich durfte kauen, ich mußte nicht mehr hastig hinunterschlingen, um dem tödlichen Hieb zu entgehen. Danke.

Am Abend überquerte ich den Bug.

Ich ging. Durch Wälder, über Felder, ich stolperte über harte Schollen, über staubige Straßen und durch Gräben, wenn ich mich vor einem deutschen Lastwagen verstecken mußte; ich lernte Polen kennen, indem ich über seine Erde ging, unter seinen Bäumen schlief, in seinem eisigen Wasser untertauchte. Ich lernte in den unbewegten Bauerngesichtern lesen, die Hand erkennen, die gibt, und die andere, die sich zum Schlag erhebt, ich lernte die Dörfer mit den niedrigen Häusern, die Strohdächer kennen, die Kirchen, vor der die Männer sich abseits der Frauen mit den schwarzen Tüchern halten. Ich bat um Brot, ich flehte um Arbeit. Ich stahl Kartoffeln aus den Strohmieten. Ich stahl Streichhölzer und entfachte am Waldrand Feuer, legte die Kartoffeln in die Asche und verbrannte mir an ihrem weichen Fleisch die Zunge. Ich schützte mich mit Zweigen gegen die Kälte, versuchte zu schlafen und konnte es nicht: vor mir standen immer die Meinen, mein ganzes Volk, ein Volk von Toten. Nächtelang plagten mich Alpträume, in denen ich unablässig meine Mutter, meine Brüder und Riwka in die Grube stürzte, mich neben sie legte, von eisiger Kälte gepackt, so daß ich schließlich aufwachte. Ich drang tiefer in den Wald ein, ich fürchtete die Sümpfe. Ich zündete wieder ein Feuer an, um mich zu wärmen, aber die Meinen waren immer bei mir, und ich mußte sie immer wieder in die Grube werfen.

Ich ging in die Richtung, die ich für Norden hielt, um weiter von Treblinka wegzukommen. Ich ging durch die Dörfer. Srebrna hieß eines; einer Straße entlang reihten sich die Lehmhütten, dicht am Waldrand lagen die Scheunen. Vor dem letzten Haus stand ein Mann, auf eine Gabel gelehnt, und schaute mir entgegen. Es war Abend, ich war seit dem Morgengrauen gegangen, weißer Staub bedeckte mein Gesicht.

Er rief mich mit einer Handbewegung zu sich: »Willst du Arbeit? Korn dreschen? Ich geb' dir zu essen und bring' dich unter.«

Ich sagte ja, und er führte mich durch die Nacht zur Scheune.

»Du schläfst da drin. Richte es dir ein, wie du magst. Morgen komm' ich dich holen. Ich heiße Chmielnitzki.«

Ich hatte es verlernt, Menschen zu vertrauen. Ich untersuchte die Scheune und machte vorsichtig die Bretter zum Wald hin los, dann lehnte ich sie wieder an, so wie sie vorher gewesen waren; ich brauchte sie nur wegzustoßen, um zu fliehen. Chmielnitzki wirkte anständig, aber das Gesicht eines Menschen kann lügen.

Bei Morgengrauen erspähte ich ihn durch die Bretter der Scheune, wie er sich im Nebel in der Tenne zu schaffen machte. Dann rief er mich, und die Arbeit begann. Eine harte Arbeit, denn nur meine Hände waren damit beschäftigt, die Pferde und die Kuh zu striegeln, mein Kopf blieb unbeteiligt; während ich Korn drosch, den Dreschflegel hob, sah ich Iwan mit erhobenem Knüppel vor mir, ich drosch auf die Ähren ein, er zertrümmerte Köpfe. Während ich die schimmernden sanften Pferdefelle striegelte, dachte ich an unsere Haut, die von Schlägen zerfetzt war. Wenn ich dem Hund seinen Napf voll Kartoffeln mit einem Stück Speck und alten Brotkrusten hinschob, wußte ich, daß auf dem Appellplatz Männer für eine Handvoll dieser Nahrung einander umgebracht hätten, und daß im Getto Hunderte von Kindern niemals soviel bekommen hatten.

Manchmal, wenn wir abends am Tisch saßen und ich Chmielnitzki und seine Mutter schweigend essen sah, würgte mich der Ekel, und ich konnte keinen Bissen mehr hinunterbringen. Dann spürte ich den Drang, ihnen ins Gesicht zu schreien: »Wißt ihr, was sie mit meiner Mutter gemacht haben?« Aber ich schwieg, wies mit einer Kopfbewegung das Brot zurück, das man mir reichte, und betete wie sie vor und nach dem Essen.

Die ganze Woche hindurch sprach Chmielnitzki kaum, aber am Samstag trank er, und während seine Mutter ihren Rosenkranz herunterbetete, hielt er Monologe und sang, und da er einen Zuhörer brauchte, blieb ich länger als sonst unter dem gelben Licht der Petroleumlampe ihm gegenüber sitzen. Meistens fragte er mich nicht aus, sondern war zufrieden, selbst zu reden. Aber an einem Samstag, dem dritten seit meiner Ankunft, hatte er mehr als gewöhnlich getrunken. Am Nachmittag war ein Fotograf aus Zambrow ins Dorf gekommen, und vor jeder Scheune hatten sich die Bauernfamilien auf der Tenne aufgestellt, die Mädchen mit weißen Tüchern neben den Kindern.

Chmielnitzki stieß mich vorwärts: »Du auch, Mietek.«

Ich wollte mich weigern, aber Chmielnitzki bestand darauf: »Wenn wir schon mal einen Knecht aus Warschau haben! Du stellst dich zu uns, Mietek!«

Und so wurde ich wie die übrigen fotografiert. Am Abend war er nahezu vollkommen betrunken.

»Angst hast du gehabt, Mietek, was? Angst, dich fotografieren zu lassen.« Er hockte mit dem Kinn in den Händen da, die Augen halb zugekniffen. »Bist wohl ein Jud, was?«

Seine Mutter bekreuzigte sich.

»Man hat die Juden hier gar nicht gern, Mietek. Sie haben den Heiland getötet.«

Seine Mutter bekreuzigte sich wieder.

»Aber es gibt doch keine Juden mehr, Bauer, alle sind tot, alle kaputt.«

Er hieb die Faust auf den Tisch und spuckte auf den Lehmfußboden. »Geh nur nach Zambrow, da wirst du sie sehen; sie sind fetter als je zuvor. Wir hier, an diesem Ufer des Bug, wir gehören zum Deutschen Reich. Und es sind schön fette Juden. Sie geben den Deutschen Geld, und die requirieren dann bei uns.«

Er goß sich wieder das Glas mit Wodka voll. »Wenn du ein Jud bist, Mietek, bring' ich dich um.«

Ich fing an zu lachen. »Alle Juden sind doch tot, Bauer.«

Chmielnitzkis Mutter murmelte ihren Rosenkranz. Er brummte vor sich hin: »Ich bring' dich um, Mietek.«

Dann ließ er den Kopf auf den Tisch fallen und begann zu grunzen und zu schnarchen.

Draußen war die Nacht klar, der Nordwind hatte den Nebel vertrieben, es war kalt. In der Scheune scharrten unter der Remise, in der ich mich eingerichtet hatte, die Pferde mit den Hufen den Boden. Ich überzeugte mich, daß die Bretter, die ich losgemacht hatte, immer noch leicht zu entfernen waren: denn in irgendeiner Nacht würde ich fliehen müssen. Chmielnitzki war einer von jenen Biedermännern, die töten oder anzeigen können. Doch ich war bereit, ich wußte, daß ich bedroht war. Andere, vielleicht Hunderte in Zambrow waren blind und glaubten an die Fata Morgana des Ostens; sie richteten sich ein und warteten auf das Ende des barbarischen Orkans, der hereingebrochen war. Sie wußten überhaupt nichts von Treblinka, und eines Tages würde man sie in die

Waggons stoßen. Und ich war hier und sollte nichts dagegen unternehmen, nur an mein Leben denken.

Sonntags ging ich wie die anderen zur Messe. Chmielnitzki war wieder stumm, er stand vor mir im Chor, kniete bei der Wandlung nieder, senkte seinen breiten Bauernnacken, ein ehrenwerter, schlichter Mensch, der töten konnte. Wir blieben hernach auf dem Platz vor der Kirche. Ich ging von Gruppe zu Gruppe, nahm Bauern beiseite und forschte sie über die Juden im Bezirk aus. Alle sagten übereinstimmend, daß die Juden in Zambrow und anderen kleinen Orten ruhig lebten. »Die Deutschen beschützen sie«, sagte der eine oder andere Bauer. »Sie brauchen ihr Gold.«

Ich mußte so rasch wie möglich von hier fort und die in Zambrow warnen, ihnen von Treblinka erzählen. Wie an jedem Sonntagvormittag schirrte Chmielnitzki auch diesmal seinen Wagen an, um ins Nachbardorf zu seinem Bruder auf Besuch zu fahren. Die Mutter hatte ihren schwarzen Plisseerock angezogen. Ich hielt das Pferd, reichte Chmielnitzki die Zügel, verfolgte sie mit den Augen, brach eine Tür auf, fand die große Truhe, in der Chmielnitzki seine Kleider aufbewahrte. Ich nahm mir schwarze Stiefel, eine Jacke und aus der Speisekammer Speck, Brot, Kartoffeln und Streichhölzer. Dann rannte ich in den Wald, der hinter der Scheune begann, in Richtung Norden, nach Zambrow.

Ich ging den ganzen Tag, dann die ganze Nacht und noch einen Tag. Ich verspürte weder Müdigkeit noch Hunger. Ich mußte nach Zambrow kommen, bevor die Deutschen mit der Liquidierung begannen. Ich hatte bereits zu viel Zeit verloren. Um die Richtung zu halten, folgte ich der Straße über Felder oder vom Wald aus. Manchmal rannte ich, so große Hast hatte mich ergriffen. Ich wußte, wie ich zu ihnen reden müßte. Ich würde von Warschau, vom Umschlagplatz berichten, dann vom »Lazarett«, dann von den Gruben, dem Bagger. Ich rannte. Dann würden wir uns Waffen beschaffen, und vielleicht gelänge uns ein Überraschungsangriff auf Treblinka, und wir könnten die Gefangenen befreien.

Mitten im Wald stieß ich auf der Straße auf eine Gruppe von arbeitenden Männern, manche pfiffen, andere redeten, und mir war, als hörte ich jüdische Lieder und jiddische Worte. Auf dem Bauch kroch ich über den feuchten Boden auf sie zu, das Dickicht verbarg mich vor ihren Blicken. Ja, es waren Juden, einige hatten das schwarze Käppchen auf, andere trugen einen Davidstern auf den Kleidern. Seit Treblinka die ersten Juden, auf die ich traf. Vielleicht Kommandos aus einem benachbarten Lager. Ich schaute mich nach den ukrainischen oder deutschen Wachen um, aber auf der geraden Straße durch den Wald war kein einziger Soldat zu sehen. Es gab nur diese arbeitenden Männer, die Karrengeleise ausebneten und Gräben neben dem Weg aushoben. Ich zog mich zurück, schlug einen Haken, sprang auf die Straße und ging mit festem Schritt auf sie zu. Nach und nach hörten sie auf zu arbeiten, während ich näherkam, zwei oder drei von ihnen nahmen das Käppchen ab und standen mit gesenktem Blick da. Ich blieb mitten unter ihnen stehen.

»Wo sind eure Wachen?« Ich machte meine Stimme hart, während ich einen alten Mann ansah. Er zögerte, wandte den Kopf nach rechts, nach links, als suche er Hilfe.

»Aber wir sind ein freies Kommando, junger Herr.«

Ich starrte sie an, ohne zu begreifen: frei? Juden? Ein paar Kilometer von Treblinka entfernt?

»Frei? Aber ihr seid doch Juden?«

Manche machten sich wieder an die Arbeit. Der alte Mann lächelte mir ins Gesicht. »Wir kehren jeden Abend nach Zambrow zurück. Die Deutschen haben Vertrauen zu uns.«

Ich hatte in Treblinka alles versucht, ich war bei den Holzfällerkommandos, bei den Tarnkommandos gewesen und hatte vergebens darauf gehofft, eine augenblickliche Unaufmerksamkeit der Wachen ausnutzen zu können, und hier standen diese Juden mitten im Wald und brauchten nur ein paar Schritte zu tun, um zwischen den Bäumen zu verschwinden.

»Ihr geht jeden Abend nach Zambrow zurück?«

Ich wiederholte den unbegreiflichen Satz. Dann trat ich dicht an den alten Mann heran: mit seinen runden Brillengläsern wirkte er wie ein alter Doktor oder Lehrer. Mein Gesicht war dem seinen ganz nahe, und an seinen entsetzten Augen konnte ich erkennen, daß meine Wut sichtbar sein mußte.

»Ich komme aus Warschau, Herr. Dort tötet man alle Juden, ich komme von Treblinka. Herr, dort gibt es eine ›Fabrik‹, in der man uns mit Gas umbringt, alle, die Frauen, die Kinder!«

Die anderen hatten sich von uns entfernt, ich sah ihre zur Erde gebeugten Rücken. Sie wollten es nicht hören. Der alte Mann kniff das Gesicht zusammen, er zitterte.

»Wenn ihr nicht sofort flieht, werden sie auch euch in die ›Fabrik‹ schicken, euch und eure Kinder. Geht fort, haut ab!«

Ich ging von einem zum anderen, packte zwei, drei dieser gebückten Männer bei den Schultern, zerrte sie hoch, stieß sie: »Geht fort, rasch!«

Ich schrie, lief kreuz und quer zwischen ihnen herum. Sie wichen mir aus und machten sich gleich wieder an die Arbeit, sie ließen meine Schreie, meine Beschimpfungen über sich ergehen, als wäre ich gar nicht vorhanden. Ich hatte meinen Vorratssack fallengelassen, fuchtelte mit den Händen und hielt dann inne: ich hatte ihre hastigen, heimlichen Blicke bemerkt, während sie einen Baumstamm, der die Straße halb versperrte, wegzuschaffen suchten. Ich holte Luft.

»Hört mich an, ich bin ein Jude, ein Jude wie ihr! Glaubt mir doch; sie töten uns, alle von uns. Wißt ihr, was Treblinka ist?«

Sie hoben nicht einmal die Köpfe.

»So glaubt mir doch!«

Sie taten, als gäbe es mich gar nicht, als sei Treblinka nur der Wahnsinnstraum eines Narren. Ich hockte mich an den Wegrand, wo ich sie nicht mehr sehen konnte. Also hatten sich die Henker auch unseren Geist untertan gemacht. Und ich hatte Hunderte von Leichen in meinen Händen gehalten, wenn sie sich doch diese Hände nur ansehen, wenn sie doch nur begreifen wollten!

»Ihr Sack, junger Herr!« Vor mir stand der alte Mann.

»Sie glauben mir nicht?«

Er lächelte ein wenig. »Hier ist alles anders. Zambrow gehört zum Reich, die Deutschen brauchen uns, verstehen Sie? Warschau, Treblinka, das sind keine annektierten Gebiete, da drüben ist Polen. Hier ist es ganz anders. Nehmen Sie Ihren Sack, junger Herr.«

Er sprach zu mir wie zu einem begriffsstutzigen Kind. Ich warf mir den Sack über die Schulter. »Wie komme ich nach Zambrow?«

»Geradeaus, immer geradeaus, acht Kilometer.«

Ich blickte mich nicht nach den Männern um. Meine Absätze gruben sich in den Boden, Zorn und Bitterkeit brannten mir im Mund: Begriffen denn die Menschen das Unheil erst, wenn es sie bereits vernichtete? Schenkte man den Zeugen niemals Glauben? War mein Volk umsonst gestorben?

Ich ging der untergehenden Sonne entgegen, in meinen Augen

standen Tränen der Ohnmacht. Sie würden mir zuhören müssen. Ich würde vom Umschlagplatz berichten, von den Waggons und den Massengräbern. Ich würde von meiner Mutter, den Brüdern und Riwka erzählen. Aber würden sie begreifen? Die Henker hatten, wie seinerzeit im Warschauer Getto, geschickt die Fallen der Hoffnung aufgestellt. Sie wußten, daß man sich Treblinka nicht vorstellen konnte, sie hatten dem einzelnen die Illusion gegeben, daß gerade er davonkommen werde. Diese im Wald arbeitenden Juden glaubten, wie viele in Warschau es geglaubt hatten, daß sie den Deutschen nützlich seien und deshalb Sonderrechte genössen.

Schon sah ich am Horizont die ersten Häuser von Zambrow auftauchen. Ich begegnete Karren, ab und zu einem Auto. Ich würde sprechen, aussagen, weil ich es mußte, aber ich hatte die Illusion aufgegeben, daß man mir zuhören würde. Die Juden von Zambrow würden nicht zu den Waffen greifen und nach Treblinka marschieren. Wie hätte ich das von ihnen fordern dürfen, wo die ganze Welt tatenlos zusah, wie wir umgebracht wurden? Doch versuchen mußte ich es. Am Ende einer Straße eine Anschlagtafel, auf Böcken einige Reihen Stacheldraht, ein offener Zugang, den nur ein einziger jüdischer Polizist bewachte. Hier begann das friedliche Zambrower Getto. Ich ging durch den Eingang, ohne kontrolliert zu werden; die Läden waren geöffnet, vor der Synagoge standen die Menschen friedlich in Gruppen beisammen, alte Juden schwatzten miteinander. Und ich sah den Tod auf ihren Schultern lauern. Ich würde zu ihnen sprechen, aber ich würde mich nicht wieder erwischen lassen. Wenn sie mir nicht Glauben schenkten, würde ich überleben, notfalls allein, damit wenigstens ein Mann sie rächen könnte.

Ich trat auf eine Gruppe zu. Ein fetter kleiner Mann mit vollem Gesicht und rosig glänzender Haut redete zu einem respektvollen Publikum. Er hob und senkte die Hand, wie um seine Sätze zu unterstreichen: »Es ist Krieg«, sagte er, »sie können uns nicht alles geben, was wir brauchen, aber sie brauchen uns.«

Er redete, und die anderen stimmten ihm mit ernstem Kopfnikken zu. Mehrere Male vernahm ich das Wort »Geduld«, und ich erinnerte mich an die Juden im Wald, die ebenfalls gesagt hatten: »Sie brauchen uns.«

»Treblinka, kennt ihr Treblinka?«

Ich stand mitten unter ihnen dem gewichtigen Mann gegenüber mit meinem Landstreichersack auf der Schulter.

»Einige zehn Kilometer von hier entfernt gibt es eine ›Fabrik‹, gibt es Gruben... sie reißen dort den Unsern die Goldzähne aus.«

Ich redete in ihr Schweigen hinein, ich hörte ihre Atemstöße. Plötzlich trat der Mann dicht vor mich hin. Sein Gesicht war rot vor Zorn.

»Was Sie da sagen, kann nicht wahr sein. Es ist unmöglich. Die Deutschen, sie sind nicht *meschugge*. Warum sollen sie uns töten, da wir sie doch bezahlen und für sie arbeiten? Es liegt in ihrem Interesse, uns hier in Zambrow am Leben zu erhalten. Sie sind der Meschuggene, Sie haben den Verstand verloren!«

Die letzten Worte hatte er geschrien. Nun wiederholte er: »Es ist nicht möglich, die Deutschen, sie sind nicht meschugge. Auch wenn sie machen wollten, was Sie sagen, die Welt würde es nicht dulden!«

Ich versuchte weiterzusprechen.

»Hört nicht auf jenen, er ist gewiß ein Meschuggener!« Er zog die Leute mit sich fort, ich blieb allein zurück und blickte ihnen nach. Der gewichtige Mann predigte mit erhobener Hand, manche drehten sich nach mir um und lachten. Sie wollten mir nicht glauben, denn der Abgrund erweckt Angst. Also zogen sie es vor, nicht zu sehen, nicht zu wissen; sie konnten mir nicht glauben, weil es unmöglich ist, sich Treblinka vorzustellen. Ein Mann mit gesundem Verstand kann nicht begreifen, daß er zum Sterben verurteilt ist. Diese biederen Leute konnten den mörderischen Irrsinn der Henker nicht begreifen. Sie redeten von Interessen, Vernunft, von Nützlichkeit, die Henker wollten ihre Ausrottung.

Ich ging von Gruppe zu Gruppe und sprach von meiner Mutter, meinen Brüdern, von Riwka, ich erzählte vom Knirschen der Kiste nachts in den Baracken, vom gelben Sand der Gruben, von den erwürgten Kindern, den Hunden, vom Bagger, dem »Lazarett«, den Kleidern auf dem Sammelplatz, von »Idioten«, den SS-Männern, dem Ukrainer Iwan. Manchmal hatte ich das Gefühl, daß die aus Warschau geflohenen Juden meinen Worten Glauben schenkten, daß ich sie überzeugen könnte, doch dann war das Grauen doch zu übermächtig. Ich konnte ihnen nicht die Leichen zeigen, meine Hände waren einfach nur meine Hände, wer würde glauben, daß sie Hunderte von Toten getragen hatten? Meine Worte waren für sie nur Worte.

Manchmal sagte einer mit schreckensstarren Augen: »Aber was sollen wir denn tun?«

Schon glaubte ich gewonnen zu haben. Ich sprach von den Wäldern um Zambrow, von Überfällen auf deutsche LKWs, wir würden uns Waffen beschaffen und uns der *Armia Krajowa*, der geheimen nationalen Untergrundarmee, anschließen, von der mir die Bauern erzählt hatten. Darauf gingen die Frauen fort, die Männer schüttelten die Köpfe.

»Das sind alles Antisemiten«, sagten sie. »Wir wären ihnen ganz ausgeliefert. Die Bauern würden uns denunzieren, die Partisanen uns töten. Hier im Getto sind wir wenigstens unter uns.«

Einer wiederholte immer wieder: »Die Deutschen sind nicht so *meschugge*.«

Und ein anderer fügte hinzu: »Außerdem wird der Krieg nicht ewig dauern.«

Ein anderer kniff ein Auge zu und sagte: »Und in Rußland ist es so kalt.«

Sie lachten, rieben sich die Hände, gingen davon. Wieder einmal hatte ich verloren. Was für eine Qual zu wissen, ganz sicher zu wissen, daß man recht hat, und nicht überzeugen zu können, zu spüren, wie sich die Menschen, für die man spricht, vor einem verschließen, wie die Worte an ihnen spurlos abgleiten. Was für eine Qual, die Machtlosigkeit!

Ich schlief in Remisen, in Hinterhöfen, ich bettelte um Nahrung, die man mir mit mitleidigem Lächeln gab: ich war zu einem tragischen Hanswurst geworden, zum düsteren Rubinstein des Zambrower Gettos. Am Morgen stand ich schon bei Sonnenaufgang vor der Synagoge, ich predigte unablässig, zerrte die Vorbeikommenden am Arm, um sie zu überzeugen, aber je mehr Tage vergingen, desto mehr verloren meine Worte an Kraft.

Ich gehörte jetzt bereits zum Alltag, ich war zu jung, als daß man auf mich gehört hätte, und da das Leben ruhig weiterging, die freien Kommandos jeden Abend aus dem Wald heimkehrten, wurde ich mit jedem Tag ein wenig mehr zum Schwätzer, der den Verstand verloren hatte, dem man nicht glauben durfte, wenn man weiterleben wollte.

Eines Abends holte mich auf der Straße ein großes, mageres

Mädchen mit schwarzen Zöpfen, die zu einem Haarknoten aufgesteckt waren, auf der Straße ein und ging neben mir her.

»Ich glaube Ihnen«, sagte sie.

Ihre Stimme war klar und bestimmt: »Ich bin aus Warschau. Ich habe Doktor Janusz Korczak gekannt. Ich habe gesehen, wie die Kinder zum Umschlagplatz gingen.«

Sie lebte in einem kleinen Zimmer, fast eine Höhle. Nächtelang saßen wir dort nebeneinander und sprachen von Warschau. Sie wollte alles über Treblinka wissen, denn ihre Familie war Ende Juli auch in einen der Waggons gestiegen. Ich ließ ihr keine Hoffnung, sie wollte auch gar keine. Sie wollte nicht mehr fliehen und nicht mehr kämpfen. Sie wollte nur wissen, welches ihr Schicksal und das der Kinder, um die sie sich hier in Zambrow kümmerte, sein würde.

Wir hielten uns in dem düstern, eisigen Zimmer bei den Händen: ich versuchte, meinen Lebensmut auf sie zu übertragen, sie wollte meinen Kampfgeist stärken.

»Du mußt überleben, Mietek, für uns alle«, sagte sie immer wieder.

»Du mußt fortgehen und kämpfen. Du wirst uns rächen.«

Sonia hieß dieses magere, verzweifelte, heldenhafte Mädchen, das zu wissen verlangte und das sich in sein Geschick fügen wollte.

»Du mußt weggehen, Mietek, hier kannst du nichts erreichen. Sie wollen gar nicht wissen. Wenn du hier bleibst, wird dich eines Tages ein Spitzel den Deutschen verraten. Du darfst nicht sterben, Mietek, du hast zuviel gesehen. Du bist unser Gedächtnis.«

Eines Nachts bat sie mich, sie zu lieben, denn sie werde sterben und dies eine wolle sie vom Leben kennen. Ich hielt ihren zitternden schmalen Körper in den Armen, er brannte von all den Jahren, die sie nicht würde leben dürfen. Danach weinten und lachten wir und bereiteten uns ein kleines Fest mit Kartoffeln, die wir auf den Kohlen des Öfchens brieten, und mit einem Schluck Wodka. Sonia sah mit ihren aufgelösten Haaren, ihrer weißen Haut und den leuchtenden Augen sehr schön aus.

Am nächsten Morgen stand ich wieder auf dem Platz vor der Synagoge, ging von Gruppe zu Gruppe, als ich plötzlich einen jüdischen Polizisten sah, der jemanden zu suchen schien. War es Eingebung? Ich ging auf ihn zu. Ich hatte im Getto und in Treblinka gelernt, daß eine Art, der Gefahr zu entkommen, darin besteht, direkt auf sie zuzugehen. Der Polizist stieß fast mit mir zusammen. Er hatte ein Foto in der Hand.

»Kennst du den? Er wird gesucht«, sagte er.

Er zeigte mir das Foto. Vor einem Bauernhaus in einer Gruppe von Bauern, die sich auf der Dreschtenne aufgestellt hatten, stand ich, das Gesicht mit Tinte eingekreist, ich, der Dieb an Chmielnitzki. Ich nahm das Foto in die Hand.

»Ja, ja, er steckt da oben, in einem der Büros im ersten Stock.« Ich deutete auf das Haus, in dem sich der Judenrat niedergelassen hatte. Der Polizist riß mir das Foto aus der Hand und ging auf das Haus zu. Ein paar Minuten später hatte ich das Getto verlassen, und wieder ein paar Minuten danach Zambrow. Ich ging auf der staubbedeckten Straße, lief wieder durch die Wälder.

Mit Gott, ihr Juden von Zambrow! Mit Gott, Sonia, du Tapfere! Auch für euch, auch für dich muß ich weiterleben. Um euretwillen habe ich das Unmögliche gewagt, bin in eurem Getto tollkühn Risiken eingegangen, bin jeden Morgen in die Mausefalle vor der Synagoge zurückgekehrt. Ich habe euch alles gesagt, ich hätte euch nur noch meine Freiheit opfern können, aber wozu hätte euch das gedient? Für mein Volk, für euch, für dich, Sonia, habe ich mich entschlossen zu kämpfen.

Nach zwei Tagen Wanderschaft ließ ich mich von einem Bauern aus dem Dorf Zaremby, der Zaremba hieß, als Knecht einstellen. Zaremba, ein blonder Klotz mit milchweißer Haut, war sanftmütig. Nie sah ich ihn trinken. Nach der Abendmahlzeit las er seiner Mutter und seiner Schwester, die aufmerksam lauschten, mit lauter Stimme aus Büchern, historischen Romanen oder Heiligengeschichten, die ihm der Pfarrer gab, vor. Seine Schwester Maria weinte dabei manchmal, und die Mutter strahlte ihre Kinder an. Und ich mußte vergessen, daß ich nur ein gehetzter Jude war, der nach einer Möglichkeit suchte zu kämpfen.

Für Zaremba kam ich aus Warschau. Mein Polnisch hatte keinen jüdischen Akzent. Er stellte mich am ersten Morgen dem Priester vor, einem jungen, mageren und lebhaften Mann. Nach einigen Tagen ging ich regelmäßig zur Kirche, um Bücher für Zaremba abzuholen oder Eier abzuliefern. Der Priester ließ sich von Warschau erzählen, und es fiel mir nicht schwer, ein Leben wie das von Mokotow dem Grab oder Wacek dem Bauern zu erfinden. Dann beschrieb ich das Getto, einen Juden, den ich angeblich gut gekannt hatte und der Schwarzhandel trieb, bis die Deutschen ihn und seine Familie erwischten und nach Treblinka brachten, in ein Lager, in dem man anscheinend die Juden vernichtete.

»Die Deutschen haben das Böse entfesselt«, sagte der Priester immer wieder.

Eines Tages reichte er mir ein bedrucktes Papier, ein Flugblatt der Armia Krajowa. »Das ist die polnische Nationalarmee«, sagte er. »Willst du uns helfen?«

Ich nahm das Flugblatt. Endlich würde ich kämpfen.

»Aber red' nicht zuviel von deinem jüdischen Freund!« Der Priester lächelte: »Die Männer in der A. K. mögen Juden gar nicht.«

Hatte er erraten? Ich gab keine Antwort.

In der Nacht begann ich von einem Hof zum anderen zu laufen und die druckfrischen Flugblätter zu verteilen. Am Sonntag trafen sich die *Akowcy*, die Mitglieder der A. K., ganz offen vor der Kirche. Fast das ganze Dorf unterstützte die A. K., die Deutschen kamen nicht oft bis in diesen Winkel. Es wurde über die Communiqués der polnischen Exilregierung in London, über die Erfolge der alliierten Armeen gesprochen. Aber nie sprachen sie von der Judenverfolgung. Juden gab es einfach nicht.

Ich schwieg vorläufig: am wichtigsten war, daß auch ich kämpfen durfte. Jeden Sonntag fragte ich sie dasselbe: »Und wo bleiben die Waffen?«

»Es ist noch zu früh, Mietek, sie werden schon kommen.«

Abends versuchte Zaremba, mich zur Geduld zu ermahnen; Maria lächelte mir zu. Aber ich dachte nur an Riwka, die ich auf dem Bahnsteig in Treblinka verloren, an Sonia, die ich in Zambrow zurückgelassen hatte. Und Zaremba begann wieder vorzulesen.

Am Ende eines der ersten tiefverhängten grauen Tage, wir glaubten schon, es werde Schnee fallen, rief Zaremba mir zu: »Morgen früh um vier spannst du das Pferd vor den großen Wagen. Ich fahre nach Zambrow.«

Er sagte nichts weiter, doch schien er beunruhigt. Am nächsten Morgen stand ich im eisigen Nebel, der sich wie feiner Regen auf Gesicht und Hände legte, und leuchtete ihm mit einer Petroleumlampe.

»Ich fahre mit Euch, Bauer, wenn Ihr wollt.«

»Du bleibst hier und rührst dich nicht von der Stelle!«

Er sprang auf den Wagen. Ich ging bis zur Straße neben ihm her.

Es herrschte große Bewegung. Die Wagen aus dem ganzen Dorf kamen zusammen. Die Bauern riefen einander zu, der Bürgermeister habe ihnen befohlen, alle mit ihren Wagen nach Zambrow zu fahren.

»Das ist sicher wegen der Juden«, erklärten sie, »sie werden weggebracht.«

Manche verfluchten den Bürgermeister, andere die Deutschen, die meisten die Juden.

Ich stürzte mich den ganzen Tag wie wild in die Arbeit. Ich mistete den Stall aus, schichtete Heu auf, arbeitete wie besessen, um nicht an Sonia und die anderen in Zambrow denken zu müssen.

Zaremba kehrte erst spät in der Nacht zurück. Er reichte mir die Zügel, ohne ein Wort zu sagen, ja ohne mich eines Blicks zu würdigen. Als ich danach in die Küche kam, standen seine Mutter und Maria bewegungslos, stumm und wie versteinert da und sahen ihn an: Zaremba trank, die Wodkaflasche am Mund.

Ich stürzte mich auf ihn und riß ihm die Flasche aus den Händen. Er wehrte sich überhaupt nicht. »Du hast recht, Mietek, wozu trinken.«

»Es waren die Juden im Getto?«

Er nickte, dann begann er in seiner langsamen Art zu sprechen. Ab und zu wischte er sich mit dem Handrücken die Tränen fort, immer wieder sagte er: »Was hätte ich denn tun sollen, Mietek? Ich konnte doch nichts tun als gehorchen.«

Er hatte gesehen, wie die SS-Männer und die Wachen das Getto umzingelten und niemand herausließen. Er hatte Schüsse gehört. Er hatte gesehen, wie Frauen aus den Fenstern sprangen, wie alte Männer mit ausgestreckten Armen auf dem Boden lagen und einer nach dem andern durch Genickschüsse getötet wurden, wie Kinder von MG-Salven niedergemäht, Mädchen von Deutschen in die Hinterhöfe geschleppt wurden. Dann hatten die Deutschen die übrigen Juden mit Kolbenhieben gezwungen, auf die Bauernwagen zu steigen, und der Zug hatte sich zu den alten Kasernen bei Zambrow in Bewegung gesetzt. Wieder hatte Zaremba Schreie und Gewehrschüsse gehört, ehe er ins Dorf zurückgefahren war.

Ich starrte ihn an, als könnte er mir sagen, daß einige hatten fliehen können, daß sich im letzten Augenblick ein Wunder ereignet habe und Sonia am Leben sei. Doch Zaremba sagte nur immer wieder: »Was hätte ich denn tun sollen, Mietek? Ich konnte doch nichts tun. Ich habe zugelassen, daß sie die Kinder umbrachten. Hörst du, Mutter, die Kinder und die Alten.«

Wir sprachen nicht mehr. Zarembas Mutter betete, Maria lag vor dem Kruzifix auf den Knien. Dann stand ich auf und legte Zaremba die Hand auf die Schulter, diesem Mann, der zweimal so alt war wie ich und erst heute erfahren hatte, was unmenschliche Grausamkeit ist.

»So ist es eben, Bauer, Ihr habt nichts dagegen tun können. Jetzt müssen wir schlafen gehen.«

Ich ging in die Scheune, in der ich mein Lager hatte. Auch ich war ohnmächtig gewesen wie Zaremba, auch ich hatte geschehen lassen. Die ganze Nacht quälte ich mich mit Gewissensbissen, klagte mich an, daß ich nicht vermocht hatte zu überzeugen, nicht richtig gekämpft hatte, unfähig gewesen war, Sonia zu retten. Eine Nacht lang zerbiß ich mir die Fäuste, um meine Verzweiflung nicht herauszubrüllen.

Ich durchlebte wieder die Stunden im Getto, im Pawiak, die Stunden mit Zofia, mit Riwka, die Stunden auf dem Umschlagplatz. Getötet hatten mich die Henker nicht, aber sie hatten mir den Tod eingeimpft. Auch dagegen würde ich mich wehren müssen.

Am nächsten Morgen erschien der Bürgermeister. Ein rundlicher Mann mit fetten Händen, das Gesicht voller roter Flecken: ein Kaufmann und Geldverleiher, der beim Abwiegen des Getreides betrog, ein Spitzel, der bei den Requirierungen der Deutschen seinen Schnitt machte. Er trat in die Scheune, wo Zaremba und ich arbeiteten, schaute mich an, und ich erriet am Ausdruck seiner Augen, daß dieser Mann mein Feind war.

»Zaremba, ihr müßt nach Zambrow gehen, du und dein Knecht. Die Deutschen werden dir eine Kennkarte geben. Sie tauschen die alten Papiere um. Sie kontrollieren. Überall sind Juden, die sich versteckt haben.«

Seit Treblinka besaß ich kein einziges Ausweispapier mehr. Ich spürte, wie sich die Schlinge um mich zusammenzog. Zaremba fuhr am nächsten Tag nach Zambrow und forderte mich auf, ich solle mich am folgenden Tag auf die Kommandantur begeben. Ich antwortete ausweichend, schob es von einem Tag auf den anderen auf.

Es fiel mir schwer, einen Plan zu fassen. Vielleicht sollte ich tollkühn einfach eine Kennkarte verlangen, vielleicht war es besser, abzuwarten. Ich kam zu keiner Entscheidung, ich erschöpfte mich in Nächten voller Alpträume. Der Bürgermeister war schon ein paarmal wiedergekommen und hatte gefragt: »Und wann holst du deine Kennkarte?«

Mir wurde klar, daß ich nicht länger warten durfte; ich mußte entweder fliehen oder einen Ausweis bekommen. Als Zaremba den Deutschen das requirierte Korn ablieferte, begleitete ich ihn. Wir luden die Säcke vor dem Lagerhaus ab und schleppten sie hinein. Sobald wir damit fertig wären, würde ich zur Kommandantur gehen.

Zaremba ging ins Lagerhaus, ich wartete neben dem Wagen. Da sah ich plötzlich den Bürgermeister. Er stand bei zwei deutschen Gendarmen und deutete auf mich. Es war zu spät. Ich hatte gezaudert. Wieder hatte ich nicht beachtet, was mich mein Vater und was mich Treblinka gelehrt hatte, ich hatte anderen die Entscheidung über mich überlassen.

Ich konnte nicht fliehen, der Platz war leer, die Gendarmen hatten Gewehre. Der Bürgermeister blieb zurück, er verschränkte die Arme vor der Brust und schaute zu, wie die Gendarmen auf mich zukamen. Ich starrte in diese kleinen Augen eines frommen Verbrechers, sah ihn lächeln, seinen befriedigten Gesichtsausdruck. Plötzlich wurde ich wieder ich selbst: die Genugtuung zu sterben werde ich dir nicht geben, du Schwein. Ich werde leben. Ich werde mir keine Chance mehr entgehen lassen.

»Deine Papiere!«

Einer der Gendarmen war auf mich zugetreten, er sprach ausgezeichnet polnisch. Ich begann, ihm ruhig zu erklären, daß ich aus Warschau käme und mein kranker Vater meine Papiere aufbewahrt hätte.

»Marsch, zur Kommandantur!«

Wieder war ich ihnen in die Hände gefallen. Aber die Unentschlossenheit, die mich seit Tagen gequält hatte, war verschwunden. Ich wußte nun wieder, was ich tun mußte: kämpfen, um zu leben, fliehen.

In der Kommandantur trieben sie mich in ein Büro, und ich sah diese Gesichter wieder, in denen die Arroganz der Gewalttätigen und Straflosen geschrieben stand. Ich hörte wieder ihr Brüllen, und ihre Augen waren immer noch die des Offiziers, der meinen rothaarigen Kameraden wegen eines Herings getötet hatte: kalte, helle Augen.

»Mütze runter, Jud!«

Ich blieb unbeweglich: ein Pole versteht kein Deutsch. Der Offizier, ein magerer Mann mit straff zurückgekämmtem schwarzen Haar, stieß mir mit dem Lineal die Mütze vom Kopf. Ich hob sie auf und legte sie auf seinen Schreibtisch. Er stieß sie mit Wutgebrüll auf den Boden. Sie hatten alle die gleiche Stimme.

Ich begann auf polnisch auf ihn einzureden, entschuldigte mich. Er warf das Lineal auf den Schreibtisch, verfluchte die Juden und Polen und rief nach einem Dolmetscher. Ein ältlicher Offizier trat ein.

»Woher kommst du, Jud?«

»Aber ich bin kein Jude.«

Ich erzählte meine Geschichte, ich redete schnell und mit vielen Einzelheiten: ich hätte keine Papiere, mein Vater, meine Mutter seien in Warschau, ich sei hier, um zu arbeiten und um essen zu können. Der Dolmetscher hatte eine menschliche Stimme, ich betrachtete ihn, während er übersetzte: er unterstrich meine Sätze mit Handbewegungen, er versuchte ebenfalls zu überzeugen. Ab und zu warf er mir einen ermutigenden Blick zu. Der Offizier hinter seinem Schreibtisch spielte mit dem Lineal, er zögerte, er war halb überzeugt.

»Du willst also eine Kennkarte?«

Ich spürte, daß ich gewonnen hatte. »Ich möchte das, was nötig ist, um arbeiten zu dürfen.«

Es klopfte an die Tür, ein Zivilist steckte den Kopf herein.

»Was ist denn schon wieder?«

»Es geht um den Diebstahl von gestern nacht.«

Der Mann kam herein, ein Pole mit dem gebeugten Rücken der Sklaven. Er arbeitete auf der Kommandantur; er redete mit dem Offizier über verschwundene Getreidesäcke. Ich stand in einer Ecke. Ich fühlte, daß sich die Lage wandelte. Der Pole drehte sich zu mir, der Offizier erinnerte sich plötzlich wieder an mich.

»Deine Meinung, Pole oder Jude?«

Der Mann zögerte: »Jude, er hat mir zugeblinzelt.«

Ich leugnete, sagte, ich hätte gar nichts getan, doch schon stand der Offizier vor mir und schlug auf mich ein. Ich bezahlte für die Korndiebe.

»Vergewissere dich!« befahl der Offizier.

Der Mann trat auf mich zu. Ich starrte ihm direkt in die Augen. Er konnte mich retten oder mich verderben; er war Herr über mein Leben und über die Erinnerung an all die Meinen, die ich in mir trug. Er war Herr über Tausende von Leben, die durch mich noch da waren. Doch auch er hatte die kalten, blassen Augen der Bestien mit Menschengesichtern. Ich mußte zulassen, was er tat.

»Beschnitten, also Jude, ich hab's Ihnen ja gesagt. Ich irre mich nie.« Der Pole lachte. »Erteilt ihm eine gute Lektion«, fügte er hinzu, als er hinausging.

Ich versuchte erneut zu protestieren, zu erklären, daß ich als Kind krank gewesen und operiert worden sei, aber sie hörten mir schon nicht mehr zu. Ich sprach nur noch, um nicht zu verzweifeln. Der Dolmetscher übersetzte, ich konnte die Unruhe in seiner Stimme hören.

Der Offizier unterbrach ihn: »Wir werden ihm schon helfen, sein Gedächtnis wiederzufinden!«

Soldaten kamen herein. Ein Wirbel von Fäusten, Füßen und Schlägen fiel auf mich nieder. Der Offizier befragte mich um des Vergnügens willen, mich schlagen zu können. Er befahl mir, mich auf einer Bank auszustrecken, und bei jedem Schrei, den ich ausstieß, schlug er nur noch härter mit der Peitsche zu. Dann zerrte er mich an den Haaren hoch.

»Du wirst uns die Namen der Partisanen sagen, die du kennst, Jud. Du wirst uns verraten, wo sich Juden versteckt halten.«

Ich schüttelte den Kopf. Er riß meinen Kopf an den Haaren hin und her.

»Eigensinnig, was, Jud?« Wieder Schläge.

Als ich zu mir kam, lag ich in einer Zelle auf dem Boden, Gesicht und Rücken blutüberströmt. Ich versuchte mich aufzurichten, brachte es aber nicht fertig. Ich blieb bewegungslos liegen, dachte an die Meinen, sah wieder einmal mein ganzes Leben an mir vorüberziehen.

Lärm von Stiefeltritten, Stimmen; wahrscheinlich waren Stunden vergangen, in denen ich unter Alpträumen vor mich hingedämmert hatte.

»Aufstehen!« Der Offizier stand im Türrahmen. Ich versuchte aufzustehen, fiel wieder hin. Ich dachte an die Gruben in Treblinka und biß mir die Wangen wund. Ich stand auf, lehnte mich an die

Mauer. Hinter dem Offizier zwei Soldaten und der Dolmetscher-Offizier. Sie besprachen sich.

Ich hörte den Dolmetscher, der immer wieder sagte: »Wenn Sie ihn hier töten, müssen Sie ihn beerdigen. Am einfachsten wäre es, ihn abzuschieben.«

Er kam in die Zelle, drehte mir die Arme auf den Rücken, schloß meine Handgelenke mit Handschellen zusammen und zog mir die Stiefel aus. »Er kommt nicht davon, dafür garantiere ich.«

Der Offizier zögerte, schließlich ging er. Dieser Dolmetscher, dieser Mensch in deutscher Uniform, rettete mir das Leben.

Er stieß mich hinaus, die zwei Soldaten stellten sich rechts und links von mir auf: Es war Nacht, Schnee war gefallen, ich ging unter Qualen, nach vorn gebeugt, stolperte bei jedem Schritt. Wir zogen aufs Land hinaus, der Dolmetscher hinter mir.

Ich drehte mich zu ihm um: »Können Sie als Christ, als Mensch mich sterben lassen?«

»Mehr kann ich nicht tun.« Er sprach rasch. Mit niedergeschlagenen Augen, gepreßter, bewegter Stimme, ohne Zweifel über den Argwohn der zwei Soldaten besorgt, die nicht verstünden, daß ein Offizier sich auf ein Gespräch mit einem Juden einließ.

»Sie wollten Sie umbringen. Jetzt kommen Sie ins Lager.«

Meine nackten Füße brannten im Schnee, ich mußte bei jedem Schritt meine ganze Energie, meine ganze Willenskraft auf ein Ziel richten: den einen Fuß aus dem Schnee zu ziehen, dann den anderen, der Versuchung nicht nachzugeben, mich fallenzulassen und auszustrecken. Ich mußte bis zum Lager gehen, denn die Soldaten würden mich nicht hintragen. Und ich wollte auch reden. Ich holte Luft, bis mir fast das Herz zersprang.

»Hören Sie mich an, Herr Offizier; Sie sind doch ein Mensch, hören Sie mich an; Sie haben mir das Leben gerettet, hören Sie mich an.«

Das Knarren der Stiefel im Schnee. Hörte er mir zu?

»Sie müssen wissen, was und wie Treblinka ist!«

Ich redete, in halben Worten, halben Sätzen, wenn mir der Atem ausging. Ich sah Lichter, Stacheldraht um ein großes Gebäude, das wie eine Kaserne aussah: das Lager Zambrow. Ein Wachtposten kam auf uns zu.

»Noch einer«, sagte einer der Soldaten, die mich hergebracht hatten.

»Den hättet ihr auch behalten können.«

Der Dolmetscher trat zu mir. Er schloß mir die Handschellen auf, und plötzlich nahm er meine Hände in die seinen.

»Flieh, flieh!« murmelte er.

Der Wachtposten begann zu brüllen: »Renn, Jud, es ist kalt. Oder soll ich dir einheizen?«

Ich rannte, die Soldaten lachten über meinen unbeholfenen Bewegungen, doch ich fiel nicht zu Boden. Überall überlebten Menschen, manche sogar versteckt in der Uniform der Henker. Auch um ihretwillen mußte ich der Versuchung des Todes nicht nachgeben und weiterkämpfen.

Lachend und brüllend trieb mich der Posten zu einer Baracke auf dem Kasernenhof. Ein Kolbenhieb gegen die Tür: »Herr Doktor Menkes, ein Patient für Sie, einer von Ihren kleinen Brüdern.«

Der Doktor hieß mich eintreten. Er war einer jener privilegierten Gefangenen, die die Deutschen eine Weile am Leben ließen, weil sie ihnen für kleine Dienstleistungen nützlich waren. Doktor Menkes, ein dicker, gepflegter Herr, war dazu bestellt, das Lager Zambrow medizinisch zu überwachen.

»Dich haben sie aber verwöhnt.«

Ich hatte mich unter Schmerzen ausgezogen, er strich langsam Salbe auf meinen Rücken. Ich zitterte vor Schmerz, Kälte und Übermüdung.

»Von wo kommst du her?« Seine Hand war sanft. Ich erzählte: von Warschau, von Treblinka, immer wieder von Treblinka.

»Steh auf, zieh dich an!« Seine Stimme hatte sich verändert, sie war jetzt aggressiv. »Wenn du ein Wort von dieser Propaganda im Lager fallen läßt, werde ich dich zum Schweigen bringen, verstehst du?« Er stieß mich zur Tür hinaus, wiederholte, ich solle den Mund halten. Er jagte mich davon, als trüge ich eine ansteckende Krankheit mit mir herum. Als ich schon fast in der Nacht verschwunden war, rief er mich zurück und reichte mir ein paar alte Pantoffel.

»Mehr hab' ich nicht.« Seine Stimme war wieder normal geworden, beinahe sanft. »Du wirst sehen, hier ist es nicht, wie du es dir vorstellst. Du wirst den Schnabel halten und uns keinen Ärger machen. Wir alle hätten unter ihrem Zorn zu leiden. Und, glaub' mir, ich werde dich daran hindern, Unheil anzurichten.«

Der Schnee war fester geworden. Meine geschwollenen Füße

paßten kaum in die Pantoffel; ich war vollkommen erschöpft, mein Körper nichts als eine einzige schmerzende Wunde. Wie hätte ich noch weiter streiten können, und wozu? Menkes brachte mich zu einer Baracke.

»Vergiß nicht, was ich dir gesagt habe«, murmelte er.

Nein, ich würde es nicht vergessen. Niemals würde ich die Blindheit der vielen vergessen, die Niederträchtigkeit einzelner, die Geschicklichkeit der Henker, die mit der Angst, der Lebensgier, der Güte und dem Egoismus spielten. Ich würde diesen langen düsteren Saal nicht vergessen, in dem sich die Männer schlugen, um einen Schlafplatz weit weg vom Eingang zu erkämpfen, an dem ich stand. Ich erriet, da sie lautlos miteinander kämpften, um sich einen Meter weiter von der Tür zu entfernen. Niemand brauchte es mir zu erklären: hier wie in Treblinka kamen die Deutschen allnächtlich, um ihren Tribut an Menschenleben einzutreiben. Wehe dem, der in ihrer Reichweite lag.

Im Lager Zambrow machte der Kommandant Bloch selbst die Runde mit seinem riesigen Schäferhund. Dessen Haar sträubte sich, sobald er einen Gefangenen sah. Bloch kam wie ein unsichtbarer grausamer Gott herein und stieß im erstarrten Schweigen der Insassen der Baracke einen Gefangenen mit der Stiefelspitze an: »Ist dir kalt, Jud? Ist dir warm?«

Die Antwort war bedeutungslos. Der Gefangene wußte, es war das Ende seines Lebens: er wurde hinausgetrieben, um sich ein bißchen »zu erwärmen« oder »abzukühlen«. Zurück kam er nie. Doch am Morgen auf dem Appellplatz, während wir zitternd im schneidendkalten Schnee standen, den der Wind uns ins Gesicht trieb, beteuerte Kommandant Bloch, der mit seinem Hund, den er auf Häftlinge hetzte, auf- und abging: »Juden des Lagers Zambrow, ihr braucht euch nicht zu fürchten. Ich lege Wert auf euch, ihr Juden, ich schätze euch. Ich muß euch am Leben und bei guter Gesinnung erhalten. Wir werden euch gegen Deutsche in den Vereinigten Staaten austauschen. Aber, Achtung, Juden, ich verlange Gehorsam, absoluten Gehorsam!«

Und die Männer und Frauen, die jede Nacht den Kommandanten Bloch in die Baracke kommen sahen, die die Gewehrschüsse gehört und gesehen hatten, wie Gefangene sich auf dem Boden zusammenrollten, um sich vor dem rasenden Hund des Kommandanten Bloch zu schützen, diese Männer und Frauen glaubten seinem Sermon immer wieder. Da begriff ich, daß es Menschen gibt, und wahrscheinlich sind die meisten Menschen so, für die es keine größere Pein gibt als die Wahrheit.

Am ersten Abend besaß ich nicht die Kraft zu kämpfen und ließ mich neben der Barackentür zu Boden fallen. Ich konnte keinen einzigen Schritt mehr tun. Ich spielte mit dem Tod: sollte er mich doch nehmen. Seit dem Morgen hatte ich ihm zu nah ins Auge gesehen, war ich ihm zu oft ausgewichen; ich fürchtete ihn nicht mehr. Ich schlief, bis mich am andern Morgen die Schritte der Gefangenen weckten, die sich zum Appell begaben. Bloch hatte in dieser Nacht die Tür unserer Baracke nicht geöffnet. In der darauffolgenden Nacht kam er und nahm sich zwei Gefangene, doch ich befand mich schon bei denen im Hintergrund. Ich war entschlossen, auch im Lager Zambrow zu überleben.

Es war nur ein Übergangslager für die Juden aus Zambrow, aus Lomza, Sniadow und Czyzew. Man brachte sie dazu, geduldig zu warten, bis ihre Stunde kam, bis drüben in Treblinka ihr Grab bereit war. Ich fand einige Leute aus dem Getto von Zambrow wieder; den gewichtigen Mann, der mit erhobener Hand vor der Synagoge geredet hatte, immer noch unterstrich er seine Versicherungen mit Gebärden, und er war kaum schlanker geworden.

Eines Abends schlich ich mich an seine Pritsche, er schlummerte, seine Augen waren geschlossen, das rundliche Gesicht glich dem eines fetten rosigen Kindes. Ich schüttelte ihn wach. Er legte unwillkürlich den Arm schützend über den Kopf wie ein Junge, der bei einem Streich erwischt wird. Ich wollte ihm noch einmal von Treblinka erzählen, ihm seinen Irrtum vorhalten: hatte ich nicht bereits mit dem recht behalten, was ich über das Zambrower Getto gesagt hatte?

»Was ist? Was ist denn?«

»Nichts, nichts. Ihr nehmt zuviel Platz weg.«

Er protestierte, dann rückte er ein Stückchen beiseite, und ich lag die ganze Nacht mit offenen Augen neben ihm: er könnte nichts mit der Wahrheit anfangen, sie würde ihn zermalmen, vielleicht sogar seine Selbstachtung zerbrechen. Sollte er sie doch allein kennenlernen. Ich brauchte nicht die Waffe der Wahrheit, um ihn zu bezwingen, diesen Mann, der tat, was er konnte, um das zu bleiben, was er war.

Ich suchte im Lager Menschen, mit denen ich sprechen konnte.

Sie waren wenig zahlreich, die meisten waren entschlossen, hier bei ihren Familien zu bleiben. Oft, wenn ich mit meinem Bericht über Treblinka zu Ende war, schüttelten viele die Köpfe und sagten: »Es ist zu spät. Wir haben unsere Kinder hier. Willst du, daß wir sie verlassen?«

Ich begann wieder zu beobachten, während ich vorsichtig von Flucht, von Aufstand sprach; ich merkte mir die Runden der Wachtposten, zählte die Stacheldrahtreihen. Flucht war möglich, ja sogar leicht. Nachts war es so kalt, daß die Posten auf den Wachttürmen in ihren Unterständen blieben. Ich hatte gesehen, wie sie mit hochgeschlagenen Mantelkragen die Holzleiter hinaufstiegen und sich in der kleinen Hütte verkrochen, die sie gegen den Eiswind schützte. Ich hatte auch bemerkt, daß man am Tor ohne Kontrolle alle Juden ins Lager ließ, die kommen wollten. Und jeden Tag kamen einige, die ihre Familie suchten, die es nicht länger ertragen konnten, gehetzte Tiere zu sein, oder andere, die immer noch auf die Menschlichkeit der Henker hofften.

Ich schmiedete einen verrückten Plan. Er war eine äußerst gefährliche Herausforderung an das Schicksal, aber ich redete mir ein, er sei vernünftig: ich würde fliehen, mir Brot bei den Bauern besorgen, ins Lager zurückkehren, das Brot verkaufen und wieder fliehen, reich, in der Lage, Kleider und Ausweispapiere zu kaufen, ich würde allen Kontrollen entgehen und mich vielleicht sogar bis nach Warschau durchschlagen können, meinen Vater und die Untergrundkämpfer finden.

Tagelang durchsuchte ich das Lager auf der Suche nach einer Drahtschere. Vergeblich. Schließlich stahl ich aus Doktor Menkes' Baracke eine große Schere und versteckte mich noch am selben Abend unter einem Wachtturm. Dorthin reichten die Scheinwerfer nicht, es blieb eine Schattenzone, die von den Soldaten überwacht werden sollte. Aber die wärmten sich in den Unterständen.

Ich wartete unbewegt, versuchte, die nackten Füße in den Pantoffeln mit den Händen zu schützen. Ich klapperte nicht einmal mit den Zähnen. Vor einer Baracke hörte ich den Hund des Kommandanten Bloch bellen, sicher war dieser auf seinem Rundgang, um seinen Tribut an Leben einzutreiben. Dann trat Stille ein.

Ich grub den gefrorenen Boden auf, schnitt den Stacheldraht, zerfetzte mir Kleider und Haut, kroch weiter, horchte auf die Stille, schwitzte trotz der Kälte. Endlich stieß ich auf Bäume. Ich war frei.

Ich fand ein Dorf. Der neue Tag zog herauf, Wolken hingen tief, der Himmel war voll Schnee. Glücklicherweise hatte sich der Wind gelegt. Ich klopfte an alle Türen und bat um Brot. Die Bauern und ihre Frauen schauten mich schweigend an, ich brauchte nur das eine Wort zu sagen: »Brot, Brot!«

Sie sahen meine rotgefrorenen Hände, meine zerrissene Jacke, die auseinanderfallenden Pantoffeln, und sie reichten mir die grauen, harten Kugeln. Eine Bäuerin, ganz unter Umschlagtüchern versteckt, gab mir eine Schüssel heiße Milch und einen Sack. Wir sprachen nicht miteinander, mein Körper, der von Schlägen und Kälte rot und blau war, meine Kleider, alles verriet mich als Juden. Doch sie gaben mir Brot. Habt Dank, ihr polnischen Bauern!

Am Abend schlief ich in einem Stall bei den Tieren. Am nächsten Morgen nahm ich mir ein bißchen lauwarme Milch von der Kuh, dann ergriff ich meinen Sack voll Brot und machte mich auf den Weg zum Lager. Übermorgen, so sagte ich mir, würde ich wieder draußen sein und mir mit den Reichsmark eine neue Identität, eine neue Gestalt kaufen.

Ich spürte die Kälte nicht mehr. Voll Stolz und Selbstsicherheit, wie damals im Getto, wenn ich wieder durch die Mauer kam, um nach Hause zu gehen, forderte ich die Henker heraus. Die Posten in den Baracken hatten kaum das Tor aufgemacht, so stand ich schon da und sagte: »Ich bin Jude. Meine Eltern sind hier. Ich möchte hinein.« Eine Handbewegung wie zu einem Tier, das freiwillig ins Schlachthaus geht. Ich ging zu meiner Baracke. Den ganzen Tag über verkaufte ich Brot. Wie in allen Lagern waren auch hier Schmuggelgeschäfte organisiert worden, und so gab ich den Großteil der Beute aus meinem Sack an Händler, die sie weiterverkauften. Am Abend hatte ich Geld. Ich schlief ruhig, ich mußte wieder zu Kräften kommen für meinen letzten Tag im Lager und für meine neuerliche Flucht.

Aber wer weiß sicher, was der nächste Morgen bringt? Ich hatte mir, wieder einmal, meine Chance entgehen lassen. Morgens beim Appell stolzierte Kommandant Bloch lange durch unsere Reihen. Schließlich blieb er steif vor uns stehen. Er trug einen langen

Ledermantel mit Pelzkragen und schöne Stiefel. Er schlug die behandschuhten Hände gegeneinander, und wir standen unbeweglich da und kamen in der Kälte fast um.

»Juden, ihr macht mir Kummer«, sagte er. »Juden, es gibt unter euch welche, die mein Vertrauen mißbraucht haben. Es hat Ausbrüche gegeben. Deutsche Geräte sind gestohlen und vernichtet worden. Ihr müßt dafür bezahlen, Juden!«

Wieder ging er durch die Reihen, wählte ein Dutzend Männer aus; unter ihnen auch den gewichtigen Mann aus Zambrow, sein Rücken war gekrümmt, die Gestalt schlaff. Hätte es ihm etwas genutzt, die Wahrheit ein paar Tage früher zu erfahren? Der Kommandant Bloch befahl den Geiseln, sich in einer Reihe aufzustellen. »Juden, diese Leute werden durch eure Schuld sterben. Sie hätten das Kriegsende in Amerika abwarten können, aber nun werden sie sterben.«

Ein Kommando von fünfzehn Soldaten stand bereit, Männer mit Stahlhelmen, in dicke, lange Mäntel gehüllt. Sie sahen aus wie plumpe mordgierige Tiere. Leichter, feiner Schnee fiel. Kommandant Bloch ließ sich Zeit. Immer wieder warf er uns einen Satz hin. Er verfügte über unser Leben, er spielte mit ihm.

»Und jetzt, Juden, geht zu eurem Gott!«

Er befahl den Geiseln, sich umzudrehen. Ich sah nur den gewichtigen Mann aus Zambrow, sah sein rotes erstauntes Gesicht, die erhobene Hand, als wollte er sprechen. Aber die Soldaten stellten sich bereits in einer Reihe auf; die Zeit der Worte war vorbei, nun kam die Zeit der Gewehre. Kurz darauf lag ein Dutzend Leichen im Schnee, und daneben stand der Hund des Kommandanten Bloch und bellte.

Aber der Kommandant war noch nicht fertig. Er ließ die Familienväter mit Kindern vortreten. »Juden, ihr liebt eure Kinder. Auch Tiere lieben ihre Jungen. Das Leben eurer Kinder liegt also in euren Händen. Ihr werdet jede Nacht Wachen aufstellen, alle zwanzig Meter ein Jude. Ihr und eure Kinder werden für die Geflüchteten bezahlen. Juden, ich habe gesprochen.«

Am selben Abend funktionierte das neue System: es war unüberwindlich. Ich versuchte, mit den jüdischen Wachen zu reden. Ich erklärte ihnen, daß wir alle dem Tod geweiht waren, daß wir alle gemeinsam etwas unternehmen mußten, daß unser Geschick zusammengehöre wie die Finger meiner Hand. Schaut sie euch an,

Brüder, ich habe mit dieser Hand sterbende jüdische Kinder erwürgt, damit sie nicht unter dem gelben Sand von Treblinka ersticken! Hört ihr, Brüder? Wir müssen versuchen, alle zusammen zu fliehen, und zwar jetzt! Ihr werdet eure Kinder nicht retten, euch dem Gesetz der Henker beugen. Aber sie begriffen mich nicht, sie schüttelten den Kopf, wichen meinen Augen aus. Wie hätte ich ihnen böse sein können?

Ich machte mich bereit, trotzdem zu fliehen. Doch rasch wurde ich inne, daß sie mich daran hindern würden. In ihren Augen war ich ein junger Narr, ein Schuldiger, ein Niederträchtiger, der sie und ihre Kinder der unerbittlichen Vergeltung des Kommandanten Bloch auslieferte. Doch auch für sie wollte ich fliehen, für mein Volk, für all die Menschen in den Gruben in Treblinka, für meinen Vater, der vielleicht noch am Leben war. Und auch, weil ich kämpfen, weil ich leben wollte... Aber wie hätte ich das in wenigen Worten erklären können? Überall standen die Henker herum, wir konnten nur heimlich sprechen, und die Angst machte uns blind.

Ich versuchte es auf andere Weise. Ich dachte daran, mich auf einen der Wachtposten zu stürzen, die häufig allein vor dem Tor standen. Einen ganzen Tag lang beobachtete ich den Soldaten, den zu töten ich vorhatte. Doch als ich bereit war, ihn anzuspringen, kam ein zweiter herzu und sie blieben so nebeneinander stehen. Am Tag darauf standen ständig zwei Posten Wache. Mein Plan war fehlgeschlagen.

Die Tage verstrichen. Dort drüben in Treblinka hob der Bagger wohl schon unsere Grube, meine Grube, aus. Ich mußte fliehen, ich mußte! Ich schmierte einen Polen, der mit seinem Karren Kartoffeln zur Küche brachte, und nahm seinen Platz auf dem Wagen ein. Aber als ich sah, wie mich die Soldaten am Tor ansahen, wußte ich, daß ich verspielt hatte, in meinen Kleiderfetzen, mit diesen Pantoffeln, konnte ich nur ein Jude sein.

»Was hast du hier zu suchen?«

Ich erfand hastig eine Erklärung: der Pole habe mich gebeten, seinen Wagen bis ans Tor zu fahren. Ich stieg ab, sie gaben mir ein paar Fußtritte.

»Hau ab, Jud, und zwar rasch!«

Wieder war ein Tag verloren, auch dieser Tag brachte mich näher an Treblinka heran. Am nächsten Morgen war ich bereit, alles zu wagen, auch das Verrückteste; die zwei Soldaten am Tor anzuspringen, sie zu erstechen, zu rennen; vielleicht würden sie mich verfehlen, wenn sie auf mich schossen. Der Appell war endlos gewesen. Bloch war zwischen uns auf- und abgegangen, hatte seinen Hund auf einen Gefangenen gehetzt, der nicht in Achtungstellung dagestanden hatte; dann hatte ein Offizier Arbeiter angefordert; Maler, Tischler, Zimmerleute. Ich hob ohne zu zögern die Hand. Dies war vielleicht meine Chance.

Wir mußten uns aufstellen, dann ging es vorwärts! Wir kamen durch das erste Tor, durch den Stacheldrahtverhau, und die freie Straße lag vor uns. Zwei Soldaten bewachten uns, die Felder waren kahl, Flucht wäre Selbstmord gewesen. Hinter einer Biegung bemerkte ich weitere Gebäude hinter Stacheldraht und einen Holzzaun. Hier lebten die Offiziere und Soldaten. Wir sollten eines der Gebäude renovieren.

Die Soldaten teilten uns in kleine Gruppen auf: ich sagte, ich sei Maler, und blieb mit drei anderen Arbeitern in einem langen leeren Gang. Wir waren unbewacht. Durch ein Fenster sah ich hinter dem Zaun den Wald liegen. Ich trat auf den Hof hinaus: er war verlassen. Am Ende des Zauns beim Tor stand nur das Schilderhaus des Wachtpostens. Wir waren allein. Ich ging zurück, die anderen waren bereits an der Arbeit.

»Draußen ist keiner«, sagte ich. Alle drei halten inne, überrascht vom aufgeregten Ton meiner Stimme.

»Keiner, sie sind nicht da! Man könnte über den Zaun klettern.«

Ich öffnete das Fenster, aber einer stürzte vor, zerrte mich weg, schloß das Fenster und stellte sich davor auf.

»Es ist verboten, die Fenster aufzumachen«, sagte er. »Wenn du hergekommen bist, um was zu versuchen, dann laß es bleiben.« Er wagte nicht einmal das Wort »fliehen« zu gebrauchen.

»Und warum?«

Einer, ein alter Mann, begann langsam zu sprechen: »Du bist jung, du bist allein, aber wir haben unsere Familien im Lager und werden für dich bezahlen müssen.«

Ich berichtete von Treblinka, hastig, denn mein Entschluß war getroffen. Diese Männer würden nie davonkommen, sie würden sterben, sie hatten sich dem Gesetz der Henker gebeugt, ohne es zu kennen. Ja sie weigerten sich, es kennen zu wollen. Ich kannte es, ich war entschlossen zu überleben. Wahrscheinlich würden sie für mich bezahlen müssen, ich verstand ihre Gründe, aber wir waren alle zum Tode verurteilt. Sie konnten nur mit mir fliehen oder sterben, was auch immer sie glauben mochten. Für sie gab es nur den Tod im Lager Zambrow oder den in Treblinka. Sie konnten es nicht begreifen, auch mich nicht begreifen. Ich sagte mir: Lebt wohl, meine Brüder.

Bis zum Abend arbeitete ich mit ihnen. Um sie meinen Vorschlag vergessen zu machen, lenkte ich sie durch meine Unbekümmertheit ab. Ich sang und pfiff. Dann ging ich hinaus, um das Lager zu inspizieren. Ich war sicher, daß ich meine Chance hier und jetzt ergreifen mußte. Stacheldraht, der Zaun, Häuser, daneben eine Holzbaracke mit Teerdach: Toiletten. Ich ging zurück, arbeitete weiter im Gang, dann trat ich wieder vor die Tür: ich würde mich nur in diesem Abort verstecken können, im letzten Augenblick. Es war zu gefährlich, am hellichten Tag über den Zaun zu steigen. Aber die Straße war nicht weit. Ich durfte es nicht bloß versuchen, es mußte auch klappen. Ich hatte bis zur Nacht zu warten.

Der Augenblick der Entscheidung war gekommen, ob ich mich wieder einmal ins Ungewisse stürzen sollte, der Moment, da ich das gefährliche, aber organisierte Leben im Lager aufgeben, da ich diese Männer, an deren Gesichter ich mich schon fast gewöhnt hatte, verlassen mußte. Ich mußte ihre Verfluchungen und ihre Leiden auf mich nehmen, mich aus der Gemeinschaft, die trotz allem zwischen uns entstanden war, herausreißen, mit dem Gefühl fertig werden, das in mir aufstieg, daß ich sie verraten habe.

Und doch mußte ich das Leben wählen, um ihnen treu zu bleiben, mußte allein bleiben, um bei ihnen allen zu sein, den Toten von Treblinka, denen aus dem Getto und denen, die bald in den Gruben liegen würden und es jetzt noch nicht wußten.

Ich versteckte mich in einer der Toiletten. Mit dem Messer bohrte ich zwei Löcher in die Holzwand, um die Tür zur Baracke beobachten zu können. Die Toilette war kahl, es gab nur das eine Loch in den Brettern über der Grube, in die der Kot fällt. Ich hob die Bretter hoch, zwischen ihnen und der vereisten Kotschicht war ein Zwischenraum; ich zerbrach das Eis mit dem Absatz: darunter der flüssige Schlamm ihrer Scheiße. Ich hob die Bretter beiseite, um zur Flucht bereit zu sein.

Es dauerte lange, bis die Nacht kam! Ich hörte sie brüllen, hörte das Gebell ihrer Hunde. Dann ließ ich mich in ihren Dreck hinuntergleiten, zuerst nur bis zu den Hüften, dann tiefer, bis er mir bis an den Hals reichte. Mein Magen wand sich in Krämpfen vor Ekel, mein Mund war voll bitterer Galle.

Nicht denken, Mietek, überleben.

Ich zog die Bretter über mir wieder an ihren Platz und legte die Arme auf die Eisschicht, die langsam zu schmelzen begann. Draußen waren immer noch Hunde in der Nähe der Baracke. Ein Soldat kam herein, seine Stiefel knallten auf den Brettern, seine Lampe beleuchtete den Boden. Er sprach zu einem Kameraden, der vor der Tür geblieben war: »Verdammter Jude! Am besten sagt man Bloch nichts davon.«

Ich hörte, wie seine Stiefel über den Boden scharrten, seine Scheiße sackte auf meinen Rücken. Ich rührte mich nicht, atmete nicht, existierte nicht. Ich war nur noch ein toter Gegenstand, ein starrer Pfahl, in den Kot getrieben, ein Stück Eisen, das durch nichts bewegt werden konnte. Mietek, sie werden unterliegen, du wirst überleben, das alles wirst du überleben, und keiner wird für deine Flucht bezahlen müssen, weil sie Angst haben, es dem Kommandanten Bloch zu sagen. Du hast gewonnen, Mietek. Was macht es schon aus, daß sie dir auf den Rücken scheißen, daß du in ihrem Dreck stehst bis zum Hals.

Halt aus, Mietek, überlebe!

Die Hunde hörten erst spät auf zu bellen, immer wieder kamen Soldaten herein, dann breitete sich langsam Stille über das Lager. Aber ich wartete noch ab, stundenlang unbeweglich in der widerlichen, feuchten Masse, die mich zu durchdringen begann. Schließlich hob ich die Bretter beiseite, holte andere herunter, stützte mich darauf, hob und zog ich mich in die Höhe. Es gelang mir, herauszukommen. Aber ich war völlig erstarrt, meine Kleider, meine Haut mit Kot bedeckt. Draußen packte mich die Kälte, ich begann zu zittern, ich war so schwer, daß ich nicht laufen konnte. Ich kam bis zum Holzzaun. Er war etwa zwei bis drei Meter hoch, und hinter ihm lag die Freiheit. Ich versuchte es ein-, zwei-, zehnmal hinüberzuklettern: manchmal kam ich mit einer Hand bis an den Rand, dann glitt ich wieder ab, ich war zu schwer, ich konnte nicht springen.

Ich säuberte mich, um mich leichter zu machen, um trockener zu werden, ein wenig auszuruhen, doch die Minuten vergingen, bald würde Tag sein. Ich begriff, daß es mir nicht gelingen würde, über den Zaun zu kommen. Tief atmend packte ich mein Messer und schlich auf den Wachtposten zu. Meine einzige Chance war es, ihn anzugreifen.

Ich näherte mich langsam, war noch einige fünfzig Meter von dem beleuchteten Bereich um den Eingang zum Lager entfernt, da stieß meine Hand plötzlich an einen Holzbalken. Im Zaun war eine Tür mit Brettern vernagelt worden. Du wirst es schaffen, Mietek! Ich kletterte vorsichtig an diesen Brettern hinauf, ließ mir oben Zeit, Luft zu schöpfen, ehe ich mich auf die andere Seite fallen ließ. Ich war frei!

Auf dem Boden blieb ich liegen. Kein Mensch war zu sehen. Ich kroch, ging, lief, fiel in Schneewehen, rannte quer über die Felder auf ein Licht zu, ein Bauernhaus. Ich klopfte an die Tür. Der schwere Schritt eines Mannes. Er würde über mein Leben entscheiden. Er öffnete, ich sah nur eine vierschrötige Gestalt; er wich zurück, hob den Arm vors Gesicht: mein Geruch.

»Ich habe sehr viel Geld«, sagte ich und näherte mich gleichzeitig, »mehr als Ihr je gesehen habt oder sehen werdet. Ich will mich waschen und Kleider haben.«

Ich zeigte ihm die durchweichten Scheine. Er zögerte. Sein Blick glitt zwischen dem Geld und meinem Gesicht hin und her.

»Komm!« Er brachte mich in ein Zimmer, Frauen kamen die Treppe herunter, ein zweiter Mann, er war stämmig mit niederer Stirn, breitem Kinn.

»Holt Wasser«, sagte der Mann, der mich hereingelassen hatte. Ich hielt ihm die Geldscheine hin und fing an, mich zu waschen. Während ich mich abtrocknete, kamen die Männer wieder zurück. Sie hatten Kleider bei sich.

»Dafür ist viel Geld nötig«, sagte der stämmige Mann, »sehr, sehr viel Geld.« Der andere schlug die Augen nieder, als wage er nicht, mich anzusehen.

»Du bist ein Jud, also hast du noch Geld. Her damit!«

Ich mußte ihnen das letzte Geld geben, mit dem ich mir etwas zu essen und Ausweispapiere hätte kaufen können; sie rissen mir diese Fetzchen meines künftigen Lebens aus der Hand, dieses Geld, für das ich so viel gewagt hatte. Erst als sie sicher waren, daß ich nichts mehr besaß, gaben sie mir die Sachen.

Sauber, in warmen Kleidern, gewann ich ein wenig Kraft zurück. Bevor ich fortging, flehte ich die beiden an, mir doch wenigstens einen einzigen Schein zu lassen.

»Verschwind jetzt«, sagte der Klotz, »verschwind schnell!«

Sie waren stärker als ich. Sie machten die Tür hinter mir zu. Ich stand allein im heraufziehenden Morgen, ausgeplündert, aber frei. Wieder mußte ich mich auf den Weg machen. Ich durchquerte Felder und Wälder, brach in den Schnee ein, schlief in Scheunen, stahl wie ein Fuchs Eier und Hühner. Ich zog die Bahnstrecke entlang und verkaufte den Ertrag meiner Diebereien an die Schrankenwärter, die die Bauern nicht mochten: ich stahl Brot und Speck, und die Bauern verfolgten mich bis in den Wald, um mich abzustechen wie ein Schwein. Ich lebte von Diebstahl und der Hoffnung. Manchmal arbeitete ich ein paar Stunden oder ein paar Tage bei einem Bauer, bei anderen klopfte ich mit unschuldigem Gesicht an die Tür und murmelte die rituelle Formel: »*Niech bedzie Pochwalony Jezus-Chrystus*, Gelobt sei Jesus Christus.«

Und sie antworteten: »*Na wieki wiekow, Amen.* In alle Ewigkeit, Amen.«

Dann verkaufte ich ihnen Jutesäcke, die damals knapp und kostbar waren. Ich hatte die Säcke zuvor auf der Treppe zu ihrem Speicher gestohlen.

Ich traf auf Bestien mit Menschengesichtern und auf sehr viele Menschen, die mir Brot gaben, ein Dach für die Nacht, ihr Leben aufs Spiel setzten, um mich vor Schnee und Regen zu schützen. Dank diesen Menschen verlor ich die Hoffnung nicht.

Sie erzählten mir von den Untergrundkämpfern, von der A. K., die ich bereits kannte, aber auch von jüdischen Widerstandskämpfern, die sich irgendwo in dem riesigen Wald mit den Jahrhunderte alten Bäumen aufhielten, deren Wipfel sich im Himmel verloren, jenem unermeßlichen Waldgebiet südlich von Bialystok, in das die Deutschen niemals vordrangen. Ich ging in Richtung auf diesen Urwald von Bialowieza; wenn die Juden kämpften, wenn mein Vater noch lebte, dann würde er dort sein.

Ich kam durch die Stadt Lapy, ich kam nach *Bialystok*: dort lebten die Juden noch im Getto, blind, taub und überzeugt wie die Juden von Warschau und Zambrow, daß sie den Deutschen nützlich wären, daß sie ein Sonderrecht genössen. Und wie in Zambrow redete ich auf sie ein.

Manchmal hörten junge Leute auf mich, wenn ich davon sprach, daß man kämpfen, zu den Partisanen gehen müsse. Einige kannten das Gebiet, in dem sich die jüdischen Widerstandskämpfer versteckt hielten, aber sie wollten Bialystok nicht verlassen. Sie waren nicht bereit, ihr Leben plötzlich völlig umzustellen, sich einzugestehen, daß sie nur die Wahl hatten, allein zu kämpfen oder mit den Ihren zu sterben.

Darum verließ ich Bialystok und machte mich auf den Weg zum Urwald von Bialowieza. Endlich sah ich die Riesenbäume, die den Himmel verdeckten. Ich ging immer weiter, stürzte oft in schneebedeckte Sumpflöcher, lebte von ein paar Kartoffeln. Die ganze Zeit sang oder pfiff ich jiddische Lieder, und eines Tages sah ich sie zwischen den Bäumen herankommen. Ich sang, bis mir fast der Kopf zersprang, damit sie mich als einen der Ihren erkannten. Es waren etwa ein Dutzend Leute mit zwei oder drei Revolvern, die in Zweighütten hausten, sich von den Bauern Nahrung erbettelten, sich mehr verbargen, als daß sie kämpften.

Die ganze Nacht hindurch redeten wir miteinander, und sie glaubten mir. Mit aufgerissenen Augen saßen sie unbeweglich ums Feuer und starrten mich über die Flammen hinweg an. Ich konnte das Entsetzen in ihren Gesichtern lesen. Immer wieder mußte ich von Treblinka berichten. Als ich fertig war, sagte ein junger magerer Mann namens Isaak, dessen Gesicht hinter einem schwarzen Bart verschwand: »Weißt du, Mietek, daß sie in Warschau gekämpft haben?«

Gekämpft in meiner Stadt? Ich trat auf Isaak zu, packte seine Schulter und überschüttete ihn mit Fragen: »Gekämpft? Wer, die vom Getto?«

Bauern, die aus Warschau zurückgekommen waren, hatten ihnen von einem Aufstand erzählt, von Kämpfen gegen die SS. Mehr wußte er nicht. Ich fühlte, mein Vater war dort, ich war dessen sicher. Er war in unserer Stadt. Ich konnte nicht schlafen, so beißend war die Kälte, so dringend aber auch mein Wunsch, aufzubrechen. Isaak wollte mich zurückhalten, aber wie kann man einen Fluß davon abhalten, zum Meer zu fließen?

Beim Abschied umarmten wir uns alle mehrmals. In diesen wenigen Stunden waren wir Brüder geworden, und ich hatte Angst um sie. Ich ahnte, daß sie auf diese Weise ohne Organisation, ohne Nahrung, ohne Waffen nicht sehr lange überleben könnten. Aber sie würden mit den bloßen Händen kämpfen, auch dies wußte ich. Lebt wohl, meine Brüder! Diese Zeit, unser Leben, bestand nur noch aus Abschiednehmen.

Ich verließ den großen Wald. An einem Sonntag nützte ich die Zeit der Messe aus, schlich mich in ein Dorf und durchsuchte die Häuser. Ich stahl Nahrung, und aus einer Holztruhe, in denen die Bauern unter den Kleidern ihr Geld zu verstecken pflegten, fand ich einen polnischen Paß auf den Namen Lewandowski und ein paar Geldscheine. Ohne Gewissensbisse floh ich mit diesen Reichtümern. Ich war im Krieg, in meinem Krieg, in einem Krieg für den Menschen. Ich brauchte dieses Geld und diesen Paß, um nach Warschau zu gelangen. In der Nacht stieg ich in Hajnowka auf das Dach eines Waggons und klammerte mich an dem vereisten Metalldach fest; das Eis brannte wie Feuer.

Wieder kam ich nach Bialystok; es muß Ende Januar gewesen sein. Jetzt herrschte im Getto die Angst. Man sprach vom Aufstand in Warschau, befürchtete Vergeltungsmaßnahmen, spürte, wie die Deutschen die Schlinge zuzogen.

Ich erbettelte mir ein bißchen Geld, schlief in Kellern, fälschte das Geburtsdatum in meinem Paß, predigte wieder. Aber ich hatte nur ein Ziel: mich in der Mausefalle, zu der das Getto von Bialystok geworden war, nicht schnappen zu lassen, nach Warschau zu gelangen und dort zu kämpfen. Dort, wo mein Vater, wenn er noch lebte, wissen mußte, daß auch ich in die Mila-Straße zurückkehren würde, um die Meinen zu rächen. Ich verließ Bialystok, als die Deutschen die erste »Umsiedlung« nach Osten begannen: nun war auch Bialystok an der Reihe.

Ich nahm den Zug nach Warschau. In Lapy stiegen Deutsche in den Waggon, um Papiere und Koffer zu kontrollieren. Neben mir hatte jemand eine große Ledertasche abgestellt, sie machten sie auf: sie war bis an den Rand mit Speck gefüllt. Ich leugnete, stritt ab, diese Tasche gehörte nicht mir, aber auch die anderen Reisenden leugneten.

Die Deutschen wählten mich, ich sollte zur Kommandantur gebracht werden. Ein Soldat ging neben mir her, gleichgültig, ungerührt; was ist schon ein kleiner Schwarzhändler? Ich dachte an meinen gefälschten Paß und an das, was mir in der Kommandantur in Zambrow geschehen war. In einer Nebenstraße stieß ich dem Soldaten den Fuß in den Unterleib, noch ein zweites Mal, er klappte zusammen, ich trat wieder zu, dann floh ich. Am Ende der Straße prallte ich gegen ein polnisches Paar, das ich nicht gesehen hatte. Sie mußten unberührt meinem Angriff zugesehen haben. Warum vertraut man Menschen?

»Hier herüber!« sagte der Mann.

Ich ging mit in ihre Wohnung, und dort sprachen wir bei einigen Gläsern Wodka miteinander. Zunächst erzählte ich. Ich hatte recht gehabt, ihnen zu vertrauen: die junge Frau weinte, als ich von Treblinka erzählte. Der Mann schüttelte den Kopf, seine Fäuste ballten sich auf der Tischplatte.

»Wenn du nach Warschau willst«, sagte er einfach, »so gibt es die Grenze am Bug: auf der einen Seite die annektierten Gebiete, auf der andern das Generalgouvernement Polen, und ganz in der Nähe liegt Treblinka. Überall Streifen. Besser ist es, nach Süden zu gehen, nach Bielsk Podlaski, und dann nach Siedlce. Von dort aus kann man weiterkommen.«

Die junge Frau trocknete ihre Tränen. »Wir wissen über die Züge sehr gut Bescheid«, sagte sie lächelnd. »Wir sind Kuriere der Armia Krajowa.«

Wir tranken.

»Ihr könntet uns viel helfen«, sagte der Mann.

Ich wollte nach Warschau zurück, koste es, was es wolle. Aber sie rieten mir zur Vorsicht, das Gebiet sei im Augenblick zu scharf überwacht. Ich blieb drei Tage bei ihnen in ihrer Wohnung, dann machten wir uns zu dritt auf den Weg nach Brzeszcze. Dort sah ich endlich wirkliche Widerstandskämpfer, und ich begriff, was es heißt, Offizier und für das Leben einer Gruppe von Männern verantwortlich zu sein, allein Entscheidungen treffen zu müssen. Ich begriff, daß Krieg ein hartes Handwerk war.

Die junge Frau hatte mir schüchtern zu verstehen gegeben: »Sag nicht, daß du Jude bist, das soll ein Geheimnis zwischen uns dreien bleiben. Gewisse Menschen hassen die Juden genauso wie die Deutschen. Aber wir brauchen euch gegen die Deutschen.«

Und diese Männer kämpften gut gegen die Henker. Ich traf Hauptmann Paczkowski, genannt Wania, dann Mieczyslaw, genannt Storch: sie gaben mir meine erste Waffe, einen schweren Colt, der meinen Arm länger machte und mir Sicherheit gab. Endlich, endlich würde ich kämpfen. Ich wollte immer noch nach Warschau, wollte aber auch lernen, wie man Krieg führt, um später an der Seite der Meinen besser zu kämpfen.

So ging ich mit Hauptmann Wania über vereiste Flüsse, kroch durch Wälder, legte Sprengstoff an die Schienen, sägte Telefonmasten um. Dann wurde Wania geschnappt. Ich entkam ihnen einmal mehr, indem ich vom LKW absprang, der uns nach Pinsk ins Gefängnis bringen sollte. Ich mußte mich in Brzeszcze verstecken, meinen Schlupfwinkel dauernd wechseln, warten, meine Rückkehr nach Warschau aufschieben. Ich wollte bei der Befreiung Hauptmann Wanias mitmachen, die Jan der Düstere organisiert hatte.

Jan kam aus Warschau. Er war einer jener Männer, von denen man sagt, sie seien geborene Führer, sie trügen ihren Adel und ihren Mut im Gesicht geschrieben. Jan erzählte ich, daß ich Jude sei, ihm sagte ich, was Treblinka war. Auch er hörte mit geballten Fäusten zu. Er war zusammen mit Wania im Fallschirm abgesprungen, die polnische Exilregierung hatte sie geschickt. Er wußte nicht, wie umfassend die Ausrottungsaktionen waren, aber er riet mir, meine Herkunft zu verschweigen. Ich begriff, daß ich nicht bei der *Armia Krajowa* bleiben durfte. Ich wollte den Kampf mit offenem Visier, für die Meinen, mit den Meinen. Die Befreiung Wanias sollte meine letzte Kampfhandlung an der Seite der Freunde von der A. K. sein.

Unter Jans Führung bereiteten wir den Angriff auf das Gefängnis von Pinsk vor. Zum erstenmal war ich nicht mehr ein gehetzter Mensch auf der Flucht, sondern ein Jäger im Hinterhalt, ein Kämpfer, der das Kommen und Gehen der Wärter ausspähte, der wußte, daß wir die Wachtposten, die ich sah, auf ein Signal hin töten würden.

Wir fuhren in einem Auto vor dem Gefängnis vor. Einer von uns trug eine SS-Uniform. Er befahl den Wachen, das Tor zu öffnen. Wir stürzten vor, brachten die Wachtposten um, öffneten die zweite Tür. Jan der Düstere gab uns die Kommandos durch Pfeifsignale. Wir durften nicht polnisch sprechen, da wir als sowjetische Partisanen gelten wollten, um Vergeltungsaktionen vorzubeugen. Wir brachen die Türen zu den Zellen auf, und die Gefangenen liefen auf unsere Wagen zu. Wir schenkten ihnen das Leben wieder.

Welch eine Freude, endlich zu handeln, zu siegen. Die Zeit der Rache war endlich gekommen.

Wir befreiten Wania. Er war verletzt, sie hatten ihn gefoltert, aber er lebte. Bei der *Armia Krajowa* hatte ich den Umgang mit Waffen und ein wenig vom Kriegshandwerk gelernt. Nun hatte ich meine Schuld bezahlt. Ich konnte gehen. Jan der Düstere und ich tranken auf unsere Freundschaft, auf unseren gemeinsamen

Kampf. Jan war Soldat, aber er war auch ein Mensch; er baute seine Armee aus den Leuten auf, die er fand. Was sollte er tun, wenn unter ihnen Antisemiten waren?

Nach dem Krieg würde man ein neues Polen bauen müssen. Wir tranken. Ich kam aus dem Getto von Warschau, hatte Riwka, meine Mutter, meine Brüder in Treblinka, Sonia in Zambrow und so viele andere im gelben Sand verloren. Und wenn mein Vater am Leben war, dann war er in Warschau, dort, wo mein Volk zu kämpfen begonnen hatte. Dort bei meinem Volk war mein Platz.

»Geh, Mietek, du hast recht. Man darf seine Fahne nie verstekken, nie verheimlichen, wer man ist.«

Wir umarmten uns.

Zwei Tage später war ich in Warschau.

Unser Leben
ist hart wie Stein

Meine Stadt, meine Straßen, meine Vergangenheit.

Ich überquerte die Weichsel, streunte wie früher durch die Straßen. Bevor ich mich in die Nähe des Gettos wagte, wollte ich das Leben in Warschau wieder spüren. Ich ging durch die lange Dluga-Straße hinunter, stand wieder vor der Konditorei Gogolewski mit der weißen Markise, vor dem Café, wo meine Bande sich getroffen hatte.

Ich trat ein: eine andere Jadzia bediente, sie glich jener, die ich gekannt hatte, mit schweren Brüsten, lachbereit, breite Hüften. Männer, die aussahen wie Pila die Säge, Brigitki die Karte oder Zamek der Sanfte faßten sie um die Taille. Ich trank ein Glas Wodka, hörte dem Gelächter zu, den lauten Stimmen: an den Tischen ringsum redete man von »Katzen«, von »Jidden«, die auf der arischen Seite unterzutauchen versuchten und die man auspressen würde. Lachen. Andere *Szmalcowniki*, die sich an Juden mästeten, waren an die Stelle von Blattern-Dziobak, Mietek dem Riesen, dem Roten Rudy oder Ptaczek dem Vogel getreten. Egoismus, Gleichgültigkeit, Gemeinheit: die Henker hatten immer noch dieselben Verbündeten – die finsteren Bereiche im Menschen, die ihn ganz überwuchern und aus ihm eine Bestie machen können.

Ich verließ das Café, durchquerte den Krasinski-Park, wanderte die Swietojerska-, dann die Nalewki-Straße hinunter; ich folgte meinem alten Ganovenweg wie damals, als ich den Banden, die die »Jidden« überwachten, ihren Anteil bezahlte, oder wenn ich die Blauen, die Ukrainer, die Deutschen, die auch jetzt noch an der Mauer lauerten, hinters Licht führte. Ihre Anwesenheit erregte mich, sie bewies, daß das Getto immer noch lebte, und vielleicht befand sich mein Vater dort drinnen. Ihre Anwesenheit bewies mir, daß ich ins Getto gehen und dort unsere Gegenwart zur Explosion treiben mußte. Wir mußten mitten im Herzen von Warschau einen

Feuerbrand entfachen und der Welt zeigen, daß wir hier noch lebten und man uns umbrachte. Kämpfen, kämpfen, ich war überzeugter denn je, daß dies unsere einzige Chance war, zu überleben und die Unseren zu retten.

Ich kehrte ins Praga-Viertel zurück und klopfte an die Tür von Mokotow dem Grab. In ihn setzte ich Vertrauen. Es rührte sich niemand. Ich wartete lange in einem Keller, dann klopfte ich erneut. Maria, seine Schwester, öffnete mir. Sie blickte mich an, ohne mich zu erkennen, und doch hatte ich das Gefühl, daß sie in ihrem Gedächtnis suchte, als tauche darin tief unten mein Gesicht wieder auf.

»Ich bin Mietek, Mietek der Beschnittene.«

Sie öffnete erstaunt den Mund, dann strich sie mir mit einer weichen Bewegung übers Gesicht.

»Mietek, mein Gott, Mietek, wie bist du mager geworden!« Ihre Stimme war sanft und warm. Sie betrachtete mich, las die Jahrhunderte, durch die ich hindurchgegangen war, von meinen Zügen, meiner Haut ab. »Du lebst.«

Sie drückte mich auf einen Stuhl, gab mir zu essen, und jedesmal wenn sie an mir vorbeikam, streichelte sie mir Haare, Gesicht, Schultern.

»Erzähl doch, Mietek.«

Ich schüttelte den Kopf. Ich besaß die Kraft nicht, ihr zuliebe meine Toten heraufzubeschwören.

»Es ist mehr, als du ertragen oder dir vorstellen kannst. Alle sind umgebracht worden. Alle die Meinen. Nur mein Vater, er muß hier sein, ich spüre es. Erzähl lieber du mir.«

Mokotow hatte sich von den Ganoven getrennt, er arbeitete nun als Lastwagenfahrer und war in der *Armia Ludowa*, der Volksarmee der linksstehenden Untergrundkämpfer. Fieberhaft wühlte Maria unter Wäschestapeln in einem Schrank und holte eine schlechtgedruckte Zeitung hervor. Sie hieß *Glas Warszawy* und war das Organ der Polnischen Arbeiterpartei. »Ich trage sie zu den Leuten, Mietek, ich.«

Ich hörte Mokotow nicht eintreten, aber plötzlich spürte ich seine schweren Hände auf den Schultern und hörte ihn sagen: »Ich hab' es gewußt, Mietek, du würdest eines Tages wieder hier sein.«

Wir drückten uns fest aneinander und küßten uns. Seit Monaten hatten wir uns nicht gesehen, aber Mokotow das Grab war mir immer näher gekommen, bis der frühere »Jiddenjäger« nun dieser

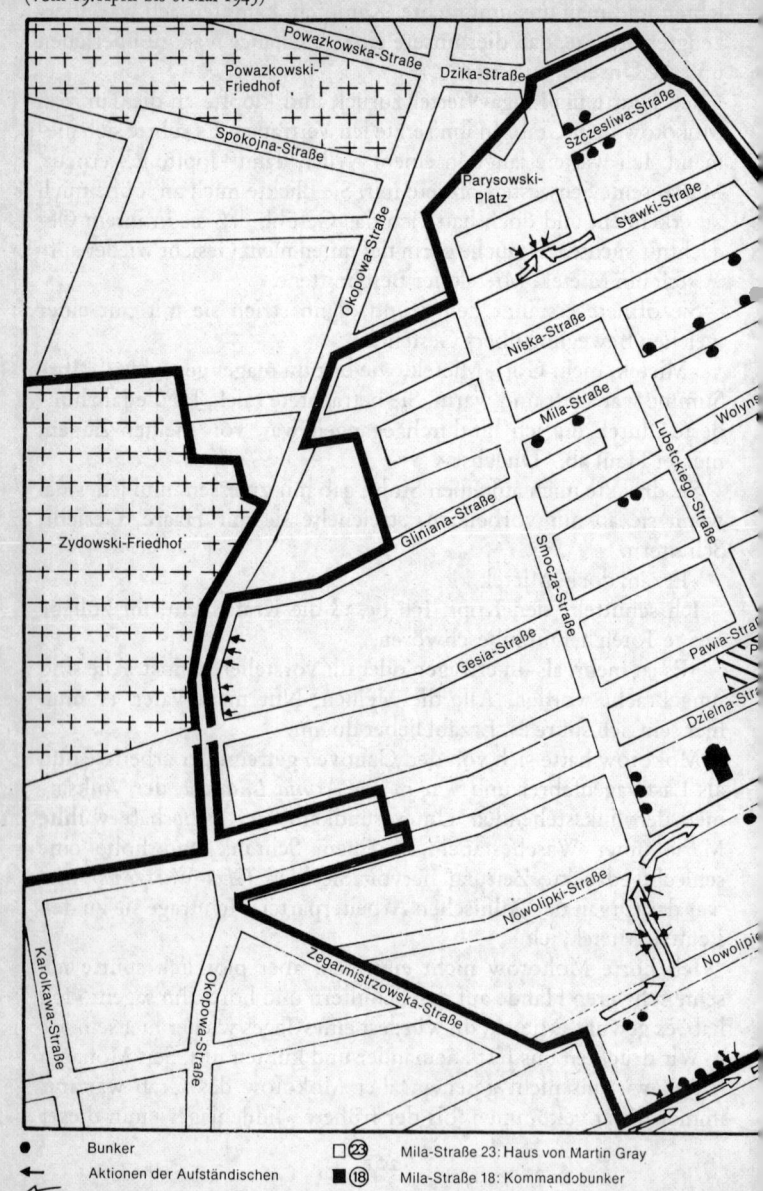

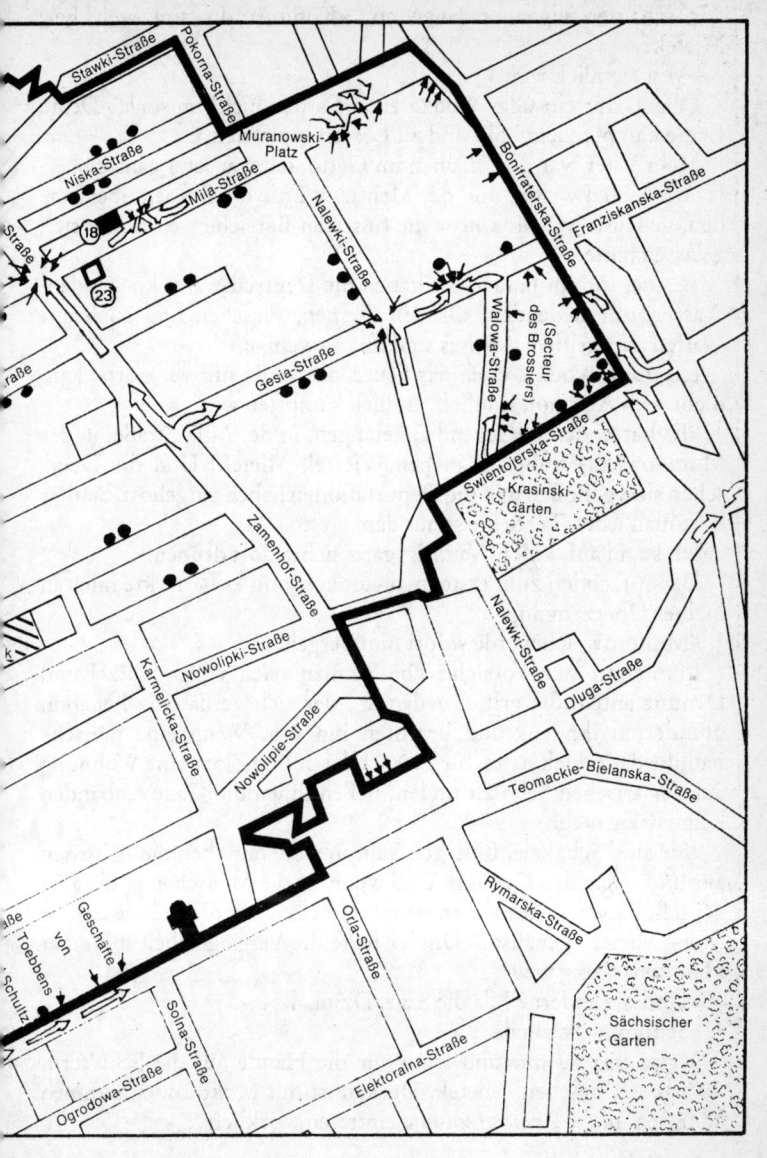

kämpfende Arbeiter war. Er setzte sich mir gegenüber nieder, und wir schauten einander lange an. »Kommst du von weit her, Mietek?«

»Von ziemlich weit.«

Er goß mir ein Glas Wodka ein. »Es war nicht umsonst. Deine Leute kämpfen jetzt. Sie sind zu Löwen geworden.«

Mein Vater war dort drüben im Getto, ich war jetzt ganz sicher. Ja, wir lebten weiter, und der Mensch würde die Bestien überwinden, genauso wie Mokotow die finsteren Bereiche weit hinter sich gelassen hatte.

»Es begann im Januar. Sie haben die Deutschen mit kochendem Wasser, mit siedendem Öl, mit Steinen, Flaschen und auch mit Waffen angegriffen. Aber es sind nur so wenige.«

Ich trank Wodka, doch das Feuer, das ich in mir verspürte, kam nicht vom Alkohol. Endlich, endlich kämpften wir!

»Es hat in deiner Gegend angefangen, in der Mila-Straße, in der Muranowska-Straße. In deinem Viertel, Mietek! Und die Deutschen sind geflohen und die Deportationen haben aufgehört. Seither hört man jeden Tag Schüsse aus dem Getto.«

Ich stand auf. »Mein Vater ist ganz sicher dort drüben.«

Das sprach ich zum erstenmal laut aus, und es bestärkte mich in meiner Überzeugung.

»Mokotow, ich werde sofort hinübergehen.«

Er mahnte zur Vorsicht. Die Straßen seien voller Spitzel und Denunzianten. Sie griffen jeden an, der sich verdächtig benahm, plünderten ihn aus und brachten ihn um. Wenn eine jüdische Familie das Glück hatte, für 20 000 oder 30 000 Zloty eine Wohnung auf der arischen Seite zu finden, ließen ihnen die Ganovenbanden keine Ruhe mehr.

»Sie sind Schakale, Blutegel, Vampire. Sie tauschen die Adressen aus und teilen den Gewinn. Und wenn sie die Menschen völlig ausgepreßt haben, denunzieren sie sie und streichen die Prämie ein. So ist es, Mietek, genauso.« Und er fegte die Vergangenheit mit einer Handbewegung weg.

»Und die andern? Pila die Säge, Dziobak...«

»Schlimme Schakale...«

Maria trat zu mir und legte mir die Hände auf die Schultern: »Warte ein bißchen, Mietek. Du kannst mit Mokotow zusammen kämpfen, in die *Armia Ludowa* eintreten, wirklich...«

Mokotow setzte bereits seine Mütze auf. »Wenn man von dort kommt, wo du herkommst, Mietek, muß Warten sehr schwer sein.«

Ich umarmte Maria, trank ein letztes Glas Wodka, und dann machten Mokotow und ich uns auf den Weg ins Getto.

»Jeden Abend gehen *Placowkarze* über die Leszno-Straße ins Getto zurück. Dort kannst du es versuchen.«

Ich mischte mich mehrere Male unter die Juden, die tagsüber außerhalb des Gettos arbeiteten. Die Kontrollen waren keineswegs sehr streng. Was waren das für Narren, die freiwillig ins Gefängnis zurückkehrten!

Mokotow und ich gingen die Leszno-Straße hinunter. Früher war sie eine der großen Gettostraßen gewesen, heute bildete sie seine Grenze. Die Häuser in der Grzybowska-, der Krochmalna- und der Ogrodowa-Straße waren leer, ihre Bewohner waren auf dem Umschlagplatz in die Waggons gestiegen und in Treblinka in die Grube geworfen worden.

Die Kolonne wurde von deutschen Soldaten angeführt, sie kam von der Zelazna-Straße her. Ich sah die ausgehungerten Gesichter, die gebeugten Rücken, die zerfetzten Kleider der *Placowkarze*. Ich umarmte Mokotow.

»Viel Glück, Mietek!«

Vor dem Gettotor hielt die Kolonne an, Polen standen dort: Gaffer, Schwarzhändler, »Jiddenjäger«. Ich sprang vor, und die Männer in der Kolonne blickten nicht, umschlossen mich, schützten mich mit ihren Leibern. Ich beugte den Rücken, senkte den Blick, nahm die demütige Haltung der Sklaven an. Die Kolonne setzte sich wieder in Bewegung. Wir gingen durch das Gettotor. Ich war zu Hause.

Das Getto war leer und verlassen, ausgeblutet. Es lag im Sterben, doch es lebte immer noch ein wenig. Die Arbeiter von Schultz und Többens stießen zur Kolonne. Etwa in Höhe der Nowolipki-Straße löste sie sich auf. Die Straßen leerten sich, jeder rannte und verschwand in der hereinbrechenden Nacht. Man hörte keinen Ruf, es herrschte die Stille einer verlassenen Stadt. Auch ich lief. Ich erkannte das Pflaster, die Türen wieder, drang in meine Vergangenheit ein wie auf eine Bühne, von der die Schauspieler verschwunden sind.

An der Ecke der Dzielna-Straße lag eine Gruppe Jugendlicher in einer Toreinfahrt auf der Lauer. Sie hielten die Arbeiter an und drückten ihnen Zettel in die Hand. Manche weigerten sich, sie anzunehmen, andere steckten sie hastig in die Tasche. Sie gaben auch mir einen; dann verschwanden sie, bevor ich überhaupt mit ihnen sprechen konnte. Ich stand allein in der Stille der leeren Straße. In einem Hinterhof las ich den Text Wort für Wort:

*Zydowska Organizacja Bojowa –
Jüdische Kampforganisation*

JUDEN! Die deutschen Verbrecher werden euch nicht lange in Frieden lassen. Sammelt euch um die Fahne des Widerstands! Taucht unter, versteckt eure Frauen und Kinder. Beteiligt euch nach euren Möglichkeiten am Kampf gegen die Hitlerschergen. Die Jüdische Kampforganisation rechnet mit eurer unbedingten moralischen und materiellen Hilfe.
Warschauer Getto, 3. März 1943
Der Kommandant der ZOB

Ich preßte das zerknitterte Blatt an meine Lippen. Ich lief durch die Straßen: ich würde zu ihnen stoßen, ihn treffen. Denn er konnte nur bei ihnen sein, den Kämpfenden wie ich, er, mein Vater, der mir ein Vorbild war; vom ersten Tag an, bei jenem Spaziergang im Krasinski-Park hatte er gewußt, was die Deutschen mit uns vorhatten. Diese Zeilen waren seine Stimme und sie waren auch die meine, die vergeblich wochenlang in Zambrow und Bialystok geredet hatte.

Die finsteren Straßen schienen leer zu sein. Doch je weiter ich vordrang, desto besser gewöhnte ich mich an die Dunkelheit, erkannte auch Gestalten, die sich mit Säcken und Brettern von einem Haus zum andern schlichen. Ich ging wieder die Zamenhof-Straße hinauf. Da war schon die Ecke Gesia-Straße: jeder Meter erzählte mir hier eine Geschichte, jede Häuserfront war noch von meinen Blicken getränkt: hier hatten sich die Menschenschlangen gebildet, die zum Umschlagplatz zogen. Meine Mutter, die Brüder, Riwka, Pola und auch du, Pawel, Pawel vor der Nacht des Abfalls... Hier schlägt das Herz meines Lebens, hier habe ich getötet, dies sind meine Dächer, hier hielt ich dich in meinen Armen, Riwka, hier schrie die Tochter Doktor Celmajsters. Und hier sagte David, während er mir die Hand auf die Schulter legte: »Vorgestern haben sie deinen Vater erwischt. Wir konnten nichts dagegen tun.« Hier schlägt das Herz meines erbarmungslosen Lebens.

Ich blieb an der Ecke Mila- und Zamenhof-Straße stehen und starrte zum Fenster hinauf, als stünde meine Mutter da oben, die Arme mir entgegengestreckt, diese zerbrechlichen Arme voller Hoffnung und Furcht, ihre Hand, die sich vor Angst kaum bewegte. Ich glaubte, ihre Augen von Angst und Trauer verschleiert wiederzusehen. Niemals werde ich ihnen verzeihen, was sie meiner Mutter angetan haben. Niemals.

Ich ging die Mila-Straße hinauf, drang in sie ein wie in eine düstere Höhle. Ich stieg die Stufen des Hauses Nummer 23 hinauf. Dann blieb ich stehen, setzte mich auf eine Stufe, Schatten glitten an mir vorbei, stießen mich an.

Vom Hof her hörte man Hammerschläge, Geräusche von Werkzeugen, die in die Erde schlugen, ich konnte das Kreischen von Sägen erkennen. Ich stieg in den Hof hinunter; dort, in Richtung auf die Kupiecka-Straße zu, schachtete eine Gruppe Männer den Boden aus und zementierte ihn aus. Eine Kette hatte sich gebildet, man reichte die Eimer, die Säcke, die Bretter von Hand zu Hand.

»Hilf lieber mit statt zu gaffen!«

Der Mann trug eine Bohle und wies auf das andere Ende. Ich griff zu und arbeitete bis zum Morgengrauen mit der Gruppe: wir bauten zwei Bunker mit Ausgängen zur Kupiecka-Straße und zahlreichen Verbindungen zu den Hinterhöfen der Mila-Straße. Bei der Arbeit vergaß ich die Zeit, vergaß, woher ich gekommen war; wir alle arbeiteten wie besessen, als würden am nächsten Morgen die Deutschen kommen, als hinge das Schicksal unseres Volkes von diesem Bunker und von all den anderen ab, die in jeder Straße des Gettos gebaut wurden: kleine Inseln des Widerstands und des Willens zum Überleben, ein Getto unter dem Getto.

Ein milder bleicher Morgen zog mit seinem Blau herauf. Zwei Gestalten überquerten den Hof und kamen zu uns herüber. Die Männer hörten auf zu arbeiten und umringten die beiden. Ich legte die Säge beiseite und trat zu ihnen.

Einer der beiden sprach: »Kameraden, diese Bunker sind unser Herz, unser Leben. Es geht nicht nur um uns, es geht darum, daß die Welt erfährt, was hier geschieht. Mit diesen Bunkern können wir uns vielleicht eine Woche lang halten, damit man unsere Stimme über die Jahrhunderte hinweg vernimmt.«

Ich glaube diesen metallischen, erregten Ton wiederzuerkennen. Ich trat noch näher. Hinter dem Mann, der gesprochen hatte, sah ich einen andern mit grauen Haaren stehen. Den Kopf hielt er gebeugt, als habe Übermüdung ihn niedergedrückt. Ein großer Mann, die Hände auf dem Rücken verschränkt. Ich stieß ein Mädchen heftig beiseite und drängte mich noch näher: sie fluchte. Der Mann drehte sich zu mir um.

Und ich wußte, er lebte!

Wir waren eins: die Arme verschlungen, Brust an Brust. Ich spürte wie früher in der Senatorska-Straße seinen Bart an meiner Wange. Ich küßte seine salzigen Tränen fort, und meine Tränen fielen auf seine Hände, mit denen er mein Gesicht umfaßte. Wo waren wir?

Wir sprachen wortlos miteinander, und mein Cousin Julek Feld, der andere Mann, der mit meinem Vater gekommen war, Julek, der Beauftragte der Polnischen Arbeiterpartei, verstummte.

Der Kreis um uns herum vergrößerte sich. Alle weinten. Unseretwegen, um ihrer ermordeten Lieben willen; wir weinten vor Freude und vor Elend. Dann ließen sie uns allein. Wir standen mitten im Hof, umklammerten einander die Schultern, und bevor sie fortgingen, drückten die Kameraden meinem Vater und mir die Hand, wie um sich selbst zu vergewissern, daß dies alles möglich sei, daß vielleicht auch sie eines Tages in einem Gettohinterhof, oder vielleicht nach dem Krieg, einen der Ihren wiederfinden würden.

Sie gingen, und wir stiegen eng umschlungen nach oben, dorthin, wo wir sie versteckt hatten, die wir liebten und die so wehrlos gewesen waren. Die Wohnung war verwüstet, der Schrank, der sie verborgen hatte, lag zertrümmert auf dem Boden des Zimmers, in dem sie sich versteckt hatten. In einer Ecke lagen noch Bücher meiner Brüder, daneben ein gestrickter Schal, den meine Mutter oft um ihre Schultern gelegt hatte. Mein Vater und ich hielten uns immer noch umklammert, aber wir sprachen kein Wort. Die anderen hatten für uns gesprochen, Julek hatte alles erklärt.

Ich wollte reden, aber die Worte, die Sätze wollten nicht kommen. Tief in mir lag so viel, so viele Qualen, so viel Entsetzliches und so viel Angst, so viele Fragen, die ich nie jemandem anvertraut, die ich nie zu Ende zu denken gewagt hatte, weil ich fürchtete, sie würden mich zerstören. Ich wollte sprechen, wollte schreien, wie ungerecht es war, daß dieser Schal, dieser Schrank, diese Bücher noch da waren, da es doch meine Mutter, meine Brüder nicht mehr gab, daß das Leben völlig sinnlos war, daß die Welt nicht existieren durfte, da nur das Leblose überlebte und alle, die man liebte, davongingen.

Wir standen, hielten uns bei den Schultern umfaßt und wagten es nicht, miteinander zu reden, weil es diese Zeit in Treblinka gab, von der ich sprechen wollte, diese unzähligen Fragen.

»Vater! Vater!«

»Ja, Martin, komm, Martin, man muß den Mut zum Weinen haben!«

Ich schluchzte, mein Gesicht an ihn gepreßt, und er weinte mit dem seinen an meiner Schulter. Ich weinte, bis die Worte von selbst kamen. Ich erzählte ihm alles. Da hörte auch er auf zu weinen. Wir saßen einander mit untergeschlagenen Beinen auf dem Fußboden gegenüber.

»Gut, Martin«, sagte er manchmal.

Und wenn ich abbrach, respektierte er eine Weile mein Schweigen, dann aber sagte er: »Weiter, Martin!«

Es war ihm gelungen, auf dem Umschlagplatz für ein Arbeitslager ausgesondert zu werden. »Dank deinen Ratschlägen, Martin.« Von dort war er geflohen und nach Warschau zurückgekehrt.

»Ihr wart spurlos verschwunden. Aber ich wußte, Martin, daß du nicht zu denen gehörst, die aufgeben. Ich wußte es einfach und hatte Vertrauen.«

Den ganzen Tag lang blieben wir so sitzen und erzählten, tauschten Worte und Blicke aus, teilten unsere Erinnerungen. Dann kam die Nacht, und wieder hörte ich die Geräusche der Hämmer, Sägen und Schaufeln.

»Martin, jetzt ist es Zeit zu kämpfen. Und du wirst dabei sein!« Mein Vater stand auf, reichte mir die Hand und zog mich mit einem kurzen Ruck in die Höhe, wie er es früher in der Senatorska-Straße getan hatte, wenn ich mich zum Spaß weigerte, vom Tisch aufzustehen. Er ließ meine Hand nicht los.

»Martin, du mußt mitkämpfen, weil wir alle kämpfen müssen. Wir werden uns bis zum Ende wehren. Die meisten von uns werden zugrunde gehen. Du mußt versuchen zu überleben. Lebe, Martin, lebe für uns alle!«

In dieser Nacht erzählte ich den Mitgliedern der Jüdischen Kampforganisation von Treblinka. Man wußte im Getto bereits, daß es sich um ein Vernichtungslager handelte, weil andere geflohen waren wie ich. Doch ich war der erste, der aus dem unteren Lager entkommen war. Ich sprach von dem Bagger und den Massengräbern im gelben Sand, von Iwan und von »Idioten«. Dann bat ich um eine Aufgabe in der Organisation.

Tage folgten, gespannt wie eine Stahlfeder. Wir brauchten Geld, Waffen, Menschen; wir mußten die Hasenfüße zum Schweigen bringen, die Zaudernden überzeugen, die Verräter bestrafen. Trotz der fortgesetzten Evakuierungen, trotz der Dinge, die man über Treblinka wußte, trotz des Umschlagplatzes und der Januarkämpfe hofften manche immer noch, die nämlich, die von den Deutschen eine Nummer bekommen hatten und somit das Recht zu leben, daß es ihnen möglich sein werde, bis zum Kriegsende durchzuhalten, indem sie den Henkern gehorchten.

Ich sah, wie Arbeiter aus den Werkstätten von Schultz und Többens sich »freiwillig« zum Abtransport meldeten. In einer Märznacht klebte ich Plakate: Die Jüdische Kampforganisation erklärte darauf, daß man diese Transporte sabotieren müsse, weil sie in den Tod führten, nicht zur Arbeit.

Am nächsten Tag wurden sie von den Deutschen überklebt. Többens und der dicke Schultz organisierten Versammlungen für ihre Arbeiter: »Wir sind auf eure Arbeit angewiesen«, sagten Többens und Schultz von ihrem Balkon herunter. »Aber da ihr nicht in Warschau selbst bleiben könnt, haben wir andere Orte für unsere Werkstätten ausgesucht. Trawniki, Poniatow. Dort gibt es Arbeit für euch und Brot.« Und Schultz und Többens gaben ihr feierliches Ehrenwort.

Man mußte gegen solche Parolen ankämpfen. Manchmal, wenn ich in ein Geschäft trat, hörte ich die letzten angesehenen Kaufleute, die von den Deutschen geduldet wurden, uns als Wirrköpfe und Grünschnäbel beschimpfen, die »Unglück und Verfolgung heraufbeschwören«.

Aber die Zeit der Rücksichtnahme auf Meinungen war vorbei: ich war aus Treblinka zurückgekommen, aus Zambrow und Bialystok, ich wußte, wohin Vorsicht führte. Darum machte ich mich mit einer Gruppe daran, Kontributionen für die Organisation einzutreiben. Zuweilen genügte es zu bitten, manchmal mußten wir mit der Waffe drohen, manchmal mußten wir eine Geisel nehmen. Wir ergriffen Wielikowski, den Sohn eines der drei Mitglieder des Judenrats, und bekamen eine Million Zloty für ihn. Wir requirierten Lebensmittel bei den Kaufleuten. Wir töteten deutsche Plünderer, Soldaten, die sich allein ins Getto wagten. Wir verurteilten Verräter und richteten sie hin, zum Beispiel jenen Jakob Hirszfeld, der die Hallmansche *Werkstatt* leitete.

Wir kämpften für eine Welt der Menschen, und wir wußten, unser Sieg würde es sein, gegen den Feind zu kämpfen, nicht, ihn zu besiegen, denn wir waren eine Insel, ein Grab, ein Getto, umgeben von Gleichgültigkeit und Haß, umringt von Feinden, und wir hatten keine Waffen. Aber vielleicht gerade weil wir einfach kämpfen wollten, lernte ich in der ZOB Männer kennen, wie ich immer gehofft hatte, es möge sie geben: Mordechai »Malachi« Anielewicz, Michel Rosenfeld, Julek Feld und andere, Ber Brando und Aron Bryskin und so viele, die wie ich glaubten, daß unsere Treue gegenüber den Toten von Treblinka Kampf und Rache sein mußten. Aber wir hatten keine Waffen.

So machte ich mich wieder ins arische Warschau auf. Doch jetzt schmuggelte ich nicht Getreide, sondern Revolver und Handgranaten, Gewehre und Munition. Ich watete durch das schmutzige Wasser der Abwässerkanäle. Zuerst führte mich ein Pole, nach einiger Zeit hatte ich wieder eine neue Geographie erlernt: ich kannte die der Straßen, der Straßenbahnen und der Mauern, die der Dächer, jetzt erforschte ich die finstere Welt unter der Erde; Kreuzungen, an denen keine Schilder standen, Gänge, die einander glichen und sich schnitten, vielleicht ins Endlose, in den Wahnsinn führten. Aber bald schon waren die Abwässerkanäle meine Straßen, lag in ihnen meine neue Freiheit.

Ich traf mich mit Mokotow dem Grab. Er erwartete mich an einem Kanaldeckel, den wir vorher vereinbart hatten. Er beobachtete die Umgebung, gab mir Zeichen, ob ein Polizist oder ein »Jiddenjäger« in der Nähe sei. Sobald er den Kanaldeckel aufgehoben hatte, kletterte ich die Eisensprossen hinauf. Wir verschwanden in den engen Gassen der Altstadt. In immer anderen Häusern begegnete ich Männern von der Armia Ludowa, Widerstandskämpfern der Gruppe Witold und bekam ein paar Waffen. Manchmal nahm ich Kontakt zu Gruppen der Armia Krajowa auf, die zurückhaltender waren. Manchmal gelang es Mokotow, eine Waffe für mich zu kaufen, und bei solchen Gelegenheiten tranken wir dann in seiner Wohnung in *Praga* voll Freude eine Flasche Wodka. Sobald es dunkel war, machte ich mich auf den Rückweg, Mokotow bestand stets darauf, mich zu begleiten, und paßte auf, während ich einen Kanaldeckel hochhob und in die mir so vertraut gewordenen Kanäle verschwand.

Im Getto tauchte ich wieder auf, in dieser Stille, die nur durch die Geräusche der Werkzeuge unterbrochen wurde, denn alle bereiteten sich ein Versteck vor, eine Zuflucht unter der Erde hinter schützenden Betonmauern. Ich mochte diese Höhlen, diese abgeschlossenen Kasematten nicht. Einige besaßen zwar fließendes Wasser, Elektrizität, Telefon und abgetrennte Toiletten, doch für mich waren es Gräber ohne Ausgang, Gruben. Wenn es zur Schlacht käme, würde ich die Straßen, die Dächer, die Abwässerkanäle wählen, nicht aber diese tiefen Bunker.

Oft trug ich sofort nach der Rückkehr ins Getto die Waffen, oft war es nur ein Revolver, in die Swietojerska-Straße 32. Dort befand sich die militärische Zentrale unserer Organisation. In zwei Zimmern und der Küche drängten sich ein Dutzend Männer in Waffen. Ein paar Schritte weiter im selben Häuserblock lag die »Bürstenbinderei«, in der alles mögliche für die Deutschen hergestellt wurde. Über Dachböden und Dächer erreichte ich die Zentrale. Mädchen gaben mir etwas zu essen, dann machte ich mich glücklich zur Mila-Straße auf.

Dort wartete mein Vater auf mich. Der Kommandobunker lag Mila-Straße Nr. 18, unserem Haus fast genau gegenüber. Wir schliefen nebeneinander auf Matratzen, zuvor sprachen wir lange miteinander. Wir redeten nicht mehr von der Mutter und den Brüdern. Sie waren um uns, in uns und lebten durch unseren Kampf. Mein Vater sprach zu mir, als wolle er mir alles mitteilen, was er je gedacht und gelernt hatte. Trotz Krieg und Tod sprach er von einer Gesellschaft, in der die Menschen von allen Plagen, von Not und Ungerechtigkeit befreit sein würden, von einer Welt, in welcher der Mensch keine anderen Probleme mehr haben würde als die seiner Beziehung zu andern Menschen und zu sich selber, in der er vom Schmutz der Interessen frei sein würde. Er sprach von all dem, was unser Volk der Menschheit geschenkt hatte, und wie es doch teuer und qualvoll für sein Dasein hatte bezahlen müssen.

»Das Leben, Martin, ist heilig! Heute müssen wir töten, aber denke an das Leben, Martin, dein Leben. Man muß Leben schenken. Es ist schwierig, Vater zu sein, aber wenn man sich dazu entschließt, es zu sein, hat man sich entschlossen, ein Mann zu sein. Überlebe, Martin! Ich möchte, daß du Kinder hast, wenn das hier vorbei ist, wenn die Menschen den Sieg davongetragen haben. Aber deinen Kindern wirst du dich ganz hingeben müssen. Sie sind heilig.« Ich lauschte auf seine zugleich sanfte und starke Stimme.

Manchmal erzählte er mir von seiner Kindheit oder wie er die Fabrik aufgebaut, wie er meine Mutter kennengelernt hatte. Dann unterbrach er sich oft: »Schlaf, Martin, vielleicht geht es morgen los.«

Es war aber schon Morgen, und ich machte mich über die Dächer, durch die Kanäle auf den Weg. Ich wartete auf den Abend, auf das Gespräch mit meinem Vater. Wenn er nicht nach Hause kam, konnte ich nicht schlafen. Einmal kehrte er erst im Morgengrauen zurück: »Julek Feld ist tot.«

Er war bei einer Razzia von einer SS-Streife erschossen worden. Ich hatte Julek nicht sehr gut gekannt, aber ich hatte sein schmales Intellektuellengesicht, seine erregende metallische Stimme geliebt.

»Er hat das Gute gewollt, Martin. Immer. Er glaubte an Ideale. Julek war ein Mann.«

Dann erzählte mein Vater von meiner Großmutter, Juleks Tante, von dieser alten, eigensinnigen Dame, die uns in jener Zeit, in der man uns noch schreiben konnte, lange Briefe schickte, in denen sie Fotos ihres Enkelsohnes verlangte.

»Du wirst eines Tages hinüberfahren müssen, Martin, nach New York, um ihr ein bißchen Leben zu bringen. Sie hat dich geliebt. Das einzige Mal als sie dich sah, hattest du gerade zu gehen begonnen. Du zeigtest ihr damals deine Fäuste.« Ich lauschte, ich sog Kraft aus seinen Worten, aus seiner Stimme.

Erschüttert sagte er in jener Nacht, nachdem er mir von Juleks Tod berichtet hatte: »Julek ist immer bis ans Ende gegangen, Martin. Ein Mann geht immer bis ans Ende.«

Er stand am Fenster. Der Mond schien ins Zimmer, und ich sah Vaters Tränen. Er ließ sie über die Wangen rinnen, ohne sie wegzuwischen. »Ich frage mich, warum ich dir das sage. Du bist doch bis ans Ende gegangen, Martin. Und nicht nur einmal. Du bist ein Mann, schon seit langem ein richtiger Mann.«

Dank dir, Vater, für diese Worte!

Wir hatten keine Zeit mehr zu sprechen.

Am Samstag, dem 18. April 1943, rief die Organisation zur Alarmbereitschaft auf. Wie viele andere lief ich durch die Straßen, klebte unsere Parole an die Wände, verteilte Zettel, wiederholte mündlich, was auf ihnen geschrieben stand:

In Ehren untergehen! Die Männer zu den Waffen!
Frauen und Kinder in die Verstecke!

Die Stunde der Bewährung war gekommen. Ich stand bei meinem Volk, mit der Waffe in der Hand. Jetzt würden SIE zahlen müssen, und ihre Schuld war ungeheuerlich.

Bis tief in die Nacht rannte ich durch das Getto. Ich wollte überall zugleich sein, lief von Bunker zu Bunker, schleppte Flaschen voll Benzin, brachte Nachrichten aus dem Sektor der »Bürstenbinderei« an der Ecke Swietojerska- und Walowa-Straße in den Sektor der Werkstätten, Ecke Leszno-, Nowolipie-Straße.

In dem Haus Ecke Mila- und Zamenhof-Straße traf ich meinen Vater. »Die Blauen haben das Getto umzingelt«, sagte er. »Morgen geht es los. Du mußt dich jetzt ausruhen, Martin. Wer weiß, wann wir wieder schlafen können.«

Ich streckte mich aus und schlief, ohne Alpträume, ohne Angst, bis mein Vater meine Hand ergriff und sagte: »Sie sind da.«

Die Nacht war klar und bleich. Von der Mauer her, ungefähr aus dem Sektor der »Bürstenbinderei«, hörte ich ziemlich nahe ein paar Granatexplosionen, Gewehrfeuer. Dann Stille. Ich schlich mich ans Fenster.

Da waren sie: im Gänsemarsch rückten sie vorsichtig an den Häuserwänden entlang vor. Sie erreichten die Zamenhof-Straße. Hinter ihnen, weit weg, ahnte ich Fahrzeuge, vielleicht Panzer. Dann erhielt ich den Befehl, mich zu den Bunkern der Kupiecka- und der Nalewki-Straße zu begeben. Ich sagte ihnen dort, sie sollten auf das Signal warten und erst dann schießen. Ich stopfte mir einen Revolver in den Hosenbund, sprang von Dach zu Dach, schlüpfte über Dachspeicher, stürzte mich die Treppen hinab, wie man in Wasser taucht.

Ich weiß nur noch, wie leicht mir in diesen Tagen des Kampfes alles fiel: der Boden, die Dächer, die Stufen waren für mich wie ein Sprungbrett, von dem ich mich immer weiter und schneller vorwärtsschnellte. Ab und zu hörte man Gewehrsalven, eine krepierende Granate, wahrscheinlich die Deutschen, die beim Vorrücken ein Fenster leerfegten, einen Keller ausräumten.

Um sechs Uhr morgens, der Himmel war blau, die SS erreichte gerade die Kreuzung Mila- und Zamenhof-Straße, erhielten wir endlich den befreienden Befehl: »Angriff!«

Lärm, Explosionen, ich reiche die Benzinflaschen weiter, die wir als Brandbomben verwenden, renne Treppen in die Keller hinab, komme mit Sprengkörpern beladen wieder herauf, die im Getto angefertigt worden sind. Ich sehe einen Soldaten, auf dessen Helm eine Benzinflasche explodiert, in Flammen aufgehen; andere rennen davon. Jemand schreit: »Sie fliehen, sie hauen ab!«

Ich steige auf die Dächer. Dort kann ich bis zur Ecke Kupiecka- und Zamenhof-Straße sehen. Ich beuge mich vor, die Straße liegt verlassen da: unsere stahlharten Henker sind geflohen. Die Zamenhof-Straße gehört uns. Weiter fort, etwa vom Sektor der »Bürstenfabrik« von der Nalewki- und Gesia-Straße her hört man noch Granaten krepieren, dann tritt Stille ein. Auch dort fliehen sie also. Ich steige wieder hinab. Auf der Straße liegen ein paar Meter weit weg drei Deutsche. Einer liegt auf dem Rücken, sein Gesicht ist verbrannt; er stöhnt, er ist furchtbar zugerichtet. Ich töte ihn und schließe mich den Kameraden an, welche die toten Soldaten in einen Hinterhof zerren und sie von Kopf bis Fuß ausziehen. So bekomme ich eine komplette SS-Uniform. Wir sind keine dumpfen Tiere mehr, die man zur Schlachtbank treibt, die sich blindlings in den Tod stürzen.

»Da sind sie wieder!«

Sie kommen vorsichtig zurück, nehmen die Häuserfassaden unter MG-Feuer, springen von Türeingang zu Türeingang, und plötzlich hören wir das Rattern von Panzerketten auf der Straße. Ich rase zu meinem Beobachtungsposten auf dem Dach und sehe an der Ecke Gesia- und Zamenhof-Straße mehrere der grauen Ungetüme heranrollen. Zwei Panzer schieben sich in die Zamenhof-Straße vor und beschießen die Häuser.

Es muß gegen Mittag sein, an diesem 19. April 1943. Ich erinnere mich an den Himmel, an die Sonne, an die leichte dünne Luft und an das Dröhnen der Motoren, das Rasseln der Panzerketten. Ich denke an das Lärmen des Baggers im unteren Lager. Wir hier im Getto würden diese Todesmaschinen zerstören.

Die Panzer rücken weiter vor, sie rollen an unseren Stellungen in den Häusern Nr. 29 und Nr. 50 der Zamenhof-Straße vorbei, gelangen zur Kreuzung Mila-Straße, zum Haus Nr. 28, in dem mein Vater und ich uns versteckt haben. Ich halte in jeder Hand eine Brandbombe. Hinter den zwei Panzerwagen rückt die Infanterie nach. Ich sehe einen Soldaten, der sich ängstlich und vorsichtig geduckt voranschleicht. Ich kann mir seinen angstvollen Blick vorstellen.

Ich werfe meine Flaschen: Feuer, aufeinanderfolgende Explosionen, beide Panzer stehen fast gleichzeitig in Flammen, sie ziehen sich in schwarzen Rauch gehüllt zurück. Die Infanterie flieht, ein Soldat rennt wie kopflos über die Straße, ehe er mit auf den Bauch gepreßten Händen zusammenbricht.

Von den Stellungen in der Zamenhof-Straße her greifen unsere Kämpfer die Deutschen von der Flanke und von hinten an: sie rennen, sie hauen ab!

Ich springe auf die Straße hinunter, sammle die Waffen und Stahlhelme ein. Mit Hilfe eines anderen Kämpfers schleppe ich einen toten Soldaten in den Hof und ziehe ihm die Uniform aus. Diese Uniformen können sich als wertvoll erweisen. Wenn wir eines Tages flüchten müssen, um zu überleben und anderswo weiterzukämpfen, können sie uns das Leben retten.

Der Tag vergeht: ich bin ganz ruhig. Am Abend begebe ich mich zunächst über die Dächer, dann durch die Straßen in den Sektor der Werkstätten, zur Fabrik von Schultz und Többens in der Leszno-Straße 76. Sie sind nicht angegriffen worden, haben aber die Deutschen vorbeikommen und in unseren Sektor vordringen sehen. Direktor Schultz ist völlig durcheinander, er ist empört: »Die Juden führen sich geradezu unbegreiflich auf.« Dicker Schultz, du wirst dich noch viel mehr wundern!

Ich springe von Dachboden zu Dachboden, vermeide die Straßen, wo immer es geht, benutze die Hinterhöfe, die Keller. Die Nalewki-Straße ist ganz in schwarzen Rauch gehüllt. Unsere Leute haben das große deutsche Lagerhaus der »Werterfassung« im Haus Nr. 33 in Brand gesteckt. Ich komme nicht näher heran, die Deutschen sind immer noch da. Sie blockieren die Gesia-Straße und schießen sofort, wenn sie jemanden sehen. Das restliche Getto ist ruhig. Ich kehre über die Dächer in die Mila-Straße zurück. In einem Zimmer sitzt ein Mann, er spricht mit gesenktem Kopf. Die

Arme hat er auf die gekreuzten Beine gestützt, um ihn herum ist Schweigen.

Er hat gesehen, wie die Deutschen in der Gesia-Straße Nr. 6 das Haus angezündet haben, das als Gettokrankenhaus diente. Er hat gesehen, wie sie die Neugeborenen mit den Köpfen gegen die Wand schlugen, wie sie schwangeren Frauen den Leib aufschlitzten, Kranke ins Feuer warfen. Er hat es gesehen.

Trotz all dem schlief ich in dieser Nacht. Morgen würde es noch härter zugehen als heute. Ich wache im Morgengrauen auf: ein schöner Tag, dieser 20. April, der erste Tag des Passachfestes. Mein Vater liegt neben mir und grüßt mich mit einer Handbewegung. Was tut es schon, daß wir nicht sprechen, wir liegen Seite an Seite; was tut es, wenn wir uns trennen müssen, wir wissen doch beide, daß nichts uns trennen kann.

Ich gehe in den Sektor der »Bürstenfabrik«. Der gestrige Tag ist dort ruhig verlaufen. Többens hat die Arbeiter sogar aufgefordert, wieder an die Arbeit zu gehen. Ich habe mich auf einem Dachboden versteckt.

Gegen drei Uhr nachmittags kommen die Deutschen. Sie dringen in den Hof ein. Plötzlich erfolgt eine ungeheure Explosion. Leute von der Kampforganisation haben im Hof dieses Blocks eine Mine gelegt. Sie fegt die Deutschen weg, Leiber fliegen durch die Luft, die anderen fliehen.

Bald kehren sie zurück, schleichen die Wände entlang, beschießen den Dachboden, auf dem ich mich versteckt habe. Ich werfe Brandbomben hinunter, ich schieße. Es ist heiß, um uns Lärm und Rauch. Ich klettere aufs Dach, lege mich flach auf den Bauch: unten im Hof sehe ich den Leiter der »Bürstenfabrik« in Begleitung zweier Offiziere. Sie fordern uns auf, uns zu ergeben. Danach könnten wir unbelästigt in die Lager bei Poniatow und Trawniki gehen. Von allen Seiten antwortet man ihnen mit Schüssen. Man gibt uns fünfzehn Minuten Bedenkzeit.

Wir sollen uns ergeben? Wir, die wir gesehen haben, wie unsere Mütter in die Gruben geworfen wurden, wie unseren Brüdern der Kopf zersprang, wie unsere Väter erschossen wurden, wir sollen uns ergeben?

Dann kommen SIE in Massen. Vom Krasinski-Park her bombardieren sie das Getto, schießen von den Straßen aus mit schweren MGs und Panzerfäusten auf die Gebäude. Ich ziehe mich zurück, indem ich von einem Dach zum anderen springe. Im Treppenhaus höre ich einen Trupp deutscher Soldaten vordringen. Ich schleudere meine letzte Brandbombe. Schreie, lautes Brüllen. Ich fliehe.

Es begann die Zeit der Flammen. Die Deutschen steckten den Sektor der »Bürstenfabrik« in Brand. Der Teer schmolz auf den Straßen, zwei-, dreimal geriet ich in die Flammen, meine Haare knisterten im Feuer. Die Schuhsohlen gerieten auf dem glühenden Boden in Brand, Glasscherben schmolzen. Die Häuser glichen Fackeln, das Feuer breitete sich von Viertel zu Viertel aus.

Es begann die Zeit, da sich Männer und Frauen aus den Fenstern stürzten, um den Flammen zu entgehen, um zu sterben und dabei noch einen Feind zu zerschmettern. Von einem Dach aus sah ich eine Frau mit wirrem Haar ihr Kind über den Abgrund der Straße hinaushalten, bereit, es fallenzulassen. Ich schreie: »Ich komme übers Dach und rette es! Ich rette es!« Aber wie hätte sie mich hören können? Sie ließ ihr Kind fallen und stürzte sich mit einem entsetzlichen Schrei hinterher.

Es begann die Zeit, da die Menschen in die Bunker hinabstiegen und sich unter den Ruinen eingruben. Ich ging von einem zum anderen; lieber wollte ich im Rauch, unter freiem Himmel sterben, als unter einer Zementplatte ersticken. Ich wickelte Lappen um meine Schuhe, damit sie nicht Feuer fingen; sie dämpften auch den Schritt auf dem Schutt, wenn wir nachts von einem Bunker zum andern schlichen, um den deutschen Streifen zu entgehen.

Die Tage vergingen unter einem Himmel, dessen Blau oft vom Rauch verschleiert war. Ich hatte Durst, ich hungerte, die Wasserleitungen waren zerplatzt; so trank ich aus Tümpeln, in denen ich dunkle Massen treiben sah. Vielleicht waren es einmal menschliche Körper gewesen. Manchmal stieß ich hinter einem Mauerrest auf eine weinende Frau, die mit erhobenen Händen neben einer Leiche kniete, neben einem ihrer Lieben, den sie beweinte. Für sie war er der einzige Tote in dieser Stadt, die fast fünfhunderttausend Menschen gezählt hatte und von der nun nichts mehr übrig blieb als Ruinen, Tote und ein paar Lebende, die sich verkrochen.

Es begann die Zeit des Heldentums. Ich sah, wie ein junges

Mädchen sich mit Benzin übergoß, es anzündete und sich auf einen Panzer stürzte. Ich sah, wie Menschen sich mit erhobenen Armen den Deutschen näherten und sie dann anfielen, um ihnen ihre Waffe zu entreißen.

Um durchzuhalten, setzten wir jedes Mittel der Kriegsführung ein. Ich versteckte mich in Ruinen und rief im kehligen Tonfall der Deutschen um Hilfe, und wir schnitten ihnen in der Nacht die Kehle durch. Ein paar von uns zogen die SS-Uniformen an, die wir am ersten Tag erbeutet hatten. Ich erinnere mich, wie ich mich in einer Spiegelscherbe betrachtete, mich, Mietek, mit dieser Mütze, diesen Stiefeln, den Abzeichen der Henker. Wir gingen durch die Straßen zu einer Barrikade, die von einem Dutzend deutscher Soldaten gehalten wurde. Gelassen näherten wir uns. Dann begannen wir zu schießen: drei konnten fliehen, wir verfolgten sie bis in einen Hof und töteten sie, aber es starben auch vier von den unsern.

Wir erbeuteten zwar viele Waffen, aber ich entschloß mich doch, nicht mehr an solchen Kämpfen mitzumachen. Sie zwangen uns dazu, keine Zeugen zu hinterlassen, wenn wir weiterhin erfolgreich sein wollten, wir mußten mitten auf der Straße gehen, damit die Unseren merkten, daß wir keine echten SS-Männer waren; trotzdem liefen wir immer Gefahr, von einem unserer Mitkämpfer getötet zu werden. Und ich wollte nicht in der Uniform eines SS-Mannes sterben.

Wieder lief ich durch das Flammenmeer, zu dem das Getto geworden war. Ich schoß auf die Deutschen, wann immer ich konnte, schleppte Munition von einem Bunker zum andern, half von den oberen Stockwerken aus die zwei Bunker in der Kupiecka-Straße verteidigen.

Ich sah die Leute des Generalleutnants Stroop Frauen und Kinder aus einem Bunker heraustreiben. Sie zwangen sie, sich mitten in den Trümmern flach auf den Boden zu legen, und erschossen sie dann. Wieder sah ich Frauen, die sich aus den brennenden Häusern auf die Straße stürzten, und andere, die Soldaten ansprangen und getötet wurden.

Und doch bildeten sich manchmal noch Kolonnen von Kindern und Frauen, die sich mit erhobenen Armen in die Waggons treiben ließen; auch Männer waren darunter, die gestern noch gekämpft hatten, nun erschöpft, zerbrochen waren wie Uhrwerke, die man überzogen hat.

Die Tage ließen sich kaum von den Nächten unterscheiden, so dicht war der Rauch geworden. Flammen und Scheinwerfer erhellten nachts die Viertel. Am 27. April zog ich wieder die SS-Uniform an und stieg in die Kanäle hinunter. Den Deutschen war gerade erst innegeworden, daß Waffen und Männer von der Armia Ludowa, der Armia Krajowa auf diesem Weg ins Getto gelangten, und ich schmuggelte Frauen, Kinder, Greise und Mitkämpfer in das arische Gebiet hinüber. Wir warteten stundenlang im schmutzigen Wasser auf die Lastwagen, die sie in die Wälder um Warschau bringen sollten. Die Alten, die Verwundeten schleppten sich gebeugt dahin, und manchmal wollten einige nicht mehr weitergehen, wollten ihr Leben aufgeben, steckten den Kopf in den Schlamm, erbrachen. Einige konnte ich herausziehen, hochheben, bis zu den Eisensprossen tragen. Dann kehrte ich um und führte mit Waffen beladene Männer ins Getto. Sie staunten über meine Gewandtheit, über meine Kenntnis des unterirdischen Kanalnetzes.

Im Getto stiegen wir mitten im Qualm und den Ruinen ans Tageslicht; ich führte die Gruppe polnischer Widerstandskämpfer zum völlig verwüsteten Parysowski-Platz. Deutsche Panzer rollten unter MG-Feuer heran, wir flohen hinter Mauerreste. Schutt regnete auf uns herab. Ich wurde von den Deutschen gehetzt, aber es gelang mir, in die Mila-Straße zurückzukehren. Ich sprang von einem Haus zum andern. Mein Vater wartete auf mich, er drückte mein Gesicht an seinen dichten grauen Bart: »Du lebst, Martin, du lebst.«

Er preßte mich an sich. »Stirb mir nicht, du, stirb mir nicht, Martin!«

Tage vergingen: die Deutschen kreisten die Gettoruinen methodisch ein. Sie beschossen uns, sprengten Bunker, warfen Gas in die Kanalschächte, Sprengbomben in die Flammengluten. Ich irrte durch die Trümmer, die Flammen, suchte Schutz. Frauen und Kinder kamen mir entgegen, Männer, die vergeblich auf Waffen warteten. Manchmal führte ich sie über Schleichwege hinaus. Ich umging die Brandstätten, nutzte die noch unversehrten Dachreste. Oft ließ ich sie mit ein paar guten Ratschlägen zurück: was konnte ich schon für sie tun? Ich mußte kämpfen.

Am 1. Mai stieg ich zu meinen Kameraden in den Bunker in der Leszno-Straße Nr. 74 hinunter. Sie saßen unter der niedrigen Decke, einer von ihnen begann zu sprechen in dieser Atmosphäre, die ich als drückend, beinahe erstickend empfand. Er feierte den 1. Mai.

»Unser Kampf«, sagte er, »wird zweifellos von großer geschichtlicher Bedeutung sein für das jüdische Volk und für die Widerstandsbewegungen, die in ganz Europa gegen die Nazis kämpfen.«

In der Mitte dieser rußgeschwärzten Männer, die nicht mehr besaßen als einige Waffen, die sterben würden, fühlte ich mich plötzlich unseres Sieges ganz sicher. Wir hatten beschlossen, die Deutschen zu Ehren des 1. Mais am hellichten Tag anzugreifen.

Als ich in die Mila-Straße kam, war mein Vater nicht da. Er war ins Viertel der »Bürstenfabrik« gegangen. Ich folgte ihm, wollte bei ihm sein. Überall in dem rasenden Flammenmeer hörte man das dumpfe Grollen der deutschen Kanonen, nie waren bisher die Explosionen so dicht aufeinander gefolgt, die Geschosse krepierten, ihr Heulen zerriß die Luft. Die Straßen waren schwarz vom Rauch, aus den Fenstern schlugen Flammen. Während ich rennend eine Straße überquerte, sah ich, wie ein Mann mit nacktem Oberkörper und zum Himmel erhobenen Armen sich stumm aus dem vierten Stock herunterstürzte. Von Block Nr. 6 in der Walowa-Straße gelangte ich zur Swietojerska-Straße. In der Gegend der Franziskanska-Straße waren Gewehrsalven zu hören. Ich wußte, daß auch der Bunker Nr. 30 beschlossen hatte, am 1. Mai anzugreifen.

Plötzlich knatterte in der Nähe eine Reihe von Feuerstößen. Ich drückte den Kopf in den heißen Schutt. Befehle in deutscher Sprache, Gebrüll, ich sah ein Dutzend staubbedeckte Männer hervorkommen und mit den Armen über dem Kopf zu den SS-Männern hingehen.

Und ich sah meinen Vater! Den Kopf erhoben, die Hände in Höhe der Schläfen. Er ging mitten unter den andern. Ich sah ihn, und ich wartete auf ein Wunder. Am liebsten hätte ich das Gesicht wieder im Schutt vergraben, um nicht sehen zu müssen. Aber ich mußte sehen, ich mußte seinem Tod ins Gesicht blicken, um später in seinem Namen sprechen zu können, im Namen all der Meinen.

Die Männer schrien, ich schrie mit ihnen; sie stürzten sich auf die SS-Streife, zwei oder drei fielen hin, ihre leder- und stahlgepanzerten schweren Körper wälzten sich im Staub, Feuerstöße erfolgten fast im selben Augenblick wie die Schreie, mehrere Salven, gebrüllte Befehle, Soldaten, die sich zurückzogen, Handgranaten, die mitten in die Gruppe geworfen wurden, Wolken von weißem Staub, der aufwirbelte.

Dann Stille, nur von fern hörte man weitere Explosionen.

Mein Vater war ein Stein unter den Steinen des Gettos geworden.

Ich blieb unbeweglich liegen, auch ich war zu Stein geworden. Ich starrte hinüber auf diese graue Stelle, in der sich hier und da schwarze Formen abzeichneten. Dann kroch ich rückwärts weg, zwängte mich in Löcher, fand eine Spalte, die zu einem Bunker führte. Er sah aus wie eine aufgebrochene Nußschale. Drinnen huschten Ratten über Leichen. Ich kroch, weniger aus Erschöpfung, als um mich an diesen Boden, an diese Erde zu klammern, die mir die Meinen genommen hatte. Ich war allein. Meine Mutter, mein Vater, meine Brüder und Julek, um mich herum lag die Wüste, zu der unser Getto geworden war.

In diesen Ruinen schwor ich einen Eid, das Gesicht gegen die heißen Steine gepreßt: Solange mein Leben dauerte, würde ich die Meinen jeden Morgen in mir wieder zum Leben erwecken, meine Familie, all die anderen von Treblinka, Zambrow und Bialystok, mein Volk, euch alle, euch aus dem Getto. Solange ich noch Kraft zu denken hätte, würde ich sie in mir wieder zum Leben erwecken, bei jedem Tagesanbruch, an jedem Morgen, auf daß sie in mir lebendig blieben und mit mir lebten.

Ich ging in die Mila-Straße, in unseren Bunker zurück. Mit den andern sang ich das Gettolied »'s brennt, Brüderle, 's brennt...«

Später schlich ich wieder durch die Ruinen. Das ganze Getto brannte jetzt. Das Haus in der Mila-Straße Nr. 7 war wohl das einzige, das unzerstört geblieben war. Ständig trafen dort Menschen ein, Kämpfer, Frauen und Kinder. Lebensmittel, Wasser, Munition fehlten. Manche wollten durch die Kanäle fliehen, aber die Deutschen hatten den Hauptstrang des Kanalnetzes entdeckt, sie leiteten Gas hinunter, zementierten die Ausstiege zu, brachten Sprengminen an, die bei der geringsten Berührung explodierten.

Ich fühlte, wie sich ein Grabstein auf uns herabsenkte, seit mehr als zwei Wochen hielten wir dieses Grab mit fast nackten Händen offen, zwei Wochen bereits schrien wir der Welt ins Gesicht, man solle aufhören, ein ganzes Volk zu ermorden. Es war vergeblich. Einige Partisanenangriffe an der Peripherie des Gettos, ein paar heldenmütige Männer, die hier mit uns sterben wollten. Aber auch Gaffer, die am Rand des Gettos das Feuer betrachteten, die Schüsse der deutschen Batterien zählten, mit den Augen die Menschen verfolgten, die sich in die Flammen stürzten.

Der Stein schloß sich über unserem Grab. Es war nur noch eine Frage von Stunden.

Ich kämpfte bei den Bunkern der Kupiecka-Straße weiter. Kameraden kamen, die aus der Smocza-Straße hatten fliehen können. Die Deutschen setzten Gas, Feuer, Granaten ein. Niemand ergab sich. Teils töteten unsere Männer sich selbst, teils ließen sie sich an Ort und Stelle erschießen, überall fehlte es an Munition. Im Bunker in der Leszno-Straße hatten sie nur noch ein paar Flaschen Schwefelsäure.

Sollte ich hier mit den anderen sterben? War es nicht besser zu versuchen, in die Wälder zu entkommen und dort den Kampf fortzusetzen? Die Männer im Leszno-Bunker bereiteten sich darauf vor, doch die Deutschen ließen ihnen keine Zeit dazu und metzelten sie nieder.

In der Zamenhof-Straße schleuderte ich von einem Balkon aus meine letzten zwei Handgranaten auf eine Streife, dann gelang es mir, durch die Hinterhöfe und Keller in den Bunker der Mila-Straße 18 zurückzukehren. Die Luft dort war zum Ersticken, es waren etwa hundert Widerstandskämpfer versammelt.

Ich wollte nicht hier sterben, ich wollte den Gettohimmel sehen, ich wollte den sehen, der mich tötete. Wieder zog ich los, sprang über die Straße, war in unserm Haus Mila-Straße 23. Plötzlich, als ich über die zertrümmerte Treppe nach oben steigen wollte, hörte ich ihre Wagen, ihre Befehle, ihr Gebrüll.

Sie hielten vor dem Haus Nr. 18, aus dem ich eben gekommen war. Dutzende von SS-Leuten in Panzerwagen. Ich hörte ihre Rufe, ihre Befehle, herauszukommen und sich zu ergeben. Vielleicht versuchten meine Kameraden einen Ausfall, einen Gegenangriff. Stille, dann Explosionen, Gaswolken. Und wieder Stille, in die einzelne trockene Detonationen einbrachen. Sie töteten sich wahrscheinlich selbst. Ich legte mich mitten im Schutt flach auf den Boden und horchte auf die Stimmen der Henker, ohne sie zu verstehen. Das Gas roch stechend.

Leb wohl, Mordechai Anielewicz, lebt wohl, ihr meine Kameraden, ihr Männer unter den Menschen!

Bis in die Nacht blieb ich liegen, halb zugedeckt von Gips, Zement und Steinen. Ich dachte nichts. Ich war ein Stück Getto, weder lebendig noch tot. In der Nacht begann ich wieder zu kriechen. Ich begegnete Gestalten, die wie Menschen aussahen, mit zerfetzter Kleidung voller Schmutz; sie suchten nach einer Kerze, einem Unterschlupf, Nahrung. Ich kroch auf den Muranowski-Platz am Ende der Mila-Straße zu. Dort in der Nähe konnte man durch einen Keller und einen Tunnelstollen in die Abwässerkanäle gelangen.

Ich war allein in dem engen Gang. Es stank nach Gas, nach schmutzigem Wasser. Gebückt bewegte ich mich vorwärts, das Licht einer Kerze half mir, die an Drähten hängenden Handgranaten bei den Ausstiegen zu umgehen. Ich kannte diese Strecke nicht gut, ich hatte sie nur selten begangen, denn es waren Seitenkanäle, aber jetzt waren sie die einzigen, die noch frei waren. Ich ging unter der Przebieg-Straße hin. Am ersten Ausstieg, an dem keine Handgranaten hingen, klammerte ich mich an die Eisensprossen. Wasser und Kot rannen an meinen Beinen herab, ich war schweißüberströmt und erschöpft. Mein Durst, mein Hunger waren so groß, daß ich mich übergeben mußte. Ich säuberte mich, so gut es ging, strich mir das Haar zurecht, dann stemmte ich mich mit dem Nacken gegen den Kanaldeckel.

Draußen, ein paar hundert Meter entfernt, Nacht, Explosionen, Feuerstöße, Lichter. Ich kroch hinaus, legte mich flach auf das Pflaster. Um mich herum und im Hintergrund eines Schuppens standen Straßenbahnen: ich war in einem Straßenbahndepot, geschützt vor Blicken, wieder einmal hatte ich Glück gehabt!

Ich schob den Kanaldeckel wieder zu. Drüben kämpften sie immer noch. Aber ich wollte überleben, um zu siegen, und dort drüben ging es jetzt dem Ende zu. Der Kampf mußte anderswo fortgesetzt werden. Der Tod hatte mich verschmäht. Ich hatte nichts getan, vor ihm zu fliehen, ihm zu entkommen, jetzt wollte ich mich ihm nicht freiwillig in die Arme werfen.

Ich blickte auf die Lichter über dem Getto, ich hörte das Gewehrfeuer. Lebt wohl, Vater, ihr Kameraden, mein Getto!

Ich sprang über die Mauer des Straßenbahndepots. Das arische Warschau war ruhig, sobald man sich vom Getto entfernte. Alles war verdunkelt, doch ich kannte die Stadt, und die Finsternis war meine Verbündete. Ich versteckte mich vor Streifen und verdächtigen Menschengruppen in Kellereingängen. Dann überquerte ich die Weichsel und war im Praga-Viertel.

Von der anderen Straßenseite aus beobachtete ich das Haus, in dem Mokotow das Grab wohnte. Alles war still und menschenleer in der frischen Morgendämmerung. Ich rannte die Treppen hinauf, klopfte vorsichtig einmal an die Tür. Sie ging sofort auf. Ich fiel Mokotow in die Arme.

»Ich hab' dich jede Nacht erwartet«, sagte er.

Ich packte seine Hände. »Mokotow, sie haben mich nicht erwischt, weil ich weiterkämpfen will, weil ich die Meinen rächen will. Alle. Mein ganzes Volk!«

»Ich weiß, Mietek. Du hast einen harten Kopf.«

Ich ließ seine Hände nicht los. Es gibt Kraft und tut gut, einen lebendigen Menschen zu spüren.

Zweiter Teil
Die Rache

Ich grüße dich,
Kamerad

Sie kämpfen weiter. Mokotow treibt sich jeden Tag in der Nähe des Gettos herum, und wenn er am Abend zurückkehrt, spüre ich sein Zögern. Er möchte von den Schüssen, dem Krepieren der Granaten, den Lastwagen voller Soldaten und den Rauchwolken berichten. Aber er fürchtet, ich würde dann ins Getto zurückkehren, um bei den letzten Kämpfern zu sein, den Männern in den Trümmern, die man einzeln wird töten müssen, ich weiß es, weil sie sich niemals ergeben werden.

Mokotow hat unrecht, sich Sorgen zu machen: für mich liegt die Front jetzt anderswo. Meine Kameraden und ich haben gemeinsam im Herzen unseres Gettos dieses Denkmal aus den Leibern unserer Brüder errichtet. Mein Vater liegt dort drüben, ein Stein unter Steinen. Ich will seit seinem Tod nicht nur einfach kämpfen, wie ich es getan habe, wie wir es getan haben, ich will nicht nur einfach leben, denn ich lebe. Ich will siegen. Denn auch die Henker sind sterblich. Ich habe sie fliehen sehen, habe gesehen, wie auch sie zu Toten werden, aus denen Blut strömt. Siegen will ich, deshalb kehre ich nicht ins Getto zurück.

Im Versteck bei Mokotow dem Grab komme ich wieder zu Kräften. Ich bekomme zu essen, zu trinken, ich schlafe. Ich habe mehr Geld, als nötig ist. Es kommt aus dem Getto.

Maria murmelte eines Abends: »Du könntest doch irgendwo in einem kleinen Dorf abwarten. Die Deutschen werden eines Tages fort sein. Mit deinem Geld könntest du... Du hast doch deinen Teil getan, du...«

Sie wagte kaum zu sprechen, aber es gibt Dinge, die man meint aussprechen zu müssen.

Sie wollte weiterreden, doch Mokotow zog ein verächtliches Gesicht und verkniff die Wangen, als wolle er ausspucken: »Die Frauen sollen schweigen, sie sollen die Klappe halten«, sagte er.

Maria begann zu schluchzen. Sie bedeckte die Augen mit den Händen vor Scham darüber, daß sie gesprochen hatte.

Ich mußte ihr von Riwka erzählen, von Sonia, von meiner Mutter. Von den zwei kleinen Mädchen, die Kameraden unter einem Leichenhaufen hervorkriechen sahen. Es war in der Nähe der Gettomauer: zwei kleine Mädchen voll Blut, wie durch ein Wunder der Vernichtung entgangen. Eines von ihnen sagte immer wieder: »Mama ist tot, und die Deutschen haben meinen Papa mitgenommen, ich will nicht mehr leben, ich will nicht mehr leben!« Konnte man dabei untätig bleiben; konnte man abwarten und nur die eigene kostbare Haut retten wollen? Was wäre ein solches Leben wert, das man sich um den Preis der Feigheit erkauft hätte?

»Ja, ich weiß. Du hast recht, Mietek.«

Ich nahm Maria in die Arme, und sie legte mir die ihren um den Hals. Sie war von Schluchzen geschüttelt. »Ich will nicht, daß du stirbst, Mietek! Du darfst nicht sterben!«

»Hab keine Angst. Sie haben den rechten Augenblick verpaßt. Jetzt kriegen sie mich nicht mehr.«

Dessen war ich sicher, und ebenso sicher, daß ich ans Ziel gelangen würde. Als wäre alles, was ich bisher durchlebt hatte, ein langer Anstieg voller Hindernisse gewesen, und als wäre ich endlich auf dem Gipfel angelangt: ich sah ihren Untergang, sah unseren Sieg. Und ich sah unsere Rache.

Am 16. Mai führte mich Mokotow zu seinen Kameraden von der Armia Ludowa in der Altstadt. Ich berichtete von unserem Kampf und wieder von Treblinka, von Zambrow, von der Einstellung mancher Bauern und mancher Kämpfer in der Armia Krajowa.

»Wir werden ein neues Polen aufbauen«, sagte Witold, der Gruppenführer, mehrmals.

»Ich will kämpfen«, sagte ich, »als Jude und Pole will ich kämpfen!«

Sie waren einverstanden, doch ich mußte noch einige Tage abwarten, bis sie mir falsche Papiere besorgt hatten. Ich besaß Geld und bezahlte, damit es schneller gehe. Als Mokotow und ich ins Praga-Viertel zurückkehrten, erschütterte eine Explosion aus dem Getto die Fensterscheiben. Zwei weitere, weniger heftige folgten. Die Leute auf der Straße blieben stehen, starrten in die Luft, wechselten ein paar Worte, dann gingen sie weiter ihrem ordentlichen Leben nach.

Am nächsten Tag erfuhren wir, daß die Deutschen die große

Synagoge in der Tlomackie-Straße gesprengt hatten. Sie wollten sogar die Steine töten. Aber es würde ihnen nicht gelingen: wir waren widerstandsfähig wie Stein, und unsere Steine waren ewig wie das Leben.

Ein paar Tage danach brachte Mokotow mir triumphierend zwei Pässe: einen polnischen auf den Namen Zamojski und einen »volksdeutschen« auf den Namen Krause.

Ich mußte nach Lublin in eine Straße der Innenstadt fahren, von dort würde man mich zu den Partisanen bringen, die sich im Wald versteckt hielten. Mokotow begleitete mich zum Zug. Züge fuhren jetzt nur selten, und sie waren vollgestopft mit heimkehrenden Bauern und Flüchtenden, die aus Warschau aufs Land entkommen wollten. Man konnte die Waggontür kaum schließen. Mokotow wartete bis zuletzt. Wir umarmten uns zweimal. Wer konnte wissen, ob wir uns je wiedersehen würden?

»Laß es sie teuer bezahlen, Mietek!« sagte er.

»Ich hab' es dir zu verdanken, daß ich es tun kann.«

»Maria und ich haben dich sehr gern. Sie besonders.« Er begann zu lachen. »Du weißt ja, wie Frauen sind. Leb wohl, Mietek.«

Er drehte sich weg. Ich sprang auf den Zug und blieb auf dem Trittbrett stehen, während die letzten Häuser Warschaus an mir vorüberglitten.

Es gab Aufenthalte, wir rangierten, um zerstörte Brücken zu umgehen, Material- und Truppentransporte vorbeizulassen, die nach Osten fuhren, es gab Kontrollen: den polnischen Polizisten zeigte ich meinen Volksdeutschen-Paß, den deutschen Gendarmen meinen polnischen. Dem einen blickte ich arrogant ins Gesicht, für die anderen schaute ich demütig und naiv drein, wie es einem jungen Mann der minderwertigen Rasse zukam.

Ich gelangte nach Lublin. Es war noch früh am Tag, leichter bläulicher Nebel hing über der Stadt. Ich ging durch die Altstadt, trank mit Bauern, wartete auf den Einbruch der Nacht. Dann ging ich zum niedrigen Haus in der Nähe der Kathedrale, in dem man mich erwartete. Ich erinnere mich noch heute an das alte polnische Ehepaar, die aufrechte, magere Frau mit den weißen Haaren, den gebeugten, doch verbissenen energischen Mann. Bis spät in die Nacht mußte ich ihnen beim Schein einer Kerze erzählen.

»Man darf kein Mitleid mit den Nazis haben. Mit den Nazis, nicht den Deutschen«, sagte der alte Mann mehrmals.

Die alte Frau hatte mir in einem kleinen Zimmer auf einem Diwan ein Bett hergerichtet.

»Unser Sohn hat hier geschlafen«, sagte sie. »Die Deutschen haben ihn mitgenommen, im September, als sie hierherkamen. Es ist schon lange her, es war 1939, und doch ist es für mich, als wäre es gestern gewesen.«

Ich umarmte sie. Ich hätte gern mehr mit ihr gesprochen, sie Mutter genannt, ihr gesagt, wie sehr ich diesen Krieg haßte, diesen Irrsinn, der sie und mich und Millionen Menschen überall für immer von ihren Lieben getrennt hatte.

Am nächsten Morgen führte mich der Alte mit dem verbissenen Gesichtsausdruck davon. Er zeigte mir in der Vorstadt einen Bauern, der gegen seinen Karren gelehnt wartete, dann verließ er mich. Ich hatte ein Erkennungswort. Der Bauer blickte mich prüfend an. »Steig auf«, sagte er schließlich.

Das Land um uns war schön. Grüne Flächen wechselten mit gelben Stellen. Ein paarmal sank unser Wagen in Schlammlöcher voll schmutzigem Wasser ein, und ich mußte absteigen und schieben helfen. Die körperliche Anstrengung tat mir wohl, die Weite, die Bäume vor uns, zusammengedrängt wie ein brüderliches Volk, der sanfte Wind, alles erfüllte mich mit Freude. Wir kamen in den Wald und fuhren eine Zeitlang dahin. Dann hielt der Bauer und stieß einen Eulenruf aus. Der gleiche Ruf klang zurück.

»Steig ab und geh geradeaus. Sie sind dort drüben.«

Er wendete den Karren, und ich ging im Dunkeln und der Frische des Waldes unter den großen Bäumen vorwärts. Ich hörte sie nicht kommen: aber plötzlich sagte hinter mir eine fröhliche Stimme: »Grüß dich, Kamerad!«

Ich war bei den Partisanen.

Es waren drei. Sie sahen aus wie Bauern in ihren dicken Jacken, mit den Mützen, den schwerfälligen Körpern und Gesichtern der Landleute. Wir marschierten im Gänsemarsch den ganzen Tag weiter, umgingen Sumpflöcher, vermieden Straßen und Dörfer, drangen tiefer in den Wald ein. Manchmal schnallte sich Sascha, der jüngste der drei, ein Junge mit unter der Mütze hervorquellendem blondem Haar, Steigeisen an und kletterte auf gewaltige Stämme, die bis zu zwei, drei Metern über dem Boden astlos waren und oft Dutzende von Metern hoch aufragten. Sascha verlor sich in den Zweigen; ein paar Minuten später kam er wieder herunter, die

Hände voller Harz. Seinen Anweisungen folgend, rannten wir auf die nächste Straße zu, die frei von Feinden war, überquerten sie und drangen in ein anderes Waldstück vor.

In der Nacht erreichten wir die Wälder von Janow. Wir machten in der Finsternis halt. Es hatte zu regnen begonnen, von Zeit zu Zeit überschüttete uns der Wind mit Regentropfen. Man hörte einen Bach rauschen. Einer der Kameraden stieß einen Ruf aus.

In unserer Nähe antwortet jemand, dann leuchtete eine Lampe auf. Wir gingen weiter und erreichten plötzlich eine Lichtung mit Hütten, einem großen Feuer, singenden Männern, Leben, das sich mitten im Wald regte. Ich wurde mit freundschaftlichen Rippenstößen und unzähligen Fragen über Warschau und das Getto empfangen. Die jüdischen Partisanen hörten nicht auf, mich auszufragen, sie machten sich Vorwürfe, nicht mit den Ihren dort gekämpft zu haben.

»Brüder, das Wichtigste ist, daß man kämpft.« Ich redete lange mit Gustav Alef, der Bolek genannt wurde. Er war ein Jude aus Lonza, einer Stadt in der Nähe von Zambrow.

Er hockte neben dem Feuer, starrte zu Boden, blickte mich nicht an, stocherte mit einem Zweig in der Erde. Er wollte alles über das Lager Zambrow erfahren, in dem seine Familie interniert gewesen war. Als ich versuchte, ihm einen Hoffnungsschimmer zu geben, schüttelte er den Kopf. »Ich hoffe nur, daß sie nicht zu sehr leiden mußten«, sagte er. Hoffnung hieß nur noch: ein kurzes Leiden für unser Volk.

Wir saßen schweigend am Feuer. Die anderen sangen, legten sich die Arme um die Schultern, schoben Kartoffeln in die Glut, rollten sie mit Zweigen zu sich her, ließen sie von einer Hand in die andere fallen und verbrannten sich die Finger. Jemand brachte ein Akkordeon, alle begannen zu singen. Ich nahm den Refrain von Bolek auf. Die Nacht war voll und kühl, die Bäume standen um uns herum wie die Mauern einer Festung. Wir sangen, und Leben erfüllte unser Lied: das Lied, ihre Stimmen, meine Stimme dehnten meine Brust mit Freude und neuer Kraft. Dann brachten Partisanen einen gewaltigen, vom Feuer rußgeschwärzten Metallkessel. In ihm schwamm eine Art Ragout aus Kartoffeln und Speckstücken, in das wir unsere Holzlöffel tauchten. Wir saßen mit erhitzten Gesichtern ums Feuer. Dann machte eine Flasche *Bimber*, der herbe Wodka der Bauern, die Runde, und es gab Protestrufe, wenn einer sie zu lange am Mund hielt.

»Wir feiern ein Fest für dich, Mietek.«

Aus der Kriegsgefangenschaft geflüchtete Russen, die sich zu den Partisanen geschlagen hatten, begannen zu tanzen, und wir schlugen mit den Händen den Takt dazu. Ich mußte lachen, wenn einer von ihnen vor lauter Eifer umfiel und dann noch wilder weitertanzte. Ich lachte, klatschte in die Hände, sang, ich, Mietek. Seit Monaten hatte ich vergessen, daß das Leben auch Freude sein kann. Auch die Stille eines Waldes hatte ich vergessen, das Rascheln der Blätter, wenn ein Vogel auffliegt, seinen Gesang, das Rauschen des Windes.

»Wir machen hier keinen Unterschied, Mietek. Wir sind alle Polen, alle Partisanen, alle Kameraden.«

Gregor Korczynski saß in seiner Hütte. Er redete langsam, als beruhige er ein scheues, widerspenstiges Tier. Er war der Anführer der Gruppe Taddeus Kosciuszko, die mehr als vierhundert Mann stark war.

»Ich will kämpfen, mich rächen.« Es gab nur noch diese zwei Worte für mich. Sie waren die Gleise, auf denen mein Leben verlief, durch sie lebte ich weiter.

»Du wirst kämpfen, Mietek, du wirst kämpfen. Wir alle wollen das.«

Gregor log nicht. Am Feuer in den Wäldern lernte ich die Partisanen kennen. Ich traf Juden, Polen, geflüchtete Russen, Franzosen, Tschechen, ein ganzes Volk, ein Polen der Wälder und der Dunkelheit, das Polen und das Europa der Rächer. Die Juden waren Überlebende aus den Gettos, ihre Augen hatten Entsetzliches gesehen. Die Russen hatten viele Zehntausende ihrer Kameraden unter Schlägen oder an Hunger sterben sehen. Die Polen berichteten von eingeäscherten Dörfern, liquidierten Geiseln, Männern und Frauen, die man öffentlich vor den Augen der stummen Menge hingerichtet und an irgendeiner Mauer liegen gelassen hatte. Zeugen hatten Männer und Frauen gesehen, welche die Spuren der Folterungen im Gesicht trugen und den Mund voll von erstarrtem Gips hatten, damit sie vor dem Tod nicht noch einen letzten Schrei der Auflehnung ausstoßen konnten.

Mieczyslaw Moczar, der von Warschau bis zu uns durch das ganze Land gestreift war, erzählte mit dumpfer Stimme: »Die Henker wollten ein ganzes Volk ausrotten, aber es wird ihnen nicht gelingen.«

Ich ballte die Fäuste. Wir alle wollten kämpfen, wir waren das Polen der Rächer; wir lebten in den Wäldern, im Wald von Parczew und im Wald von Chelm, im Wald von Borow und im Wald von Lubartow. Dort traf ich bei unseren zufälligen Aufenthalten auf Lichtungen weitere Männer: Kot und Kruk und Kolka, Typhus-Slawinski, Franek, Janek die Bohnenstange. Ich trank und sang mit ihnen. Ich kämpfte mit den Männern der Gruppe Mickiewicz, deren Anführer Jan Holod war, den wir Kirpiczny nannten.

»Du kämpfst gut, Mietek«, sagte Moczar zu mir. Er schickte mich auf Erkundungsgänge, und abends tranken wir zusammen.

»Die beiden Mieteks kämpfen mit der Wodkaflasche«, rief Bolek. Auch beim Wodka schlug ich mich tapfer.

Oft rief uns Gregor zusammen und sprach zu uns. Er stapfte im warmen Licht des Feuers um uns herum und wiederholte: »Kameraden, die Hitlerschergen, die Faschisten...«

Alles schien einfach. Ich hörte zu: die Sowjetunion war unser großer Verbündeter. Hitler bedeutete den Kapitalismus, aber bald würde das sozialistische Polen erstehen, und wir waren seine Rote Armee.

Ich lauschte. Ich glaubte wieder Julek Felds Worte zu hören, die Hoffnungen meines Vaters zu entdecken, glaubte, die schreienden Ungerechtigkeiten des Gettos zu verstehen. Ich stand auf der Seite der Armen, der Verhungerten, der Bettler, der Opfer. Ich hörte zu, doch ich hatte kaum Zeit nachzudenken. Ich wollte zuerst kämpfen und siegen. Später würde ich überlegen.

Gregor, Moczar, Typhus-Slawinski, der vom Spanischen Bürgerkrieg berichtete und mit Franzosen-Maurice endlos über seine Erinnerungen an Marseille sprechen konnte, Typhus, für den Warschau nichts gegen Barcelona war, und Theodor Albert, ein sowjetischer Offizier, der aus der Gefangenschaft geflohen war, sie alle kämpften tapfer. Ich hatte Vertrauen zu ihnen. Wie ich wollten sie die Henker vernichten. Deshalb war ich auf ihrer Seite.

Manchmal überquerten wir den Bug, zogen durch riesige Wälder nach Osten. Waren wir gestern noch in Polen, befanden wir uns heute schon in Rußland. Gestern kämpften wir gegen die Deutschen, heute gegen die ukrainischen Bandéra-Leute, plündernde Banden im Dienst der Henker, die uns beständig auflauerten. Die Landschaft, die Menschen waren anders, doch der Wald blieb immer derselbe. Ich zog umher, fiel in Sumpflöcher, durchquerte nächtliche Dörfer, schlief am Tage.

Ich war Melder für General Alexej Feodorowitsch Feodorow, der die sowjetischen Partisanen in Weißrußland befehligte. Das Lager der Russen war gewaltig. Offiziere in Uniform dozierten mitten unter aufmerksamen jungen Partisanen. Zum erstenmal in meinem Leben sah ich ein Flugzeug auf einer Notpiste landen. Die Russen waren reiche Partisanen, wir waren die armen, die auf Fallschirmabwürfe warteten, die nicht kommen wollten. Unsere Feuer erloschen auf den Lichtungen, Morgendämmerung zog herauf, und ich starrte immer noch in den leeren Himmel hinauf.

Eines Nachts aber hörten wir einen einzelnen Motor dröhnen. Wir gossen Benzin in die neun Feuer, die den Buchstaben »M« bildeten. Große blaue Flammen schossen auf. Das Flugzeug wendete dicht über den Wipfeln, Fallschirme sanken herab mit zwei Abgesandten aus Moskau, einem Tschechen und einem Deutschen, die nach Warschau weiter wollten, und vor allem mit Waffen, Pepeschas, Maschinenpistolen mit rundem Magazin, wie ich sie bei den Partisanen General Feodorows gesehen hatte.

Am nächsten Morgen ließ Moczar uns auf der Lichtung antreten. Die Maschinenpistolen lagen vor uns in offenen Kisten. Er trat zu jedem von uns und übergab uns eine Waffe. Bei mir blinzelte er und sagte: »Da, nimm sie, du wirst sie schon zu verwenden wissen.«

Ich packte die Maschinenpistole, der Stahl lag kühl in meinen Händen, ein verläßliches Instrument meiner Rache.

Wir verließen unsere Wälder. Wieder ging ich auf Erkundungsgänge. Ich sprach polnisch und deutsch, ich besaß falsche Papiere. Ich drang in Dörfer vor, redete mit den Bauern, ich spionierte deutsche Posten aus, begegnete Soldaten auf den Straßen, Soldaten, auf die ich ein paar Stunden später zielen würde.

In einem Dorf faßte mich einer von ihnen, ein lächelnder höflicher Riese, am Arm: »Eier, Eier«, sagte er. Lachend machte er ein Huhn nach. Ich schaute ihm ins Gesicht und schüttelte den Kopf, denn dieser Henker sah fast wie ein Mensch aus. Ich zog mich in den Wald zurück.

Der Krieg war unmenschlich. Dieser Soldat würde töten und getötet werden. So war das Gesetz. Moczar ließ sich berichten, was ich entdeckt hatte: »Mietek, du hast ein Gedächtnis wie aus Stahl.«

Wir zogen in kleinen Gruppen los. Ich hatte gelernt, wie man auf Bäume klettert. Wir bewachten die Straße, die von Wlodawa nach Sosnowiec führt. Die deutschen Lastwagen wirbelten Staubwolken auf. Wir ließen die Konvois passieren, aber wenn ich ein einzelnes Fahrzeug entdeckte, schrie ich und kletterte in Eile wieder hinunter. Wir zerrten einen Baumstamm quer über die Straße. Der Wagen kam heran, die *Pepescha* wurde brennendheiß, Körper stürzten zu Boden. Manchmal rannte ich einem Fliehenden nach. Wir durften keine Spuren hinterlassen, damit die Deutschen unsere Trupps nicht entdeckten. Mit Ästen fegte ich das Blut von der Straße: wir schoben das Fahrzeug in den Wald und warfen die entkleideten Leichen in den Sumpf. Knapp eine Stunde nach unserem Hinterhalt hatte die Straße ihr friedliches Aussehen wiedergewonnen. Sie schlängelte sich zwischen den Bäumen hindurch, als hätten sich Erde und Wald plötzlich unter den Henkern aufgetan und sofort wieder geschlossen.

Ich meldete mich freiwillig zu all diesen Aktionen. Jeden Morgen ließ ich in mir während langer Minuten die Meinen wieder erstehen, sah wieder ihre Gesichter, wie sie in Treblinka neben dem Gleis gestanden hatten, wie sich mein Vater in der Swietojerska-Straße, im Sektor der »Bürstenfabrik«, auf die SS-Männer gestürzt hatte. Jeden Morgen, wenn der Wald noch von Feuchtigkeit dampfte, lebte ich in der Vergangenheit mit den Meinen. Ich hatte eine schwere Schuld von den Henkern einzutreiben.

Moczar sagte oft: »Du bist mir zu wertvoll, Mietek.«

Er versuchte, mich von Sonderaktionen abzuhalten. »Ich möchte dich lieber als Kurier behalten.«

Doch ich bestand darauf. Ich wollte bei den Kämpfern sein. Dann pflegte Moczar die Achseln zu zucken und zu sagen: »Also geh und komm lebendig zurück. Ich brauch' dich!«

»Warum sollte ich sterben? Ich will nach Berlin.«

»Du bist verrückt, Mietek, ganz einfach verrückt!«

Ich war bei jedem Handstreich dabei; ich sabotierte die Eisenbahnstrecke Wlodawa-Chelm. Sobald der Sprengstoff angebracht war, zogen sich die anderen in Deckung zurück. Trotz ihrer Pfiffe folgte ich ihnen nicht; ich wollte sehen, wie die Gleise, die Brücke, der Zug explodierten; ich wollte sehen, wie meine Rache und der Sieg Wirklichkeit wurden.

Ich lernte mit ein paar Axthieben Telegrafenmasten und Lichtleitungen umlegen: die Schneide drang ins Holz, meine Axt drang mitten in die Wunde ein, die ich aufgerissen hatte. Los, Mietek, los! Erinnere dich an Iwan neben den Gruben, erinnere dich an seinen Knüppel, und der Mast brach zusammen und riß den Draht mit. Ich rannte zum nächsten Mast, ich hackte zu, bis meine Arme ganz kraftlos wurden, todmüde hieb ich noch weiter.

Dann verlangte ich, in die Städte gehen zu dürfen. Ich sah die Feinde gemächlich durch die Straßen gehen, ich sah die Kommandanturen mit den davor parkenden Wagen, die Wachtposten. Doch war ich nicht mehr Mietek, der gehetzte Bauernknecht, den der diebische Bürgermeister von Zaremby denunziert hatte. Ich war Mietek, der Partisan, ich spähte die Verräter aus und organisierte ihre Bestrafung. Mit einem Kameraden klopfte ich in deutscher Uniform am hellichten Tag an die Tür eines Mannes, der eine Partisanengruppe verraten hatte. Wir töteten ihn mit dem Dolch, dann machten wir uns ruhig quer durch sein Dorf auf den Rückweg.

Ich zog allein los, im Kopf eine verschlüsselte Botschaft, deren Sinn ich nicht verstand. Ich schlich von einem Wald in den anderen. Ich verstand es jetzt, Vogelrufe auszustoßen, mich den Posten zu erkennen zu geben: ich war der Kurier.

Manchmal trat ich in Bauernhäuser, setzte mich auf einer Bank nieder, die um den hohen Kachelofen lief, um mich aufzuwärmen. Doch ich nahm nur selten die Einladung an, auf dem Ofen zu schlafen, wie es andere taten. Ich vertraute vor allem meiner Vorsicht.

Eines Tages riefen mich Moczar und Janusz zu sich. Moczar war in eine dicke Decke gehüllt, Janusz konnte die Kälte nichts anhaben, er war ein Mann aus den Wäldern.

»Du kennst doch Treblinka, Mietek, erzähl uns davon.«

Ich redete eine ganze Nacht lang.

»Südlich von Lublin«, sagte Moczar, »liegt Majdanek.« Ein zweites Treblinka, mit einer »Fabrik«, mit Gruben.

»Vielleicht können wir es angreifen, Mietek, vielleicht...«

Kurze Zeit darauf fanden wir Janusz' verstümmelte Leiche, man hatte ihm die Ohren abgeschnitten. Ein Opfer des NSZ, der »Miliz«, die gegen uns »Banditen«, für ein anderes Polen kämpfte und die Juden den Henkern gegen eine Kopfprämie von fünf Kilo Zucker auslieferte. Sie waren gnadenlose Fanatiker. Wir waren für sie »Rote« und »Russen«. Sie allein würden das »ewige katholische Polen« retten.

Wir hoben in der schwarzen Erde das Grab für Janusz aus und bildeten einen Kreis um unseren toten Kameraden. Danach standen wir am frischen Grabhügel und hörten Moczar und Gregor zu.

»Wir brauchen einen Mann beim NSZ«, sagte Moczar.

Ich war ein Kamerad von Janusz, der Majdanek hatte angreifen wollen. Und ich war ein Bruder der Juden, die in den Dörfern von den Leuten des NSZ gehetzt wurden. Ich kämpfte gern mit der Maschinenpistole, und mit all der Kraft, die mir von den anderen Kämpfern zuströmte, wenn sie durch ein Zeichen, einen Pfiff Sicherheit gaben.

Ich war nicht gern allein. Doch ich war nicht in den Wäldern, um nur das zu tun, was mir paßte. Ich trennte mich von meiner *Pepescha*, verließ meine Kameraden und machte mich auf den Weg, meinen polnischen Paß in der Tasche: als Einzelkämpfer zum Feind geschickt.

Wieder fragte ich die Bauern nach Arbeit. Ich schlich mich in die Mausefalle, in eines der Dörfer in der Hand der Leute vom NSZ. Sie hatten in der Umgebung Posten aufgestellt, um sich vor unseren Angriffen zu schützen. Ich traf auf sie: sie standen da, Handgranaten mit dem hölzernen Griff im Gürtel, die Fellmützen ins Gesicht gedrückt. Sie ließen mich herankommen. Zwei waren es, ich grüßte sie mit einer Handbewegung, sie ließen mich vorbeigehen. Ich war allein, waffenlos, ungefährlich für sie. Ich ging direkt zur Kirche, wo ich dem Pfarrer erklärte, ich sei aus einem deutschen Arbeitslager entflohen und wolle auf dem Land leben. Der Priester hörte mir schweigend zu, dann nannte er mir den Namen eines Bauern.

Wieder begannen die langen Tage, wie ich sie in Zaremby vor dem Gettoaufstand gekannt hatte. Ich wendete Heu, mistete den Stall aus, und am Abend redete ich mit den Leuten. Ich sagte ihnen, daß ich kämpfen wolle. Der Bauer schüttelte mit gefalteten Händen immer wieder den Kopf.

Dann, eines Abends, sagte er: »Der Kommandant Zemba kann dich vielleicht brauchen. Melde dich bei ihm und sage, ich hätte dich geschickt.«

Am Dorfausgang hatte Kommandant Zemba in einem Bauernhaus sein Quartier. Auf dem Tisch lagen eine Maschinenpistole und Handgranaten, ein silbernes Kreuz hing an der Wand. Er blickte mich scharf an. Ich kannte diese weißen Augen, dieses Lächeln, das kaum die Lippen umzuckte, die ironische Stimme: Zemba war eine Bestie mit Menschengesicht.

Er fragte mich aus, blätterte mit seinen beringten Bauernfingern in meinem Paß, dann gab er mir zu trinken, aber ich behielt einen klaren Kopf.

»Wenn du kämpfen willst, komm morgen wieder«, sagte er.

Am nächsten Morgen zogen wir mit etwa zwanzig Mann zu einem Dorf, dessen Bewohner beschuldigt wurden, Partisanen geholfen zu haben. Ich blieb mit ein paar anderen als Späher am Straßenrand zurück. Ich hörte Frauen schreien, hörte die Explosionen. Ich sah, wie Bauern in den Wald zu flüchten versuchten und einige mit Handgranaten niedergemacht wurden. Dann kehrten wir an unseren Standort zurück.

Abends beteiligte ich mich an der Sauferei. Ich trank, bis mir übel wurde und ich mich übergeben mußte. Es war nicht nur wegen des Alkohols, der Krieg war eine schmutzige Sache; ich dachte an meine Streifzüge durch die Wälder an Boleks Seite und unsere jiddischen Lieder, die wir dabei gepfiffen hatten. Und nun war ich mitten unter diesen Verbrechern und lachte mit ihnen.

Meine Leidenszeit dauerte einige Wochen. Nachts schlich ich mich aus dem Dorf zum Waldrand, wo mich ein Kamerad erwartete. Ich nannte ihm die Namen der NSZ-Kollaborateure, der Dörfer, die ihnen ergeben waren, der Bauern, die ihnen halfen. Es gelang mir, die eine oder andere Aktion vorher zu melden, und wenn wir uns dem Dorf näherten, das Zemba angreifen und plündern wollte, warteten die Partisanen schon und trieben ihn in die Flucht. Ich fluchte mit den andern, trank mit ihnen, täuschte sie. Doch nach und nach spürte ich, daß Argwohn in ihnen aufstieg.

Zemba ließ mich zu sich rufen, begann mich wieder zu verhören; er gab sich freundschaftlich, harmlos, vertraulich, forderte mich auf, von meinen Eltern zu sprechen, warum ich hierher, in dieses Dorf, gekommen sei. Sein weißer Blick ließ mich keinen Augenblick lang los. Seine beringten Hände spielten mit einem Dolch. Ich dachte an den Pawiak, an das Gestapo-Hauptquartier in der Szuch-Allee. Ich hatte keine Angst.

»Weißt du«, sagte er, »die Spione hebe ich immer für mich selber auf. Die Augen, die Ohren, ritschratsch! Wir haben schon welche gekreuzigt. Bäume gibt's ja genug, und ein Kreuz ist leicht gebaut.«

Ich lachte darüber, trank mit ihm, aber im Stiefelschaft hatte ich eine Granate. Ich mußte leben.

Ein paar Tage später tranken wir nach einer gelungenen Aktion wie üblich im Haus am Dorfeingang. Zemba, die Wodkaflasche in der Hand, schwang eine Rede: »Es gibt Spitzel, die Armia Ludowa hat überall ihre Spitzel. Ritschratsch, wir werden ihnen die Ohren abschneiden!«

Alles lachte und schaute auf die Handbewegungen, die Zemba bei diesen Worten machte. Er redete so minutenlang, und mir war, als sähe er mich dabei an. Ich wollte leben und siegen, nicht hier in diesem polnischen Kaff unter den Messern besoffener Banditen umkommen. Ich stand auf, als wolle ich etwas sagen oder um einen Schluck bitten, dann sprang ich zur Tür, drehte mich um, warf die Handgranate ins Haus und lief auf den Wald zu, zu meinen Bäumen, meiner Zuflucht.

Die ganze Nacht suchten sie in der Nähe des Dorfes, im Wald, nach mir. Ich war auf einen Baum geklettert und klammerte mich an den Stamm, als könne er mir Kraft geben. Die NSZ brüllten, schickten aufs Geratewohl Kugelsalven in die Gegend, warfen Handgranaten, aber sie fürchteten sich vor dem Wald, der unser Reich war.

Ich wartete lange, meine Arme begannen zu schmerzen. Kurz vor Morgengrauen stieg ich vom Baum, lief durch den Wald, schlief in einem Graben und stieß dann schließlich wieder zu Moczar, Gregor und den anderen Kameraden. Nie wieder würde es einen Spion Mietek geben. Am Abend setzte ich mich neben Bolek ans Feuer, tauchte meinen Holzlöffel in den großen, rußgeschwärzten Topf. Ich war wieder ein Mensch unter Menschen; ohne eine Maske tragen zu müssen saß ich stumm und ruhig inmitten des Gemurmels ihrer brüderlichen Stimmen. Am nächsten Morgen fiel der erste Schnee, dann folgten weitere weiße, eisige Morgen. Der Wald wurde ungastlich, das feuchte Holz brannte schlecht, die Feuer erloschen, Nahrung wurde knapp.

»Kameraden, die Rote Armee...« Moczar und Gregor verkündeten ihre Erfolge. Unser Los aber war Kälte, Nebel, Sabotage. Ich trank Cognac und Champagner, die wir im Schloß eines Kollaborateurs geplündert hatten. Ich zog durch tiefen Schnee wie durch ein Meer. Tagelang war der brennende Bimber meine einzige Nahrung. In den gefrorenen Boden grub ich Gräber für die toten Kameraden.

Ich lag im Hinterhalt, tötete, sah, wie Menschen starben. Die Hölle des Kriegs war zur Routine geworden.

Manchmal schlief ich bei Bauern. Eines Morgens spät überraschte mich Hundegebell, das Gebrüll von Soldaten. Es waren deutsche Gendarmen, sie brachen die Türen auf, suchten nach einer jüdischen Familie, die ein Spitzel für ein paar Geldscheine verraten hatte. Ich lag im Heu versteckt. Vor der Kirche lachten die Soldaten, ließen eine Flasche Wodka kreisen. In ihrer Mitte lagen mit erhobenen Armen drei Kinder, ein Mann und eine Frau auf den Knien. Ich hatte keine Waffe. Alles, was ich seit 1939 gesehen hatte, brach wieder über mich herein. Ich schloß die Augen. Dann rannte ich weinend zu unserer Lichtung im Wald zurück. Einen ganzen Tag lang blieb ich unbeweglich auf dem Boden liegen. Bolek wich nicht von meiner Seite.

»Wir müssen sie rächen, Bolek!«

Ich bereitete einen Hinterhalt vor. Bolek schrieb den Deutschen einen jener anonymen Briefe, an die sie zweifellos gewöhnt waren: Juden hätten sich in dem und dem Dorf versteckt. Ich saß tage- und nächtelang auf Wache. Was bedeuteten schon die Kälte, der Schnee, der mich zudeckte! Ich aß Schnee und trank Wodka, ich weigerte mich, von meinem Posten abgelöst zu werden.

Schließlich kamen sie, hochmütige, brutale SS-Männer. Sie marschierten zur Dorfmitte, die Waffen umgehängt. Nadja, eine junge Russin aus unserer Gruppe, war mit uns. Sie und ich standen auf und gingen den Deutschen entgegen. Als sie uns entdeckten, flüchteten wir auf den Wald zu. Sie schossen, sie brüllten: »Halt! Juden! Halt!«

Aber wir waren schon bei den Bäumen, hinter denen Bolek und Gregor, Kot und Kruk lauerten. Keiner von den SS-Männern blieb am Leben. Wir durften keine Spuren, keine Zeugen hinterlassen, ihre schwarzgekleideten Leichen röteten den Schnee. Ich schaute sie einen nach dem andern an und brach die Waffen aus ihren verkrampften Fingern.

Bolek trat neben mich: »Wir haben sie gerächt, Mietek.«

Ich schüttelte den Kopf. Nie würden wir gerächt sein. Der Tod der Henker erweckte die anderen nicht wieder zum Leben. Rache blieb immer bitter.

»Auch wenn wir sie alle töten könnten, Bolek, würden meine Brüder nicht wieder lebendig.«

Ich ließ mich in den Schnee fallen. Wie viele Tote lagen in Majdanek und Treblinka in den Gruben, wie viele, die nie wieder lebendig würden. Welch ein Irrsinn! Und ich mußte gleichfalls töten, um sie daran zu hindern, noch mehr Menschen abzuschlachten.

»Wir töten auch, Bolek, wir auch!«

»Na und? Was bleibt dir anderes übrig, Mietek?«

Ich wußte es ja. Wir ließen die Erschossenen am Waldrand liegen. Als der Winter zu Ende ging, rückte die Front näher. Ich kroch im Schlamm zu den Straßen, über die Lastwagen voller Verwundeter aus Rußland rollten. Die Züge fuhren alle nach Lublin. Bolek war außer sich vor Freude. Wir griffen jeweils kurz an, dann zerstreuten wir uns im Wald.

Eines Morgens sehr früh flog ein Flugzeug über unser Lager im Wald von Ramblow. Es streifte fast die Baumwipfel. Ich kletterte bis zur Spitze einer Fichte, und als das Flugzeug mit schwankenden Flügeln zurückkehrte, zielte ich wie die andern auf den Motor und den Piloten. Die Maschine krachte in den Wald und explodierte in hohen Flammengarben und schwarzem Rauch. Ich schrie Hurra über unsern Sieg. Aber kurz darauf kamen unsere Späher zurück: »Sie sind da, in Massen!«

Moczar übernahm das Kommando und ließ uns antreten. Wir waren ein paar hundert Mann im Wald. Ich sah Kapitan Czepiga mit seinen sowjetischen Partisanen.

»Kameraden, es wird hart werden.«

Ich grub mir ein Loch hinter einem Baum, andere versteckten sich in den Zweigen. Wir warteten schweigend, die Zeit verging nur langsam. Dann hörte ich sie brüllen und sah sie, vielleicht betrunken, von Baum zu Baum springen. Sie hatten es gewagt, in unsern Wald einzudringen. Es waren SS-Männer von der Division Wiking. Ich zielte und schoß wie die anderen Kameraden. Die Borke spritzte, die Bäume stöhnten, wenn sie zersplitterten, die Männer schrien.

Moczar rief: »Auf, Kameraden!«

Ich sprang aus meinem Loch und rannte schreiend zwischen den Bäumen auf ihre Gesichter, Helme, Uniformen, ihre Gewehre und Dolche zu. Ich brüllte, weil ich töten wollte. Und mit mir schrien all die Menschen aus Treblinka und aus dem Getto, aus Zambrow und Bialystok. Komm, Vater, auf, schrei auch du! Auf, Riwka, auch du,

Pawel, und du, Kamerad mit den roten Haaren, und du, Sonia! Auf! Sie oder wir. Die Bestien oder die Menschen.

Wir vertrieben sie aus dem Wald, aber sie hielten sich auf den Feldern, auf der Straße, und als die Nacht hereinbrach, stießen ihre Leuchtraketen in die Finsternis. Ich suchte Bolek. Er lebte. Auch Moczar und Gregor lebten.

»Wir müssen raus«, sagte Moczar, »vor morgen noch.«

Ich half unsere Toten in der Nacht unter einer dünnen Schicht Erde begraben, dann kroch ich auf die Wachtposten zu. Ich hörte sie atmen, hörte ihren rauhen Husten. Wenn die Raketen langsam zu Boden sanken, blieb ich unbeweglich liegen, wurde ein Stück schwarzer, schlammiger Erde. Dann kroch ich weiter. Ich hörte dicht vor mir jemanden husten. Lautlos töten.

Wir kamen durch, mit unseren Verwundeten, die wir tragen mußten, gelangten wir in ein anderes Waldgebiet. Wir waren zwischen den Tatzen der SS-Division Wiking hindurchgeschlüpft.

Mit jedem neuen Tag wurde ihre Niederlage deutlicher. Sie flohen, sie versuchten nicht einmal mehr uns anzugreifen, dachten nur daran, uns auszuweichen, die Wälder zu meiden. Unsere Macht wuchs, wir wurden eine Armee. Ich durfte eine Uniform tragen.

Eines Tages versammelte uns General Rola, der aus Warschau gekommen war, auf einer Lichtung. Er trug einen engen weißen Mantel, die Mütze war tief ins runde Gesicht gerückt. Er trat vor und sprach zu uns: »Partisanen, Kameraden, der Sieg...« Ich hörte ihm nicht weiter zu.

Dies war das Ende einer Wegstrecke. Die geflohenen Russen würden sich wieder ihrer Armee anschließen, die Polen in ihre Städte und Dörfer heimkehren, in denen ihre Familien auf sie warteten. Aber wo war meine Stadt, wo war meine Familie? In New York lebte eine Großmutter, von der ich nicht einmal mehr wußte, wie sie aussah, und sonst nichts. Die Henker hatten aus mir einen einsamen Baum in einem abgeholzten, einem verbrannten, verwüsteten Wald gemacht. Ich konnte nicht unbeweglich hier stehen bleiben, ich mußte mich auf den Weg machen.

General Rola ging durch unsere Reihen und gab die Beförderungen bekannt. Moczar trat zwei Schritte vor: Oberstleutnant. Bolek und andere, auch ich, durften vortreten: Leutnant. Der General drückte mich an seine Brust.

Am Abend stießen Moczar und ich mit unseren Bechern an.

»Die beiden Mieteks, die beiden Leutnants«, sagte Bolek.

»Du bist nicht lustig, Mietek!« sagte Moczar. Wie konnte man lustig sein, wenn man die Erinnerung an alle seine Lieben mit sich herumschleppte?

Bolek packte mich bei der Schulter und fuhr mich an: »Vergiß es nicht, Mietek, unser Sieg besteht darin, daß wir da sind, immer noch da!«

Ich ertränkte meine Trauer in Wodka. Bolek hatte recht. Ein einziger Baum genügt, um wieder einen Wald erstehen zu lassen. Ich trank. Ich sang mit den andern. Dann umarmten wir Moczar, der nach Warschau und in das Gebiet um Kielce aufbrechen wollte. Auch dort gab es Partisanen.

Einige Tage darauf sahen wir auf der Straße lange Kolonnen von Soldaten. Sie hatten Decken um die Brust gewickelt und zogen hinter sich MGs her, die auf Räder montiert waren wie die der Partisanen des Generals Alexej Feodorowitsch Feodorow. Wir traten aus dem Wald und schwenkten die Arme.

Unsere Russen rannten am schnellsten. »*Towarischtsch!*« schrien sie. Die Soldaten auf der Straße blieben stehen. Einige riefen: »Nach Berlin! Nach Berlin!«

Auch ich trat zu ihnen. Der Sieg, das war jener Soldat, der noch jünger war als ich und der mich erstaunt ansah, während ich um ihn herumtanzte.

Gregor faßte uns zusammen, und wir stießen mit den sowjetischen Truppen weiter vor. Am 21. Juli zog ich in Chelm ein, am 22. in Lublin. Der Sommer war blau, gelb, grün. Die Deutschen leisteten keinen Widerstand mehr, sie zogen sich aus dem Gebiet zurück.

In Lublin ging ich zum Haus, in dem man mich empfangen hatte; die alte Frau weinte, der alte Mann zog mich in seine Arme. »Sie werden dafür bezahlen müssen«, sagte er, »Hitler muß gehängt werden!«

Sie waren in unsere Gettos eingedrungen und hatten unsere Leiber getötet und unsere Straßen in Schutt verwandelt, sie hatten uns verbrannt, zugrunde gerichtet, zu Asche verwandelt. Aber ich hatte überlebt, und ich wollte es in Berlin laut herausschreien, im Namen all der Meinen! Ich, der Flüchtling aus dem Getto, der Zeuge aus Treblinka. Lebend und Sieger.

Ich trank mit den Soldaten. »Nach Berlin! Nach Berlin!«

In der Bernardynska-Straße, dem Sitz des polnischen nationalen Befreiungskomitees, irrte ich durch die Gänge. Ich hatte nichts mehr zu tun. Was sollte ich anfangen?

Ich traf Gregor und andere Partisanen. Sie redeten davon, eine Regierung zu bilden, eine Zeitung herauszugeben.

Gregor hob den Kopf und sagte: »Ich hab' über dich nachgedacht, Mietek. Willst du der Roten Armee helfen?«

Ich schlug die Hacken zusammen.

»*Nach Berlin!*«

Sieh her, Vater,
seht her, Brüder

»Du bist also in Warschau geboren? Und dein Vater?«

Ich saß in einem kleinen Bürozimmer in der sowjetischen Kommandantur in Lublin. Akten, Stahlhelme, Flaschen, eine MP auf dem Boden, an der Wand hing bereits ein Stalinbild. Es war heiß, der Offizier, der mich befragte, hatte seine Bluse geöffnet, er schimpfte schwitzend über das polnische Klima. Seit dem Morgen schon saß ich ihm gegenüber und antwortete auf die Fragen, mit denen er in meinem Leben und dem meiner Familie herumschnüffelte. In regelmäßigen Abständen warf der Offizier den kleinen Satz ein: »Du begreifst, Towarischtsch, es ist eine Ehre, in der Roten Armee dienen zu dürfen.«

Er nahm die Brille ab, wischte sich den Schweiß von der Stirn. Ich gab ihm recht. Die Rote Armee ging nach Berlin, also mußte ich in die Rote Armee eintreten.

Als er mich nach dem Beruf meines Vaters fragte, antwortete ich ohne Zögern: »Mechaniker« und erklärte, er sei russischer Abstammung. Ich wollte unbedingt nach Berlin. Dem Gespräch zwischen Gregor und Moczar hatte ich entnommen, daß es besser war, Sohn eines Proletariers zu sein als eines kleinen, unabhängigen Fabrikbesitzers. Ich bemühte mich, möglichst akzentfrei russisch zu sprechen, doch die Zeit, die ich im Untergrund mit entflohenen russischen Kriegsgefangenen verbracht hatte, war dazu zu kurz gewesen.

Gegen Mittag begann der Offizier, mir jedes Blatt einzeln vorzulesen. Die Fragebögen bildeten eine richtige Akte. »Einverstanden, *Towarischtsch?*« fragte er nach jedem Blatt.

Ich war es: die Rote Armee zog nach Berlin, also unterzeichnete ich, erstaunt über all diese Vorsichtsmaßnahmen, jede einzelne Seite. Ich wollte kämpfen, ich war den Henkern entkommen. Waren wirklich so viele Fragen, so viele Unterschriften nötig, um das Recht zu erhalten, mein Leben zu riskieren?

»Komm morgen früh wieder, Mischa.«

Wieder hatte ich den Vornamen gewechselt. Ich war nicht mehr Martin oder Mietek, sondern Mischa. Aber was spielte das für eine Rolle, ich blieb ich selbst, mit all dem, was ich erlebt hatte, niemand würde mir das jemals entreißen können.

Ich war allein mit meinem Willen, bis ans Ende zu gehen, bis nach Berlin. Und danach? Die Straßen Lublins waren beflaggt. Eines Tages würden in allen Straßen Fahnen wehen, und die Zeit des wahren Friedens würde kommen. Schon als General Rola auf der Lichtung zu uns vom Frieden sprach, hatte ich um mich herum die Wüste verspürt, die sie um mich geschaffen hatten. Während ich jetzt nichts anderes zu tun hatte, als herumzuwandern, zwar ohne Angst, doch ohne Pläne, ohne anderes Ziel, als auf den nächsten Morgen zu warten, begann ich mir wieder vorzustellen, wie es danach sein würde, wenn die anderen, jene, die nicht allein dastanden, ihre Frauen und Kinder wieder in die Arme schlössen. Was bliebe für mich dann noch übrig?

Ich ging zum Flüßchen unterhalb der Stadt, fand einen versteckten Platz zwischen zwei großen Steinblöcken und träumte dort mit den Füßen im Wasser den ganzen Nachmittag lang in der Sonne vor mich hin.

Vielleicht sollte auch ich Kinder haben. Später. Mein Vater hatte es in Warschau gesagt: ein Mann wird erst zum Mann, wenn er sich entschließt, eine Familie zu gründen. Ich träumte. Ich würde den Wald durch meine Kinder wieder erstehen lassen. Durch sie würde mein Volk weiterleben. Und später würde ich ihnen von meinen Brüdern, meiner Mutter und vom Heldenmut meines Vaters in der Swietojerska-Straße erzählen. Viel, viel später erst, wenn sie stark genug wären, es zu begreifen und zu ertragen.

Am nächsten Morgen wartete ich in der Kommandantura in einem Gang. Leute eilten an mir vorüber, ohne mich zu beachten. Schließlich brüllte der Offizier, der mich befragt hatte, meinen Namen. Ich stürzte auf ihn zu.

«Ich suche dich schon seit Stunden«, schrie er und stieß mich vorwärts. »Der Oberst erwartet dich.«

In einem anderen Büro, in dem die gleiche Unordnung herrschte, stapfte ein Offizier mit grauen Haaren und untersetztem Körper auf und ab. In der Hand hielt er das Protokoll meiner Unterredung.

»Ah! Da bist du. Du scheinst ja eine Menge mitgemacht zu haben. Wie alt bist du?«

»Neunzehn Jahre.«

Er pfiff durch die Zähne. »Und du willst immer noch kämpfen?« Ich nickte nur mit dem Kopf. Wie konnte er daran zweifeln?

»Es gibt hundert verschiedene Arten zu kämpfen, weißt du. Setz dich.«

Er warf mir sein Paket Zigaretten, dann die Schachtel Streichhölzer über den Schreibtisch zu. »Wir sind hier so eine Art Polizei. Kennst du das NKWD?«

Ich kannte nur die Henker, meinen Haß gegen sie, mein Verlangen, zu kämpfen und mein Volk zu rächen.

»Wir brauchen Leute wie dich, welche die Banditen aufzuspüren wissen. Du hast die NSZler aus der Nähe gesehen. Du warst in Zambrow und in Bialystok. Wenn du willst, kannst du dort anfangen. Schlag dich durch, finde die NSZler, die Spitzel, die dich verpfiffen haben, die Kollaborateure, die Leute, die gegen uns sind.«

»Ich habe eigentlich anders kämpfen wollen. Ich will nach Berlin!«

»Du wirst nach Berlin kommen. Nachher. Aber zunächst müssen wir das Gebiet in unserem Rücken säubern. Also?«

Der Oberst knackte mit den Fingern. »Also?« fragte er noch einmal.

Sie hatten meine Brüder für fünf Kilo Zucker verraten, sie hatten Janusz gefoltert, sie hatten die drei jüdischen Kinder denunziert, die ich an jenem Morgen mit erhobenen Armen auf einem Dorfplatz gesehen hatte. Und der Bürgermeister von Zaremby hatte mit ausgestreckter Hand die deutschen Gendarmen auf mich hingewiesen. Auch sie waren Henker. Ich erklärte mich einverstanden. Man muß bis zum Ende gehen können.

In Bauernkleidung kam ich eines Morgens in Zambrow an. Ich ging wieder durch die Straße, stand vor dem Lagerhaus, bei dem mich die Gendarmen verhaftet hatten. Die deutsche Kommandantur war zur sowjetischen Kommandantura geworden. Soldaten in anderen Uniformen streiften durch die Stadt, in der sich nichts weiter verändert zu haben schien; der Tod hatte einfach einige Tausend meines Volkes ergriffen, hatte Sonia geraubt. Dann hatten sich die Zeit und die Dinge wie eine Wasserfläche über ihren Leiden wieder geglättet. Es war, als hätte Sonia nie hier gelebt. Doch ich stand hier: als Zeuge und jetzt auch als Jäger.

Ich zog von Dorf zu Dorf, mischte mich unter die Bauern, wenn sie zusammenkamen, um heimlich ihren Bimber zu destillieren. Ich brachte sie zum Reden. Wie gut kannte ich sie, diese Bauern, durch die ich gelitten und dank denen ich überlebt hatte. Ich inspizierte Scheunen, erahnte die Anwesenheit von Menschen, die hier schliefen, wo auch ich mich einst versteckt hatte, die vielleicht, wie ich damals, Bretter an der Hinterwand losgemacht hatten, um leichter in den Wald flüchten zu können. Ich stieß auf NSZler, und ein LKW des NKWD holte sie am nächsten Morgen ab. Ein Jude für fünf Kilo Zucker, hatten sie gesagt. Ich zählte meine Verhaftungen: jetzt bezahlten *sie*.

Ein paar Kilometer von Zambrow entfernt fiel mir ein ganz neues Haus auf: darin mußten Reiche wohnen. Ich sah nur eine Frau. Ich fragte nach Arbeit. Sie lehnte ungeschickt ab, führte zu viele gute Gründe an, überschüttete mich mit Freundlichkeiten, erweckte meinen Argwohn. Wie konnte sie allein die Ernte in die Scheune bringen, ihre Vorratskammer füllen, Tiere und Stall sauber halten?

Ich sprach mit den Bauern. Sie zuckten nur mit den Schultern. Ich setzte auf ihren Neid.

»Das Haus muß im Winter schön warm sein, es ist doppelt mit Holz verkleidet.«

Ich sprach langsam und bedächtig wie die Bauern. Einer brummte ärgerlich: »Für hundert Reichsmark pro Juden haben sie es machen können.«

Nachts kehrte ich zum Haus zurück und legte mich trotz der Hunde auf die Lauer. In der Scheune wurde gearbeitet. Ein Mann scharrte den Boden. Ich näherte mich. Er stand gebückt und schaufelte fluchend die Abflußgräben frei, seine Frau saß neben ihm. Plötzlich hob er die Augen und entdeckte mich im Schatten. Er kam mit einer Mistgabel in der Hand auf mich zu, drückte mich gegen die Wand.

»Was hast du hier zu suchen?«

Die Zinken drückten gegen meine Brust, ich bewegte mich nicht, starrte nur in seine hellen Augen, die vor Angst und Wut weit aufgerissen waren.

»Was hast du hier zu suchen?«

»Arbeit. Ich kann nicht in der Stadt bleiben. Ich brauche Arbeit.«

Die Frau war aufgestanden. »Er war schon heute nachmittag da. Laß ihn doch!« bat sie.

Er ließ die Gabel sinken. »Keine Arbeit«, sagte er. »Verschwinde!«

Ich ging langsam weg, um ihn in Sicherheit zu wiegen. Aber am nächsten Tag kehrte ich mit drei sowjetischen Soldaten zur Scheune zurück, in der er sich offenbar versteckt hielt. Er war halb betrunken und schlief. Ich schüttelte ihn wach, er sah die Soldaten.

»Du Schwein, du Spitzel!« schrie er.

»Wie viele jüdische Kinder hast du ihnen geliefert?« fragte ich nur. Er wurde blaß, wischte sich den Schweiß vom Gesicht.

»Du Schwein!« sagte er noch einmal.

Ich packte ihn am Hemd. Er war riesengroß und überragte mich um einen ganzen Kopf. Mit dem Schädel stieß ich ihm hart gegen das Kinn. »Ich bin ein Jude, ein Jude, begreifst du jetzt? Ich war in Zambrow und in Treblinka!«

Ich spürte, wie er zu zittern begann.

Seine Frau kam schreiend herbeigerannt. »Ich hab' es nicht gewollt, er hat sie verraten, um saufen zu können!«

Als die Bauern uns auf dem Weg zu dem Militärlastwagen vorbeikommen sahen, der am Dorfanfang auf uns wartete, begannen sie auszupacken. Es waren fünf jüdische Familien mit einem Dutzend Kinder gewesen, die sich im Wald versteckt hatten. Der Mann hatte sie zunächst mit Nahrungsmitteln versorgt, um alles aus ihnen herauszupressen, was sie besaßen. Als sie ausgeplündert waren, hatte er sie denunziert und die Kopfprämien eingestrichen.

Es war hier wie in Warschau: es gab Leute, die die »Katzen«, die »Jidden«, gehetzt hatten. Jede Stadt, jedes Dorf hatte seinen Ptaczek den Vogel, seinen Pila die Säge gehabt. Man mußte das Land von ihnen säubern, mußte sie nun ihrerseits zahlen lassen. Ich zog von Dorf zu Dorf und jagte sie; ich übte meine Rache, die bitter war, weil sie keinen wieder ins Leben zurückbrachte. Aber es gab keine andere Wahl, man mußte an die Zukunft denken, an das Böse, das diese Menschen weiterhin tun konnten; sie waren wie ein brandiges Geschwür. Ich mußte bis ans Ende gehen.

Ich kehrte nach Zaremby zurück. Die Bauern kamen von den Feldern, die Luft brannte vor Hitze, stand bewegungslos, selbst wenn die Sonne schon untergegangen war. Im Hof Zarembas war es still, der Pferdewagen stand abgeschirrt da. In der Kirche kniete ein anderer Priester vor dem Altar. Ich wartete im kühlen Halbdunkel, bis er sich erhob und an mir vorüberging.

»Ein großes Unheil«, antwortete der Priester auf meine Fragen.

Die Deutschen waren gekommen, hatten den Priester vor der Kirche getötet. Der Bürgermeister war eines Nachts von Partisanen erschlagen worden. Viele Bauern waren in die Wälder geflüchtet. Zaremba war einer von ihnen gewesen. Ich ging auf seinen Hof zurück. Im dunklen Zimmer betete seine Mutter vor dem Kreuz. Vielleicht war der Krieg durch mich nach Zaremby gebracht worden. Ich ging fort.

Vor Zambrow lauerte man mir auf. Dort, wo die Häuser vereinzelt zwischen den Feldern stehen, wo die Straßen erst nach und nach beginnen, tauchten plötzlich Männer vor mir auf. Wir beobachteten einander. Sie waren zu dritt und versperrten mir breitbeinig den Weg. Ihre Gesichter konnte ich nicht erkennen, sie standen mit dem Rücken zum Abendlicht. Ich warf mich zur Seite in ein Getreidefeld, tauchte darin unter, sprang über einen Bach, gelangte schließlich in den Wald. Sie verfolgten mich, ich rannte weiter und versuchte, durch den Wald in die Stadt zu gelangen. Ich stieß mich an Baumstümpfen, die Männer verständigten sich durch Rufe miteinander, sie fluchten. Nach und nach konnte ich sie abschütteln. Ich würde mich gewiß nicht gerade jetzt umbringen lassen. Ich hetzte weiter, kam an den Waldrand zurück, stieß auf ein Feld, auf Bauern.

Die Verfolger hatten die Jagd aufgegeben, doch die Warnung war deutlich genug; im Gebiet Zambrow konnte ich nicht mehr von Nutzen sein, die NSZler hatten mich aufgespürt. Ich schlief in der Kommandantura, mein Revolver lag in Reichweite. Am nächsten Tag entschied der Kommandant von Zambrow, ich solle nach Lublin zurückkehren.

»Du warst sehr erfolgreich, Mischa, sie sind auf dein Leben aus, und das ist eine würdige Auszeichnung.«

Es muß gegen Ende September gewesen sein. Ich fuhr mit LKWs voller Soldaten. Wir rollten in weißen Staubwolken dahin, die uns einhüllten. Die Soldaten sangen. Sie waren blond und jung, ich war in ihrem Alter. Doch verglichen mit ihnen war ich uralt, ich hatte ganze Jahrhunderte erlebt, war beladen mit unzähligen unwiederbringlichen Leben. Sie reichten mir Zigaretten, machten sich über meinen polnischen Akzent lustig, teilten ihr schwarzes Brot mit mir, ihre Eßgeschirre voll frischer Sahne oder Grütze, klopften mir derb auf die Schultern: »*Towarischtsch, Towarischtsch*...«

Das war ihre Parole. Ich versuchte, sie dazu zu bewegen, mir von ihrer Heimat zu erzählen, von dieser großen Wiege einer neuen Welt, wie Gregor es ausgedrückt hatte. Aber sie zuckten nur die Achseln. Sie waren an Wodka interessiert, an den Polinnen, am Frieden. Sie lachten wie Kinder über ihr ganzes rotes Gesicht.

Vor der Kapuzinerkirche in Lublin stieg ich vom LKW. Es war ein Sonntag. Vor der Kirche fand eine Versammlung statt. Ich mischte mich unter die Leute.

»Kameraden...« Ich sah die rotbeflaggte Tribüne, die Fahnen an den Bäumen. »...Wir wollen kurzen Prozeß machen mit Deutschland, dieser Nation von Plünderern und Aggressoren.«

Die Stimme tönte verzerrt aus den Lautsprechern, man verstand sie nur schwer, doch die Menge klatschte Beifall. Dann verkündete der Redner, die Henker von Majdanek würden vor Gericht gestellt. Ich schrie mit der Menge, mit ganz Lublin, das wohl auf diesem Platz versammelt war, um Gomulka zu hören.

Aber noch vor wenigen Monaten hatten in Warschau die Gaffer zugesehen, wie mein Volk starb, und die von Lublin hatten ruhig weitergelebt und die Henker gewähren lassen. Wie viele von ihnen, die sich beugten und mitmachten, kamen auf einen Partisanen, auf einen Janusz, einen Julek Feld, einen Mann wie meinen Vater?

Ich ging wieder zum Fluß hinunter, weg von den dröhnenden Lautsprechern. So viele Menschen im Warschauer Getto, in Lublin hatten die Gewalttätigkeit der Henker erfahren, und so viele hatten ihnen Glauben geschenkt. Sie waren wie Treibholz, das der Strömung folgt, das nur die Felsen im Fluß aufhalten können. Mein Vater, Julek Feld, Janusz und all die andern, die sich geweigert hatten, weil sie wußten, waren aufgestanden. Wir waren die Felsen, wir mußten bis ans Ende gehen. Ein Leben ist immer ein Beispiel: ohne meinen Vater, ohne seine Kraft wäre auch ich nichts anderes gewesen als ein Stück Holz, das mit der Menge in den Tod treibt.

Der Oberst mit den grauen Haaren erwartete mich in der Kommandantura. Sein Bürozimmer war jetzt ordentlich aufgeräumt.

Fotografien von Generälen und prominenten Persönlichkeiten umrahmten ein großes Stalinbild. Der Oberst las meine Akte, ich stand unbeweglich vor ihm.

»Setz dich. Du hast gute Arbeit geleistet. Sie wollten dich dafür bezahlen lassen.«

»Sie sind es, die bezahlen werden.«

»Sie bezahlen schon, sie bezahlen.«

Dann mußte ich ihm ausführlich berichten. Ich redete, beobachtete dabei sein Gesicht, wählte die Worte sorgfältig. Ich sagte zwar die reine Wahrheit, aber ich sagte sie vorsichtig. Er hörte mir zu, rauchte eine Zigarette nach der anderen.

Nach langem Schweigen sagte er: »Du willst nach Berlin, glaube ich.«

»Nach Berlin, Towarischtsch Oberst!«

»Also gut, auf nach Berlin. Du wirst die Katjuschas singen hören. Ich werde dich im Auge behalten.«

Er teilte mich einer Einheit des NKWD zu, die unmittelbar hinter den Fronttruppen vorrückte und hinter den Raketenbatterien das besetzte Land von verdächtigen Elementen säuberte. Ich sprach polnisch, deutsch und ein wenig russisch. Ich kannte die NSZler, ich war Jude und hatte eine persönliche Schuld einzutreiben. Für den Oberst war ich ein guter Mitarbeiter. Abends erhielt ich eine Uniform und die Mütze mit den grünen Litzen des NKWD. Diesmal hatte ich meine Fahrkarte nach Berlin in der Tasche.

Wochenlang durchstreifte ich das Gebiet um Lublin, manchmal in Uniform, oft in Zivil, und arbeitete mit der polnischen Polizei zusammen, in die ich auf Befehl eingetreten war. Mietek, der Beschnittene, der Bandenchef, der Schwarzhändler, war zum Polizisten geworden!

Dann fuhren wir Richtung Norden, nach Warschau. Aber es gab kein Warschau mehr. Nach der Ankunft im Praga-Viertel verließ ich meine Kameraden und ging an die Weichsel. Heftiger Wind trieb den Schnee durch die Luft, der Horizont war verdeckt. Ich suchte die Poniatowski-Brücke, die anderen Brücken, meine Brücken. Ich stieß nur auf zerstörte Brückenbögen und Behelfsstege von einem Ufer zum andern. Ich wechselte zum linken Weichselufer hinüber. Die Menschen rückten gebeugt, mit Packen beladen, vom Wind gepeitscht, in langer Schlange vor. Ich blieb am Ende des Stegs stehen: vor mir lag ein Trümmerfeld, über dem sich die Silhouetten von Türmen und Mauerresten erhoben, als habe die Wüste des Gettos die Stadt zerfressen, die dieses Getto zugelassen hatte; als sei es eine ansteckende Wunde gewesen, die auf eine ganze Stadt übergegriffen und nichts von ihr übriggelassen hatte. Warschau, mein Warschau, das Warschau des Gettos und das Warschau Zofias, das der Dluga-Straße und der Senatorska, das der Mila- und der Leszno-Straße, gab es nicht mehr.

Ich kehrte ins Praga-Viertel zurück zu den lachenden Kameraden.

»Jetzt bist du zu Hause, Mischa«, sagten sie. Aber mein Zuhause war eine Wüste: sie hatten sogar das Leblose zerstört.

Ich hoffte, Mokotow das Grab aufzufinden. In seiner Straße hatte sich nichts verändert. Vor der Tür stand immer noch der Karren des Handwerkers, der im Hof hauste. Aber in Mokotows Wohnung lebten fremde Leute, sie wußten nichts von ihm und seiner Schwester. Die beiden waren wie Tausende andere im aufständischen Warschau untergegangen. Um mich war die Wüste.

Am selben Abend noch machte ich mich auf die Suche. In Zivil ging ich durch die Straßen des Praga-Viertels. Ich erinnerte mich an jede einzelne von ihnen: hier in diesem Laden neben dem Markt hatte ich ein Päckchen versteckt, und der Kaufmann hatte mich »Mistkerl« geschimpft, als ich es nach der Razzia wieder abholte; dort der Ostbahnhof, auf dem Wacek der Bauer für mich einkaufte.

Aber ich war nicht in Praga, um Erinnerungen nachzuhängen. Ich ging weiter und schaute allen Passanten genau ins Gesicht, ich hoffte, einen jener »Blauen« wiederzuerkennen, die Kinder umbrachten, die sie dabei erwischt hatten, wie sie durch die Gettomauer wollten. Ein Judenrat hatte sich in der Targowa-Straße gebildet. Dort fand ich ein paar Männer. Sie waren von Einsamkeit und Elend niedergedrückt, ständig auf der Suche nach den Ihren, sie klammerten sich an die Hoffnung, sie vielleicht wiederzufinden oder wenigstens zu rächen.

Sie sprachen kaum, sie tauschten nur Namen, Daten, Ortsnamen miteinander aus. Ich ging eines Abends in Uniform zu ihnen. Diese Männer waren wie ich allein mitten in einer Wüste. Wir mußten uns gemeinsam wieder auf den Weg machen.

»Wer will mit mir die Gefängnisse in Praga durchsuchen?«

Zwei Männer standen auf. Der eine, mir erschien er alt, hieß Joseph Rochmann, der andere, ein magerer, etwas jüngerer Mann mit traurigen Augen, trug eine Uniform der Roten Armee wie ich, er hieß Tolek.

Wir gingen von Gefängnis zu Gefängnis, ich ließ mir die Zellen aufschließen; vielleicht hatten die Sowjets in den ersten Tagen einen von den Blauen verhaftet und hier eingesperrt. Es lag an uns, ihnen die Masken abzureißen. Ich sah mir viele Männer an, ich bemühte mich, aus meiner Erinnerung all die Stunden, alle meine Gänge durch die Mauer herauszuholen. Ich versuchte, mich an den Blauen zu erinnern, der auf ein Kind geschossen hatte, an den anderen, der sich geweigert hatte, »mitzuspielen«; an jene, die mich geprügelt und den Henkern ausgeliefert hatten. In der Gettozeit hatte ich immer sehen wollen, um mir die Gesichter einzuprägen, doch nun stieß ich auf gesenkte Augen und ausdruckslose Mienen.

Rochmann entdeckte einen Verdächtigen; kaum waren wir in eine der letzten Zellen eingetreten, zog er mich am Ärmel.

»Mietek, der da, das ist Pchla der Floh, er hat die Unsren denunziert.«

Wir holten den Alten heraus. Er gab sich unschuldig, betrachtete uns ironisch. Ich requirierte ein Büro im Gefängnis, ließ den Mann sich niedersetzen. »Du hast Juden denunziert.«

Er antwortete nicht einmal. Ich sah, wie ein Ausdruck der Verachtung auf seinem Gesicht erschien. Ich stellte die Frage noch einmal.

»Ich habe getan, was mir befohlen wurde. Ich habe nur Befehle ausgeführt. Immer schon.«

»Antworte mit ja oder nein.«

Tolek trat vor, die Faust geballt, die Wangenmuskeln angespannt. Der Mann spuckte auf den Boden. »Ihr könnt mich ruhig schlagen«, sagte er. »Ihr seid ja Juden!«

Toleks Faust traf ihn, seine Lippe platzte auf, Blut begann zu fließen.

Ich rief: »Tolek!«, dann drängte ich ihn zur Tür hinaus und bat Rochmann, bei ihm zu bleiben. Ich befahl dem Mann, sich wieder niederzusetzen, und nahm ihm gegenüber Platz. Er drückte sein Taschentuch an den Mund, in seinem Blick stand Stolz darüber, daß er ohne große Mühe zum Märtyrer wurde.

»Hör zu, Blauer, ich werde dich nicht schlagen, und ich werde dich nicht töten. Die Russen werden mit dir tun, was sie wollen, und du wirst aus dir selber tun, was du willst. Hör mir einfach zu.

Du hast den Gesetzen gehorcht? Gesetzen, die dir befahlen, Kinder zu töten?«

Er schüttelte den Kopf. Er habe niemanden getötet.

»Hör mir genau zu!« Ich zwang ihn, mich anzusehen. »Hör zu, du bist kein Märtyrer, du bist ein mieser Feigling. Ich hätte tausendmal das Recht, dich zu töten. Hör zu, ich werde dir von dem Lager erzählen, in das du die Kinder geschickt hast. Hör mir gut zu!«

Ein paar Stunden später führten Tolek, Rochmann und ich ihn zur Kommandantura. Er ging mit gesenktem Kopf. Vielleicht hatten meine Worte etwas in ihn hineingesenkt, das ihn sein ganzes weiteres Leben langsam zerfressen würde, wie die Erinnerung uns zerfraß, mich, Tolek und Rochmann, jene alte Frau und Lublin und Millionen andere.

Tolek ging hinter dem Mann her, ich behielt ihn im Auge. Als wir vor der Kommandantura angekommen waren, wollte Tolek sich auf den ehemaligen Polizisten stürzen. Ich hinderte ihn daran, indem ich ihn am Arm festhielt. Nach und nach beruhigte er sich.

»Laß der Gerechtigkeit ihren Lauf«, sagte ich. »Wir sind keine Bestien.«

»Aber sie...«

»Wir sind nicht sie!« Lange redeten wir in der eisigen Nacht miteinander, wir vermochten uns nicht zu trennen. Tolek war wie ich ein Überlebender aus dem Getto; er hatte den Umschlagplatz gesehen, die Straßen, die zu Feuerhöllen geworden waren, die Abflußkanäle, in denen sich die Schwächsten ertränkt hatten. Er kannte Majdanek. Auch er hatte keine Familie mehr, aber auch er war entschlossen, sich zu rächen. Wie ich wollte er nach Berlin.

Ein paar Tage später fanden wir uns in derselben Einheit wieder. Wir zwei und Wladek, ein Partisan aus den Lubliner Wäldern, auch er ein alter Gettokämpfer, waren bald unzertrennlich. Wladek, Tolek und Mietek, wir drei aus dem Getto, setzten in der Uniform mit den grünen Litzen den Kampf im Namen unseres ganzen Volkes fort.

Kurz darauf brachen wir in Richtung Norden auf. Unsere Lastwagen rollten auf den vereisten Straßen längs der Weichsel dahin. Lazarettwagen und Bauernkarren kamen uns entgegen, die nach Warschau fuhren. Manchmal hielten wir an, um Panzer und Lastwagen mit Katjuschas vorbeizulassen. Auf diese Weise durchquerte ich ein Polen, das ich nicht kannte. Überall sah ich Ruinen, Tod, Kinder, die auf der Suche nach ihren Eltern umherirrten.

Ich ließ mich in einem Amtsgebäude nieder. Dort empfing ich Partisanen und Flüchtlinge, die wenigen Juden, die überlebt hatten. Ich lernte ein neues Entsetzen kennen; Berichte von Gehenkten, Gefolterten. Ich bemühte mich, die Schuldigen aufzuspüren. Und ich begriff, daß Rache zum Wahnsinn werden kann.

Unser Zug hielt auf einem Feld neben der Straße. Dort stand eine Gruppe von gefangenen SS-Männern. Sie waren schlank und hochmütig, sie hielten die Arme vors Gesicht zum Schutze vor den Schlägen, die auf sie niederprasselten. Sowjetische Soldaten rannten schreiend um sie herum. Ich schaute die Männer an, Besiegte und Sieger.

Ein alter Autobus lag halb im Graben neben der Straße. Ein Soldat kam herangelaufen, brüllte seinen Kameraden etwas zu, was ich nicht verstand, dann trieben die Soldaten die Gefangenen mit Fußtritten und Kolbenhieben zum Bus. Die SS-Männer warfen einander Blicke zu, ich konnte mir die Angst vorstellen, die sie packte. Auch mich überfiel plötzlich Angst, die mir die Kehle zuschnürte. Ich hätte meinem Chauffeur den Befehl geben können, weiterzufahren, um nicht zusehen zu müssen. Aber ich wollte sehen; ich wollte sehen, wozu Menschen fähig sind, wie sehr sie der Krieg entstellen kann; ich wollte die Gewalt mitempfinden, die sie hinriß.

Die Sowjetsoldaten zwangen die SS-Männer, in den Autobus zu kriechen. Einige weigerten sich, sie wurden erschossen und gewaltsam in den verrosteten Blechhaufen geschoben. Auf der Straße rollten weiter Konvois mit Panzern und schwerem Geschütz vorbei. Wir waren dicht an der deutschen Grenze, die Abwehr der Deutschen war hier heftiger. Ein SS-Mann versuchte, die Soldaten auf russisch anzusprechen, ein anderer schrie. Die meisten jedoch blieben bewegungslos aneinandergepreßt.

Ich zwang mich, an die Gruben zu denken, an das Getto, den Umschlagplatz. Sie, die SS-Schergen, sollten hier sterben, sie, die Bestien. Doch als ein Sowjetsoldat den Bus mit Benzin übergoß, als die Flammen blaugelb emporschossen, die Männer zu brüllen begannen und gegen das Blech hämmerten, als die Sowjets plötzlich verstummten und dem Sterben dieser Männer zusahen, sprang ich vor und begann zu gestikulieren, schüttelte einen der hypnotisierten jungen Russen nach dem anderen, weil ich spürte, daß auch sie im Begriff waren, vom Krieg verseucht zu werden, zu Bestien mit Menschengesichtern zu werden wie die SS-Henker. Es war zu spät. Der Autobus war in Flammen und Rauch gehüllt. Die Soldaten begannen, in die Flammen zu schießen. Als wir weiterfuhren, hatte der Bus aufgehört zu brennen. Rache hat einen bitteren Geschmack.

Am Abend kamen wir nach Deutschland. Wir fuhren durch zerstörte Dörfer, in denen zwischen Flammen und verkohlten Balken alte Leute und Hunde umherirrten. Unser Wagen hielt vor dem Bürgermeisteramt an. Eine alte Frau hockte auf einem Stein, die Hände gegen den Kopf gepreßt. Sobald wir abgesprungen waren, richtete sie sich auf und hob die Hände: »Hitler kaputt«, sagte sie.

Ich dachte an die Alten im Getto, die ebenfalls mit erhobenen Händen vor der SS gestanden hatten.

»Nehmen Sie die Arme runter!« sagte ich.

Doch sie schüttelte nur den Kopf und blieb weiter mit offenen Händen sitzen.

»Mit unsern Burschen ist nicht zu spaßen«, sagte der Chauffeur. »Sie haben eine Menge gesehen und warten schon lange auf Deutschland.«

Auch ich wartete schon lange auf Deutschland, doch nicht auf dieses Deutschland, das mir das Gesicht einer Mutter darbot. Was ich suchte, war das Deutschland der Henker, das ich vernichten wollte.

Wir zogen weiter, drangen immer tiefer in dieses schreckensgelähmte Land ein. Die Herrenrasse war nicht mehr stolz. Überall rief man uns zu: »Hitler kaputt!«

Was hätten sie wohl getan, was gesagt, wenn wir sie in ein Getto gesperrt hätten? Sie wären mit allem einverstanden gewesen, hätten allem abgeschworen.

In Dramburg, das wir gerade erreicht hatten, suchte ich nach einer Druckerei. Tolek ging neben mir durch die schuttübersäten Straßen.

»Was hast du vor, Mietek?«

Ich betrat durch zertrümmerte Türen Geschäfte; sie waren alle ausgeplündert. In einer kleinen Parfümfabrik lagen unbeweglich drei sowjetische Soldaten zwischen zerbrochenen Flaschen auf dem Boden, die Gesichter in einem Behälter, der in den Boden eingelassen war. Ich schüttelte sie. Sie waren tot. Sie hatten sich mit Äthylalkohol betrunken und waren dann im Behälter ertrunken. Ich holte ein Gefäß, füllte es und reichte es Tolek: »Wir werden für unsere Kantine Wodka daraus machen.«

Ich wollte allein bleiben. Ich betrachtete die drei Soldaten, die von so weit her gekommen und für nichts und wieder nichts hier gestorben waren.

In einer kleinen Straße fand ich schließlich eine Druckerei. Der Inhaber versteckte sich im Hintergrund der Werkstatt.

»Kannst du Plakate drucken?«

Er schüttelte den Kopf und wies auf seine Maschinen.

»Ich brauche morgen früh Plakate. Und du selbst wirst sie anschlagen. Die gesamte Bevölkerung soll sie lesen. Schreib!«

Er wollte etwas sagen, griff aber dann nach einem Blatt Papier und ich begann zu diktieren. Woher kamen mir die Worte, über die ich nie nachgedacht hatte und die doch hervorströmten, als hätte ich sie seit der Gettozeit immer gedacht?

»Allen Einwohnern deutscher Abstammung, die älter als sechzehn Jahre sind, wird hiermit befohlen, beim Aufenthalt in der Stadt am rechten Arm eine Armbinde mit dem Hakenkreuz zu tragen. Diese Armbinde ist Vorschrift.«

Der Drucker starrte mich an.

»Große, weiße Plakate, morgen früh! Unterschrift: Die sowjetische Militärbehörde.«

Dann kehrte ich zu unserem Standort zurück. Tolek hatte den Alkohol mit Wasser vermischt, die Flüssigkeit war bläulichweiß wie Milch und brannte in Kehle und Magen wie übelster Wodka. Ein paar Kameraden kamen, und wir tranken zusammen. Die Flaschen ließen wir, entgegen dem Reglement der Roten Armee, das Alkohol verbot, auf dem Tisch stehen. Unser Alkohol war ja Milch. Wir tranken, tranken, bis einer über den andern rollte.

Am nächsten Morgen kam ein Soldat und weckte mich: »*Towarischtsch* Leutnant, kommen Sie, es ist dringend.«

Der Nacken schmerzte, die Beine waren wie Blei. Ich stieg trotzdem in mein Büro hinab. Dort standen Männer aller Altersgruppen mit erhobenen Armen an der Wand, zwei Sowjetsoldaten hielten die Gewehre im Anschlag. Die Männer trugen alle die

Hakenkreuzbinde am rechten Arm. Die Soldaten waren fast wahnsinnig vor Wut, sie hatten die Zivilisten bereits geprügelt, jetzt redeten sie davon, sie abzuknallen. Glücklicherweise waren wir ziemlich weit von der Front entfernt.

Ich ließ die Soldaten abtreten, schickte die Zivilisten weg, und dann brachten Tolek und ich den Drucker dazu, die Anschläge wieder abzureißen.

Tolek lachte: »Du hast es gemacht wie sie im Getto! Und sie haben die Armbinde angelegt wie wir, sie haben sie angelegt!«

Den ganzen Tag streifte ich durch das Städtchen, um sicher zu sein, daß der Drucker auch alle Plakate abgerissen hatte, und um Übergriffe der Soldaten gegenüber Zivilisten, die sich auf die Straße wagten, zu verhindern.

Ob mit oder ohne Armbinde, die Soldaten sprangen mit den Zivilisten nicht sehr zimperlich um. Sie wollten Uhren haben, Füllfederhalter und noch ganz anderes. Die Frauen versteckten sich. Ich fand heraus, daß mein »Spaß« keine Opfer gefordert hatte.

Am Abend redete ich mit Tolek über Warschau, über unseren Aufstand. Wir tranken nicht. »Wir müssen sehr aufpassen, Tolek. Jetzt sind wir die Stärkeren. Wir müssen jetzt doppelt menschlich sein.«

Während der Nacht konnte ich kein Auge schließen: ich sah die Zivilisten vor mir, deren Gesichter von den Schlägen der Soldaten gezeichnet waren. Da war dieser Ausdruck in den Augen der Männer, die nicht begriffen, was ihnen geschah, sie waren Opfer ihres Gehorsams. Und ich kannte diesen Teufelskreis von Schrecken und Irrsinn, in dem die Henker uns eingeschlossen hatten.

Mietek, Mietek, paß auf! Man wird so schnell zum Henker!

Ich versuchte, behutsamer zu sein. Meine Rache galt nicht einem ganzen Volk, sondern den Henkern. Ich erinnerte mich an die deutschen Soldaten, denen ich begegnet war; jenem älteren Soldaten, der mich bei meiner ersten Fahrt in der Straßenbahn nicht hatte sehen wollen, dem Dolmetscher-Offizier, der mich ins Lager Zambrow brachte, nachdem er mir vorher das Leben gerettet hatte, der meine Hände in die seinen genommen und geflüstert hatte: »Flieh!« Nein, ich jagte nicht ein ganzes Volk, ich hetzte nur die Henker.

Bei der Ankunft in den Städten setzte ich mich mit dem Bürgermeister in Verbindung; manchmal wußte ich die Namen alter KP-Mitglieder, manchmal zwang ich den Bürgermeister, mir die Leute zu bezeichnen, die von den Nazis verfolgt worden waren.

In Reppen stand eine Frau mit schneeweißen Haaren vor mir. Die Zähne waren ihr ausgeschlagen, sie kam aus dem Gefängnis. Ihr Sohn war am Trägerbalken einer Brücke gehenkt worden, nachdem ein fliegendes Standgericht ihn als Deserteur zum Tode verurteilt hatte.

»Er war siebzehn«, murmelte sie, »er wußte doch gar nichts.«

Sie führte mich durch die Stadt und zeigte mir die Leute, die sie für Nazis hielt. Ich verhörte sie, versuchte, herauszufinden, wie schuldig sie waren, verließ mich auf ihre Augen.

»Und da ist noch der Ukrainer«, sagte die Frau zu mir.

Ich dachte an Iwan, an die Ukrainer im Getto, barbarische Mörder, Hunde der Henker.

»Er stolzierte immer mit der Hakenkreuzbinde herum, salutierte mit erhobenem Arm, schrie Heil Hitler«, sagte die Frau. »Ein waschechter Nazi.«

Wir fanden ihn. Er arbeitete bereits auf der Kommandantura als Mechaniker. Ich überraschte ihn, während er sich gerade über einen Motor beugte.

»Umdrehen!«

Ich kannte ihn nicht. Es wäre ein Wunder gewesen, wenn ich ihn gekannt hätte. Gruppen von Sowjetsoldaten bildeten sich um uns. Er sah sie erschrocken an, sein Kopf wurde rot, seine Hände zitterten. Er wirkte nicht vertrauenserweckend.

»Er war ein Nazi«, sagte ich.

Die Soldaten wollten über ihn herfallen. Sie schrien: »Verräter! Wlassow-Söldner, Wlassowietz!«

»Ich bin Jude, Leutnant, ich bin Jude!«

»Gut, sprich jiddisch zu mir.« Er konnte es nicht. Er habe es vergessen, sagte er.

»Man muß ihn sofort liquidieren!« forderten die Soldaten. Ich schützte ihn vor ihnen und nahm in seiner Wohnung eine Haussuchung vor. Ein riesiges Hitlerbild schmückte das kleine Zimmer; es nahm die ganze Wand ein.

»Ein feiner Jude«, sagte ich.

Er redete, aber ich hörte ihm nicht mehr zu. Ich brachte ihn zu unseren Büros zurück. Unser Hauptmann verhörte ihn. Der Mann weinte. Er schwor immer wieder, er sei ein ukrainischer Jude, der sich in Deutschland versteckt und den Nazi gespielt habe, um leichter durchzukommen.

Ich hörte ihm wieder zu, Zweifel stiegen in mir auf. Vorsicht, Mietek.

Der Hauptmann zuckte nur die Achseln, als ich zu sehen verlangte, ob der Ukrainer beschnitten sei.

»Hör zu, Mischa, selbst wenn er Jude ist. Alle guten Juden sind tot«, erinnerte er mich. Ich vergewisserte mich trotzdem: der Mann war beschnitten.

Demütig und furchtsam fuhr er sich mit dem Handrücken über die Augen. »Es war die Hölle«, erklärte er. »Ich mußte mit erhobenem Arm grüßen, ich mußte beständig auf der Hut sein, um sie zu täuschen.«

Nun mußte ich den Hauptmann dazu bewegen, den Mann freizulassen. Er war unschlüssig. »Es kann ja auch Juden geben, die Nazis waren, Mischa. Laß dir keinen Sand in die Augen streuen. Die Juden sind wie alle anderen auch.« Ich hörte ihm zu. Konnte er sich vorstellen, was es hieß, ein Jude unter Nazis zu sein?

Im übrigen waren wir für ihn wie für viele andere Offiziere eben nicht ganz wie alle anderen, wir waren eine Stufe tiefer. Ich wußte es, erfuhr es nach und nach aus ihren Späßen, in denen die geizigen Juden alles nach dem Maßstab ihres Profits beurteilten. Dabei zwinkerten mir die Offiziere meist zu.

Eines Abends ärgerten sie einen Kameraden und mich, und da mein Kamerad ein Riese war, packte er einen kleinen Hauptmann an der ledernen Jacke und schleppte ihn ans Fenster, wo er ihn über der Tiefe festhielt.

»*Nje budu stielat eta!*« schrie der Hauptmann. »Ich tu es nicht wieder, ich schwöre es!«

Der Riese, ein schwarzhaariger Kaukasier mit stählerner Faust, war halb betrunken. Er brüllte: »Du wirst die Juden in Frieden lassen? Wirst du das?«

Und der andere schwor es. Ich wußte all dies, aber die Rote Armee zog eben nach Berlin. Also blieb ich fest, der Hauptmann gab nach, und der Ukrainer Moniek und ich verließen zusammen das Büro. Als wir weiter nach Westen zogen, diente Moniek als Chauffeur in unserer Einheit.

Wir rollten auf Berlin zu, mein Ziel rückte näher. Am Ufer der

Hochwasser führenden Oder mußten wir anhalten. Auf einer Behelfsbrücke aus großen, nebeneinanderliegenden Booten stießen zwei Kolonnen aufeinander. Die Soldaten, die von der Front zurückkehrten, hoben die Arme, sie waren bis zum Ellbogen voller Armbanduhren. Beide Kolonnen kamen beinahe zum Stillstand. Zwischen denen, die »hinaufgingen« und denen, die »herunterkamen«, wurden Tauschgeschäfte gemacht. Plötzlich stürzten aus dem tiefhängenden Himmel drei deutsche Flugzeuge und begannen, die Brücke mit MG-Feuer zu beschießen. Sie zogen einmal über uns hinweg, ihr Feuer zerfetzte das Wasser, doch auf der Brücke rückten die Lastwagen nicht mehr vor, die Tauschgeschäfte gingen weiter. Ein anderer Offizier und ich stürzten zu den Wagen, wir schrien, deuteten zum Himmel, der Motorenlärm der Flugzeuge schwoll wieder an, doch die Kolonnen kamen kaum von der Stelle.

Ich warf mich unter meinen Wagen. Ich wollte nicht hier sterben. Mein Ziel war Berlin. Noch zweimal kamen die Flugzeuge zurück: Schreie, Detonationen, das Wasser spritzte auf, dann war der Himmel wieder ruhig. Ich kroch hervor: auf der Uferböschung brannte ein Lastwagen, Soldaten bemühten sich um die Verwundeten, andere tauschten weiter ihre Uhren gegen Geld. Ich packte einen von ihnen am Arm und brüllte ihn an. Ich wies auf die Verwundeten, die auf der Erde lagen. Er machte sich unwillig frei, zuckte mit den Schultern und feilschte weiter.

Tolek trat zu mir: »Laß doch«, sagte er, »laß doch!«

Tote und Verletzte, wer konnte sich noch über solche Kleinigkeiten ereifern?

Schließlich fuhren wir weiter in Richtung Berlin. Wir trafen auf Flüchtlingszüge, auf Gefangene, die in Dreierreihen stumm, von Müdigkeit und Verzweiflung niedergedrückt, dahinzogen. Wir rollten weiter, das Geschützfeuer rückte näher, die Panzer wurden zahlreicher. Ab und zu standen am Straßenrand große Schilder, auf denen stand: »Vorwärts, ihr von Stalingrad, der Sieg ist unser.«

Ich kam aus dem Getto, und der Sieg gehörte auch uns, die wir überlebt und die Gruben kennengelernt hatten, er gehörte unserem Volk, das in Treblinka oder in den Kanalschächten umgekommen war. Ich erreiche mein Ziel, Vater!

An meinem neunzehnten Geburtstag, am Freitag, dem 27. April 1945, fuhr ich in Berlin ein.

Wie lang war dieser Weg bis in diese Ruinen und Steine gewesen, aber: sieh her, Vater, hier stehe ich! Seht her, meine Brüder, hier bin ich...

An jenem Freitag, dem 27. April 1945, schickte man uns in den Kampf. Tolek, Moniek und ich sprangen von Mauerrest zu Mauerrest. Es war wie im Getto, doch es war der Sieg »unseres« Gettos. Die Panzer rollten vor uns her. In den Straßen um uns kämpften Soldaten aller Verbände, als habe die Rote Armee alle ihre Soldaten aufgeboten, um an der letzten Schlacht teilzunehmen.

Ich rückte schießend vorwärts. Ich wartete ab, bis die Geschütze die Barrikaden aus Straßenbahnen und Autos, die mit Steinen vollgestopft waren, beiseite gefegt hatten. Die Straßen wurden durch die Geschütze und die Katjuschas »abgeriegelt«, die, unablässig feuernd, zusammenwirkten.

In unserer ersten Berliner Nacht erhellten die Feuer den Himmel über dem Zentrum. Berlin brannte! Tolek, Moniek, Wladek und ich setzten uns in einem Garten fest. Mitten in der Nacht tauchten sowjetische Soldaten auf und fragten uns, ob Frauen im Haus seien. Wir hatten nicht nachgesehen. Die Soldaten brachen die Tür auf und kamen erst am nächsten Morgen wieder heraus, winkten grüßend mit der Hand, lachten.

Der Kampf ging weiter. Ich sah Kinder in Uniform mit der Panzerfaust in der Hand sterben. Ich sah in manchen Vierteln rote Fahnen aus den Fenstern zerbombter Häuser hängen, und überall gab es weiße Fahnen. Ich sah Plünderungen, den Irrsinn des Krieges, Verwundete, unzählige Tote.

In der zweiten Nacht wurden die Feuer noch größer, sie erleuchteten die Trümmerhaufen, die verwüsteten Straßen. Mit einer Gruppe Soldaten schlief ich in einem Keller. Als einer von ihnen ins Freie trat, knallte ein Schuß, er klappte zusammen und fiel rücklings in den Keller zurück.

»Partisanen!« schrien die Soldaten.

Wir krochen auf dem Bauch hinaus, versuchten, die Heckenschützen auszumachen, die aus den Ruinen auf uns zielten. Du darfst hier nicht sterben, Mietek, du darfst es nicht! Aber zuerst mußten wir diese Schützen zum Schweigen bringen.

Tolek, Moniek und ich schlichen uns die Wände entlang in ihren Rücken. Wir fanden Soldaten, unsere Kameraden, die gefallen waren. Ich sprang vorwärts, stieß die Tür zu einem Keller auf. Leute hockten dort drinnen, vielleicht waren es Heckenschützen. Es wäre leicht gewesen, diese Menschen mit der Maschinenpistole zusammenzuschießen. Ich rief: »Raus!«

Frauen kamen mit erhobenen Armen heraus, unter ihnen ein magerer junger Mann, das Haar fiel ihm über die Stirn und verbarg seine Augen. War er vielleicht einer der Schützen? Die Sowjetsoldaten, die mit uns waren, kamen heran, sie stießen die Frauen herum, trieben den jungen Mann an eine Mauer.

»Partisan«, rief ein Soldat, »er hat auf uns geschossen!«

Sie legten schon die Gewehre auf ihn an. Ich pflanzte mich vor dem Deutschen auf. »Er muß verurteilt werden, Kameraden. Wir können ihn nicht einfach so töten.«

Drüben griffen Scharfschützen des »Werwolf« unsere Streifen an. Wir liefen gebückt durch die Straßen, die Soldaten führten uns.

Ich war unzufrieden mit mir, ich knirschte mit den Zähnen. Du darfst hier nicht sterben, Mietek, nicht vor dem Ende. Was für ein Wahnsinn: um einen Deutschen zu schützen! Erinnere dich an Treblinka.

Und du gehst dieses Risiko ein? Laß ihn doch, Mietek, haben SIE denn gezögert, damals?

Wir kamen an einen Wasserturm, dessen zertrümmerte Kuppel vom Feuer hell erleuchtet war. Vor dem Eisentor hatten Wachtposten ein MG aufgebaut. Ich stieß die Tür auf. Vier Offiziere saßen hinter einem Tisch. Die Luft war raucherfüllt, Kerzen brannten in Flaschen auf einem langen Tisch.

»Er hat auf uns geschossen«, sagte einer der Soldaten sofort.

»Wir haben ihn in einem Keller verhaftet. Die Schüsse kamen anderswo her«, bemerkte ich. Die Offiziere blickten mich an, sie versuchten zu begreifen.

»Ich bin überzeugt, daß dieser junge Mann zu Unrecht verhaftet worden ist«, sagte ich, »aber Towarischtsch Oberst, die Männer wollten ihn gleich hinrichten, und da habe ich mir gedacht...«

Die Offiziere zögerten. Sie sahen den jungen Deutschen an, der stumm dastand. Seine schwarzen Haare bedeckten immer noch die Hälfte seines Gesichts.

»Behandeln Sie ihn als Kriegsgefangenen«, sagte der Oberst schließlich.

Man brachte den jungen Mann weg. Damals hatte mich ein Dolmetscher-Offizier der Kommandantur von Zambrow mit ein paar Worten vor standrechtlicher Hinrichtung bewahrt. Jetzt hatte ich meine Schuld bezahlt. Ich mag nicht andern etwas schuldig bleiben.

Am nächsten Tag zog ich hinter den Panzerwagen ins Zentrum Berlins. Ihre Granaten verwandelten die Mauern in graue Staubwolken, die zum tiefhängenden, von den Flammen der Brände erleuchteten Himmel aufstiegen. Ich sah russische Soldaten, die von Stockwerk zu Stockwerk Widerstandsnester aushoben, andere, die von Keller zu Keller Mädchen jagten, wieder andere, die hinter Siegestrophäen her waren.

Ich traf Moniek, Wladek und Tolek wieder. Einer von uns stand Wache, wir anderen rollten uns in die Decken und schliefen nebeneinander.

Unser Kampf war beinahe ein Partisanenkampf. Ich sah Mongolen, Kosaken zu Pferd, Soldaten mit Pelzmützen. Die Rote Armee mit ihren Panzern, ihren Katjuschas, das war auch dieser zusammengewürfelte Haufen, der ganz Europa durchquert hatte, um hierher zu kommen. Und ich war mit ihnen hier, dem Getto entronnen, aus den polnischen Wäldern entkommen, und lief hinter den Panzerwagen die breite Straße »Unter den Linden« her. An ihrem Ende lag das Brandenburger Tor, darauf der stolze Spruch, den ich schon unterwegs gesehen hatte: »Vorwärts, ihr von Stalingrad, der Sieg gehört uns!« In der Straßenmitte standen gekappte Bäume, Soldaten drangen schreiend vorwärts. Sie beschossen die zertrümmerten Fassaden mit Maschinengewehren. Ab und zu erschütterte eine heftige Explosion den Boden: ein Munitionsdepot oder eine Brücke flogen in die Luft.

Wieder brach eine Nacht herein, wieder gab es vereinzelte Scharfschützen, die »Werwölfe«, die sich in den Ruinen versteckt hielten. Und am nächsten Morgen ging der Kampf weiter. Die Panzer waren bis zum Brandenburger Tor vorgerückt. Ich sah, wie russische Soldaten hinaufkletterten und die Rote Fahne hißten.

Hinter den Panzern stießen wir im Rauch der Brände und Explosionen von Mauer zu Mauer auf den Reichstag zu. Ich sah Männer mit einer roten Fahne auf das zerstörte Gebäude zulaufen. Sie verschwanden in den Trümmern unter dem Gehämmer der Maschinengewehre und Granaten. Dann erschienen sie auf dem Dach und schwenkten ihre Fahne, diese rote Fahne, für mich das Zeichen des Sieges über die Henker! Unten schrie ich mit den andern. Ich feuerte eine MG-Garbe in die Luft, ich brüllte: »*Hurra! Hurra!*« Ich kam von so weit her. Tolek stürzte sich auf mich, wir tanzten.

Seht, wir haben die Mauer zerschlagen, die sie an einem Oktobertag um uns errichtet hatten; wir haben den Stacheldraht überwunden, den sie um unsere Gräber gezogen hatten; wir haben die Türen der Waggons zertrümmert, die dicke Schicht gelben Sandes weggeschaufelt, die sie über uns geworfen hatten. Wir sind hier, mitten in ihrer Hauptstadt, die in Trümmern liegt. Und wir leben!

Sieh her, Vater, seht her, Brüder!

Die Rache schmeckt bitter

Auf schuttbedeckten Straßen, zwischen zerborstenen Fassaden ziehen sie vorbei: manche mit bloßem Kopf, andere tragen noch den Helm, die meisten eine Mütze oder ein Käppi: sie schleppen ihre Tornister, ihr Eßgeschirr schlägt gegen die Seite, sie marschieren schweigend dahin, die Soldaten des besiegten Reiches.

Tolek und ich sehen zu, wie sie sich vorbeischleppen. Sie sehen nicht aus wie jene Henker, die an einem Septembermorgen stolz und unbezwinglich in Warschau einzogen. Diese hier sind zu alt oder zu jung, und sie haben bereits die niedergeschlagenen Augen der Opfer. Gibt es nur Sieger, die Henker sind? Werden Besiegte so rasch zu Unschuldigen?

Ich wünschte mir fast, der Kampf möchte weitergehen: dann wäre alles einfach. Jetzt verschwindet die Wahrheit im Nebel der Eindrücke. Eine tote Stadt; Frauen, die an einem Pferdekadaver kämpfen, um einen Fetzen Fleisch zu ergattern, alte Frauen, Kinder, Gebrechliche, die sich um eine Pumpe scharen, um Wasser zu erhalten, gebeugte Männer, die in den Ruinen Holzstücke sammeln, und russische Soldaten, die sie herumstoßen, Passanten von Fahrrädern zerren und damit davonfahren, Streifen, die Passanten aufgreifen und sie zwingen, die Straßen zu enttrümmern. All das habe ich vor einer Ewigkeit gesehen, in meiner Heimat, und nun stehe ich hier: als Sieger.

Ich laufe endlos; ich entdecke diese tote Stadt, um mich selbst zu begreifen und um meine Rache zu beherrschen. Dort drüben, vor der Reichskanzlei, ihrem Schlupfwinkel, sitzt ein Soldat, das Gewehr über den Knien, in einem breiten Sessel, der mit grüner Seide bespannt ist.

Meine Rache, mein Sieg. Im Tiergarten graben Zivilisten zwischen den zersplitterten Bäumen Leichen unter einer dünnen Erdschicht hervor. Der Gestank ist unerträglich. Die Toten werden auf Karren geworfen, die von Menschen gezogen werden; man hüllt sie in schwarzes Verdunklungspapier, legt sie in Pappsärge. Auf den Gehsteigen im Getto lagen die Leichen unter weißem Papier und waren von den Pinkert-Männern weggebracht worden. Auf der Charlottenburger Chaussee verrotten Pferdekadaver, werden von den Hungernden zerfetzt. In der Hitze sieht es aus, als zuckten die Eingeweide zwischen den weißen Knochen noch. Es war ein Septembertag gewesen, als sie Warschau bombardierten und ich jenes tote, noch an seine Kutsche geschirrte Pferd zwischen den Trümmern sah.

Meine Rache schmeckt bitter. Um mich herum spüre ich die Angst. Ich kenne diese niedergeschlagenen Augen, aus denen sie mich ansehen, ich kenne die Schlangen von Männern und Frauen, die auf einen Tropfen Wasser warten und plötzlich erstarren und verstummen, weil ich vorübergehe. Am Weichselufer hatte auch ich in der Schlange gestanden, um ein bißchen Brot und Wasser zu erhalten. Auch ich hatte den Unbekannten in Uniform auf mich zukommen sehen, der das neue Gesetz, die absolute Gewalt darstellte. Ihr alten Frauen in schwarzen Kleidern mit dem Napf in der Hand, ihr Männer, über die Trümmer gebückt, ich kenne euch. Und ich kenne auch dich, tote, hungrige, von Angst erfüllte Stadt.

Ich kann die Opfer von den Henkern unterscheiden. Zuerst haben sie uns vernichten wollen, und ihr habt es geschehen lassen; dann haben sie euch als Schutz vor sich hergetrieben. Jetzt seid ihr an der Reihe. Und auch wir haben Henker.

In der Kommandantura bemühe ich mich, die Henker wiederzuerkennen. Die NSDAP-Mitglieder müssen sich am Morgen einfinden. Diszipliniert warten sie vor den ehemaligen Stellenvermittlungsbüros. Manche bringen Bescheinigungen mit, die ihre Harmlosigkeit beweisen sollen: sie haben Juden geholfen, Gefangenen, Antifaschisten. Andere sind stumm und unterwürfig. Man bringt sie in Gruppen weg, um Straßen vom Schutt zu räumen, um Leichen auszugraben und ihnen ein anständiges Begräbnis zu geben, um die Kanalisation zu reinigen. Unsere Rache wiegt nicht schwer. Hier gibt es keine Gettomauer, keinen Umschlagplatz; sie arbeiten für ihre eigene Stadt.

Eines Tages bekam ich den Auftrag, gefaßte Mitglieder des »Werwolfs« zu verhören. Die jungen Männer waren in ein Haus in Pankow gebracht worden, das uns als Gefängnis diente. Ich ging durch die Korridore, öffnete die Türen zu den Zimmern, in denen sie warteten: da saßen magere junge Leute auf dem Fußboden, von denen manche noch nicht einmal fünfzehn Jahre alt sein konnten. Als ich die Tür öffnete, hoben sie den Kopf, blickten mich schweigend an. Ihre Hände lagen auf den Knien. Einige lehnten an der Wand und betrachteten mich mit ironischem Gesichtsausdruck. Die meisten wirkten erschöpft.

»Das sind Partisanen«, sagte ein Wachtposten zu mir. Er hob seine Maschinenpistole. »Die braucht man nicht vor Gericht zu stellen.«

Er tat, als schieße er eine imaginäre Gruppe zusammen.

In einem kleinen Bürozimmer ließ ich mich nieder. Ich hatte den Leuten eine lange Reihe von Fragen zu stellen, auf die sie mit Ja oder Nein antworten mußten. Manchmal durften sie einige Einzelheiten beifügen. Ich las die Fragen vor. Ich erinnerte mich an den Offizier in Lublin: die Rote Armee war eine Armee der Fragebögen. Aber hier riskierten Menschen, die noch halbe Kinder waren, ihr Leben.

Der erste trat zur Vernehmung ein: er war klein, schwächlich und wischte sich mit einer mechanischen Handbewegung die Nase.

»Hast du völlig freiwillig Hitler absolute Treue geschworen?«

Er ließ den Kopf sinken.

»Hast du geschworen, die Feinde des Führers mit allen Mitteln zu bekämpfen? Auch nach der Kapitulation?«

Er bejahte, er gab es zu: eine Frage folgte der anderen und knüpfte ihm einen Strick. In den Nächten der Schlacht um Berlin hatten »Werwölfe« uns niedergeschossen. Ich hatte Kameraden fallen sehen. Aber wer hatte geschossen? Er antwortete nur immer: »Ja, ja.«

Schließlich schrie ich ihn an: »Aber du, hast du irgend etwas getan? Kannst du mit einer Waffe umgehen?«

Arglosigkeit und Unschuld standen in seinen Augen geschrieben.

»Nein, nein, ich bin bei meiner Mutter in unserem Keller geblieben.«

Ich fügte dem Protokoll meine Frage und seine Antwort bei und ließ ihn das Ganze unterzeichnen.

Sie waren alle wie dieser Junge. Unsere Streifen hatten sie zufällig aufgegriffen, als der Kampf schon zu Ende war. Sie waren verdächtig, sie wurden statt anderer als Schuldige behandelt. Sie zogen an mir vorüber, einer nach dem anderen: alle hatten dem Führer unbedingte Treue geschworen, alle waren freiwillig in den »Werwolf« eingetreten, alle hatten im Abwehrkampf gestanden, alle waren Kriegsverbrecher, und alle diese Kinder waren unschuldig.

Ein Oberst fand sich ein. Ich versuchte, ihm die Zusammenhänge zu erklären. Er zuckte nur die Achseln.

»Verbrecher? Unschuldige? Sie hätten uns mit einer Kugel aus der Welt geschafft! Hast du deine Orden im Kampf gewonnen, Leutnant?« Er spielte an meinen Auszeichnungen herum.

»Du weißt doch, mit Lämmern kann man keinen Krieg führen. Man kann auch keinen Frieden mit ihnen schließen. Wir müssen sie dazu zwingen zu begreifen, daß sie geschlagen sind, Leutnant, wir müssen ihnen für immer die Lust austreiben, je wieder von vorn zu beginnen! Wir werden es ihnen schon beibringen!«

Wenn ich abends das Gebäude verließ, standen ziemlich weit von der Eingangstür entfernt schweigende Frauen mit kleinen Päckchen in den Händen. Bin ich deshalb hierher gekommen?

Auf dem Weg ins Zentrum Berlins versuchte ich zu vergessen, doch die Straßen waren angefüllt mit Flüchtlingen aus dem Osten, aus Schlesien und Pommern. Ich erkannte die Bauern an ihren Samtkleidern und Hüten; oft lagen alte Frauen auf Strohbündeln auf den Karren, Männer zogen sie vorwärts, ohne aufzublicken, Kinder folgten dahinter. Welche Zerstörung, welcher Wahnsinn! Die brandige Wunde, mit der die Henker die Welt angesteckt hatten, griff immer weiter um sich. Verhöre, Flüchtlinge, Erschießungen. Würde nie Friede und Glück um mich sein?

Es war Anfang Juli. In Berlin herrschte noch immer der Ausnahmezustand. Dennoch konnte man am Abend nach dem glutroten Tag schon Gruppen von Radfahrern sehen, die offensichtlich von einem Ausflug heimkehrten. In manchen Vierteln gab es wieder Elektrizität. Und plötzlich konnte man an einer Straßenecke Heimkehrer sehen, invalide deutsche Soldaten in Lumpen, ohne Arme, ohne Beine, die in Holzkisten vorwärts rückten.

Ich ging selten aus, ich trank zu Hause beim Schein einer Kerze, später im Licht einer schwachen Glühbirne. Eines Abends nahm Moniek, der Ukrainer, mich beim Arm: »Komm mit«, sagte er.

Er ließ sich nicht abschütteln. Wir wanderten durch die verlassenen Straßen, auf denen man ab und zu plündernde Sowjetsoldaten sah.

»Die Amerikaner sind da«, sagte Moniek. »Ich hab' sie gesehen.«
Was ging mich das schon an!

»Ich gehe zu ihnen rüber, Mischa, heute nacht noch geh' ich rüber.«

Wir gingen noch lange nach Einbruch der Sperrstunde umher und redeten miteinander. Unsere Schritte widerhallten auf der Straße. Moniek hatte in der Ukraine niemanden mehr, seine Verwandten und Freunde lagen mit Millionen anderen in den Massengräbern.

»Ich kenne Rußland, und ich kenne die Russen, Mischa. Sie können uns Juden nicht ausstehen.«

»Und wer hat mich gerettet? Wer?«

Sie waren auf der Straße am Waldrand herangekommen, Decken um die Brust geschlungen, sie waren Partisanen des Generals Alexej Feodorowitsch Feodorow gewesen und sie hatten die Rote Fahne auf dem Reichstag aufgepflanzt.

»Der Krieg ist zu Ende, Mischa. Und ich will leben. Ich hasse Uniformen. Rußland wimmelt von Uniformen.«

Ich ließ ihn mitten auf der Straße stehen und ging ohne ein Wort weg.

Ich hörte nur noch meinen Schritt, ich vergaß den seinen. Wir hatten ihn vor dem Tod bewahrt, und er ließ uns jetzt im Stich.

Auch ich wollte leben, auch ich haßte Uniformen und Verhöre, auch ich hatte erfahren müssen, daß viele Russen uns Juden nicht ausstehen konnten. Drüben in New York stand der letzte Baum meines Waldes, die Mutter meiner Mutter, Juleks Tante. Alles, was mir an Familie noch blieb. Doch ich hatte Schulden nicht gern, und ich schuldete dieser Roten Armee, diesem Rußland, ziemlich viel; durch sie war ich nach Berlin gekommen. Ich mußte all dies abtragen. Ein Mann muß bis ans Ende gehen.

Auch Wladek verschwand wie Moniek.

Einige Tage später wurde ich von Pankow nach Potsdam versetzt. In der kleinen Stadt herrschte der Belagerungszustand. Die Konferenz der »Großen Drei« sollte hier stattfinden, man wartete auf Churchill und Truman. Ich sah nur Soldaten in den riesigen Parks, den Schlössern, den langen geraden Alleen.

Ich verhörte Verdächtige, verhaftete alte Nazis, einen SS-Mann etwa, den seine eigene Frau denunziert hatte. Wir entdeckten ihn in einem Keller, in dem er sich verkrochen hatte. Er saß mitten unter Cognacflaschen, badete im Alkohol. Eine kleine Pistole lag in

Reichweite. Um ihn herum lagen halb verblaßte Fotografien von Galgen mit Bündeln von Gehenkten, von Massengräbern. Der Mann war einer der wahren Henker. Ein langer Schmiß lief über seine Wange.

Als er in der Zelle nüchtern wurde, blickten seine Augen weiß und hochmütig. Er hatte seine Schuld zu begleichen, und von seinesgleichen hatte ich sie einzutreiben. Moniek und Wladek ließen diese Arbeit ungetan zurück. Auch aus diesem Grund wollte ich bis ans Ende gehen.

Eines Morgens hatten wir Dienst auf einer der Parkalleen: alle zehn Meter stand ein Offizier. Stalin kam. Ich sah seine schwarze Limousine, eine schattenhafte Gestalt, ein Profil, das rasch vorbeiflog. So also sah einer der »Großen« aus. Während ich stundenlang am Rand dieser Allee Wache stand, träumte ich von einer Welt, in der die Führer einfache Menschen gewesen waren, den andern gleich, Kameraden unter Kameraden, wie unter den Partisanen in den polnischen Wäldern, wie im Getto, im Bunker der Mila-Straße 18.

Von Potsdam wurde meine Einheit nach Leipzig verlegt. Auf den Straßen kreuzten wir lange Wagenkolonnen, beladen mit Geräten und Maschinen, Gruppen von Flüchtlingen und immer wieder Kriegsgefangene. Ein ganzes Volk schien unterwegs zu sein. Ameisen, wie wir es gewesen waren, auf der Suche nach einem Weg, nach einer Lebenshoffnung. Die Städte lagen in Trümmern, die Bahnlinien waren unterbrochen.

In Leipzig war im Gohlis-Viertel gegenüber einem großen Park ein ganzer Bezirk für uns geräumt worden. In der Vergangenheit hatte es das Quartier in Zoliborz gegeben, wo ich unter dem Befehl des Offiziers mit den bleichen Augen den Schnee wegschaufeln mußte.

Die Villa, die ich in Leipzig bewohnte, war riesig. Massive geschnitzte Holzmöbel bildeten ihre Einrichtung. Ich hatte beide Stockwerke für mich allein, ein Privileg der Offiziere, aber ich war ein Gefangener dieser Umgebung, die nicht zu mir paßte, Alpträume überfielen mich.

Ich hatte mich in einem kleinen Zimmer oben an der Treppe eingerichtet, schlief auf der bloßen Matratze inmitten eines Wirrwarrs von Flaschen auf dem Boden und über Stühle geworfener Uniformen.

Wenn ich nach Hause kam, durchquerte ich rasch die Diele, rannte die Treppe hinauf und schloß mich in der Kammer ein. Ich trank und versuchte zu schlafen. Aber die Meinen waren immer um mich.

Jeden Morgen rief ich sie in mir herauf, an den Abenden tauchten sie von selbst auf. Ich sah die Senatorska-Straße und unser Haus wieder.

Ich war ein geschlagener Sieger, allein und verlassen.

Eines Tages stellten sich die Besitzer der Villa ein. Zunächst die Frau, eine übertrieben zuvorkommende, dicke Bürgerin, bat, Wäsche mitnehmen zu dürfen. Dann kam ihr Mann, alt, amputiert. Er schwang seine leeren Ärmel demonstrativ hin und her. Schließlich kam eine Tochter. Sie klopften an ihre eigene Tür, schauten ihr Haus an, nahmen es mit den Augen wieder in Besitz.

»Wir wissen nicht, wohin wir gehen sollen«, sagte der Mann. »Leipzig ist voller Flüchtlinge.«

»Sie haben Angst, auf dem Land zu bleiben«, fügte die Frau hinzu.

»Viele kommen aus Polen. Sie sind von dort vertrieben worden«, fuhr der Mann fort und schwenkte seine leeren Ärmel.

Sie trieben mich in die Enge. Ich hätte ihnen so viele Worte ins Gesicht schleudern können, so viele Geschehnisse voll Blut und Entsetzen: ich hätte ihnen von den Mündern voll Gips der Polen erzählen können, die auf einem Platz hingerichtet worden waren, von den drei weinenden Kindern mit den erhobenen Armen mitten in einem Dorf, von Warschau, das in eine Steinwüste verwandelt worden war. Von unserm Haus, allen Häusern, meinem ganzen Volk. Sie wollten mich zwingen, roh und gewalttätig zu sein, sie wollten aus mir einen Henker machen.

»Richten Sie sich hier ein«, sagte ich. »Ich benutze nur ein Zimmer. Niemand sonst wird hierher kommen.«

Ich hatte ihnen nachgegeben. Sie triumphierten und verachteten mich. »Dieses Haus gehört uns«, sagten ihre Gesichter, »wir sind im Recht.«

Ein betrogener Narr oder ein Henker zu sein, war das wirklich die einzige Wahl?

Ich ging den Leuten aus dem Weg, kehrte spätabends nach Hause zurück, brach im Morgengrauen auf, stürzte mich in die Arbeit.

In Leipzig hetzte ich Großwild. Die Stadt lag auf der Strecke nach

Süden, nach Österreich, in die Alpen, nach Italien, in die Freiheit. Wir erfuhren oftmals zu spät davon, daß SS- und SA-Offiziere sich in die Berge davongemacht hatten. Unsere Informanten, Nazis, die durch verspätete und nutzlose Denunziationen ihre eigene trübe Vergangenheit zu verwischen versuchten, kamen meist, wenn es zu spät war. Sie bettelten aufdringlich um kleine Vergünstigungen, schmeichelten mir mit ihrem »Towarischtsch Leutnant«. Sie schworen beim Leben ihrer Kinder, ihrer Mutter, hatten Angst, Hunger, waren unterwürfig.

Walter dagegen blieb aufrecht vor mir stehen, und von jenem ersten Morgen an faßte ich Vertrauen zu ihm. Ein großer, magerer Mann mit sehr kurz geschnittenem weißen Haar. Er redete wenig, das Sprechen fiel ihm schwer.

»Für mich bitte ich um nichts«, sagte er. »Ich brauche nichts. Ich bin es gewöhnt.« Er holte ein Taschentuch hervor, entfaltete es langsam und zeigte mir ein Stückchen braune Pappe, die nach Erde roch.

»Mein erster«, sagte er. Es war ein Mitgliederausweis der Kommunistischen Partei aus dem Jahre 1921. Ich hielt dieses kleine, unbedeutende Stückchen Pappe in der Hand, das die ganze Ehre dieses Mannes ausmachte. Ich reichte es ihm zurück. Er wickelte es sorgfältig wieder in das Taschentuch.

»Wir haben eine Spur«, sagte er. »Einer von den ganz Großen. Sind Sie daran interessiert?«

Durch ein weitverzweigtes Netz von Beziehungen hatte er erfahren, daß ein Verdächtiger sich in der Altstadt versteckt hielt und versuchte, nach Süden, vielleicht in die Tschechoslowakei, zu entkommen.

»Was brauchen Sie?«

Er verlangte nur ein paar Zigaretten, um Informationen zu kaufen. In jenen Tagen konnte man in Deutschland mit einer halben Zigarette eine Frau bezahlen. Ich gab ihm, was ich hatte.

»Ich komme wieder.«

Einige Tage später traf ich Walter erneut. Er war diesmal nicht allein. Sein Begleiter war klein und mager wie er selber. Auch er gehörte zu jener Art Menschen, die nicht zerbrochen werden können, wie ich ihn im Getto, den Lagern, den Wäldern getroffen hatte. Ein Menschentyp, der überlebt, weil er innerlich aus Stahl ist. Zu Tode getroffen, steht er wieder auf. Ich hatte solche

Menschen am Rande der Gruben gesehen. Ich wußte sie zu erkennen.

»Es ist vielleicht Martin Bormann«, sagte Walter. »Er hat sich nach Grimma verzogen.«

Ich wußte nicht genau, wie wichtig Bormann war, aber im Radio war häufig von ihm die Rede gewesen.

»Er ist sehr vorsichtig«, sagte Walters Begleiter. Er lächelte.

»Das wäre ein schöner Fang, aber die Leute hier haben Angst.«

Ich legte meine Zigaretten auf den Tisch, besorgte mir mehr von meinen Kameraden. Ich versuchte eine Kommandirowka, einen Passierschein nach Grimma, zu erhalten. Vergeblich. Ich belästigte den Hauptmann, den Obersten. Beide lachten mich aus. Der Oberst, der stets auf dem Boden neben seinem Schreibtisch eine Flasche stehen hatte, hämmerte mit der Faust auf den Tisch: »Mischa! Mischa! Du hast Bormann aufgestöbert? Warum nicht gleich Hitler selber! Bormann, ha!« Er lachte mir ins Gesicht.

Wieder fand sich Walter bei mir ein. Der verdächtige Mann war erneut entwischt: nach Chemnitz. Ich sah mir die Karte an; er wollte sich offenbar in den Bergdörfern verstecken und in die Wälder entkommen. Walter erklärte mir ausführlich, wie er stundenlang mit den Bauern habe reden müssen; seit Zambrow kannte ich diese endlosen Gespräche, bevor die Zungen sich lösen. Ich wußte um die hartnäckige Vorsicht der Bauern.

»Was wollen Sie unternehmen?« fragte Walter. »Es wird lange dauern, bis wir ihn in Chemnitz wieder aufspüren können. Wir werden zahlen müssen.«

Tolek gab mir seine Zigarettenration. Zigaretten waren selten und kostbar, sie waren die wirkliche Währung in jener Zeit. Walter entdeckte seinen Verdächtigen in Chemnitz. Ich machte mich wieder zu meinem Obersten auf und bat ihn, Walter, diesen deutschen Kommunisten, zu empfangen.

»Er hat hier gelebt, hier in Deutschland, unter den Nazis?« Ja. Walter hatte überlebt.

»Das ist unmöglich, Mischa. Völlig ausgeschlossen. Du machst uns lächerlich. Laß die Hände von dieser Geschichte. Wenn es wirklich Bormann ist, sind schon andere auf seiner Spur. Tu deine Arbeit hier und halte dich an deine Grenzen.«

Ich beharrte auf meiner Bitte.

»Geh nicht zu weit, Leutnant«, schrie der Oberst.

Im Flur legte mir ein anderer Leutnant die Hand auf die Schulter. »Gib es auf, Mischa. Was kannst du schon tun. Malchi, halt den Mund!«

Walter verfolgte den Verdächtigen bis nach Aue am Fuß des Erzgebirges. Dort beginnen die Berge und Wälder, die Tschechoslowakei, Österreich waren nicht weit. Dann verlor Walter seine Spur.

»Ich glaube, er ist uns entwischt«, sagte er. »Wenn es Bormann ist, dann ist das sehr schade. Auf Wiedersehen, Genosse Leutnant.«

Ich schloß mich in meinem Büro ein und betrank mich. Aus Dummheit und Gleichgültigkeit hatten sie mir meine Rache gestohlen. Der Oberst hatte gelacht: »Bormann, Mischa? Warum nicht gleich Hitler!« Die Unfähigen sehen überall nur Unmögliches.

Unmöglich waren die Pläne zur Ausrottung unseres ganzen Volkes, unmöglich das Getto, der Umschlagplatz, Treblinka, unmöglich war es, aus Treblinka zu entfliehen, in Zambrow waren Deportationen unmöglich, unmöglich war es, durch die Abwässerkanäle zu entkommen. Mein Leben war angefüllt von diesem »Unmöglich«. Überall war ich auf diese Herde gestoßen, die »unmöglich« blökte. Und doch hatte ich überlebt, sie dagegen waren tot. Ich, der ich stets das Unmögliche für möglich gehalten hatte. Ich glaubte Walter. Warum sollte dieser Verdächtige nicht tatsächlich Martin Bormann gewesen sein, wie Walter annahm? In dieser Zeit wurde das Unglaubliche Wirklichkeit. Aber der Oberst und seine Leute konnten nur eines: Befehle nachplappern und gehorchen.

Man schickte mich nach Roßwein und Döbeln. Dort waren die Gefängnisse voll von jungen »Werwölfen«, die genauso unschuldig waren wie die in Berlin. Sie hatten Befehle erhalten und sie ausgeführt, ohne zu denken. Wieder mußte ich durch Gefängniskorridore gehen, wieder den Blicken dieser Kinder standhalten, die nicht begriffen, warum man sie verhaftet und eingekerkert hatte. Aus Berlin traf ein Oberst ein, einer jener fetten Etappenoffiziere mit rosiger Haut. Er hatte zwei junge Sekretärinnen bei sich. »Sie werden mein Dolmetscher sein, Leutnant.«

Sie zogen vor ihm vorbei, hilflos in ihren Gebärden, mit kindlichen Augen.

Der Oberst legte die Hände flach auf den Tisch und grinste selbstgefällig. »Ihr habt Hitler Treue geschworen?« fragte er immer wieder. Bei jedem Ja wurde sein Gesicht breiter. Er klopfte auf den Tisch. »Gut. Gut. Dafür müßt ihr jetzt bezahlen. Das ist gerecht, nicht wahr?«

Wenn ein junger Gefangener sich weigerte zu antworten, erhob er sich und brüllte: »Ich hab' eine Frage gestellt, du Dreckskerl. Das ist doch gerecht, oder?«

Er hatte bleiche Augen. Ich fand keinen Schlaf mehr. Ich lebte von Wodka, doch der beißende vertraute Wodka der Wälder, dieser nährende Alkohol, der kratzende Bimber, war hier zu einer brackigen Flüssigkeit geworden, die mich am Ende zerstören würde. Ich stand auf der Seite der Henker.

Ich versuchte, diesen Gedanken nicht in mir aufkommen zu lassen: Gerechtigkeit ist eine komplizierte Sache, Mietek. Doch ich hörte rasch zu denken auf. Seit Jahren war meine Haut mein Instinkt und meine Vernunft gewesen. Ich hatte gelernt zu wissen, ohne denken zu müssen. Ich wußte, diese jungen Menschen waren Opfer, und ich wußte, daß ich in diesem Gefängnis in Döbeln zum Lager der Henker gehörte.

Ich trank viel, ich mußte dem entfliehen, aber warum fliehen? Und an jedem Morgen saß der Oberst wieder da, ich knallte vor ihm die Hacken zusammen, seine Sekretärinnen setzten sich hinter ihn, ein neuer Tag begann. Ich stand in der Grube wie in Treblinka, war in die Enge getrieben. Ich hätte ein anderer sein mögen, einer von diesen Jungen, um zu fühlen, daß ich aufrecht gegen das Unrecht stand, um wieder die Kraft zu spüren, die ein solcher Kampf verleiht. Doch ich war der Dolmetscher des Offiziers mit den bleichen Augen.

Eines Abends besuchte mich Tolek, der in Leipzig geblieben war. Wir gingen den Fluß entlang und sprachen miteinander. Es regnete, unsere Mäntel wurden schwer. »Vielleicht sollten wir weggehen«, sagte er. »Dies ist nicht unsere Armee.«

Ich hörte ihm zu. Wenn ich diese Männer verließ, an die ich glaubte, was bliebe mir dann noch? Ich hatte für meine Rache gekämpft, aber sie machten daraus eine Fratze, machten sie unmöglich, pervertierten sie. Wozu leben?

»Man kann nicht nur für sich selbst leben, Tolek, man kann es einfach nicht.«

»Es gibt Palästina, die Kibbutzim«, sagte Tolek. »Und außerdem, du hast ja jemanden.«

Er fuhr wieder ab. Ich wanderte die ganze Nacht im Regen durch das finstere, feuchte Land. Kälte, Regen, Gehen: ich fand mich an den Grenzen der Wirklichkeit, meiner Müdigkeit selbst wieder.

Nach und nach, Schritt für Schritt kroch ich aus der Grube empor. Ich weigerte mich, begraben zu sein. Schritt für Schritt ließ ich Döbeln hinter mir zurück.

Ja, ich hatte jemanden, der auf mich wartete, und wenn es überall Henker gab, ich würde niemals zu ihnen gehören. Wenn keines der Systeme, die von den Menschen eingerichtet und von den »Großen« gelenkt werden, die man in schwarzen Limousinen vorüberfahren sieht, mir zusagte, dann würde ich mein eigenes System, meine eigene Organisation gründen: eine Familie, Söhne um mich herum, in sich abgeschlossen wie die Besatzung einer Festung; wir würden zusammenhängen durch die Bande des Bluts und der Liebe. Für sie würde ich meine Burg, mein Schloß bauen.

Ich ließ mich ins Gras fallen, der Regen durchnäßte mich, aber was tat mir schon der Regen? Ich hatte meinen Weg gefunden. Im Getto hatte ich allein mein System entwickelt, in Treblinka allein einen Weg entdeckt, dem unteren Lager zu entrinnen, allein würde ich auch meine Festung bauen. Für sie, für meine Familie, für diese Frau und für diese Söhne.

In New York wartete jemand auf mich, ein Baum aus meinem Wald. Dort würde ich meine Burg bauen. Die Meinen rächen, Rache nehmen für mein ganzes Volk, das hieß, eine neue Familie zum Blühen bringen, Körner säen und sie beschützen.

Ich schlief friedlich im Gras unter dem Regen oder in der Sonne. Am späten Nachmittag fand ich mich in der Kaserne ein. Eine der Sekretärinnen erwartete mich. Sie tat hochmütig und abweisend. »Er ist sehr wütend«, sagte sie.

»Ich bin krank. Ich fahre ins Leipziger Lazarett.«

Im Krankenhaus schleppte ich mich von Untersuchung zu Untersuchung. In dem riesigen Saal, mitten unter den rekonvaleszenten Verwundeten, die miteinander Schach spielten, lag ich auf meinem Bett und träumte.

Ich ließ mich von der Zeit hinwegtragen, wie ich es noch niemals getan hatte. Ich stellte mir meine Kinder vor, sie würden meinen beiden Brüdern ähnlich sehen; meine Frau, sie würde wie meine Mutter sein, wie Riwka, wie Zofia, wie Sonia, sie würde alle Frauen sein. Bäume würden um uns herum wachsen, grünes Land. Ich träumte: mein Vater, meine Mutter und alle meine Kameraden würden mit uns unter diesen Bäumen gehen.

Eines Morgens erklärte mich der Major für gesund. Ein General in Leipzig hatte einen Offizier mit Deutschkenntnissen angefordert. Ein paar Stunden später saß ich mit ihm, seiner Frau und seinen Kindern bei Tisch und trank seinen Wodka.

»Noch ein Gläschen, Mischa?« fragte er mich. Er holte die Flasche hervor, die unter dem Tisch versteckt gestanden hatte, als befürchtete er bei sich zu Hause eine Inspektion wie ein kleiner Leutnant in der Offiziersmesse. Diese Armee, dies Volk, welch absonderliche Mischung!

Mein General schien nur eine einzige Sorge zu haben, nämlich seinen Freunden im Generalstab Mäntel, Pelze und überhaupt Kleidung aller Art zu beschaffen.

»Du bist ein Jude, Mischa, und die Juden sind gerissen. Du wirst das schon für mich organisieren.«

Es hatte weiter nichts zu bedeuten, es war nur eine freundschaftliche Anspielung.

Ich streifte durch das alte Leipzig, entdeckte kleine, versteckte Läden und requirierte in meiner Eigenschaft als Offizier vom NKWD. »Sie kennen die Farbe meiner Mütze?«

Sie kannten sie. Sie waren mit meinen Preisen einverstanden. Ich kaufte, wurde unentbehrlich im Haus des Generals. »Mischa ist einmalig, ganz einmalig«, pflegte der General zu sagen.

Die Frauen der höheren Offiziere waren mir dauernd auf den Fersen. »Mischa, Mischa, wir haben nichts anzuziehen.«

Generäle auf Inspektionsreise, deren Frauen in der Sowjetunion zurückgeblieben waren, ließen mich zu sich rufen und übergaben mir lange Listen mit »Geschenken«, die ich bis zum nächsten Morgen aufzutreiben hatte.

Ich spielte meine Trümpfe aus, die Zeit verstrich, ich wartete ab und schaute mir selbst bei meinen Handlungen zu: Hatte ich das Getto und Treblinka, unseren Aufstand durchgemacht, um für Offiziersgattinnen Pelzmäntel zu beschaffen? Ich, Mietek, der Getreidesäcke geschmuggelt hatte, ließ mich von ihnen zu so etwas entwürdigen.

Es war Irrsinn. Und sie, hatten sie dazu Krieg geführt? Ich hörte ihnen zu, ich beobachtete diese Männer mit ihren Litzen und Orden, die andere in die Schlacht geführt hatten, diese Vorgesetzten, vor denen man salutierte und die über Leben oder Tod entscheiden konnten. Wie erbärmlich zu sehen, daß sie sich so nach ein paar zusammengenähten Tierhäuten sehnten.

Um mir zu beweisen, daß ich anders sei, trug ich meine Tressen nicht mehr. Ein langer Ledermantel verbarg meine Abzeichen und Orden. Ich war Mietek, der Starrkopf, Mietek, der anders war als sie. Der Politkommissar, ein düsterer, nervöser junger Mann, der von seinen Vorgesetzten die gleiche schlechte Meinung zu haben schien wie ich, nahm mich oft beiseite und sagte: »Dein Platz ist in der Partei, Mischa. Du bist aus gutem Holz geschnitzt. Wenn du in die Partei eintrittst, steht dir eine glänzende Zukunft bevor. Die Militärakademie...«

Seine Handbewegungen breiteten Zukunftsperspektiven vor mir aus. Ich ließ ihn reden. Ich glaubte ihnen nicht mehr. In mir wuchs bereits ein anderer Traum heran. Doch handelte ich noch nicht, ließ mich von Tag zu Tag treiben. Ich war einer jungen Polin begegnet, die nach Warschau zurückkehren sollte. Mit ihr verbrachte ich zärtliche Stunden. Ich war wie ein Läufer, der sich vor dem Sprint entspannt.

Am Abend ihrer Abreise kam Tolek mit zum Bahnhof. Er schien außer sich zu sein: »Mietek, ich hab' den Schultz erwischt.«

Ich packte ihn an der Schulter. Den Getto-Schultz, den Mann, der vom Balkon aus seinen Arbeitern Sicherheit und Überleben in den Lagern Poniatowka und Trawniki versprochen hatte, Schultz, für den wir Sklaven gewesen waren! Ich rannte mit Tolek bis zum Gefängnis. Das Getto stieg wieder in mir auf, die Leszno-Straße und der Schrei meines Vaters, dieser letzte Schrei in der Swietojerska.

Wir waren vom NKWD, man ließ uns eintreten, ein Soldat führte uns zu einer Zelle. Schultz, der Profitmacher, der Beschwichtiger, der Komplize der Henker, saß auf einem Holzschemel. Er hob für einen Augenblick die Augen. Tolek und ich hielten die Gitterstäbe umklammert. Schultz zuckte zurück.

»Was wollen Sie?«

Ich sah Schweißtropfen auf seinem Gesicht.

»Was wollen Sie von mir?« Seine Stimme klang schriller.

»Dich wiedersehen, Schultz. Ich hab' dich dort gesehen an der Leszno-Straße.«

»Ich will vor ein Gericht gestellt werden, ihr habt kein Recht, ohne Urteil...« Er war ein verschrecktes Tier, mehr nicht, wie er da schweißüberströmt an der Wand der eisigen Zelle lehnte.

»Schultz, wir sind hier nicht in Treblinka. Ich wollte dich nur sehen, dir beweisen, daß es uns noch gibt.«

Tolek spuckte ihn an.

»Ich hab' euch immer beschützt«, schrie Schultz. »Ich hab' es immer versucht.«

Da spuckte auch ich nach ihm.

In dieser Nacht tranken Tolek und ich schweigend in meinem Zimmer, bis uns der Kopf auf den Tisch fiel.

Die Tage vergingen, ich kaufte Pelzmäntel für die Generalsgattinnen.

Ich träumte. Oft hörte ich die deutschsprachigen Sendungen des amerikanischen Senders und versuchte mir vorzustellen, in was für einer Welt diese alte Dame lebte, deren Enkel ich war. Sie war dort drüben, auf der anderen Seite des Lebens. Wochen vergingen. Dann kam eines Morgens Tolek in mein Büro.

»Sie haben Schultz freigelassen«, sagte er. »Er ist frei! Sie wollen ihn sogar benutzen, ihn zum Sprechen bringen. Er beteuert, daß er ihnen helfen will.«

Man mußte die Sache ruhig angehen, versuchen, sie zu ändern, zu verstehen. Der General war freundlich und väterlich zu mir.

»Im Grunde, Mischa, war Schultz nur ein Opportunist, kein Verbrecher. Für die Juden war er das vielleicht, aber nicht für uns Sowjets. Du verstehst, Mischa, man muß unterscheiden. Er kann uns hier nützlich sein. So ist das Leben, Mischa, so ist die Politik.«

Ich diskutierte nicht weiter. Wozu auch? Der General kam aus einem Land, in dem die Gruben tief waren, welche die Henker gegraben hatten. Kiew, Charkow, Smolensk, Leningrad, so viele ausradierte Städte, Millionen Tote. Es wäre nutzlos gewesen, ihm von Warschau und Treblinka zu erzählen.

Wieder sah ich Schultz vor mir, wie er durch die Gettostraßen stolzierte und Leben und Tod austeilte, indem er eine Arbeiterlaubnis für seine Fabriken gab oder verweigerte; der König Schultz, der Sklaventreiber im Warschauer Getto, der aus den letzten Kräften halbverhungerter Männer und Frauen Gold machte. Seht, meine Brüder, nie wird es mir gelingen, euch vollkommen zu rächen, und wenn es mir gelänge, würdet ihr auch dadurch nicht wieder lebendig. Das ist meine Niederlage. Tote kann man nicht wieder ins

Leben zurückrufen. Nur neues Leben, viele neue Leben können den Tod auslöschen.

Eines Tages war Tolek verschwunden. »Ich gehe weg«, hatte er gesagt, wir hatten uns umarmt. Viel Glück, Bruder.

Ich wartete noch mehrere Wochen: Untersuchungen mußten zum Abschluß gebracht werden. Ich mußte auch hier bis ans Ende des Weges gehen.

Die Sowjetarmee hatte mich nach Berlin geführt, ich hatte mit ihr gekämpft, ihr gedient. Sie hatte meiner Rache geholfen, sie dann verfälscht und verstümmelt. Wir waren quitt.

Habt Dank, ihr Soldaten auf einer polnischen Straße, die ihr mir an einem Julitag »Nach Berlin!« zurieft. Habt Dank, ihr Kämpfer, die ihr in den Straßen Berlins so kurz vor dem Sieg gefallen seid. Ich gehe weg. Unsere Wege trennen sich. Jedem sein eigenes Leben, den eigenen Weg. Euer Traum ist nicht der meine.

Seit Monaten kannte ich kein Ausruhen mehr. Als ich meine Beförderung zum Hauptmann erhielt, ließ mich der Politkommissar rufen: »Mischa, überleg es dir. Das da ist gekommen.«

Er deutete auf ein dickes Kuvert voller amtlicher Siegel.

»Die Polen möchten dich gern bei sich haben. Sie haben Schwierigkeiten. Die Faschisten leisten Widerstand. Sie haben sich in den Wäldern, in den Bergen festgesetzt. Du bist Pole, wenn du willst, kannst du in deine Heimat zurückkehren und den Kameraden helfen.«

Er stand auf.

»Aber überleg es dir gut. Du gehörst ja auch zu uns. Ich zähle auf dich. Wir oder die Polen, triff deine Entscheidung.«

Er verschaffte mir einen langen Urlaub. Ich fuhr im Auto nach Berlin. Ich war kein Russe, ich war Pole, aber was bedeutete mir dieses verwüstete Land noch, diese Erde, auf der niemand von meiner Familie mehr am Leben war? Mein Vaterland, meine einzige Heimat waren die Meinen, war mein Volk, für das ich überlebt hatte, die aus dem Getto und die von Treblinka, mein Volk, meine Heimat aus Fleisch und Qualen. In ihrem Namen blieb mir nur eine Wahl.

Ich verlasse euch, Kampfgenossen. Die Zeit der Rache geht ihrem Ende zu, eine neue Zeit bricht an, die Zeit einer neuen Ordnung, vielleicht der Brüderlichkeit für euch, die aber nicht die meine ist. Was wäre meine Zukunft in euren Reihen? Die eines Polizisten, eines Soldaten? Dafür habe ich nicht überlebt.

Es blieb mir nur eine Wahl. Tolek und ich hatten oft über die Möglichkeiten, wegzugehen, gesprochen. Sobald man einmal in Berlin war, brauchte man nur im sowjetischen Sektor in die U-Bahn zu steigen und im Westsektor wieder auszusteigen.

Die ehemalige Reichshauptstadt wirkte bei meiner Ankunft immer noch düster und unheimlich mit ihren Mauerresten, die wie Versatzstücke einer Bühnendekoration zum Himmel ragten. Ich ließ den Wagen in einem verlassenen Hof stehen, zog Zivilkleidung an und mischte mich unter die Menge in der U-Bahnstation. Mit Mühe konnte ich mich in einen der Wagen quetschen. An der ersten Station im amerikanischen Sektor stieg ich aus.

Draußen betäubender Lärm von Autohupen, Jeeps flitzten dahin, auf den Gehsteigen herrschte dichtes Gedränge, in den Schaufenstern leuchteten rote und gelbe Lichter. Ich lehnte mich an eine Mauer. Niemand beachtete mich. Ich betrachtete diese Männer, diese Frauen, diese Soldaten. Ein Zeitungsverkäufer rannte laut rufend vorbei. Um mich herum brandeten Geräusche, wirbelte diese neue Welt. Darin müßte ich meine Festung bauen.

Dritter Teil
Eine neue Welt

Der Tag wird kommen, an dem ich meine Festung bauen werde

»Sie sind also in Warschau geboren? Und Ihr Vater?«

In Lublin hatte mir ein Sowjetoffizier die gleiche Frage gestellt. Ich kam aus einer anderen Welt, und auch hier verhörte mich ein Offizier. Er war wohlwollend, müde, gleichgültig. Vor mir, hinter mir so viele Gesichter, das ganze Elend Europas. Juden auf dem Weg in eine Heimat, Schlesier, Ungarn, Tschechen, Sudetendeutsche, Polen, dem Entsetzen entronnen, von Furcht gehetzt, erschöpft, mittellos, mit einer einzigen Hoffnung vor sich: Amerika.

Der Offizier war bereits dieses Amerika, auf Sicht- und Rufweite nahegerückt. Ihn galt es zu überzeugen. Ich beobachtete ihn, versuchte mir vorzustellen, was in diesem runden Kopf hinter den Augen vorging.

»Wie sind Sie nach Berlin gekommen?« Er sprach polnisch, blickte mich kaum an, die Hände flach auf die Tasten der Schreibmaschine gelegt.

»Zu Fuß, allein, ich bin gelaufen.«

Die Rote Armee, meine Rache, das war meine private Angelegenheit und bereits Vergangenheit geworden. Sie sollten nichts davon erfahren. Vielleicht würden sie es gar nicht begreifen und mich an diese Vergangenheit ketten, während ich doch wiedergeboren werden wollte, um dort drüben neu und frei zu beginnen.

»Meine Großmutter lebt in New York. Alle andern aus meiner Familie sind tot.«

Er hob die Augen. Dieser Mann war ein Mensch.

»Ich will zu ihr, mir ein Leben aufbauen, eine Familie gründen. Ich bin ganz allein, ich habe nur sie.«

Er nickte zustimmend mit dem Kopf, notierte die Auskünfte, die ich ihm gab, den Namen Feld, den Stadtteil in New York, von dem mein Vater gesprochen hatte.

»Wir werden sie finden«, sagte er. »Sie müssen abwarten.«

Ich konnte nicht warten, ich hatte gelernt, daß Warten Tod bedeutet. Nun, da ich entschlossen war, nach drüben zu gelangen, würde ich mich nicht in Berlin einsperren lassen.

Ich begann den Offizier zu bedrängen: »Ich bin allein«, wiederholte ich. »Sie weiß nicht, daß ich noch lebe. Sie könnte sterben. Es muß schnell gehen.«

Ich sprach Sätze, die ich noch nie zuvor gesagt hatte. Sie sprudelten hervor, als hätten sie sich insgeheim Tag für Tag in mir geformt. »Ich muß hinüber, ich kann ihr ein bißchen Lebensfreude bringen. Sie hat mich nur ein einziges Mal gesehen. Ich bin der einzige Überlebende unserer ganzen Familie.«

Meine Stimme schwankte: diese Worte drangen aus einer Gettonacht herauf. Jener Nacht, in der mein Vater mir vom Tod Julek Felds berichtet hatte. Es waren seine Worte.

Der Offizier schaute mich an, er schüttelte immer noch den Kopf: »Ihr seid alle gleich«, sagte er, »ihr glaubt alle...«

Beinahe hätte ich herausgeschrien: »Ja, ich glaube das Recht zu haben, hartnäckig zu sein, ich glaube diese Wunden zeigen zu dürfen, die sie uns geschlagen haben und die die Welt zugelassen hat. Ich glaube, das Recht auf Ungeduld zu haben.« Statt dessen sagte ich: »Was die andern angeht, so weiß ich nicht, aber mich müssen Sie begreifen.«

»Ich habe nicht viel Zeit«, antwortete der Mann.

Ich wußte es: Die Heimatlosen, die Displaced Persons, saßen draußen im Gang auf Bänken, standen an den Wänden, warteten darauf, daß er sie empfing.

Der Offizier zündete sich eine Zigarette an, schob seinen Stuhl zurück. Er war kräftig, beinahe schon fett, seine Uniform gut gebügelt. »Ich gebe Ihnen fünf Minuten«, sagte er, »mehr kann ich nicht tun.«

Fünf Minuten, das geben sie euch, dir, Mutter, euch, Brüder, dir, Riwka, euch allen. Fünf Minuten, um von eurem Tod, meiner Pein, meinem Recht zu sprechen! Ich redete, sah ihn dabei nicht an, redete in ihrem Namen, war ihr Abgesandter in diesem Leben, denn auch ihretwegen mußte ich nach Amerika gelangen. Er unterbrach mich nicht.

Als ich verstummte, breitete sich langes Schweigen zwischen uns aus.

»Sie sind noch so jung«, sagte er schließlich. »Kommen Sie morgen wieder, verlangen Sie mich direkt zu sprechen.«

Nun war ich sicher, daß er sein Möglichstes für mich tun würde. Dieser Mann war ein Mensch. Er hatte mich bei der Hand genommen in dieser neuen Welt, in der ich noch wie ein Blinder am Rand des Gehsteigs zauderte, ein starrsinniger Blinder zwar, entschlossen, mich dennoch in den Verkehr zu stürzen.

Dank ihm erhielt ich einen Platz in einem Lager für Displaced Persons. Ich durfte das Lager auch verlassen, konnte durch die geteilte Stadt wandern, durch die Trümmer, die hinter Bretterwänden versteckt waren oder wie die Würfel eines Baukastens wohlgeordnet aufgeschichtet waren. Dank ihm fand ich Tolek wieder und erfuhr, daß es auch Wladek gelungen war, in den Westen zu kommen.

In der ersten Nacht nach unserem Wiedersehen wollten wir feiern. Die Leuchtschrift einer Bar blinkte über den Trümmern, wir drangen in den blauen Rauch, die Musik, das Gelächter und Gekreisch ein. Soldaten tanzten, tranken, wechselten ihre Dollars. Mädchen aus dem Volk unserer Henker kamen vorbei, streiften uns mit ihren nackten Schenkeln. Ich wich ihren Blicken aus, vermied die Berührung mit ihrer heißen Haut. Ich betrachtete den vergnügten Barkeeper mit den frostzerfressenen Ohren, der sicher auch in einem polnischen oder russischen Wald von Baum zu Baum gesprungen war, gewiß auch gebrüllt hatte wie die SS-Männer der Division Wiking beim Angriff auf den Wald von Ramblow.

Wir tranken eine Weiße mit Schuß. »Es ist Friede«, sagte Tolek immer wieder. »Man muß sich erst daran gewöhnen.«

Nie würde ich mich an ein solches sinnloses Leben gewöhnen, wie es ziel- und vernunftlos um uns herumwirbelte. Leben ist etwas Kostbares.

»Hier wollen wir nicht bleiben, Tolek!« Tolek ging mir voran, plötzlich tauchte der Barkeeper auf, versuchte uns augenzwinkernd und winkend zurückzuhalten. Ich stieß ihm mit dem Kopf heftig vor die Brust, er schlug mitten unter die Mäntel in der Garderobe hin. Wir verzogen uns in die Ruinen. Eisiger Regen fegte über die leeren, glänzenden Straßen.

»Du bist nervös, Kamerad«, sagte Tolek lachend. Auch ich mußte lachen. In brüderlichem Schweigen gingen wir weiter durch die Stadt. Ich war meinen Toten verantwortlich, den Besten von uns, meinem Vater, Julek, Mordechai. Sie hatten wirklich gelebt, ihr Leben trug die Krone des Opfers. Auch ich mußte etwas Gutes aus meinem Leben machen, versuchen, zu sein wie sie.

In dieser Nacht sprachen Tolek und ich von Palästina. Er war unentschlossen, ob er dorthin gehen sollte, denn er hatte in Berlin einen Onkel gefunden. Er entwarf ein Bild dieser alten öden und toten Erde, die wir bebauen und fruchtbar machen würden. Ich lauschte seinen Worten, sah mein Volk vor mir, aufrecht in dieser Wüste, die erobert und verwandelt werden sollte, mein Volk, für das ich gekämpft, mit dem ich gelitten hatte.

Ich fühlte mich als Jude. Ich war stolz und glücklich, Jude zu sein, denn wir waren am Leben und ungebrochen geblieben, trotz des Wütens der Henker und der Gleichgültigkeit der Welt. Eines Tages würde ich nach Palästina fahren. Jetzt aber hatte ich andere Aufgaben zu erfüllen.

»Ich hab' einen Plan, Tolek.«

»Du hast doch immer einen Plan.«

Wir lachten, stießen einander in die Rippen, liefen durch die menschenleeren Trümmerstraßen. Plötzlich waren wir fröhlich. Es stimmte, schon in jener Zeit hatte ich mir stets die Zukunft ausgemalt. Ich hatte immer versucht, schneller als die andern zu denken, um den Gang der Dinge zu beschleunigen, sie mir untertan zu machen, statt mich von ihnen bestimmen zu lassen.

Ich erzählte Tolek von meinen Träumen, vom Plan, den ich verwirklichen wollte, von meinem persönlichen Palästina: »Meine Großmutter, Amerika und Arbeit, viel Arbeit, und wenn ich genug verdient habe, eine Frau, Kinder, eine Familie. Wir werden uns dann alle zusammen irgendwo einrichten.«

Ich werde meine Festung mitten unter Bäumen bauen.

»Und dann, Tolek, wird endlich Friede sein. Die Kinder werden zu Männern aufwachsen. Ich werde ihnen alles erklären, sie werden meinem Vater, unserem ganzen Volk gleichen. Begreifst du, ich werde ihnen den Frieden geben, den wir nicht gekannt haben.«

Meine stillen, stummen Brüder, in jenem Zimmer hinter dem Schrank eingeschlossen, dazu verurteilt, versteckt zu bleiben, während ihr doch an die Sonne wolltet; meine Brüder, die ihr euch an mich geklammert habt, wenn ich abends endlich heimkehrte; Brüder, die ihr nur Mauern, Beton, die Waggons und den Tod gekannt habt, ich werde euch immer wieder zum Leben erwecken.

Eines Morgens kam der amerikanische Offizier selbst zu mir. Ich begegnete ihm im Gang der Baracke: er schwenkte einen Brief in der Hand.

»Sie haben nicht lange warten müssen. Bei uns klappt so was. Wir sind keine Barbaren. Hier, von Ihrer Großmutter!«

Ich mußte mich auf eine Bank setzen. Um mich herum ein Babel von Stimmen und Sprachen: Polnisch, Deutsch, Jiddisch, Russisch, Tschechisch, das Weinen eines Kindes, Aufrufe von Namen, das Klappern von Schreibmaschinen. Aber ich hörte nichts, ich sah nur diese Worte, die die Mutter meiner Mutter mir schrieb, diese ferne zerbrechliche Stimme, diese zittrige Schrift mit den schlechtgeformten Buchstaben, die mir hundertfach zurief: »Komm, Martin, komm!«

Kurz darauf fuhr ich von Berlin nach Bremerhaven. Am Kai lag die »Marin-Marlyn«, ein plumpes, gedrungenes »Liberty«-Schiff. Eine Menschenmenge stand wartend, vom feuchten Wind gepeitscht, unter Bergen von Koffern, die mit Stricken und Gürteln verschnürt waren, unter Säcken und Packen, eine ruhige, passive Menschenmasse, die aussah, als hätte sie all ihre Energie damit verbraucht, bis hierher zu kommen.

Als der Befehl zum Einschiffen erfolgte, kam plötzlich Leben in die Menschen an der Landungsbrücke. Rücksichtslos und brutal drängten sie sich vor, aus Furcht, in diesem Land zurückbleiben zu müssen, das so viele teure Leiber barg.

Tolek nahm mich in die Arme. »Du springst wieder über eine Mauer«, sagte er. »Du mußt immer abhauen, nicht wahr?«

Ich faßte ihn nochmals bei den Schultern. Eines Tages würde ich hierher zurückkehren müssen, wo ich gelitten hatte. Ich war durch Blut und Tod, durch Hoffnung und Kampf an diese Erde gebunden. Ich entstammte diesem Boden, der nun aufgewühlt und voller Gräber war. Ich begriff es in dem Augenblick, als ich Abschied nahm. Ich würde diese Erde, in der mein Volk ruhte, nicht vergessen.

»Auf bald, Tolek!«

Ich blieb an Deck, aber der Nebel um uns wurde rasch dichter. Kaum konnte ich die flachen grauen Ufer erkennen, zwischen denen wir dahinglitten. Vor uns erstreckte sich eine graugrüne, schwankende Fläche, über die wir uns nun Tag für Tag dahinschleppen würden. Ich verbrachte die Zeit in einem Winkel, schlief, mußte mich erbrechen. Manchmal, wenn ich an Deck ging, durchnäßte mich eine Sturzwelle, und ich stieg wieder in den schweißigen säuerlichen Gestank hinunter. Alpträume drückten mich: ich erwachte in einem Waggon, der nach Treblinka fuhr; das Schwanken des Schiffs war das meines Körpers, den man an den Armen zerrte, um ihn mit den anderen in die Grube zu werfen; die See wurde zur gelben Sandfläche.

Ich aß und trank kaum etwas, ich versank in schwankende Verzweiflung. Warum nur hatte ich die Meinen dort drüben verlassen? Warum lebte ich immer noch, warum war ich immer noch unterwegs, warum mußte ich immer »abhauen«, wie Tolek gesagt hatte? Das Meer schien mir unendlich, ich erbrach mich die ganze Zeit; die Untätigkeit erdrückte mich, ließ mich allein mit dieser Vergangenheit voll Schrecken und Not, die mich wie ein Strudel zu verschlingen drohte. Die anderen um mich herum ließen sich treiben. Der Krieg hatte uns wurzellos und zu Strandgut gemacht.

Eines Tages wurde die See ruhiger, ich konnte mich an Deck aufhalten, aus der frischen Luft Kraft gewinnen und dieser neuen Küste entgegenspähen, die das Ziel meines langen Weges war. Auch die anderen kamen nach und nach an Deck. Wir standen schweigend Schulter an Schulter und warteten auf unsere Zukunft. Wir sahen die Betonmauern, die Glas- und Stahlwände näherrücken, diesen mächtigen stolzen Wald von Betontürmen, der auf uns wartete. Das Schiff glitt durch graues Wasser, in dem sich stellenweise ein blauer Himmel spiegelte.

Am Ende des hölzernen Docks, dem wir uns näherten, sah ich Autos, ein paar Gestalten. Plötzlich ein leichter Stoß, die »Marin-Marlyn« hörte auf zu vibrieren. Polizisten stiegen an Bord, wir stellten uns ohne Hast in Reihen auf. Ich war angekommen, ich sah mich um.

Wieder begann ein Kampf, aber es war ein anderer Kampf. Ich mußte der bleiben, der ich war, durfte mich nicht verwunden lassen, mußte treu bleiben, wieder siegen, auf eine andere Art überleben, die Erinnerung in mir lebendig erhalten, den Willen bewahren, mir meine Festung zu bauen, euer Vertrauen zu rechtfertigen, ihr, die ihr nicht mehr lebt.

Ich zeigte meine Papiere, packte vor dem Zollbeamten meinen kleinen Stoffsack aus, ich besaß nichts.

Die Vergangenheit hatte mir nichts übriggelassen als Alpträume und ein paar Fotos, auf denen ich als Untergrundkämpfer und in der

Uniform der Roten Armee zu sehen war und die ich aufbewahrt hatte, um später meinen Kindern zu erklären, wie ich Rache für unser Volk geübt hatte.

Wir überquerten das Dock, wurden erneut durchsucht, gingen dann zwischen Metallstangen dahin, die einen langen Gang bildeten. Männer und Frauen beugten sich über die Absperrung und starrten uns an. Manchmal ertönte ein aufgeregter Schrei, ein Arm fuhr in die Höhe, Hände umschlangen einander, hielten einander über der Stange umklammert und ließen nicht mehr los. Jemand begann zu laufen. Ich ging ohne mich umzublicken auf den Ausgang zu, mit unbeweglichem Kopf, ich erriet die Fragen, die in diesen Augen geschrieben standen, die Angst, die ihr Warten erfüllte.

Ich warf meinen Sack über die Schulter. Sie kann gar nicht hier sein, Mietek, du nimmst dir ein Taxi und fährst zu ihr: Washington Heights, 186. Straße, 567 West. Ich murmelte beim Gehen die Adresse beständig vor mich hin.

Aufrecht, die bleichen Hände in die schwarze Handtasche gekrallt, sah ich sie dann schwarzgekleidet am Ende des Korridors auf mich warten. Und es war mir, als sei ich schon immer auf sie zugegangen, seit ich mich in den Keller am Muranowski-Platz gestürzt hatte, seit ich in jenem Abwasserkanal dahingerannt war, mich von dem verwüsteten Getto, von meinem Vater, der ein Stein unter den Steinen geworden war, losgerissen hatte, seit ich allein war.

Aufrecht stand sie am Ende des Korridors, mager und aufrecht, und an ihren Augen, ihrem Lächeln erkannte ich meine Mutter und Julek Feld. Ich blieb vor ihr stehen, sie schloß mich fest in die Arme, ließ mich nicht wieder los, sie zitterte und weinte. Unter meinen Händen spürte ich ihre knochigen Schultern, die Zerbrechlichkeit dieses Lebens. Unbeweglich hielten wir uns mitten in der Menge umschlungen.

Ein Polizist stieß uns beiseite, wir umklammerten uns noch immer. »*Please, please*«, sagte er. Wir standen unbeweglich, sie murmelte meinen Namen.

»Ich wußte es«, sagte sie immer wieder, »ich wußte es ja, du siehst deiner Mutter so ähnlich wie auf den Fotos, die sie mir immer geschickt hat.«

Sie hatte mein Gesicht in die Hände genommen, streichelte meine Wangen. Ich sagte nichts. Ein einziges Wort hätte in mir eine klaffende Wunde aufgerissen, die Mauern des Damms wären zerborsten, und ich hätte mich an sie geschmiegt, sie Mutter genannt, sie angefleht, mich fester zu halten, mich in ihren Armen zu bergen. Ich hatte diese Flut von Traurigkeit und Angst, diese Sehnsucht nach weichen mütterlichen Händen, nach meiner Mutter so viele Jahre in mir zurückgehalten.

Ich schwieg, erstickte den Tumult in mir, denn sie war so zerbrechlich, als ich sie an mich drückte. Sie hätte sich in meinen Ängsten verloren, wäre an meinem Unglück, an meinen Erinnerungen zerbrochen. Ich würde sie beschützen, ihr ein bißchen Leben zurückgeben müssen. Sie stand da, und sie lebte, mehr durfte ich nicht fordern. Ich drückte sie fester an mich, umschloß sie ganz mit meinen Armen.

»Mama, Mama.«

Ich fand dieses Wort tief unten in mir und tröstete sie damit.

»Sie haben sie alle umgebracht«, sagte sie. »Wir werden sie nie wiedersehen, deine Mutter, Julek, Fela, sie alle...« Verzweiflung ergriff sie, sie schluchzte, klammerte sich an mich, und mir schien, daß sie nur wie durch ein Wunder weiterlebte; sie war so mager, ihre Knochen so fein, als müßten sie jeden Augenblick zerbrechen. Ich mußte sie beschützen.

»Mama, Mama, ich bin ja bei dir.«

Wir gingen. Sie wollte unbedingt meinen Sack tragen. In ihre Tränen mischten sich bewundernde Ausrufe über meine Körpergröße, meine Kraft: »Du bist ein richtiger Mann, Martin.« Dann sagte sie: »Du wirst heiraten und Kinder haben. Ich will deine Kinder noch sehen, ich will eine uralte Urgroßmutter werden.«

Sie lachte, ich drückte sie an mich, dann brach sie wieder in Tränen aus. »Ich hab' deine Brüder nie gesehen. Sie haben sie umgebracht.«

Mir war entsetzlich zumute, aber ich mußte durchhalten, schweigen, sie dazu bringen, aus diesem Abgrund wieder heraufzusteigen, in dem ich doch selbst viel tiefer versunken war. Im Taxi sprach sie von Warschau, den alten Häusern, den Pflasterstraßen, den Geschäften. »Hier ist alles zu groß, zu neu.«

Ich schaute, versuchte, die Gesetze dieser Welt zu begreifen, die in langen Autoschlangen, senkrechten Mauerwänden, die den Himmel einschlossen, blitzenden Lichtern auf mich eindrang. Alles schien in Bewegung zu sein, ein Strudel von Leben, Straßen,

Geräuschen und Farben. Ich würde das begreifen müssen, um nicht davon verschlungen zu werden. Auch hier ließen sich wahrscheinlich viele treiben, während andere ihren Weg selbst wählten und sich zu ihrem Ziel durchkämpften. Wie im Getto, im Pawiak, in Treblinka stellten sich manche gehorsam in Reih und Glied auf, andere aber stürzten sich ihrem Schicksal entgegen, um es zu fassen. Ich mußte zu diesen anderen gehören.

Meine Großmutter schloß die Tür zu ihrer Wohnung auf. Sie trat geschäftig, unruhig und freudig zugleich als erste ein und sagte immer wieder: »Du mußt Hunger haben.« Vor mir lag ein Heim, milde Wärme, ich betrat es zögernd, ich wollte dieses Reich Schritt für Schritt kennenlernen.

»Dein Zimmer ist da drüben«, rief mir Großmutter aus der Küche zu. Ich hörte das Klappern von Töpfen, das Brutzeln der Butter, sah den gedeckten Tisch, das weiße Tischtuch.

»Ich möchte mich ein bißchen waschen«, sagte ich. Ich schloß mich ins Badezimmer ein, drehte die Hähne weit auf, schlug die Hände vors Gesicht und weinte heftig. Dann wusch ich mir unter dem kräftigen Strahl die Augen klar.

Mehrere Tage lang verließ ich die Wohnung kaum. Ich aß, schlief, wir redeten miteinander. Großmutter stand am Ofen und bereitete das Tscholent: ich schaute ihr zu, wie sie den Gänsehals zunähte, wie sie das Fleisch und den Knoblauch kleinwiegte, das Ei mit einem trockenen Schlag aufbrach, alles untereinandermischte. Ihre Handbewegungen waren sicher und genau, sie schienen mir in Jahrhunderten eingeübt und erfüllten mich mit ruhiger heiterer Freude.

Während ich neben ihr saß, gab es plötzlich keine Zeit mehr, nichts war geschehen, diese Küche war unsere alte vertraute Küche, gleich würden meine Brüder hereinkommen, gleich würde mein Vater zweimal kurz an der Tür klingeln. Und meine Mutter stand vor mir und stopfte die Füllung, die ich hatte kosten dürfen, in kleinen Portionen mit dem Löffel in den Gänsehals.

Am Abend kam mein Onkel. Als er aus Polen auswanderte, war Großmutter mit ihm gegangen. Sie hatte nach Warschau zurückkehren wollen, aber die Zeit verging, und dann kam der Krieg.

Nach dem Essen zwangen sie mich zu erzählen. Meine Großmutter preßte ihr Taschentuch in den Händen zusammen und fragte immer wieder: »Haben sie leiden müssen, haben sie viel leiden müssen?«

Ich schüttelte den Kopf. Ich löschte aus meiner Erinnerung die Schreie, die Kinder mit den zerschlagenen Schädeln, ich berichtete nur von einem schweren Leben, das meine Großmutter sich vorstellen konnte, ohne sich die ganze entsetzliche Wahrheit ausmalen zu müssen.

Dennoch brach sie in Schluchzen aus und fragte unablässig: »Aber warum denn, warum?«

Ich nahm sie in die Arme, ich streichelte ihr die Schultern. »Ich bin ja da, Mama, ich bin ja bei dir.«

Sie stand auf, bot mir ein Stück Kastanienkuchen an, der nach Zimt duftete. »Iß doch«, sagte sie, »du mußt doch essen.«

Manchmal bereitete sie, ohne mir etwas davon zu sagen, nach dem Essen Krapfen. Ich hörte, wie sie die Eier quirlte. Ich hatte keinen Hunger mehr, doch warum sollte ich ihr die Freude verderben, etwas Gutes für mich zu tun. Sie kam mit dem Teller voll heißer Krapfen, diesen fetten süßen knusprigen Teigstreifen. Ich umarmte sie.

»Ich werde deiner Frau zeigen, wie man sie macht«, sagte sie. »Und später wirst du dich an deine Mama erinnern, wenn du sie ißt.«

Ich wurde es nicht müde, sie anzusehen, ihr zuzuhören, in ihrer Nähe zu sein. Ich war ein Verfolgter gewesen, ich hatte den Haß und das Elend gekannt, aber hier in dieser Küche in Washington Heights durfte ich endlich die Waffen niederlegen.

Morgens stand meine Großmutter vor mir auf, ich horchte auf die Geräusche, die sie machte, ich lächelte in mich hinein, erlaubte mir noch einen Tag Ruhe, schenkte ihr Freude, diese große einzige Freude, die darin besteht, andere glücklich zu machen. Aber die Zeit kam, da ich die Waffen wieder aufnehmen mußte.

»Es ist ein hartes Land, dieses Amerika«, sagte mein Onkel. »Man muß kämpfen.«

Ich hatte keine Furcht vor Amerika. Ich kannte das Land, in dem der Tod herrschte, wo man Müdigkeit und Unachtsamkeit mit dem Leben bezahlte, wo jede Niederlage den Tod bedeutete, ich fürchte dieses neue Land nicht. Hier würde ich meinen Weg gehen, mir meine Festung bauen.

»Ich bin bereit«, erklärte ich meinem Onkel.

Ruhe und Friede hatten nur ein paar Tage gedauert, aber viele meines Volkes hatten auch das nie gekannt. Also stürzte ich mich mit aller Kraft in dieses Amerika. Eines Morgens zogen wir los. Ich sprach kein Englisch, ich mußte alles erst kennenlernen: die Stadt, die U-Bahn, die hastigen Menschenmassen auf den Gehsteigen. Aber es gab hier keine SS, keine Ukrainer, keine Gruben und keine Gettomauern: Amerika lag offen vor mir.

Mein Onkel war Manager eines Warenhauses mit zahlreichen Zweiggeschäften. Er stellte mich dem Direktor der Einkaufsabteilung vor. Ich hörte die beiden reden. Der Direktor lächelte meinem Onkel zu, er lächelte mir zu. Ich verstand kein Wort. Mein Onkel übersetzte: ich sollte Pakete aufmachen, dann später, wenn ich die Sprache beherrschte, könnte ich Verkäufer, Einkäufer, Leiter einer Abteilung werden, oder noch höher hinaufsteigen.

Später. Ich hörte ihm zu: später? Diese Zeitdimension kannte ich nicht. Ich sah junge Männer in weißen Kitteln die Packen mit einem Schnitt ihres krummen Messers aufschneiden.

»Ich bleibe ein paar Tage hier«, sagte ich zu meinem Onkel. »Um zu lernen und ein paar Dollar zu verdienen.« Er schüttelte bedenklich den Kopf. Der Direktor hatte sich von uns entfernt und gab irgendwelchen Leuten mit gebieterischer Stimme Anweisungen.

»Für den Anfang ist es kein schlechter Job«, sagte mein Onkel. »Du kannst es weit bringen.«

Ich vermochte nicht, ihm zu erklären, warum ich Eile hatte, warum ich nicht in Routine erstarren, sondern von einem Tätigkeitsbereich zum andern wechseln wollte, um dieses Amerika kennenzulernen; er begriff nicht, daß ich das eine versuchen wollte, dann das andere, bis ich das Gebiet gefunden hätte, das mir den Schlüssel, die Mittel zur Unabhängigkeit gäbe, wie es im Getto die Geldscheine gewesen waren, die Dollarnoten, die ich schon damals kannte, die einem zu der Freiheit verhalfen, das zu sein, was man wollte. Dann könnte ich mir meine Festung bauen, dann müßte ich nicht mehr die gebieterische Stimme eines Einkaufsleiters in meinen Ohren dröhnen hören.

Ich blieb genau zwei Tage in diesem Warenhaus, zog ein paar Dollars, ein paar englische Worte aus der Sache. Abends kehrte ich mit Kuchen und Blumen nach Hause zurück. Mein Onkel sagte nichts, aber sein Achselzucken verriet Mißbilligung. Ich nahm meine Großmutter in die Arme und wirbelte sie durch die Luft.

»Die ersten Dollars«, sagte ich. »Morgen werde ich mehr machen.«

Ich ging im grauen Dunst des frühen Morgens aus dem Haus, die Straßen lagen leer und gerade vor mir, sie verloren sich im Unendlichen. Das Gehen, die Weite waren wie Alkohol für mich: ich war Mietek, der Entdecker. Ich drang in eine neue Welt ein, die ich erforschen, erobern wollte. Hier würde ich meine Spuren hinterlassen. Ununterbrochen ging ich stundenlang. Ich durchquerte den Central Park, ging den Broadway hinunter. Mein Onkel hatte mir einige Adressen aufgeschrieben, mir einen Empfehlungsbrief mitgegeben.

Am Ende der Seventh Avenue betrat ich eine Konfektionsschneiderei. Ich hielt meine Empfehlung einem jungen Mädchen hin, das zu lachen begann, weil ich ihre Antwort nicht verstand.

»*Chief, chief Goldman*«, stammelte ich immer wieder.

Schließlich kam Goldman, ein kleiner kahlköpfiger Mann in Hemdsärmeln und Weste. Er sprach deutsch. Er wollte alles über den Krieg dort drüben erfahren, wo sein Europa gewesen war. Er hörte mir ernst und niedergedrückt zu. Sicher, er wollte mir gern Arbeit geben. Ich ging hinter ihm her. Er stieß mit dem Fuß Flügeltüren auf, die sich in Räume öffneten, die von einem bläulichen Licht erhellt waren und in denen Männer und Frauen an Nähmaschinen arbeiteten.

»Wenn Sie wollen«, sagte er und wies auf eine freie Maschine, »Sie werden es rasch lernen.«

Ich schüttelte den Kopf. Ich brauchte Luft, Bewegung, Tätigkeit. Ich wußte zu genau, daß man keinen Haupttreffer machen kann, wenn man wie tausend andere für ein paar Dollars hinter einer Nähmaschine arbeitet. Wenn ich meinen Plan verwirklichen wollte, dann mußte ich wie im Getto Risiken eingehen, über Mauern springen, das Seltene finden, mir die Arbeit aussuchen, die andere nicht tun konnten oder wollten.

Schließlich nahm ich einen Job für den Abend in einer Reinigungsanstalt an. Tagsüber wanderte ich, lernte die Straßen, die ganze Stadt kennen. Ich entdeckte die Subway, indem ich auf gut Glück in eine Station hinabstieg, nach Uptown fuhr, zu Fuß ein Viertel durchquerte und dann wieder nach Downtown fuhr. Diese Stadt war meine Freiheit, sie war unermeßlich und ebenso wild wie ein Wald.

Ich schaute die Passanten, die Fahrgäste in der U-Bahn an, an ihren Augen, ihrer Haltung las ich Müdigkeit und Überdruß. Sie ließen sich treiben vom Anfang bis zum Ende ihres Lebens, sie waren an Arbeitszeiten und -plätze gefesselt. Doch ich würde mich nicht einfangen lassen, ich würde mir meine eigenen Gesetze, mein eigenes Spiel schaffen. Ich würde in dieser Stadt ein Partisan sein, der immer dort auftauchte, wo man ihn nicht erwartete. Ich konnte nur in Freiheit leben, nur mit Beschränkungen, die ich mir selbst auferlegt hatte.

Niemals sich beugen, Mietek!

Ich trug Pakete aus, arbeitete wochenlang in der Küche eines Restaurants und spülte Geschirr, lernte mehr englische Wörter, horchte, fragte, begriff die Lage der Neger.

Nach und nach wurde mir die Stadt vertraut.

Eines Abends wartete mein Onkel auf mich. »Wenn du zurückwillst, Martin, bei uns ist immer noch ein Platz für dich frei.«

Ich schüttelte den Kopf. Er wollte mich einschließen. Ich aber wollte mich umsehen und verstehen.

Ganze Nächte lang wanderte ich umher und sagte mir die Worte vor, die ich gelernt hatte. Immer war ich auf der Hut, als könnte die Wiking-SS vor mir auftauchen. Ich war ganz offen und ließ die Stadt und Amerika in mich eindringen, um sie besser zu durchschauen.

In der 110. Straße arbeitete ich bei einem Metzger, lernte Fleisch zerlegen und ein Pedal treten, wodurch das Gewicht höher wurde, wenn man das Fleisch auf die Waage warf. Der Schlachter bezahlte gut, um eine Anzeige bei der Polizei zu vermeiden, aber ich blieb nur ein paar Tage bei ihm. Vor mir standen Frauen, lächelten und redeten oft deutsch, jiddisch oder russisch. Ich wußte, ich betrog sie, wenn ich das Pedal unter der Waage trat. Ich konnte ihr Lächeln nicht ertragen, brachte es nicht fertig, ihr Vertrauen zu mißbrauchen. Deshalb wog ich oft genau ab.

Eines Tages ging ich nach Ladenschluß zum Chef und sagte: »Zahlen Sie mich aus, ich komme morgen nicht mehr.«

Er fluchte auf deutsch, schimpfte auf den Mann, der mich ihm empfohlen hatte. »Wenn du nicht dichthältst...«, fing er an.

»Sie sind ein Dieb, ein kleiner mieser Dieb, aber ich verpfeife keinen.«

Die Metzgergesellen kamen und verdroschen mich, dann stießen sie mich auf den Gehsteig hinaus. Ich setzte mich zwar zur Wehr, aber sie schlugen zu viert mit ihren Pranken auf mich ein, die es gewöhnt waren, schwere Fleischstücke herumzutragen. Ich lief davon.

Ich wischte mir das Blut vom Mund, ging langsam, um mich zu beruhigen. Es waren gemeine Kerle. Auch hier im Herzen von New York gab es die Gattung der Henker, die ich so gut kannte: sie war überall, in Warschau, Zambrow, Zaremby, sie zeigte sich in der Maske eines SS-Manns, des Bürgermeisters in einem polnischen Dorf, eines sowjetischen Obersten, eines diebischen Metzgers. Man durfte niemals, um keinen Preis, mit ihnen paktieren, man mußte überleben. Lieber darauf verzichten, seine Burg bauen zu wollen, als ihr Komplize zu sein. Ihnen gegenüber, wer immer sie sein mochten, gab es nur eines, den Kampf.

Eine Grenze zieht sich durch jede Stadt, jedes Land, jedes Volk und trennt die Menschen von den Henkern.

Ich hatte hundert Jobs, wechselte von Werkstätten zu Restaurantküchen, trug Pakete aus, schleppte Kisten in Lagerhäusern. Abends kehrte ich erschöpft nach Hause zurück, schlief eine Weile, dann zog ich wieder los, lief den Broadway auf und ab, stürzte mich in die schimmernde Lichterflut. Ich mußte diese Stadt, dieses Land kennenlernen. Ich sah Männer im Smoking und Frauen in verführerischen Kleidern im Zucken der Blitzlichter aus ihren Autos steigen, ihre Chauffeure, die Mütze in der Hand, machten tiefe Verbeugungen. Auf dem Heimweg durch die langen leeren Straßen stieß ich auf Vagabunden, Neger, Menschen, die von der Stadt zerbrochen worden waren.

Auch hier mußte man kämpfen, um nicht unterzugehen, nicht an eine Maschine gefesselt zu werden, man mußte kämpfen und siegen, damit man sein Leben selbst bestimmen, den düsteren Werkstätten, den staubigen Lagerhäusern entrinnen konnte. Und man mußte rasch siegen und ein Vermögen anhäufen. Nicht damit Chauffeure die Mütze vor einem zögen, sondern um das Recht auf eine Familie zu haben und sie beschützen zu können.

Eines Abends zeigte mir Großmutter einen Stapel Taschentücher und Hemden, die sie am Nachmittag von einem Hausierer gekauft hatte.

»Und du hast ihn in die Wohnung gelassen?« fragte mein Onkel vorwurfsvoll. Er sah sich die Stücke an, bemängelte die Qualität, verglich mit den Preisen im Warenhaus. Zuletzt begann meine Großmutter zu weinen.

»Es war ein junger Mann«, schluchzte sie. »Er sah Martin so ähnlich.«

Mein Onkel zuckte die Achsel. Ich nahm die Großmutter in die Arme, hob sie hoch und schwang sie im Kreise herum, wie ich es oft tat. Ich rief: »Danke, Mama, danke! Ich werde dir diese Taschentücher und Hemden abkaufen.«

Sie lachte, freute sich, steckte sich die Haarnadeln fest. Ich schlief nicht viel in dieser Nacht, ich spürte es, meine Entdeckung Amerikas war zu Ende, und es begann die Zeit der Taten.

Sehr früh machte ich mich zur Seventh Avenue auf. Ich trat in die Schneiderwerkstatt. Aber diesmal lachte das junge Mädchen nicht mehr über mich, als sie mich bediente. Ich radebrechte einigermaßen englisch, trug einen typisch amerikanischen Anzug, ein weißes Hemd und eine Krawatte mit großen blauen Punkten. Wieder ging ich durch die Räume mit dem bläulich fahlen Licht, wieder stieß ich die Flügeltüren auf.

Goldman empfing mich, die Daumen in den Westentaschen. Ich bat um Adressen von Taschentuchfabrikanten, ich wollte ihm Damenkleider, die er auf Lager hatte, abkaufen. Ich entdeckte von neuem die Freude, andere zu überzeugen, ihnen abzuzwingen, was man will. In den Räumen saßen Männer und Frauen immer noch wie damals über ihre Maschinen gebeugt und nähten. Sie hatten ihre Freiheit verloren, vielleicht hatten sie Kinder und konnten kein Risiko mehr eingehen. Dem mußte ich zuvorkommen, mußte spielen, spielen, soviel ich nur konnte, und wenn ich erfolgreich sein würde, wenn meine Freiheit gesichert wäre, dann würde ich Kinder haben.

Ich bezahlte einen Teil der Ware bar, für den Rest gewährte mir Goldman einen Kredit von einer Woche.

»Man muß den Menschen eine Chance geben«, sagte er.

Es ging nur um ein paar Dollars, die er verlieren konnte, aber ich freute mich über die Hand, die er mir auf die Schulter legte, über sein Augenzwinkern. Ich kam mit zwei vollgestopften Koffern nach Hause zurück. Bestürzt schaute meine Großmutter zu, wie ich Stöße von Blusen in leuchtenden Farben, von bedruckten Stoffschals hervorholte.

»Martin, was soll das alles?«

»Ich werde sie an alle netten Mamas in New York verkaufen.«

Ich lief von Fabrik zu Fabrik, sagte, ich käme von Goldman,

kaufte rosa und blaue Taschentücher. Am Abend war mein Zimmer vollgestopft mit Wäschestapeln. Meine Großmutter lachte, meine Begeisterung riß sie mit. Sie hatte sich die Bluse angezogen, die ich ihr geschenkt hatte, und einen Schal übers Haar gelegt, so stand sie vor dem Spiegel und betrachtete sich.

»Du machst mich wieder lebendig, Martin«, sagte sie plötzlich und nahm meine Hand. »Dank dir dafür, daß du gekommen bist.« Dann begann sie zu weinen, und es gelang mir nicht, sie zu trösten. Ich selbst trieb auf einer Woge unendlicher Traurigkeit dahin. Aber ich mußte die Zähne zusammenbeißen, auf der Vergangenheit aufbauen, ich durfte mich nicht von ihr ersticken lassen, sondern mußte weitergehen.

Am nächsten Morgen standen meine zwei Koffer bereit, ich hatte die verschiedenen Artikel sorgfältig geordnet, die Preise und ein paar Sätze auswendig gelernt. Kopfschüttelnd hatte mein Onkel mir dabei geholfen. Er hatte mich auch gewarnt, ich besäße keinen Gewerbeschein, und die Polizei spaße nicht.

»Die Blauen haben auch nicht gespaßt.«

Er zuckte die Schultern: »Wer waren die Blauen?«

»Die polnischen Polizisten.«

»New York ist nicht Warschau«, sagte er ernst.

Das wußte ich. Als ich wegging, kam Großmutter bis zur Tür mit. Sie sagte: »Du bist dazu bestimmt, Erfolg zu haben, Martin. Du hast es dir verdient.«

Ich grub mir die Zähne in die Wangen, mir war blödsinnig nach Weinen zumute. Mir stand gar nichts mehr zu als all den Meinen, die zugrunde gegangen, die nacheinander in den Gräbern im gelben Sand verschwunden waren. Ich hatte einfach nur weitergelebt, und ich kämpfte. Ich zog durch die Straßen der Bronx, die Webster Avenue entlang. Die großen Gebäude bildeten riesige Blöcke mit Tausenden von Fenstern, sie waren vollgestopft mit Tausenden von Menschen, es war wie eine Stadt in der Stadt. Ich betrachtete die grauen Häuserfronten mit den schwärzlichen Streifen, betrat Höfe, in denen andere Fronten aufragten. Es war undenkbar, daß ich den Inhalt meiner Koffer nicht sollte verkaufen können. Die Kunden waren da, hinter den Türen.

Ich machte mich ans Werk. Die Treppenhäuser waren düstere endlose Käfige, die staubigen Treppenabsätze führten in Labyrinthe. In jedem Stockwerk in den Korridoren Dutzende von

Türen, hinter jeder Tür war ein möglicher Käufer, jedes verkaufte Taschentuch würde ein Stein zu meiner Burg sein, ein Schritt auf Freiheit und Glück zu. Ich läutete, die Frauen musterten mich, die allein zu Hause waren argwöhnisch, es gelang mir, den Fuß in den Türspalt zu schieben, meine Sprüche anzubringen. Manchmal antworteten sie mir italienisch oder polnisch, russisch, deutsch oder jiddisch. Dann gingen die Türen auf, ich zeigte meine Ware. Manchmal bot man mir einen Stuhl, ich erzählte von Warschau, alte Frauen weinten. Ich schleppte mich Tausende von Stufen hinauf, klingelte an Hunderten von Türen.

In zwei Tagen hatte ich meinen ganzen Bestand verkauft. Staubbedeckt, verschwitzt und mit schmutzigen Händen kehrte ich nach Hause zurück. Großmutter hatte mir ein Bad bereitet. Als sie die leeren Koffer auf meinem Bett liegen sah, kam sie gelaufen und rief: »Es ist dir gelungen, Martin!«

Ich stellte meine Rechnung auf: ich hatte wenig verdient. Ich war zu oft abgewiesen worden, die Frauen in der Bronx fürchteten sich vor Überfällen. Ich ging in das Viertel zurück, verbrachte Stunden damit, mir die Namen der Mieter zu notieren, dann schrieb ich auf dem Küchentisch Dutzende von Briefumschlägen. Großmutter faltete die Taschentücher und den Prospekt, den ich mir hatte drucken lassen. Ich schickte ein Muster, gab den Tag an, an dem ich vorsprechen würde. Die Verkäufe nahmen zu.

Ich hatte ein Kennwort. »Ich habe Ihnen geschrieben.« Ich hatte einen Vorwand, die Wohnungen zu betreten: »Gut, Sie wollen mir nichts abkaufen, aber dürfte ich dann das Taschentuch zurückhaben, das ich Ihnen geschickt habe?« Die Türen öffneten sich, und während man nach dem Muster suchte, hatte ich bereits im Flur meine Koffer geöffnet; meine Preise waren niedrig, die Ware von guter Qualität, ich räumte Kredit ein: »Ich komme in vierzehn Tagen wieder, Sie können dann bezahlen.«

In ein paar Wochen hatte ich mir einen festen Kundenstamm aufgebaut, hatte Lieferanten, die mir vertrauten, und hatte Feinde. Ein Hausmeister drängte mich einmal im Treppenhaus in eine Ecke und schrie: »Da ist er, da ist er!«

Ein Polizist kam, stellte meine Personalien fest, nahm mich mit. Ich schaute mir diesen Mann mit dem ausrasierten Nacken, dem Gummiknüppel am Schenkel genau an, diese neue Art Polizei, der ich nach so vielen anderen in die Hände lief.

Der Hausmeister fuchtelte und redete auf ihn ein, ich verstand den Sturzbach von Worten kaum: »Die Mieter beklagen sich«, sagte er immer wieder in einer Flut von gehässigen Wörtern.

Ich erkannte ihn. Er gehörte zur Rasse der Feiglinge, die mit den Mächtigen heulen, wie jene reumütigen Nazis, die damals in Leipzig, in Roßwein in mein Büro in der Kommandantura kamen und versuchten, mit einem Lächeln ein Einverständnis zu schaffen, das ich mit einem Wort vom Tisch fegte. Auch New York hatte seine Schufte.

Der Polizist brachte mich vor den Schnellrichter. Ich wartete, meine Koffer neben mir. Der Richter wirkte riesig auf seinem erhöhten Sitz, er blickte mir kopfschüttelnd entgegen, als ich vortrat.

»Sie haben nicht das Recht zum Hausieren«, begann er.

»Ich habe nicht einmal das Recht zu leben«, sagte ich rasch, »und doch lebe ich.« Ich hatte nicht nachgedacht, die Worte waren unwillkürlich hervorgesprudelt. Hatte denn die Welt das Recht, uns einfach umzubringen? Der Richter schwieg, er zögerte, schätzte mich ab.

»Erklären Sie mir das. Was wollen Sie damit sagen?«

Ich sprach nicht lange, ein paar Worte genügten.

»Gut, gut, aber versuchen Sie es nicht wieder.«

Ich verschwand mit meinen zwei Koffern. Ich mußte einfach weiter versuchen, mußte mein System verbessern. Es war wie in der Gettozeit: Tätigkeitsdrang hatte mich gepackt, die Lust am Verkaufen, die für mich die Freude daran bedeutete, daß ich Begonnenes mit Erfolg zu vollenden, bis zum Ende zu gehen fähig war. Ich besaß schon ein paar hundert Dollars und entschloß mich, ein Auto zu kaufen; die Koffer waren schwer, wenn man sie den ganzen Tag tragen mußte. Viele Abende lang lernte ich mit meiner Großmutter die Straßenverkehrsordnung auswendig: meine Englischkenntnisse waren immer noch recht dürftig. Ich schaffte die Prüfung trotzdem, indem ich dem Prüfer mit irrsinniger Geschwindigkeit antwortete, ihn aus dem Konzept brachte, mir selbst andere Fragen stellte und sie beantwortete. »Sie haben ein sehr gutes Gedächtnis«, sagte er.

Ich ergriff den Schein, den er mir hinhielt. Ich kam aus einem Land, in dem ein Gedächtnisfehler den Tod bedeutete.

An einem Sonntagmorgen hielt ich vor dem Haus in der 186. Straße, 567 West. Ich hatte meiner Großmutter gesagt, sie solle sich bereithalten. Sie stand vor der Tür, auf dem Kopf einen breitkrempigen Hut, der ihr weißes Haar verbarg, die Handtasche unter den Arm geklemmt. Ich hielt die Tür des blauen Plymouth, Modell 1940, vor ihr auf. Tags zuvor hatte ich ihn für vierhundert Dollar gekauft.

»Da ist er, Mama«, sagte ich.

Sie umarmte mich. »Jetzt bist du ein Amerikaner.«

Ich fuhr langsam, überquerte den Hudson, wir waren in New Jersey, glitten langsam den weißen Sandstrand am Atlantik entlang. Das Wetter war schön. Ich sah wieder Kiefernwälder, Wiesen, den Himmel, ich atmete tief ein. Die Bäume waren edel, stolz und hoch. Ich entdeckte die Natur wieder; Großmutter saß schweigend neben mir, sehr aufrecht, die Handtasche auf den Knien. Ich lauschte auf die Lieder, die in mir aufstiegen. Sie kamen aus Waldlichtungen in Polen, auf denen wir abends Schulter an Schulter beim Klang eines Akkordeons gesessen hatten. Damals hatte Brüderlichkeit geherrscht. Wir Männer waren wie die Finger einer Hand. Es war die Zeit einer gerechten gemeinsamen Sache gewesen, für die wir alle unser Leben einsetzten. Warum war die Hoffnung geschwunden, warum schienen die Reden Gregors nur noch Träume? Warum war man gezwungen, seine Burg allein für die Seinen zu errichten anstatt für alle Menschen? Aber so schien das Gesetz des Lebens zu sein.

Wir kamen nach Atlantic City und aßen dort in einem Restaurant an der Mole zu Mittag.

»Du übertreibst, Martin.«

Hieß das übertreiben, wenn man seinen Lieben alles gab, was man nur konnte, solange sie am Leben waren, denn der Tod konnte sie fortnehmen und niemals wieder freigeben.

Ich fuhr weiter ins Seengebiet, durch Wälder, auf Straßen, an Flüssen entlang. Wir kamen nach Lakewood. Ich hielt, wir gingen zu Fuß durch andere Wälder, wir sahen die Seenkette, die Blockhäuser. Die Hotels waren voll. In der Halle des *Post*-Hotels spielten die Gäste Karten, schwatzten, man hörte jiddische, polnische, deutsche Satzfetzen. Ich hatte eine neue Kundschaft gefunden.

Ich arbeitete meinen Plan auf der Heimfahrt genauer aus. Die Wintersonne leuchtete über dem Meer. Während der Woche verkaufte ich zäh und verbissen in der Bronx, am Samstag fuhr ich nach Lakewood, das Auto mit Koffern vollgepackt. Das Wochenende war in der Bronx unantastbar, es war unmöglich, etwas zu verkaufen, die Männer waren zu Hause und schliefen.

Ich parkte ziemlich weit vom *Post*-Hotel entfernt, trat in die Halle, erkundete das Terrain, vergewisserte mich, wo der Portier war, wer im Büro des Besitzers saß, überschaute den großen Saal, in dem gähnend die Hotelgäste saßen. Es war ein grauer kalter Tag, das Wetter kam mir gerade recht.

Ich nahm einen Koffer und ging, ein anonymer Gast, in den großen Saal, öffnete in einer Ecke den Koffer, bevor mich noch irgend jemand bemerkt hatte, breitete meine Artikel aus, die Schals, die Blusen, die Taschentücher, dann hob ich beide Hände voller Schals über den Kopf, schwenkte sie hin und her und begann in stockendem Englisch, in das ich polnische, russische, deutsche und jiddische Brocken mischte, zu sprechen. Zunächst verblüfftes Staunen, dann freundliches Gelächter, ich redete hastig, ich mußte rasch sein, die Kunden auf meine Seite ziehen, bevor die andern mich überraschten. Ich fühlte sie um mich herum, sie waren überall; ich hörte nicht auf zu reden, das Gelächter verstärkte sich.

»Kaufen Sie, kaufen Sie, ich komme von weit her.«

Dann nahm mich plötzlich der Besitzer am Arm, versuchte, mich wegzuziehen, der Portier schubste mich von hinten.

»Antisemit«, rief ich im Scherz.

Der ganze Saal brach in Lachen aus. Die zwei Männer zögerten, sie wußten plötzlich nicht mehr, wie sie sich verhalten sollten. Dann traten Hotelgäste heran, ich war plötzlich von würdigen älteren Herren umringt, die mit dem Direktor redeten, und in zehn, fünfzehn Minuten hatte ich alle meine Ware verkauft. Aber ich hatte noch viel mehr davon im Wagen.

Nun wußte ich, wie ich mich an den Wochenenden beschäftigen konnte. Ich sauste nach Lakewood hinüber, ließ mich in den Hotelhallen nieder, spielte den Clown, und die Gäste waren stets auf meiner Seite; die Besitzer waren gezwungen, mich zu dulden. In Lakewood verkaufte ich nicht nur Schals und Taschentücher, sondern auch ein wenig von mir, deshalb erhöhte ich auch meine Preise.

In der Woche durchforschte ich weiterhin die Bronx, immer die gleichen zwei, drei Häuserblocks, an die ich gewöhnt war. Ich parkte den Wagen, beobachtete die Hausmeister und rannte los.

Eines Tages kam einer von ihnen, ein Italiener, an meinen Wagen, bevor ich ausgestiegen war. Er beugte sich zu mir herunter, schüttelte müde den Kopf: »Hören Sie, gehen Sie woanders hin. Sonst muß ich Sie heute verhaften lassen.« Er zwinkerte mir zu. »Aber das möchte ich nicht. Aber die andern zahlen, und sie zahlen gut. Lassen Sie Ihre Ware hier und kommen Sie mit. Ich werde es Ihnen erklären.«

In der Nähe des Wohnblocks lag ein italienisches Restaurant. Wir tranken eine Flasche Rotwein miteinander. Der Hausmeister begann mir die Sache zu erklären: »Verstehen Sie, die Händler hier haben Sie nicht gern. Sie schmieren mich, sie schmieren die anderen Hausmeister. Eines Tages werden Sie Prügel beziehen. So ist's.«

Er bestand darauf, die Flasche Wein zu bezahlen. »Das ist Ehrensache«, sagte er. »Ich hab' Ihnen das gesagt, weil ich für die kleinen Leute bin.«

An diesem Tag verkaufte ich schlecht. Man hatte mir den Krieg erklärt, die Hausmeister geschmiert, die Polizei informiert, die Preise gedrückt. Ich setzte mein Leben nicht aufs Spiel wie im Getto, aber sonst galten hier dieselben Regeln.

Ich wollte aber nicht nachgeben. Einmal mußte ich flüchten, verlor einen Koffer voll Ware, Polizisten lauerten mir auf, aber ich entkam ihnen. Eines Tages stachen sie mir einen Reifen auf, am Tag darauf waren alle vier Reifen aufgeschlitzt. Bald würden die Prügel kommen. Sie jagten mir keine Angst ein, doch ich sah meine Gewinne fallen. Wozu also dies alles?

Mich auf die Bronx zu versteifen nützte mir wenig. Ich betrachtete die riesigen tristen Häuserblocks, die Tausende von Zellen, wo Menschen lebten: ich hätte jahrelang durch die Gänge eilen, mein Geschäft ausbauen können, ich hatte mir ein ganzes Verkaufssystem per Brief vorgestellt, doch das lag in weiter Ferne.

Amerika war immerhin nicht das Getto, ich konnte das Revier wechseln wie bei den Partisanen in Polen, wenn wir von einem Wald in den anderen zogen. Wichtig war nur, etwas Besseres zu finden, noch ein paar hundert Dollar mehr zu verdienen, um danach den großen Wurf zu wagen. Ich entschloß mich, die Bronx fallenzulassen.

Der Sommer kam, die Hitze begann über New York zu lasten. Ich dachte an Bäume und Seen und stieg in den Wagen. Langsam fuhr ich den Hudson entlang bis in die Hochwälder der Catskill Mountains. Zwischen den Bäumen sah ich weiße Landsitze liegen, ein Pferd, das bei einer Villa dahintrabte, blonde Kinder, die hinter ihm herliefen. Ich war kaum ein paar Stunden weit von der Bronx mit den feindlichen nackten Straßen, den düsteren Korridoren entfernt. Ich rollte dahin: so würde meine Festung aussehen, ein einzeln stehendes Haus mitten unter Bäumen. Dort, fern von den Menschen, würden meine Kinder zu Menschen heranwachsen.

Ich kam nach Fallsburg, die Saison begann gerade. Maler waren noch daran, die Hotelfronten zu streichen. Goldman hatte mir von diesem Ort gesprochen, dem Borscht Belt, wo sich die Juden aus Rußland und Zentraleuropa, Genießer der Borschtsuppe, trafen und für ein paar Wochen die Hotels bevölkerten.

Ich kannte diese kahlen Männer mit den Charaktergesichtern, deren willensstarke Züge nach und nach im Fett verwischt wurden. Sie hatten ihre Vermögen in der Kleiderkonfektion erworben, sie arbeiteten wie Goldman auf der Seventh Avenue. Es waren Fabrikanten, Besitzer von Konfektionsschneidereien, Kaufleute, Couturiers, Antiquitätenhändler. Unter ihnen fand ich heimische Atmosphäre wieder.

Ich hielt vor dem *Premier*-Hotel. Mein Plan war einfach: Diese Leute machten Ferien, sie hatten Dollars auszugeben, sie sollten sie mir geben. Ihre Scheine sollten aus ihren Taschen in die meinen wandern.

Ich begann in Hotelküchen zu arbeiten, spülte Gläser, beobachtete die Kellner, die durch den Saal liefen und Trinkgelder einheimsten. Ich mußte wie sie in den Saal gelangen. Deshalb bestürmte ich den Besitzer des Hotels, einen beleibten Herrn mit sanften Gebärden, der in Warschau geboren war.

»Geben Sie mir eine Chance.«

Mr. Berg zögerte, denn ich hatte keine Ahnung vom Metier und sprach nur mangelhaft englisch.

»Sie werden sehen«, sagte ich.

Er hat gesehen: ich begann als *busboy*, brachte die Nachspeisen, die Beilagen an die Tische, räumte ab. Ich lief zwischen den Gästen umher, schleppte Servierplatten, spielte den Hanswurst, mir gefiel das Lachen, das sich hinter mir breitmachte. Bestellung erfolgt, Bestellung ausgeführt, das war meine Devise.

Eine Woche später war ich festangestellter Kellner und bediente an acht Tischen. In der Küche gab ich Trinkgelder und bekam dafür als erster meine zweiunddreißig Gedecke: Bestellung erfolgt,

Bestellung ausgeführt. Die Gäste begannen auf mich aufmerksam zu werden.

»Einen Tisch bei Mendle«, sagten sie.

Ich war Mendle. Wieder einmal hatte ich den Vornamen gewechselt: Martin, Mietek, Mischa, Mendle, aber ich war immer noch derselbe, ich war unterwegs, unbeirrbar, und wollte meinen Plan verwirklichen. Wieder eine Woche später war ich Chef de rang im Speisesaal. Die meisten der mir unterstellten Kellner waren Studenten, die sich über mich und meinen Eifer lustig machten.

»Mendle, Mendle«, sagten sie, »du bist für Amerika geboren. Du wirst ein Vermögen verdienen. Du bist wild auf Dollars und du wirst sie kriegen. Reg dich nicht so auf, sonst gehst du noch drauf.«

Was bedeuteten mir schon die Dollars, ich mußte meine Burg bauen, und das schnell, denn ich wartete schon jahrhundertelang auf den Frieden. Ich hatte es eilig, ich war dazu verdammt. Die anderen hatten Zeit, sie hatten ihre Diplome, ihr Leben vor sich, waren Soldaten einer regulären Armee. Sie waren beschützt, ihre Entwicklung war für sie vorbereitet worden, sie gingen nicht auf gut Glück vorwärts. Ich war nur ein Partisan in diesem Leben. Zwischen den Mahlzeiten lasen sie, spielten Klavier, ich dachte an Geld. Ich mußte es. Auch ich hätte mich gern gehen lassen, mich gern hingesetzt, wäre gern in den heißen Nachmittagsstunden, während die Gäste Karten spielten, zusammen mit Margaret, einer brünetten Studentin, die mich häufig anlächelte, durch die Wälder gewandert. Aber ich hatte keine Zeit dazu.

Ich fuhr nach New York, belud meinen Wagen mit den restlichen Schals, Blusen und Taschentüchern, dann begann ich in der Hotelhalle zu verkaufen. Bei den drei Mahlzeiten wurde ich wieder zu Mendle dem Kellner und am Abend zum *Bellhop*, der auf ein Klingeln angerannt kam und die Koffer der Gäste schleppte. Dann kaufte ich mir die Spielkonzession, verlieh Karten, verkaufte Konfekt, alle möglichen Kleinigkeiten.

»Mendle, Mendle!« Mr. Berg hielt nun große Stücke auf mich, ich hatte Schauspieler kommen lassen, vertrieb Zeitungen, machte die Abende unterhaltsamer. An Regentagen triumphierte ich: ich vergrößerte mein Angebot, verkaufte Postkarten, Krawatten, Füllfederhalter. Ich verkaufte, hörte zu, erzählte. Die Dollars strömten herein. Aber das machte nicht meine ganze Freude aus: Männer und Frauen um mich herum kannten mich nun alle, und ich verkehrte augenzwinkernd mit ihnen. Die Dollars, die sie mir gaben, die Gegenstände, die ich ihnen reichte, stellten auch eine Art von freundschaftlichem Einverständnis her.

Am Ende der Saison hatten die Studenten eine Revue für die Hotelgäste vorbereitet. Ich spielte darin mich selber, Mendle, der sich ein Gästepaar herausgriff und es ausnahm, indem er ihnen all das Zeug andrehte, das sie gar nicht haben wollten, aber dennoch kauften. Ich sang, wir hüpften Arm in Arm auf und ab: »Mendle, Mendle, Mendle«, das Publikum rief meinen Namen und war begeistert.

Auch dies war eine Art Glück. Ich war nicht allein. Um mich herum waren Freunde, Kunden, Dollars, Betrieb, Arbeit. Sie betäubten mich mit ihrem Lärm, ihren Worten und Fragen, und so konnte ich auch vergessen. Ich blieb im Speisesaal, bis die letzten Gäste sich vom Tisch erhoben, ich war schon da, bevor das Frühstück bereit war, ich mied die Stille in meinem Zimmer, die Alpträume. Wenn ich abends nicht genug gerannt war, nicht genügend Platten getragen, nicht genug gestikuliert hatte, fand ich keinen Schlaf. Ich lag ganz still, versuchte Ruhe zu finden, aber ich mußte wieder aufstehen und ans Fenster treten.

Manchmal wanderte ich durch die Gänge, klopfte an die Tür einer Frau, die mir öffnete. Ich trank auch, rauchte viel. Doch die Vergangenheit drang in schwarzen Wogen heran: Warschau, die Mila-Straße, die Leszno-Straße, meine Straßen, Korczaks Kinder auf dem Weg zum Umschlagplatz, der gelbe Sand, mein Volk. Dann erschienen mir mein Leben, meine Pläne, einfach alles sinnlos. Mir schien, daß ich die Meinen beleidigte, weil ich noch lebte, noch lachen konnte. Meist brach ich dann für ein paar Stunden zusammen, und die Verzweiflung, mit der die Henker meine Seele angefüllt hatten, überflutete alles. Solche Nächte waren voll Düsterkeit.

In einer solchen Nacht fühlte ich mich so entsetzlich allein, vom Tod umgeben, unfähig, in meinem unpersönlichen Zimmer zu bleiben, daß ich in den Wgen stieg und nach New York fuhr. Die Fensterscheiben hatte ich heruntergedreht und atmete die salzige Luft ein, die aus dem Hudsontal heraufstieg. Als ich in die Wohnung meiner Großmutter kam, war zu meinem Erstaunen alles hell erleuchtet, mein Onkel war noch wach.

»Ich wollte dich gerade anrufen«, sagte er.

Die Erde öffnete sich unter mir, mein Mund füllte sich mit Sand.

»Es ist nicht schlimm, nur eine kleine Warnung.«

Großmutter saß in einem Sessel, der mit weißen Spitzen bedeckt war, ihre Hände lagen auf den Knien, sie lächelte.

»Du bist so rasch gekommen, Martin, so rasch.«

Mitten in der Nacht hatte sie plötzlich das Gefühl gehabt, sie müsse ersticken; sie hatte noch rechtzeitig ihren Sohn rufen können.

»Das Alter«, sagte sie, »die Aufregung.«

Ich ergriff ihre Hände. Ich mußte mich beeilen, ich mußte ihr mehr Freude bringen. Sie sollte mit mir, mit ihnen in meiner Burg mitten unter Bäumen leben. Ich wachte bei ihr, dann fuhr ich im Morgengrauen zurück. Das Leben ist ein Wettrennen, Mietek, du mußt rasch laufen. Ich verdoppelte meine Anstrengungen, die Spiele, die Verkäufe, die Dienstleistungen, die Unterhaltungen. Ich scheffelte Dollars. Abends fiel ich erschöpft ins Bett. Manchmal knüpfte ich nachmittags Beziehungen zu einer Frau an und traf mich dann doch nicht mit ihr, weil ich an nichts als an Schlaf denken konnte und meine Alpträume durch Übermüdung zu vertreiben hoffte.

Einmal wöchentlich fuhr ich nach New York. Von einer Telefonzelle in der 186. Straße aus telefonierte ich mit meiner Großmutter. Sie hob rasch den Hörer ab, ich erkannte ihre besorgte Stimme, in ihrem ersten Wort schien schon die ganze Zerbrechlichkeit ihres Lebens durch. Ich ahmte die Stimme des Arztes nach, eines Spezialisten, der sie auf meinen Wunsch hin untersucht hatte.

»Wie geht es Ihnen heute, Mrs. Feld? Hier ist Professor Waser.«

Sie begann ein wenig zu klagen.

»Ich glaube, alles wird gut gehen, sehr gut sogar, Mrs. Feld. Machen Sie sich keine Sorgen. Ich werde Sie regelmäßig anrufen.«

Ich hängte ein, rannte über die Straße, lief die Treppe hinauf, ohne anzuhalten, schloß die Tür auf. Sie stand noch neben dem Telefon und strahlte.

»Professor Waser hat mich gerade angerufen«, sagte sie. »Er macht sich Sorgen um mich. Es geht mir nicht so gut, wie du glaubst.«

Sie konnte schlecht lügen und sehnte sich so nach meiner Zärtlichkeit. Ich umarmte sie, drückte sie an mich. Ich verfluchte diesen Professor, den ich nie zu sprechen bekam.

»Er will nur mit mir reden«, sagte sie. »Er vergißt mich nicht.« Sie war stolz, glücklich, ehrlich und rein wie ein Kind. Ich sah zu, wie sie das Essen bereitete, wobei sie ständig wiederholte, was ihr Professor Waser gesagt hatte.

Die Lügen, die ich für sie erfand, waren eine Festung, die ich um sie herum baute, um sie zu schützen. Ich hörte ihr zu, sie vertraute mir. Wenn in jedem Menschen ein Diamant leuchtete wie in ihr, wenn sich jeder solche Sanftmut und Zartheit bewahren könnte, wäre eines Tages die Zeit der Henker für immer vorbei.

Die Monate im Hotel vergingen. Ich war Generalmanager geworden. Berg überließ mir alle Entscheidungen. Zur Feier der Gründung des Staates Israel veranstaltete ich mit den ersten Gästen der neuen Saison ein rauschendes Fest. Niemals mehr würde man uns hinter Gettomauern einsperren. Dort unten war eine Festung für ein ganzes Volk entstanden. Ich schrie und klatschte mit der Menge, ich spendete für den Jüdischen Hilfsfonds, aber ich ging nicht nach Israel.

Das war ein weiterer Alptraum für mich, und ich wurde nur schwer damit fertig. Ich sprach mit Goldman darüber. Der Direktor der Fabrik in der Seventh Avenue war krank und war zu einem langen Erholungsurlaub ins Hotel gekommen. Nachmittags nahm er mich auf seine Spaziergänge in den Wald mit.

»Ich werde dir den Ausfall ersetzen«, sagte er lachend. Manchmal nahmen wir ein Boot, und ich ruderte, während er von seiner Jugend erzählte oder mir Fragen stellte. Seine Daumen steckten immer noch in der Weste.

»Du bist was geworden, Mendle, du hast dir rasch deinen Platz erobert. Ich habe das schon am ersten Tag begriffen.«

Ich erzählte vom Getto, sprach über Israel. »Ich fühle mich schuldig«, sagte ich, »ich lasse sie dort unten kämpfen und komme ihnen nicht zu Hilfe.«

»Lebe erst ein wenig«, antwortete er. »Du hast immer nur gekämpft. Lerne erst leben. Du weißt ja gar nicht, was das ist.«

Ich hatte nie Zeit dazu gehabt, und ich hatte immer noch keine Zeit dazu.

»Du redest gern, du spielst gern. Du forderst das Schicksal heraus. Du hast überleben wollen, und es ist dir gelungen. Und jetzt willst du ein Vermögen erwerben.«

Ich schüttelte den Kopf. Dollars, Zlotys waren nur Papier und Metall, tote Dinge.

»Ich will eine Familie, für mich, für sie.« Ich ruderte. Er zündete sich eine Zigarre an.

»Ich darf zwar nicht rauchen, aber schließlich... Eine Familie? Das ist schwieriger als Dollars, Mendle. Man braucht eine Frau dazu!«

Eines Tages bat er mich, ihn nach New York zu fahren. Wir hielten in der Third Avenue. Eine Hochbahn fuhr kreischend zwischen schmutzigen Häusern dahin. Ich folgte Goldman in einen Laden, der mit deutschem Porzellan und französischen Fayencen vollgestopft war.

»Das ist meine Leidenschaft«, sagte Goldman. Er setzte sich auf einen Stuhl und begann die Markenzeichen der Tassen, die Form der Tellerränder zu prüfen. Ich sah, daß er einen Scheck über fünfhundert Dollar ausschrieb. Bei ihm zu Hause sah ich Kristall-Lüster und Vitrinen, in denen seine seltenen Stücke standen. Dann trat seine Tochter ein, eine schwerfällige lächelnde Frau.

»Hier hast du den Mendle«, sagte Goldman.

Ich ergriff ihre Hand, sie fühlte sich schlaff an wie irgendein gleichgültiger Gegenstand. Wir fuhren allein und schweigend am späten Nachmittag wieder ins Hotel zurück.

»Du könntest mir ein Sohn sein«, sagte Goldman, kurz bevor wir ankamen. »Ich werde bald sterben.«

Er bot mir eine fertiggebaute Burg, eine Frau an, aber ich wußte, daß ich nicht annehmen würde. Ich mußte meine Mauern Stein für Stein selbst aufbauen. Ich selbst mußte die Frau finden, die an meiner Seite leben sollte. Ich konnte nur mit einem Menschen eins werden, dessen Hand in der meinen lebendig sein würde, wie es die Hände Zofias und Riwkas dort drüben in Warschau gewesen waren. Ich schüttelte den Kopf.

»Ich habe nicht wirklich damit gerechnet, Mendle. Du bist einer von denen, die sich ihren eigenen Weg suchen. Wie ich, vor vielen, vielen Jahren.«

Die Bäume huschten vorbei, hinter ihnen setzte die Sonne den Himmel in Brand. Auch Goldman war ein Mensch.

»Fünfhundert Dollar«, sagte ich nachdenklich, »für ein paar alte Tassen.«

Goldman platzte fast vor Lachen: »Verflixter Mendle, willst du dich etwa auf Antiquitäten verlegen?«

Unter den Hotelgästen waren mir die Antiquitätenhändler immer schon aufgefallen. Sie hielten sich von den Konfektionskleiderfabrikanten fern und blieben unter sich. Sie belegten die besten Zimmer, gaben großzügige Trinkgelder. Manche trugen große Ringe an den Fingern.

»Du bist durchaus dazu imstande, es zu schaffen«, fuhr Goldman fort.

Man muß immer die erste Chance ergreifen, hatte mein Vater stets gesagt. Ideen sind wie das Glück, man muß sie fassen, wenn sie sich zeigen.

Am Abend saß ich lange und schwatzte mit zweien unserer Gäste: Jack und Joe Ellis. Sie waren Antiquitätenhändler in der Third Avenue. Ich war für sie nur Mendle, ein Hotelangestellter. Sie erzählten von ihren Waren, die aus Europa kamen, von der Leidenschaft der Kunden.

»Sie prügeln sich um manche Stücke«, sagte Jack. »Seitdem unsere Jungs da drüben Krieg gemacht haben, gibt's nur noch Europa, Europa. Wir kommen aus Europa, was, Mendle?«

Ich hörte ihnen zu. Der Atlantik war wieder eine Mauer, Europa war das arische Warschau, Amerika das Getto, und in diesem Getto gab es Männer, deren Taschen mit Dollars vollgestopft waren und die nicht Getreide haben wollten, sondern altes Porzellan. Ich hörte Jack und Joe Ellis zu und sah mich bereits im Geist diese neue Mauer überwinden, drüben einkaufen, hier Dinge verkaufen, die ebenso kostbar waren wie Getreide. Nichts hatte sich geändert, und ich brauchte nicht einmal mein Leben aufs Spiel zu setzen.

Ich kaufte mir ein Buch über Porzellan und lernte es auswendig. Immer wieder zählte ich mein Geld: ich besaß ein paar tausend Dollars. Ich verkaufte weiter und setzte mich dermaßen ein, daß Berg mir vorschlug, sein Teilhaber zu werden. Ich zögerte keine Sekunde, sein Angebot auszuschlagen, denn ich hielt eine gute Karte in der Hand, die ich ausspielen mußte.

Gegen Ende der Saison rief man mich eines Abends aus New York an. Eine Stimme, die ich nicht kannte.

»Ich bin Shirley Goldman, Goldmans Tochter. Er liegt im Sterben. Sie müssen rasch kommen.«

Nie werde ich mich an den Tod gewöhnen. Nie werde ich die Ungerechtigkeit hinnehmen, daß ein Menschenleben zu Ende ist. Niemals. Auf der Fahrt nach New York dachte ich an meinen Vater, an Goldman, an Riwka, Janusz, die Tausende anderer. Jene, die zu jung, im Frühling ihres Lebens aus dem Boden gerissen wurden, ohne daß man es hätte wissen können, wie sie aufblühen, zu welcher Höhe sie sich emporschwingen würden. Die anderen, die in voller Manneskraft mitten in der Ernte hingerafft wurden wie Janusz. Jene, die sich alt zum Sterben niederlegten, in deren Kopf aber eine ganze Welt von Erinnerungen und Gedanken lebte, eine Unzahl von Menschen noch lebendig war, die mit ihnen untergehen und die Erde ärmer zurücklassen würden. Goldman hatte mir damals in dem Ruderboot, die Zigarre zwischen den Zähnen, vom Berlin der zwanziger Jahre erzählt. Berlin, seine Eltern, seine Jugend waren nun mit ihm dahingegangen.

Shirley empfing mich mit rotgeweinten Augen, sagte die üblichen Worte, aber ihre Hand blieb leblos für mich. Sie reichte mir einen Briefumschlag: »Für Sie.«

Ich verließ die Wohnung bald wieder, ich konnte die Düsternis des Salons nicht ertragen, in dem ich mit Goldman gestanden hatte. Ich ließ den Wagen stehen und wanderte mit dem Briefumschlag in der Hand zu Fuß durch die Stadt. So geriet ich ans andere Ende von Manhattan, in den Battery-Park. Ich setzte mich auf eine Bank.

Es waren schon fast zwei Jahre her, daß ich diesen mir jetzt so vertrauten Boden betreten hatte. Stunde um Stunde hatte ich dieses Land kennengelernt: ich hatte Schufte getroffen und Leute, die drüben in Polen zu Henkern hätten werden können. Aber ich hatte auch so viele getroffen, die anders waren: Berg, Goldman und so manche andere, in diesem Land, das sich mir aufgetan hatte, mir, der nichts besaß.

Ich riß den Umschlag auf. Darin lag ein Scheck auf meinen Namen und eine Karte, auf die Goldman mit zittriger Hand geschrieben hatte: »Von Joseph Goldman für Mendle, Antiquitätenhändler, und viel Glück!« Das Wort »Antiquitätenhändler« war unterstrichen.

Solange ich lebe, wird Goldman mit mir leben.

Ich ging und ging –
immer geradeaus

Danach klapperte ich die Third Avenue ab. Schritt für Schritt von der Bowery bis zur 57. Straße, Schritt für Schritt zurück von der 57. Straße bis zur Bowery. Der Wind fegte durch die lange, gerade Avenue, die grau und schmutzig war wie ein Graben, er wirbelte Windhosen voll Staub über der Hochbahn auf, es roch nach schlechtem Kaffee und gebratenem Fleisch.

Ich fand Goldmans Antiquitätenhändler wieder, einen eleganten alten Herrn, der eifrig und freundschaftlich um Goldman herumscharwenzelt war: »Sicher, Mr. Goldman, gewiß doch.« Mich blickte er kaum an. Er schrieb weiter, hinter kleinen weißen Statuetten versteckt, die er eine nach der andern untersuchte. Ab und zu hob er die Augen über die Brillengläser und blickte mich gelangweilt und ironisch an.

»Kaufen? Ich kaufe alles und nichts. Kunst kann man nicht mit der Waage messen. Sehen Sie ...«

Er zeigte mir eine der Statuetten, fragte mich, welchen Preis ich ansetzen würde. Er hielt mich mit amüsierter Verachtung auf Distanz, aber ich war nicht gekommen, um ihm zuzuhören. Ich mußte lernen, was er verkaufte, durch ihn den Markt, die Kundschaft der Third Avenue kennenlernen, die mit Schecks über fünfhundert Dollar bezahlte.

Ich deutete auf eine Vitrine, bezeichnete ein, zwei Stücke: »Ja oder nein, sind Sie interessiert?«

Er hörte auf zu schreiben.

»Ich habe viel davon in Europa auf Lager, mein Vater hatte drüben Restbestände. Goldman hat uns viel abgekauft. Von ihm habe ich Ihre Adresse.«

Er war alt, erfahren und hochmütig, aber ich bekam ihn in die Hand. Ich verstand zwar von Porzellan nichts, aber kannte die Gier der Menschen nach Gold. Er stand auf. »Das hängt von den Preisen ab«, sagte er.

»Sie werden sich die Stücke anschauen. Aber sagen Sie mir zuerst, was Sie haben wollen.«

Er lächelte, ging durch den Laden, stellte Gegenstände auf den Tisch: »Das da, das mögen sie. Sie wollen angeben und bezahlen viel dafür, wissen Sie. Es sind häufig Neureiche. Ach, ich habe die Tintenfässer vergessen, Tintenfässer aus dem 18. Jahrhundert.«

Ich wurde ihn fast nicht mehr los. Er nannte mir immer wieder seine Telefonnummer, verbreitete sich über seine Freundschaft zu Mr. Goldman. »Sie werden mich anrufen, nicht wahr, sobald Sie zurück sind?«

Ihm und vielen anderen in der Third Avenue versprach ich das. Satz für Satz lieferten sie mir die Geschmacksvorstellungen ihrer Kunden, ihre eigenen Geschäftsgeheimnisse aus. Nun wußte ich, was ich in Europa kaufen mußte.

»Ich rechne fest mit Ihnen«, sagte mir der letzte Händler, den ich aufsuchte, ein schmächtiger, parfümierter junger Mann in einem rosa Hemd.

Sie alle konnten beruhigt sein. Sie würden Mietek in der Third Avenue wiedersehen.

Doch nun mußte ich den Atlantik, eine andere Mauer, überwinden. Die Überfahrt war teuer, ich war nicht amerikanischer Staatsbürger, niemand konnte mir das Recht auf Ausreise und Wiedereinreise garantieren. In Korea rückten Panzer aus dem Norden nach Süden vor, Europa schien Stalins nächste Beute werden zu sollen. Meine Großmutter weinte: »Du wirst mitten in den Krieg hineingeraten, du wirst nicht wiederkommen!«

Der Onkel sagte wieder einmal, daß mir eine Stelle als Verkäufer, jetzt da ich englisch sprach, immer offenstehe.

»Du wirst mich doch nicht verlassen«, sagte meine Großmutter. »Du hast hier doch alles. Ich werde sterben, bevor du zurück bist.«

Manchmal ist es nötig, auch die zurückzustoßen, die einen lieben, wenn sie versuchen, wie mein Vater es im Getto getan hatte, einen in ihrer Liebe, ihren Vorstellungen, ihren Armen einzuschließen. Sie verstanden mich nicht.

»Mama, du wirst auf mich warten«, sagte ich. »Du willst doch nicht, daß ich unglücklich bin?«

Sie wischte sich über die Augen. Warum nur mußte uns Menschen jeder Schritt so viel kosten, warum war die Versuchung stets so nahe, nicht mehr gegen den Strom zu schwimmen, sich mit den anderen treiben zu lassen, den Umschlagplatz und die Grube, diesen Job als Verkäufer in einem Warenhaus anzunehmen?

»Ich hab' recht, Mama, ich hab' immer recht.« Damit wollte ich auch mich selbst überzeugen.

Im Paßbüro gab man mir meinen Antrag zurück. Der Beamte schüttelte befriedigt den Kopf: »Ich habe es Ihnen ja gesagt, Sie können nicht aus den USA ausreisen. Leisten Sie zuerst Ihren Militärdienst.«

Ich ging durch eine Straße, aber ich sah nichts, ich saß wieder in der Ecke einer Zelle. Jedesmal, wenn ich ein Hindernis überwunden hatte, tauchte unerwartet ein neues, noch höheres vor mir auf. Immer noch mußte ich kämpfen, mich wie in Zambrow an das glatte Holz klammern, herunterfallen und wieder hinaufklettern, unablässig von neuem beginnen.

Ich machte mich an die Arbeit: ich belästigte Politiker, die Einberufungsbüros, die Paßstellen, reichte Gesuche, Bittschriften ein, erhob Einspruch, forderte die Einberufung einer Sonderkommission, schwor, ich würde mich vor dem Eingang auf die Erde legen und, falls nötig, dort sterben. Es war ihnen nicht gelungen, mich drüben im unteren Lager, aus dem man nicht zurückkehrte, festzuhalten, ich hatte Mauern, Stacheldrahtzäune, die Holzpalisaden im Lager Zambrow überwunden, war aus dem Gestapo-Hauptquartier in der Szuch-Allee und aus dem Pawiak geflohen und sie glaubten, sie könnten mich hier festhalten, um mich nach Korea in einen Krieg zu schicken, der nicht mein Krieg war?

Sie kannten Mietek nicht. Wenn Amerikas Boden selbst angegriffen worden wäre, ich hätte dafür gekämpft. Ich wußte, wieviel ich diesem Land schuldete, und ich hätte mein Leben dafür eingesetzt. Doch diese weit entfernten Kämpfe schienen mir das Geschick des Landes nicht aufs Spiel zu setzen. Ich hatte für die Barbarei der Menschheit genug bezahlt. Ich hatte ein Recht darauf, mein Ziel zu verwirklichen. Für die Meinen.

Schließlich wurde ich vor eine Kommission berufen. Die drei pensionierten Offiziere wirkten in ihren Zivilanzügen friedlich und verständnisvoll. Ich saß ihnen gegenüber und betrachtete sie genau.

»Ich muß fahren«, begann ich. Ich erzählte ihnen, ich müsse drüben in Europa in den Lagern für Displaced Persons nach meiner Familie suchen, ich berichtete einige Episoden aus meiner Gettozeit.

»Ich muß fahren!«

Einer der Offiziere blätterte in meiner Akte, von Zeit zu Zeit hob er die Augen und sah mich an. Begriff er, daß ich um mein Leben spielte?

Für sie war die ganze Sache nichts weiter als ein Wort auf einem Formular, für mich war es die Chance, endlich der Friede, meine Festung.

Ich betrachtete diese Männer, während sie mit leiser Stimme miteinander sprachen. So oft hatte ich so alles auf eine Karte gesetzt, als gäbe es für mich nur eine Spielregel: alles verlieren oder alles gewinnen. Einer der drei, ein Mann mit kurzem, grauem Bürstenhaarschnitt, setzte einen Stempel auf meine Papiere.

»Auf Ihr eigenes Risiko und auf Ihre eigene Gefahr«, sagte er und reichte mir das Formular.

Ich hatte gewonnen. Kämpfen zahlt sich aus, Mietek. Immer. Jetzt brauchte ich mich nur noch auf die Abfahrt vorzubereiten. Ich besuchte Fallsburg und Lakewood, fuhr mit der Großmutter durch die Wälder.

»Du willst bloß, daß ich dir verzeihe«, sagte sie, »aber du wirst trotzdem wegfahren, ich wußte es.«

Ich legte ihr die Hand auf die Schulter: »Du wirst auf mich warten, ganz brav und lieb. Du wirst sehen, ein paar Fahrten, und ich nehme dich mit hinüber.«

»Ich werde tot sein.«

Ich schrie sie an, um meine Angst zu verbergen. Ich zeigte ihr die Fotos von jungen Frauen, mit denen ich eine Nacht lang oder ein paar Wochen lang Beziehungen unterhalten hatte. Sie überschüttete mich mit Kommentaren, war leidenschaftlich interessiert und plötzlich ganz von Freude darüber erfüllt, daß sie in meine tiefsten Geheimnisse eingeweiht worden war.

»Und welche davon wirst du heiraten?«

»Zuerst muß ich Geld haben.«

Ich fuhr im Auto herum, wanderte zu Fuß, konnte einfach nicht ruhig bleiben. Ich ging wieder in die Third Avenue, verkaufte meine letzten Konfektionsartikel in der Bronx, wo ich auf den italienischen Hausmeister stieß. Er freute sich sichtlich, mich wiederzusehen.

»Sie haben Sie vergessen. Gehen Sie nur«, sagte er. Er rieb sich die Hände, gab mir gute Ratschläge. »Sie haben einen harten Schädel.«

Treppen, Gänge, Türen, immer die gleichen Kinder, derselbe Gesichtsausdruck der Frauen. Nichts hatte sich geändert. Ich klingelte, sie standen zögernd und unbeweglich hinter ihren Türen, seit Jahren standen sie jeden Tag so. Weshalb? Warum ließen sie alles mit sich geschehen? Ich bot ihnen meine letzten Schals an, ließ mich nicht abweisen, drängte. Sie standen unbeweglich da. War es das Alter, die Müdigkeit, oder war es das Glück?

Vielleicht waren meine Wetten mit dem Schicksal, die Regel, alles gewinnen oder verlieren zu wollen, nur mein persönlicher Wahn, meine Art zu fliehen, das Eingeständnis, daß ich zur Ungeduld verurteilt bin. Sie machten ihre Türen auf, ich sah die düsteren Zimmer, Kinder, die sich an ihre Beine klammerten. »Mendle, du weißt nicht, was leben heißt«, hatte Goldman gesagt.

Ich erriet Trauer und Angst in den glanzlosen Augen, den resigniert hängenden Schultern. Was heißt denn leben? Die Männer vergruben sich hier am freien Wochenende, dann stürzten sie sich wieder in die Arbeitswoche, die ihr wirkliches Leben war, und am Ende kehrten sie wieder in die Bronx heim. Sie wußten nichts, sie konnten nicht oder nicht mehr bis zum Ende gehen, weil sie tief in ihrem Sumpf steckten. Leben, das hieß von Baum zu Baum laufen, bis zum Ende gehen, etwas riskieren, fortgehen, alles verlieren oder alles gewinnen, wie bei einem Angriff im Wald von Ramblow.

Aber es war nicht leicht. Man mußte sich damit abfinden, oft allein zu sein. Müdigkeit und Angst lauerten immer im Hinterhalt. Sie waren immer in mir und sprangen mich an, sobald ich den Fuß auf das Deck des Passagierdampfers setzte. Ich war von lebhaften Gruppen glücklicher Passagiere umgeben, die mit den Offizieren der Ile-de-France lachten. Ich war krank und allein, und die Reise begann doch gerade erst.

Wir fuhren seit zwei, drei Stunden durch den Nebel, durch die schwere Dünung, die ich seit meiner ersten Fahrt mit dem Liberty-Schiff so haßte, und die anderen tanzten, sangen die Refrains der Lieder mit, spielten Bridge. Ich war allein, ein freudloser Mann. Ich hätte meine Zukunft für eine Frau aus der Bronx gegeben, für die Wärme einer dieser tristen Wohnungen, für eine Shirley Goldman, und für die Stelle als Verkäufer.

An der Bar setzte ich mich neben eine Frau, begann zu reden, um wenigstens den Klang meiner Stimme zu vernehmen. Sie lächelte, ging mit einem andern Mann weg, und ich sah mich wieder der Einsamkeit gegenüber, der Tatenlosigkeit, den Fragen, den vergangenen Jahren, den Gesichtern, meinen Alpträumen. Ich betrank mich, mußte mich übergeben, schlief, um die Zeit zu vergessen, um zu fliehen.

Nach Tagen liefen wir endlich in der Reede von Cherbourg ein. Ich sprang als einer der ersten auf die alte Erde, meine Erde. Ich lief über das abgetretene Katzenkopfpflaster, das dem der Mila-Straße ähnlich war, dem der Altstadt in Warschau, dem Pflaster in Lublin oder Bialystok. Ich entdeckte enge Gassen, niedere Häuser mit schiefen Mauern, schmutzige Cafés voller Küchengerüche: ich war wieder in der Dluga-Straße, dies war mein Boden, meine alte Erde, Europa. Verzweiflung und Freude erfüllten mich gleichzeitig. Hier ruhten die Meinen.

Cherbourg, Paris, Frankfurt am Main. Ich nahm die Landschaften in mich auf, vermischte die Orte mit meinen Erinnerungen: die Seine war der Bug, der Rhein die Weichsel. Ich entdeckte Europa wieder, seine Bauern hinter ihren Karren, die steinernen Kirchtürme, die dichtgedrängten Dörfer. Ich versank in meiner Vergangenheit. In dieser Nacht schlief ich nicht, dachte an die Kinder, die ich eines Tages haben würde, für die ich hierher gekommen war, um ihnen ihre Burg zu bauen. Vielleicht sollte ich sie auf jener Erde aufwachsen lassen, auf der die Meinen geboren waren, in der sie ruhten, auf der sie gelitten und ich gekämpft hatte. Vielleicht würden sie auf diesem alten, glorreichen und erniedrigten, von Gräbern bedeckten Boden besser begreifen, was wir waren.

Am Morgen kam ich in Frankfurt an. Rings um den Bahnhof war man mit dem Wiederaufbau beschäftigt, leere Plätze erinnerten an die Ruinenfelder. Ich zögerte, denn ich kannte diese Stadt nicht, die deutschen Stimmen fielen über mich her, der Krieg erstand wieder vor mir. Ein junger Mann trat auf mich zu, er war brünett, die Haare hingen ihm halb über die Augen, er glich jenem anderen jungen Mann, den die russischen Soldaten eines Abends in Berlin erschießen wollten und dem ich das Leben gerettet hatte.

»Dollar, change?«

Ich zögerte, schwankend zwischen Vorsicht und Geschäftssinn.

»Sechsfünfzig«, sagte der Junge.

Das war ein vorteilhafter Kurs. Ich sah ihn mir an: er warf mit einer Kopfbewegung die Haare aus der Stirn, schaute mir in die Augen. Ich holte zwanzig Dollar hervor.

»Ich gehe die Mark holen.« Er nahm die zwanzig Dollar. »Ich bin kein Dieb, Mister. Warten Sie hier auf mich.«

Ich sah ihn davongehen. Er ging langsam, bog in eine der Straßen, die zum Bahnhof führen, und bevor er meinem Blick entschwand, begriff ich, daß er mich hereingelegt hatte. Ich wartete ein paar Minuten, ohne mich irgendwelchen Illusionen hinzugeben, ich, der Mietek aus dem Getto, aus Treblinka, war ausgenommen, übers Ohr gehauen worden wie der erste beste Tourist, und das in Deutschland! Ich hatte Vertrauen geschenkt, war unvorsichtig gewesen, hatte einen Fehler gemacht.

Aber ich bin hartnäckig. Ich ging den Main entlang. Den Fluß sah ich kaum, so groß waren meine Wut, mein Zorn auf mich selbst und auf sie. Diese zwanzig Dollar bedeuteten mein ganzes Leben, meine Rache, das besiegte Berlin, das sie mir mit einem Schlag wieder entrissen hatten. Ich kehrte zum Bahnhof zurück, stellte mich auf einen der Bahnsteige und wartete. Am Abend mischte ich mich unter eine Gruppe von Reisenden und verließ mit ihnen den Bahnhof, er stand in der Nähe und lauerte einem andern Opfer auf. Ich erwischte ihn von hinten, faßte ihn an der Kehle, preßte ihn im Finstern an einen Zaun. Ich drückte zu: »Meine zwanzig Dollar«, sagte ich auf deutsch.

Er zappelte, dem Ersticken nahe. Ich ließ ein wenig locker. »Los, los!«

Er hatte nichts bei sich, andere hatten das Geld. Wir gingen, ich hielt sein Handgelenk umklammert. Er senkte den Kopf. Er sprach von seiner Schwester, seiner Mutter, seinem Vater, versuchte zu erklären, mich zu überzeugen. Schließlich stiegen wir die Treppen eines düsteren Wohnhauses hinauf. Ich packte ihn wieder am Hals.

»Bei der geringsten Gefahr bring' ich dich um«, sagte ich.

Es waren nur kleine Gauner: ein alter Mann mit dem Lächeln der Feiglinge auf dem Bett und ein dürres Mädchen. Ich hielt den Hals des Jungen mit dem Arm umklammert. »Meine zwanzig Dollar.«

Sie sahen einander an, der Alte richtete sich auf. »Ich erwürge ihn«, sagte ich, ohne zu zögern.

Ich sah nicht aus, als scherzte ich. Der Alte fummelte unter

seiner Matratze herum. Dort lagen ganze Bündel Dollarnoten.
»Rück alles raus!«

Ich gab ihm einen Fußtritt, riß ihm mit der freien Hand die Geldscheine fort. Ich zählte vier Fünfdollarscheine ab, die übrigen warf ich auf den Boden. Dann stieß ich den jungen Mann auf sie zu und sprang zur Tür hinaus, raste die Treppe hinab. Ich war noch immer Mietek. Ich würde meinen Krieg gewinnen.

Ich streifte durch Frankfurt, aber die Geschäfte waren armselig, alle Waren kamen aus Berlin. Zwei Tage später flog ich nach Tempelhof. Man muß das Wasser an der Quelle holen.

In Berlin fühlte ich mich zu Hause. Die Straße, der Himmel, alles sprach mich an. Ich fand Tolek wieder. Er lebte schlecht und recht von Gelegenheitsarbeiten. Familienpflichten hielten ihn in Berlin fest, aber er dachte an Polen, an Israel.

»Arbeiten wir zusammen«, sagte ich.

Wieder baute ich eine Organisation auf, wie damals mit Mokotow dem Grab. Ich besuchte die Antiquitätenhändler, im Kopf die Stücke aus der Third Avenue. Hier lagen sie vor mir. Ich feilschte, versuchte herauszufinden, was im Hirn eines Antiquitätenhändlers vor sich geht, wie man seine Gedanken anhalten, in sie eindringen kann. Ich ging vorsichtig vor: es waren gierige, geschickte Leute. Ich blieb auf der Hut, ließ sie vorprellen und nannte dann einen Preis, der weit unter dem ihren lag.

»Aber Sie sind verrückt, mein Lieber.«

Und wir fingen von vorne an. Ich bin hartnäckig. Es gelang mir, ihre Bedingungen herunterzuhandeln. Sie waren mir nicht gewachsen, denn für sie ging es nur um Gewinn, ich dagegen spielte auf dieser ersten Reise mit dem Einsatz meines Lebens jahrelanger harter Arbeit. Ich mußte einfach Erfolg haben. Wie damals im Getto mußte ich eine Mauer überwinden. Und diesmal war es leichter. Überall ließ ich meinen Namen und Aufträge für neue Reisen zurück.

»Ich komme wieder.« Das war mein Paßwort. Tolek blieb an Ort und Stelle und vertrat mich. Wir stapelten die Stücke in seiner Wohnung, und jede Nacht numerierten und verpackten wir sie. Tolek wischte sich den Schweiß von der Stirn. Er lachte leise.

»Ob du Nazis suchst oder Tintenfässer, du bleibst doch immer der gleiche, Mietek. Nichts kann dich ändern. Du hast Fieber im Leib!«

»Ich komme zu spät. Immer und überall.«

Ich kam zu spät für eine Kindheit, für das Glück, ich lief hinter ihnen her. Ich durfte nicht stehenbleiben.

Der Zoll, die Spediteure, das Schiff, schon ging diese erste Reise ihrem Ende entgegen. Als ich in New York an Land ging, besaß ich keinen einzigen Dollar mehr. Ich war todmüde. Um nach Hause zu kommen, nahm ich die U-Bahn. Schnee bedeckte die Stadt, die Autos sahen wie weiße Hügel aus. Ich fühlte mich wie betrunken, ich starrte den Leuten ins Gesicht, die gemächlich die 186. Straße heraufkamen. Was war die wirkliche Welt? Ihre bewegungslose oder die meine, die vorüberraste?

Ich klingelte. Großmutter drückte mich an sich, nahm mein Gesicht in ihre warmen Hände.

»Du bist ja ganz durchfroren, Martin, eiskalt.«

Ich ließ mir kaum Zeit, ein Bad zu nehmen. Kurz darauf ging ich bereits die Docks auf und ab. Meine Taschen waren leer, ich hatte kein Geld, meine Ware beim Zoll auszulösen, kein Geld, sie transportieren zu lassen. Aber ich mußte rasch verkaufen, damit ich wieder losziehen, zurückkehren, verkaufen, wieder kaufen konnte.

Ich verlangte den Leiter einer Speditionsfirma zu sprechen, die ihre Büros am Battery-Park hatte.

»Aber wer sind Sie denn, Sir?« fragte die Sekretärin immer wieder. »Mr. Clark empfängt nur auf Verabredung.«

»Ich warte. Ich bin Importeur. Ihr Haus wird ein großes Geschäft verlieren, ein ganz großes Geschäft.«

Mr. Clark empfing mich.

»Sie werden nur ein ganz kleines Risiko mit mir eingehen müssen«, erklärte ich ihm, ehe ich mich setzte, »denn ich werde Ihnen Garantien geben und einer Ihrer bedeutendsten Kunden werden. Ich bin Importeur.«

Ich war Importeur, das Wort hallte in mir nach. Du hast gewonnen, Mietek. Sie haben dich nicht töten können, und nun sitzt du hier und bist Importeur.

Mr. Clark sah mich prüfend an, er wußte nicht so recht, wie er mit mir umgehen sollte.

Ich lächelte: »Ich importiere nicht Getreide oder Kartoffeln, sondern Kunstgegenstände.«

Ich redete, erzählte von meiner Gettozeit, und nach einer

Stunde erklärte er sich bereit, mit meiner Ware als Garantie die Zollabfertigung, den Transport und die Lagerung zu übernehmen. Ich würde nach Verkauf bezahlen. Und ich mußte verkaufen!

Ich ging wieder in die Third Avenue. Die Antiquitätenhändler zeigten ihre Krallen. Der magere, parfümierte junge Mann im rosa Hemd versuchte meine Preise zu drücken, einer nach dem anderen glaubten sie, mich in der Hand zu haben: »Ja, ja, sicher, es gibt Interessenten, aber wir haben gerade eine sehr schwierige Periode.«

Ich diskutierte nicht. Manchmal muß man Hindernisse zu umgehen wissen. Ich packte meine Stücke wieder ein und verhandelte mit dem Auktionator eines großen Auktionshauses: unter einem bestimmten Mindestgebot würde ich die Ware zurückkaufen, ohne Kommission zu bezahlen. Ich mußte den Auktionator überzeugen und argumentierte immer wieder: »Ich werde im Saal sein und die Preise hinauftreiben. Sie riskieren gar nichts. Schauen Sie sich doch diese Fayencen an, die Leute werden sich darum schlagen, ich schwöre es Ihnen.«

Er zögerte. Sie zögerten immer alle, im Getto, in Zambrow, in New York, immer mußte ich die Menschen zum Handeln zwingen. Schließlich sagte er müde: »Okay, versuchen wir's, ein einziges Mal.«

Bei der ersten Auktion saß ich mitten im Saal, schaute mir die Interessenten an, die Damen mit den großen Hüten, den blonden ondulierten Haaren, die mit einer Freundin gekommen waren, die Antiquitätenhändler aus dem Mittelwesten, dem Süden oder Kalifornien, für die New York Berlin war. Ich hob als erster die Hand, um die Angebote anzuregen, dann meldete ich mich von Zeit zu Zeit und trieb die Preise in die Höhe. Die Damen kämpften. Meine Stücke gingen wie rasend weg. Diese drei Tage waren Glückstage: die Dollars häuften sich, manchmal verdoppelte, verdreifachte ich die Preise. Ich bezahlte die Firma Clark.

Am Abend saß ich in der Küche meiner Großmutter gegenüber und stapelte zwischen den Tellern kleine Haufen auf: Schecks, Dollars, Schecks. Sie schüttelte den Kopf, verwirrt, beunruhigt, glücklich und voll Angst: »Du fährst doch nicht wieder weg?« fragte sie.

Ich fuhr zwei Tage später. Ich hatte genug von Schiffen, ich sprang über die Mauer. Ein Satz im Flugzeug bis Frankfurt, ein zweiter nach Berlin. Tolek holte mich in Tempelhof ab. Wir umarmten uns. »Es läuft, Tolek, es läuft!«

Im Taxi fuhren wir die Antiquitätenläden ab. Tolek hatte Anzeigen in den Zeitungen aufgegeben, Privatleute meldeten sich am Telefon. Über den Preis diskutierte ich nun nicht mehr. Mein Prinzip war: kaufen und rasch weiterverkaufen. Viele kleine Gewinne ergeben einen großen Gewinn. Die Ware traf ein. Berlin wurde für mich zu einem fernen Vorort von New York, das Flugzeug meine Straßenbahn.

Monatelang eilte ich so vom einen Kontinent zum anderen. Ich entdeckte die Vorliebe für französische Stücke und machte in Paris halt. Freitags war ich schon vor der Eröffnung auf dem Flohmarkt, suchte nach Stücken für die »Amis«, Gegenständen in leuchtenden Farben mit reichlicher Vergoldung. In Paris nahm ich in der Hast kaum die Straßen, den Himmel wahr und kaufte, ohne zu feilschen. Raschheit war meine Stärke. Time ist money. Montags flog ich bereits weiter nach Frankfurt und Berlin. Kurz darauf fügte ich London in meine Rundfahrten ein. Ich kaufte, telefonierte, sprang vom Taxi ins Flugzeug und konnte endlich schlafen.

Manchmal setzte ich mich in eine Bar, schwankend zwischen Müdigkeit und dem Bedürfnis, mit jemandem zu sprechen. Hin und wieder traf ich Mädchen. Aber ich stand immer enttäuscht auf und ging fort. In New York hatte ich Margaret wiedergetroffen, die Studentin, die mit mir im Hotel in Fallsburg gearbeitet hatte. Sie war zart und lieb, sie sah zu, wie ich halbnackt am Bettrand saß und rauchte.

»Nimm dir doch Zeit zu leben, Mendle«, sagte sie. »Renn doch nicht immer.«

Ich versuchte, mich neben ihr auszustrecken. Der Tag zog schon herauf. Im Lagerhaus warteten meine Importwaren, die kontrolliert werden mußten. Ich zog die Arbeit dem Frieden vor, den sie mir schenken wollte. Vielleicht würde es eines Tages meiner Frau gelingen, meine Hast zu bremsen, vielleicht würde ich eines Tages Freude an der Ruhe finden. Und dann würde ich mit dieser Frau, und nur mit ihr, meine Burg bauen. Margaret ließ mich gehen.

»Lerne glücklich zu sein, Mendle, du bist immer auf der Flucht.«

Ich küßte sie und ging, aber ihre Worte lebten in mir weiter, sie machten meinen Schlaf unruhig. Ich erinnerte mich an das, was

Goldman gesagt hatte. Wann würde dieser Tag endlich kommen, an dem ich die Waffen aus der Hand legen konnte?

Wieder stürzte ich mich in die Arbeit. An einem Nachmittag, als ich im Auktionssaal gerade den Arm hob, um ein Angebot in die Höhe zu treiben, klopfte mir jemand auf die Schultern: Jack Ellis, einer meiner Gäste aus dem Hotel in Fallsburg. Das war die Chance!

Er und sein Bruder Joe hatten ein ruhiges Geschäft in der Third Avenue. Ich ging mit ihm nach Hause. Ich besichtigte die Verkaufsräume, sah schon die Kisten dastehen, Kunden, die sich um mich drängten. Meine Chance! Jack und Joe Ellis waren einverstanden: Ich war Importeur und würde bei ihnen verkaufen, sie erhielten Prozente aus den Verkäufen.

Nun wurde meine Arbeit noch hektischer: New York, London, Paris, Frankfurt, Berlin, Frankfurt, New York: Straßen, Gesichter in all diesen Städten, Antiquitätenhändler auf dem Flohmarkt, die russisch oder polnisch sprachen, deutsche Verkäufer in Berlin, Innenarchitekten, die einander in der Third Avenue die Klinke in die Hand gaben, Tolek, der mich in Berlin erwartete, Taxi, Schlaf, der mich wie ein Schlag niederwarf, die Minuten am Morgen, wenn ich unbeweglich und mit geschlossenen Augen die Meinen wiederfand: Vater, Mutter, die Brüder, Riwka, sie und alle anderen, die ich nie vergessen würde. Dann ein Satz aus dem Bett, das Telefon, die Lagerhäuser.

Oft entlud ich den Lastwagen in der Third Avenue selbst, um Geld zu sparen: 80 Kisten, die abgeladen, bis zur Decke gestapelt, ausgepackt werden mußten. Die Kunden warteten, sie kamen aus Los Angeles, aus Houston/Texas, aus Memphis/Tennessee: Innenarchitekten, Antiquitätenhändler, Händler, die en gros kauften. Sie streckten die Hände aus: »Das ist für mich, Sie haben es mir versprochen.« Ich zwinkerte mit den Augen und stellte das Stück in eine Ecke.

Immer noch stand ich am Einstieg der Straßenbahn, schleppte die Getreidesäcke und reichte sie den Trägern.

Und dann zog ich wieder los: New York, London, Frankfurt, Berlin, Frankfurt, New York. Ich kam stets am Freitagmorgen in Paris an und eilte zu den Flohmärkten: Marché Vernaison, Marché Paul-Bert, Marché Biron. Ich hatte mir ein Fahrrad gekauft, eine Hausmeisterin bewahrte es für mich auf, ich benutzte es, um schneller herumzukommen. In einer gewissen Entfernung von den Buden stellte ich es ab, denn schließlich war ich ein bedeutender Antiquitätenhändler, ein amerikanischer Antiquitätenhändler.

Sonntags streunte ich manchmal durch die Straßen von Paris, vom Zufall, einer Frau geführt, die mir begegnete. Ich liebte die Stadt, den Fluß, seine Brücken. Ich setzte mich in die Sonne und schloß die Augen. Es war Mai und die Luft mild. Diese Brücke war die Poniatowski-Brücke, ich würde mich mit Zofia treffen. Nur in Paris flanierte ich gern durch die Stadt. Aber ich hatte selten Zeit dazu.

Der Markt in Berlin wurde schwierig. »Es gibt einfach nichts mehr, Mietek«, war nun Toleks stereotype Begrüßungsformel, und sie wurde mit jeder Reise wirklicher. Sämtliche amerikanischen Antiquitätenhändler hatten sich auf Berlin gestürzt, alles antike Porzellan aus der Stadt und aus Deutschland schien aufgekauft.

Tolek legte mir einen Satz Teller mit verblichenem Golddessin vor. »Das ist alles«, sagte er. »Es gibt nichts mehr. Nur das, was die anderen nicht mehr kaufen wollen.«

»Kauf es trotzdem, Tolek, kauf alles, was du kriegen kannst.«

Vor mir stapelten sich angeschlagene Tintenfässer, verwaschene Untertassen.

»Du bist verrückt, Mietek, du bist verrückt«, sagte Tolek.

Ich schleppte ihn durch die Stadt, und nach zweitägiger Suche hatten wir einen alten Porzellanmaler gefunden, der sich bereit erklärte, unsere Teller zu restaurieren.

In der Third Avenue drängten sich immer mehr Interessenten, aber Tolek hob die Arme: »Es gibt wirklich gar nichts mehr.«

Und das stimmte. Ich blieb fast zwei Wochen in Deutschland. Tolek lag mir in den Ohren: »Ziehen wir uns aus der Sache zurück, Mietek. Es reicht doch.«

Ich hatte mein Ziel nicht erreicht. Noch nicht. Und ich wollte nicht aufgeben. Niemals wollte ich aufgeben. Ich forschte herum, und schließlich entdeckte ich die »Königliche Porzellan-Manufaktur«, eine wahre Goldmine.

Tolek lachte mich aus. »Du spinnst, Mietek, die K. P. M. ist staatlich, sie produziert nur für Könige und Präsidenten.«

Ich war weiß Gott so viel wert wie ihr Gründer, der König. Wir alle, mein ganzes Volk, waren weiß Gott so viel wert wie all die Kaiser, Könige und deutschen Prinzen, für die diese Manufaktur seit dem frühen 18. Jahrhundert ausschließlich gearbeitet hatte.

»Ich bin Mietek, ein kleiner Gettojude, aber die K. P. M. wird für mich arbeiten!«

Es dauerte lange. Ich sprach mit dem Direktor, verhandelte, bezahlte, schmierte, bis eines Tages die großen zylindrischen Brennöfen der K. P. M. angeheizt wurden, um meine Porzellane zu brennen, das Porzellan eines aus Treblinka Entkommenen. Auch das war eine Art Revanche und ein Geniestreich zugleich. Die »antiken Stücke«, die in der K. P. M. entstanden, waren authentisch! Die Dollars häuften sich, und jeder Tausender war eine Mauer meiner Burg, die aufwuchs.

Aber mein Gesetz war Schnelligkeit, und die K. P. M. arbeitete wie im 18. Jahrhundert. Schon nach ein paar Monaten konnte ich die Nachfrage nicht mehr befriedigen. Ich mußte nach anderen Lösungen suchen. Ich wußte, in Bayern gab es ebenfalls Porzellanmanufakturen, und so mietete ich mir bei einem meiner Aufenthalte einen Wagen und fuhr nach Süden.

Wälder, Täler, der Himmel: die Landschaft glich der um Roßwein und Döbeln. Aber ich fuhr durch eine andere Welt. Ein paar Kilometer weiter östlich hatte ich meine Kameraden zurückgelassen, die Sowjetsoldaten, die auf einer polnischen Straße gerufen hatten: »Nach Berlin!« Was war seither aus diesen Soldaten, meinen Kampfgefährten, geworden?

Ich hatte versucht, ins Leben umzusetzen, was ich dachte, gegenüber allen Menschen gerecht zu sein, zu bezahlen, was ich schuldig war, einzufordern, was mir zustand. Ich wollte nur auf der Seite des Menschen stehen, und Menschen wie Henker gab es überall, zu beiden Seiten aller Grenzen.

Ich machte in Moschendorf, dann in Hof Station. Ich sah Berge in der Nähe, hohe Bäume, Wiesen. Hier war ich an der Quelle. Ich besichtigte eine Manufaktur in Moschendorf, sah, wie sich Arbeiter in weißen Kitteln über Porzellan beugten, die Brennöfen kontrollierten. Ich verlangte den Direktor zu sprechen. Er empfing mich in einem Büro, dessen Fenster auf Felder hinausgingen.

»Sie haben eine lange Tradition«, sagte ich. Er lächelte, nickte mit dem Kopf. Ich mußte an Schultz denken, der uns im Getto wie Sklaven arbeiten ließ, Schultz, wie er zufrieden schwitzend durch seine Werkstätten ging, Schultz, gefangen und wieder in Freiheit. Jetzt würden sie für mich arbeiten.

»Sie werden sicher in der Lage sein, so etwas herzustellen.« Ich hatte Modelle, Fotos mitgebracht und legte sie ihm auf den Schreibtisch. Er verteidigte sich zäh.

Ich schnitt ihm das Wort ab: »Ich bezahle, ich kaufe alles.«

Schließlich kamen wir überein. Auch in Hof war ich erfolgreich. Jetzt war ich nicht nur Importeur und Hersteller von »echten« Antiquitäten, sondern auch Auftraggeber von Kopien!

Langsam und befriedigt fuhr ich Richtung Frankfurt. Ich hatte eine Maschinerie ins Rollen gebracht, sie arbeitete. Am schwersten war immer der erste Sprung, wenn die Straßenbahn vorbeifuhr, wenn man sich festklammern mußte und nicht wußte, wie der Blaue auf der Plattform reagieren würde, wenn man noch nie die Mauer überwunden hatte. Danach war alles einfach: man setzte sein Leben aufs Spiel, aber das war zur Routine geworden. Ich hatte das Kap umsegelt, die Hindernisse hinter mir gelassen, die Strömung trug mich mit sich fort.

In Nürnberg machte ich halt. Das also war die Stadt, in der sie sich versammelt hatten, die Stadt, in der das Unheil, das Millionen Menschen vernichtete, zuerst aufgetreten war. Ich fuhr durch die Straßen und versuchte zu begreifen, zu erraten, wie die Zeit gewesen sein mußte, da die Menschen, die hier lebten, sich mitreißen ließen. Es war eine stolze Stadt, trotz der Verwüstung immer noch schön. Ich ging über die Pegnitzbrücken, betrachtete die dunklen Steinkirchen, wanderte durch die alten Straßen, über den Hauptmarkt. Auch hier das ausgetretene Pflaster wie in Cherbourg oder in der Mila-Straße. Ich beobachtete die Menschen, die wie alle anderen Menschen aussahen, die Kinder. Vor Jahren hätte das Unheil sie mit sich fortgerissen, sie hätten sich auf dem Reichsparteitaggelände gedrängt, im Licht der Scheinwerfer geschrien. Man mußte verhindern, daß das Unheil je wieder aufstand.

In Frankfurt stieg ich ins Flugzeug nach New York. Meine Großmutter, Jack und Joe Ellis warteten auf mich. Die Aufträge wurden immer bedeutender. Nach kurzer Zeit trafen die Stücke aus Moschendorf und Hof ein. Kaum waren sie ausgeschifft, waren sie auch schon verkauft. Ich scheffelte Dollars, investierte, legte Geld an.

Eines Abends kam ich sehr spät von Margaret nach Hause und

fand meine Großmutter in meinem Zimmer. Sie lag auf meinem Bett und schlief. Um die Schultern hatte sie sich einen Schal gelegt, das weiße Haar lag in Zöpfe geflochten um ihr Gesicht. Der Atem hob und senkte kaum die Brust. Ich blieb stehen und sah sie an. Sie war so mager, so zerbrechlich. Plötzlich wachte sie auf. Ich reichte ihr die Hand, um ihr aufzuhelfen.

»Ich habe auf dich gewartet.«
»Aber das ist doch verrückt, Mama!«
»Du wirst dich beeilen müssen, Martin.«
Ich begriff nicht.
»Wenn ich deine Kinder noch sehen soll. Du bist doch jetzt reich.«

»Mama, liebe Mama!« Angst erfaßte mich: dieser Körper glich wirklich dem der alten Menschen, die ich dort unten in Treblinka im Lazarett in meine Arme genommen hatte.

»Martin, es kann jeden Tag sein, jeden Tag. Morgen. Ich bin so alt.«

Ich zog sie an mich, streichelte ihr Haar: »Mama, Mama!« Aber sie schüttelte nur den Kopf.

»Jeden Tag. Beeil dich.«

Ich zwang mich zu scherzen, schwor, daß ich am nächsten Tag heiraten würde; dann trat ich ans Bett und küßte sie. Ich sah in ihrem Gesicht nur die blauen Augen, die wie Kinderaugen waren.

»Beeil dich, beeil dich«, sagte sie immer wieder.

Ich konnte nicht mehr einschlafen. Ich war jetzt reich, war amerikanischer Staatsbürger, Importeur, Fabrikant. Ich war dabei, eine Tochterfirma in Kanada, eine zweite in Havanna zu eröffnen. Mir gehörten Wohnhäuser, ich investierte mein Geld an der Börse. Ich reiste von Hauptstadt zu Hauptstadt. Paris und Berlin waren Vororte für mich. Und ich hatte doch nichts von dem erreicht, wofür ich all das aufgebaut hatte: ich war immer noch allein. Und Mama konnte jeden Tag sterben.

Ich war allein, um mich herum gab es nur leblose Gegenstände, Dollars, Kisten, Waren. Ich konnte mir schon fast nicht mehr vorstellen, daß es jemals anders würde. Ich wechselte die Frauen, die Betten, aber keine von ihnen vermochte mich die Stimmen, Namen, Gesichter, Plätze vergessen zu lassen, die mich verfolgten. Für den Augenblick einer Umarmung war ich bei diesen Frauen, dann lag ich neben ihnen, eine Zigarette zwischen den Lippen, und verlor sie wieder, verlor mich selbst, es gab sie nicht mehr. Riwka oder Zofia, meine Mutter, meine Brüder im gelben Sand, sie alle erstickten mich nach der Liebe.

Im Morgengrauen telefonierte ich mit Margaret. Sie war die einzige Frau, die ich regelmäßig traf. Aber wozu sollte ich sie an mich, an mein Leben ketten? Auch ihr Leben war so wenig wirklich wie meines. Wozu sollte ich sie an meine Alpträume fesseln, sie zur Folter verurteilen, mich immer weit weg zu wissen?

Ich ging zu ihr in ihre kleine Wohnung in Brooklyn in der Nähe der Flatbush Avenue. Seit ich ihr eine Stelle als Dekorateurin bei meinem Freund, dem Antiquitätenhändler Wolker, beschafft hatte, wohnte sie hier.

Sie öffnete mir verschlafen im Morgenrock, eine Tasse Kaffee in der Hand: »Mendle, was ist los?« fragte sie kopfschüttelnd.

Ich küßte sie flüchtig.

»Komm herein«, sagte sie. Sie zwang mich, die Jacke abzulegen. »Setz dich. Rede. Hier, nimm.« Sie reichte mir ihre Kaffeetasse. »Trink, er ist noch heiß.«

Ich redete lange über mich selbst, über das, was ich war, darüber, warum ich so hetzte, über die plötzliche Leere, die Unmöglichkeit, mich einer Frau ganz hinzugeben.

»Sogar mit dir, Margaret.«

»Ich weiß ja, ich weiß.«

»Ich will dich heiraten«, sagte ich plötzlich. »Wir werden Kinder haben.«

»Trink, Mendle.« Sie lehnte sich zu mir herüber und streichelte mein Haar. »Du suchst, du suchst immer. Aber es kommt von ganz allein, oder es passiert gar nicht. Du wirst eine Frau finden oder du wirst sie nicht finden. Aber die bin ich nicht, Mendle, ganz sicher nicht.«

»Warum nicht?«

»Es wird dich eines Tages einfach überwältigen. Du gehörst nicht zu den Vernünftigen, du bist nicht für eine Vernunftehe gemacht.«

Sie redete wie Goldman. Dann küßte sie mich: »Du hast es verdient, die richtige zu finden, Mendle.«

Ich preßte sie an mich, sie war eine gute Freundin, ein Kamerad für mich, aber sie konnte diesen Abgrund von Elend nicht überdecken, der sich oft in mir auftat. Ich schlief ein wenig an ihrer Seite, dann kehrte ich wieder zum Leblosen zurück, das mein Leben füllte.

In Hof, in Moschendorf arbeiteten die Fabriken für mich, in Paris, London, Berlin kaufte ich weiter. Ich importierte nicht nur mehr Kunstgegenstände. Die Maschinerie arbeitete, jeder Dollar brachte weitere hervor. Leute kamen mit neuen Ideen zu mir: ich kaufte und verkaufte Hunderte von europäischen Autos, ich ließ in Paris »antike« Kronleuchter herstellen, und die Antiquitätenhändler von der Westküste über die Südstaaten bis zum Mittelwesten flehten mich an, ihnen Stücke zu reservieren. Ich war reich und fühlte mich doch gezwungen, immer mehr zu arbeiten, um den Abgrund in mir zu überdecken, die Alpträume zu vertreiben. Meine Reisen wurden immer hektischer.

Tolek sagte mir immer: »Du bist wie ein scheuendes Pferd, Mietek. Irgendwann wirst du noch Schaum vor dem Mund haben.«

Ich ging immer weiter.

Als ich eines Abends in Idlewild landete, reichte mir eine Stewardess vor der Zollabfertigung einen Zettel, aber bevor ich ihn noch lesen konnte, stellten sich zwei junge Männer mit kurzem Haarschnitt rechts und links von mir auf: »Mr. Gray? Zollkontrolle, bitte.«

Zwischen den beiden wurde ich aus der Schlange der Passagiere herausgeführt. In einem abgelegenen Büro wurde ich einem langen Verhör unterzogen, dann von Kopf bis Fuß durchsucht. Sie hatten mein gesamtes Gepäck heranschaffen lassen.

»Wonach suchen Sie eigentlich?« Ich erhielt keine Antwort. Ich vermutete nur, daß es Männer vom FBI waren. Sie zwangen mich, mit ihnen zum Lagerhaus zu gehen. Die Kisten waren bereits aufgebrochen worden. »Schön«, sagten die Männer schließlich. Ich mußte mit ihnen in die Third Avenue fahren, meine Scheckhefte, die Buchführung vorlegen. Ich fügte mich und schwieg. Sie waren die stumme überlegene Gewalt. Gefunden haben sie nichts.

»Eine einfache Zollkontrolle«, sagten sie mehrmals, während sie sich verabschiedeten.

Es war eine banale Geschichte, und sie hatte keine Folgen. Trotzdem fühlte ich mich durch sie erschöpft, jeden Augenblick konnten solch anonyme Gewalten, die ein neidischer Konkurrent mobilisiert hatte, auftreten und mein kompliziertes System durcheinander bringen. Manchmal waren diese Gewalten eine Armee, Krieg. Wann würde ich endlich geborgen und frei sein?

In meiner Tasche fand ich die Nachricht, die mir die Stewardess gegeben und die ich völlig vergessen hatte: »Bitte sofort 186. Straße, 567 West kommen. Mr. Feld.«

Die Grube im gelben Sand tat sich vor mir auf.

Ich habe sie immer gekannt...

Sie lag angezogen auf ihrem Bett, die Hände über der Brust gekreuzt. Mein Onkel saß neben ihr. Sie lag auf dem Bett, aber ihre Lippen bewegten sich nicht mehr, sie waren schmal und zusammengepreßt, nach innen gezogen, als hätten sie einen letzten tiefen Atemzug einatmen wollen. Sie war mager, so mager in ihren Feiertagskleidern, die sie am Tag meiner Ankunft am Kai getragen hatte, als ich sie am Ende der Absperrung in der Menge stehen sah und auf sie zuging. Dieselben Kleider, die sie getragen hatte, als sie kerzengerade neben mir in meinem blauen Plymouth saß, als wir nach Atlantic City gefahren waren. Es waren ihre Trauer- und Festtagskleider aus dünnem billigem Stoff, den ich unter meinen Händen spürte, armseligen Stoff, der ihren Reichtum umhüllte. Ach Mama, immer ist Trauer um mich!

Ich ging in die Küche, um allein zu weinen. Ich schrie. Mit ihr war alles gestorben. Auch ich war tot. O Mama! Ich berührte die Teller, den Tisch, ging in ihr Zimmer zurück. Sie lag auf dem Bett, und ich würde ihr nie mehr etwas geben können. Ich hatte sie verlassen, hatte verkauft und gekauft, war vom Taxi ins Flugzeug gesprungen, hatte wie ein herzloser Mensch für mich selbst gelebt und sie verlassen. Ich hätte bei ihr bleiben, mit ihr und für sie leben müssen, mit ihr sprechen, diesen mageren zerbrechlichen Kinderkörper in meinen Armen halten müssen.

Nun konnte ich es nicht mehr. Ich irrte durch die Straßen, die Snackbars, die U-Bahn-Stationen. Ich hatte sie verlassen. Leb wohl, Mama, leb wohl.

Stundenlang wanderte ich durch Lärm und Staub. Mitten in der Nacht, vielleicht war es schon die zweite Nacht, ging ich zu Margaret. Ich erklärte ihr nichts, Weinkrämpfe schüttelten mich.

»Mendle, Mendle«, sagte sie nur. Mehr konnte sie nicht sagen, aber ihre Stimme tat mir wohl.

Von Zeit zu Zeit hörte ich mich weinen, lauschte auf meine

Verzweiflung, trat aus mir selbst heraus und betrachtete diesen Mietek, der mit den Fäusten auf die Knie hämmerte, in Tränen fast ertrank.

Langsam gewann ich ein wenig Selbstbeherrschung zurück. »Ich habe hier nichts mehr zu tun, Margaret. Ich kann nicht mehr.«

Sie verstand mich nicht.

»Wozu soll ich noch leben?«

»Du bist müde«, sagte sie. »Du wagst es, so was zu sagen, zu denken? Ausgerechnet du, Mendle?«

Ach, Mama! Ihr Leben, ihr Lächeln, ihre Hände, die den Teig kneteten, ihre Fragen, wenn wir nach Lakewood oder Fallsburg fuhren: »Glaubst du, ich kann diesen Hut aufsetzen, Martin?«

»Du siehst aus wie ein junges Mädchen, Mama, wirklich, ganz wie ein junges Mädchen.«

Eine Ewigkeit von Leid und Freude, von Liebe und Wissen war mit einem Schlag zerstört worden, in der Erde verschwunden. Niemals werde ich mich an den Tod gewöhnen. Der Tod meiner Großmutter riß vor mir alle Gruben wieder auf, er war wieder der Tod meiner ganzen Familie, sie wollten mich zu sich holen.

»Du hast kein Recht dazu, Mendle. Das weißt du ganz genau«, sagte Margaret mehrmals.

Sie war sanft und freundlich zu mir, eine Kameradin. Wir fuhren für ein paar Tage nach Fallsburg, dann ließ sie mich allein im Hotel inmitten der Wälder zurück.

Ich ruderte auf dem See, wanderte, bis ich vor Müdigkeit umfiel. Es war der Augenblick der großen Prüfung, bisher hatte ich überlebt, um zu kämpfen, Zeugnis abzulegen, die Meinen zu rächen und ihr Leben fortzusetzen, eine Burg zu bauen und Kinder zu haben. Ich war immer gerade vor mich hin gegangen, von einem Ziel zum anderen, ich war aus Fenstern in Höhlen und Keller gesprungen, ich hatte mich an einen Lastwagen geklammert, hatte bis zum Hals im Kot gestanden, ich hatte getötet, die Bestien mit den Menschengesichtern gehetzt, immer das Risiko gewählt, hundertmal ein neues Leben begonnen. Und nun war ich ganz allein. Immer hatte ich Lebewohl sagen müssen: meiner Familie, meinem Volk, dem Kameraden mit den roten Haaren, meiner Großmutter. Ich war erschöpft. Zwar immer noch aufrecht, Mietek, aber wie ein abgestorbener Baum mit schöner Rinde, doch hohlem Stamm. Ich war krank von zuviel Einsamkeit und Elend. Wozu eine Frau an mein

Leben ketten, wozu Kindern das Leben schenken, ein Leben, das von überallher bedroht war. Wozu eine Burg bauen? Für wen? Für wen denn?

Ich wanderte durch Schnee und Regen, Fallsburg war verlassen, kalter Nordwind fegte durch die Straßen. An manchen Tagen leuchtete die Sonne, sie schien aber den Himmel zu Eis erstarren zu lassen, anstatt ihn zu erwärmen. Ich besaß kein Recht dazu, mein Leben wegzuwerfen, aber ich besaß auch angesichts dieser Abgründe in mir kein Recht dazu, Leben zu schenken. Ich konnte nur einfach überleben, von einem Tag zum anderen weitermachen, wie die Ameisen, die unablässig immer wieder neu beginnen.

Ja, Vater, ich werde bis ans Ende gehen. Aber jetzt gleitet mir das Spiel aus den Händen. Ich habe meine Pflicht getan, ich habe überlebt und habe gekämpft, und ich habe euch gerächt. Ich bin zur Großmutter gegangen und habe ihr geholfen zu leben, zwar schlecht, doch so gut ich es eben vermochte. Ich habe die Steine für meine Festung gestapelt, ich bin bereit. Aber jetzt sitzt in mir das Elend, um mich herum ist Leere. Eine Burg, für wen und wozu?

Ich wurde zu einem Mechanismus, zu einem Getriebe, das erledigte, was man von ihm erwartete: Besprechungen mit Innenarchitekten, Telefongespräche mit Clark, Telegramme nach Moschendorf oder Hof. Ich funktionierte erfolgreich, ich verfehlte keinen Verkauf. Noch nie waren meine Geschäfte so gut gelaufen. Ich war ausschließlich eines: Fabrikant, Importeur, ein Zahnrad in der Welt der Geschäfte, das von nichts gestört zu werden schien. Ich war pünktlich, aktiv, erfinderisch.

So hätte ich bis an mein Lebensende weitermachen können: ich kassierte, investierte, kaufte, kassierte.

Das ging über Wochen, über Monate hin so. Dann begann ich Rückenschmerzen zu verspüren, eine unbestimmte Müdigkeit, die am Nackenansatz begann und auf die Schultern ausstrahlte. Mein Auge, das seit Warschau verletzt war, bereitete mir Schmerzen. Alpträume zernagten meine Nächte. Morgens konnte ich nur mit Mühe aufstehen. Aber ich machte weiter, kassierte, investierte, kaufte. Dann geriet ein anderes Sandkorn störend ins Getriebe. Das FBI ließ mich nicht in Ruhe: nach jeder Reise wurde ich durchsucht, ich verlor kostbare Stunden. Meine Kisten wurden aufgebrochen, ich fand zertrümmerte Porzellanplatten. Sie entschuldigten sich, man entschädigte mich, aber sie gaben nicht auf, sie waren überzeugt, daß ich Rauschgift schmuggelte oder das Finanzamt hinterging. Wer hatte sie dazu gebracht? Ich gewöhnte mich an dieses Sandkorn: beim Zoll auf dem Idlewild Airport kam ich dem Zollbeamten zuvor, der die Seiten im dicken Buch mit dem schwarzen Umschlag durchblätterte: »Ich stehe drin, ich bin bereit.«

Doch es gab auch andere unerwartete Sandkörner in der Maschinerie. Sie waren schmerzhaft, wie Vorwarnungen. Ich hatte in Montreal das Flugzeug nach London genommen. Plötzlich spürte ich, wie das Flugzeug eine Kurve flog, und sah gelbe und blaue Flammen aus einem der Motoren schießen. Die Stewardess kam und zog den Vorhang vor das Fenster. Sie legte den Finger auf die Lippen und deutete auf die übrigen Passagiere. Ich schwieg und saß mit geballten Fäusten da, zur Untätigkeit gezwungen, verurteilt, mich auf andere zu verlassen. Schließlich landeten wir ohne weitere Schwierigkeiten wieder in Montreal. Ich nahm ein paar Stunden später eine andere Maschine.

Ich hatte vergessen, Tolek ein Telegramm zu schicken. Er wartete in Berlin auf mich. Sicher würde ich ein, zwei Tage verlieren. Ich rief ihn von Tempelhof aus an. Ich freute mich, seine Stimme wieder zu hören, berichtete ihm von dem Zwischenfall.

»Ich kann dich erst heute abend sehen«, sagte er. »Aber ich bestehe darauf, dich heute abend zu sehen.«

Er hängte ohne Erklärung ein. Den ganzen Tag über beschäftigte mich meine Arbeit, und als ich am Abend in seine Wohnung kam, hatte ich den Zorn, den er am Telefon so schlecht verborgen hatte, vollkommen vergessen. Er und ein Mädchen, das er seit einiger Zeit kannte, saßen im Zimmer.

»Mietek, wir müssen ernsthaft miteinander reden.«

Wir waren wie Brüder gewesen, waren zusammen durch die Straßen Berlins gelaufen, hatten uns geküßt, als die Soldaten die Siegesfahne aufzogen. Er wußte alles von mir, er war mein zweites Ich. Und plötzlich fegte er all das mit einer Handbewegung vom Tisch.

»Du denkst nur an dich, Mietek. Du bist ein Diktator, du befiehlst immer nur. Ich kann nicht länger mit dir arbeiten. Bringen wir also unsere Angelegenheiten in Ordnung.«

»Wie du willst, Tolek.« Wir saßen einander gegenüber. Die Gegenwart seiner Freundin, dieses indiskreten, geschwätzigen

Mädchens, hinderte uns daran, das versöhnende Wort zu sprechen, einander die Hand auf die Schulter zu legen, wie man es mit einem Bruder tut.

Ich war starr vor Müdigkeit, Trauer und Überraschung. Insgeheim gab ich mir die Schuld: ich hatte mich in die Arbeit gestürzt und mir keine Zeit genommen, mit Tolek zu reden. So waren wir einander fremd geworden, ohne andere Ursache als meine Erschöpfung und die Last der Geschäfte.

»Bringen wir die Sache in Ordnung«, sagte Tolek.

Nie hatten wir einander etwas vorgerechnet. Wir waren Brüder. Jetzt mußten wir es tun. Vielleicht würden wir uns eines Tages, später, wenn der Friede kam, wiederfinden. Leb wohl, Tolek. Du bleibst in mir als ein lebendiges Stück von mir.

Ich ging immer geradeaus weiter und werde bis ans Ende gehen. Alles lief weiter. Die Ärzte stellten eine bedenkliche Erschöpfung bei mir fest. »Sie bezahlen jetzt für Ihre Überlastung«, sagte einer.

Ich konnte den Arm kaum mehr heben, eine Erinnerung an den Pawiak, als sie mich mit den Armen auf dem Rücken an den Handgelenken aufgehängt hatten. Ich bezahlte. War ich denn immer noch nicht quitt?

Eines Tages rief Margaret mich an. Sie lachte. »Ich bin überglücklich, Mendle. Ich mache dir ein hübsches Geschenk. Dein ›Freund‹ Wolker hat mir eine sehr interessante Arbeit anvertraut.«

Er kopierte meine Modelle aus Moschendorf, Hof und Berlin, er hatte in Japan Fabrikanten gefunden, deren Preise sechzig Prozent unter den meinen lagen. Margaret lachte ins Telefon: »Du kopierst die Deutschen, die Japaner kopieren dich! Ausgleichende Gerechtigkeit, Mendle, ausgleichende Gerechtigkeit!«

Ich hatte in Geschäften eine gute Hand: ein paar Tage, bevor die japanischen Porzellane eintrafen, liquidierte ich fast mein ganzes Lager. Aber ich war allein, ich hatte Erfolg, doch ohne Tolek, ohne Wolker. Der Boden unter meinen Füßen war brüchig. Ich hatte Erfolg, und um mich her starben meine Freunde. Ich ging vorwärts, und meine Brüder ließen mich im Stich. Ich versank wie in einem der Sümpfe, die ich in Polens Wäldern so sehr gefürchtet hatte. Aber ich blieb ein gut funktionierendes Uhrwerk. Ich schickte Telegramme nach Deutschland und ließ die Produktion stoppen.

Es war Samstag. Das Wetter war lustlos, grau und kalt. Seit dem

Tod der Großmutter hauste ich über dem Laden in der Third Avenue. Ich kampierte in einer mit Kisten vollgestopften unordentlichen Wohnung zwischen leeren Möbeln. Die Wochenenden, die Einsamkeit jagten mir Angst ein. Ich lag auf dem ungemachten Bett. Plötzlich kamen mir die Muster in den Sinn, die ich in Moschendorf zurückgelassen hatte, sehr schöne Stücke, die ein Vermögen wert waren. Ich mußte sie wiederbekommen. Ich konnte erst Dienstag reisen. Ich mußte nach Moschendorf schreiben, diesen Punkt völlig klarstellen, mein Kommen ankündigen. Ich schrieb nicht gut deutsch. Die Büros waren an diesem Samstag geschlossen.

Vielleicht kannte Margaret jemanden. Ich rief sie an, niemand hob den Hörer ab. Ich gab nicht auf, wählte die Nummer nochmals. In meiner Einsamkeit wurde die Möglichkeit, daß dieser Brief noch am Samstag geschrieben würde, zu einer Frage von Leben und Tod. Ich versuchte immer wieder anzurufen. Schließlich ging ich aus, wanderte nach Brooklyn, klingelte Sturm an Margarets Tür, hinterließ eine Nachricht.

Abends rief sie mich an. »Das sind wieder typisch deine Ideen, Mendle. Du hast doch Zeit.«

Ich hatte keine Zeit, dieser Brief bedeutete für mich mein Leben.

Sie begann zu lachen. »Ich habe eine Kranke im Haus. Ich kann sie nicht allein lassen. Sie spricht ein bißchen deutsch.«

»Ich komme.«

Wieder fuhr ich die Strecke. Es hatte zu schneien begonnen, einzelne graue Flocken taumelten lange durch die Luft, ehe sie zu Boden fielen. Vor Margarets Haustür glitt ich auf dem Gehsteig aus und beschmutzte mich von oben bis unten.

Ich klingelte und stand Dina gegenüber. Vor mir stand das Leben, lächelte mich an und zwinkerte mir zu: »Na, Sie sind aber in einem komischen Zustand«, sagte sie.

Sie lächelte immer noch, wir bewegten uns beide nicht. Ich fühlte, wie Lachen in mir aufstieg. Ich stand meinem Leben gegenüber. Ich begann zu lachen, es war der Augenblick, in dem der Schmerz plötzlich wich, das Eisenband um die Schläfen sich löste. Ich lachte. Margaret trat zu uns, sie lächelte, war freundlich, aber für mich gab es sie nicht mehr.

»Du spinnst, Mendle«, sagte sie.

»Er ist lustig, und ich bin komisch.« Dina schnitt eine Grimasse und stimmte in mein Lachen ein. Dann hüpfte sie zu einem Sessel und hob ihren eingegipsten Knöchel hoch.

»Ich habe euch gar nicht miteinander bekannt gemacht«, sagte Margaret.

»Wir sind schon alte Freunde«, gab Dina zurück.

Ich habe sie immer gekannt, auch wenn ich nichts von ihr wußte, ihr Alter, ihre Religion, ihr Name waren tote Worte, leere Chiffren. Sie saß vor mir, wurde plötzlich ernst und hob mit den Händen ihr Haar aus dem Nacken; für mich war sie das Leben, die Kraft, die Freude, das Vertrauen. Seit ich ihr gegenübergetreten war, war ich wieder ein Baum in vollem Saft. Ich begann zu reden, Gelächter unterbrach mich immer wieder. Die Zeit verstrich.

»Und was ist mit deinem Brief?« fragte Margaret schließlich.

»Dina wird mitkommen. Ich werde ihn ihr zeigen.«

Sie stand auf. »Ich kann ganz gut gehen.«

Sie hielt sich an meiner Schulter fest. Es schneite noch immer. Ich liebte ihre Schwere an meiner Seite, ihre Haut, sie gehörte zu mir von allem Anfang an.

»Wir haben es gar nicht eilig«, sagte ich. Die Zeit war nicht mehr wichtig. New Yorks Straßen waren leer. Die Reifen wühlten den Dreck auf. Ich redete ohne Hemmungen, ihr konnte ich alles sagen, meine Stimme fand Halt in ihr. Ab und zu unterbrach sie mich, stellte mir eine genaue Frage, sagte zwei, drei Worte, die in mir wieder eine Schleuse auftaten.

Wir parkten in der Third Avenue vor meinem Haus, und ich redete immer noch. Der Schnee überdeckte nach und nach die Windschutzscheibe und schloß uns ein. Ich erzählte ihr vom Getto, von den Wäldern, von den Gruben, dann von meinem Vater, von Zofia, Riwka, von meinem ganzen Volk; ich erzählte ihr von meinem Traum, meiner Burg. Dann sprach sie, von ihrer Scheidung, ihrem Mann, einem ehemaligen Konzentrationslagerhäftling, von ihrer zerstreuten Familie in Holland, Australien, Afrika. Sie war Protestantin.

»Es ist sehr spät geworden«, sagte sie schließlich.

Sie mußte nach Hause. Ich stieg aus und wischte den Schnee von der Windschutzscheibe. Wir sprachen immer noch, dann fuhr ich langsam durch die Straßen. Sie wohnte in Manhattan. Ich brachte sie an die Tür. Wir hielten uns lange umschlungen. Sie mußte nach Holland fliegen, ich nach Deutschland. Ich kritzelte meine Adresse auf ein Stück Papier.

»Und Ihr Brief?«

»Was ist schon Porzellan...«

Wir lachten wieder zusammen. Dann verstummten wir. Autos fuhren langsam vorbei, ihre Scheinwerfer wischten in regelmäßigen Abständen über uns hinweg. Ich lauschte auf ihren Atem, mir schien, als hörte ich ihren Herzschlag.

»Mein Schlüssel, falls Sie während meiner Abwesenheit hingehen und sich die Sachen ansehen möchten.« Alles verlieren oder alles gewinnen.

Ich reichte ihr meine Adresse und die Schlüssel. Sie zögerte, dann schob sie sie in ihre Handtasche. Das Stück Papier zerriß sie. »Die Adresse brauche ich nicht. Ich habe ein gutes Gedächtnis.«

Wir wußten nicht, wie und wozu wir uns trennen sollten.

»Mit einem Mann wie Sie möchte ich gern Kinder haben«, sagte sie plötzlich. Sie zwinkerte mir zu und humpelte ins Haus.

Sie war das Leben.

Die Tage wurden immer länger, ich fieberte. Die Stunden wollten kein Ende nehmen. Ich konnte nicht mehr schreiben, ich wollte nicht mehr telefonieren. Ich war in Paris, in Berlin, in Moschendorf und in Hof. Ich bekam meine Modelle zurück, sprach mit dem Direktor, löste unseren Vertrag, gab neue Aufträge. Ich war zu einem Doppelwesen geworden: ein Teil von mir ging durch die Straßen von Moschendorf, kaufte Lüster in Paris, der andere war dort drüben bei ihr, in der Third Avenue und in Manhattan. Alles verlieren oder alles gewinnen.

Vielleicht war ich doch quitt, vielleicht waren die vergangenen Monate die letzte Prüfung, wie damals im Lager von Zambrow, als ich meine Bemühungen, den Zaun zu überwinden, schon aufgeben wollte und plötzlich die Planken unter den Händen spürte, an denen ich mich hochziehen konnte. Das letzte Hindernis vor dem Wald.

Am Abend vor meiner Abreise aus Paris schickte ich ihr an meine Adresse ein Telegramm nur mit ihrem Vornamen, denn ich wußte ihren Nachnamen nicht. In Idlewild Airport erfolgte die gewohnte Prozedur der Durchsuchung, ich ließ sie unter Scherzen geschehen, dann stieg ich in ein Taxi.

Es war Nacht. Das Geschäft war geschlossen. Vor der Tür holte ich meinen Schlüsselbund hervor, nahm die Schlüssel zu meiner

Wohnung ab und warf sie weit weg auf die leere Straße. Alles verlieren oder alles gewinnen.

Nichts rührte sich im Treppenflur. Keine Musik, kein Lichtstrahl. Ich klopfte.

Sie stand vor mir, mein Leben. Sie lächelte mich an. Dann kniff sie ein Auge zu. Hinter ihr sah ich neue Möbel stehen.

»Ich habe mich hier eingerichtet«, sagte sie. »Du hast mir die Schlüssel gegeben, und ich mag Uptown gar nicht.«

Ich trat ein. Es roch angenehm und warm. Ich hatte ein Heim. Ich war nicht mehr allein.

Vierter Teil
Das Glück und das Schicksal

Endlich Frieden,
endlich Freude

Zwanzig Jahre lang war ich gerannt, um einen Sack Getreide zu bekommen, um mein Leben zu retten, die Meinen zu rächen, von Stockwerk zu Stockwerk in der Bronx, um meine Schals und Taschentücher zu verkaufen, von New York nach Paris, von Berlin nach London, um Dollars zu verdienen. Mir schien, mein Leben sei eine lange, abschüssige Straße gewesen: die Geschwindigkeit wuchs, die Kurven wurden immer jäher, ich konnte nicht bremsen und wollte es nicht, ich raste immer rascher dahin, mein Leben entglitt mir. Manchmal mußte ich gegen das Verlangen ankämpfen, die Straße zu verlassen, zu zerschellen, die Hetzjagd zu beenden, bei der ich nach jeder Kurve die weite, ruhige Ebene zu sehen erwartete, während nur wieder ein neuer und steilerer Abhang, neue Kurven vor mir lagen. Doch dann, als ich vielleicht wirklich Gefahr lief, mich selbst zu verlieren, traf ich Dina.

Sie war für mich wie ein Strom: weit, friedlich, gewaltig und ruhig. Sie lehrte mich das Leben, sie war mein Leben. Ich wurde es nicht müde, ihr zuzuschauen und zuzuhören, wie sie ein Gemälde auswählte, laut Verse von Rilke und Rimbaud las, eine Platte auflegte, mich beim Arm nahm und flüsterte: »Hör zu, schließ die Augen und höre die Musik.«

Ich hatte eine gemarterte und unharmonische, gewalttätige und vergewaltigte Welt erfahren. Ich war die Wette eingegangen, daß es ein anderes Leben geben müsse, das der wahren Menschen. Nun entdeckte ich dieses Leben. Ich war durch die Jahre gegangen, hatte die Tage, die Monate wie Steine voll Wut von mir geschleudert. Jetzt gab es Morgen, den Duft von Toast und frischem Kaffee, wenn sie aufstand. Sie ging an meinem Bett vorbei, sie war schön, und ich konnte sie ohne Angst in meine Arme schließen, der Krieg bedrohte sie nicht. Treblinka wartete nicht auf sie. Ich konnte sie nicht an mir vorübergehen lassen, ohne sie zu fassen, denn in ihr faßte ich das Leben, versicherte mich, daß sie geschmeidig, schön und lebendig bei mir war. Nun gab es Tage und Nächte, in denen sich ihr Leben für mich öffnete.

Sie sprach, und meine Augen folgten der Bewegung ihrer Lippen, ich sprach durch sie, ich war sie. Auch sie hatte ihr Teil Unglück erlebt: einen Mann, den ehemaligen KZ-Häftling, mit dem sie sich nicht verstand und um dessentwillen sie Holland verlassen hatte, schließlich die Scheidung nach langer Entfremdung, die Einsamkeit in ihrem Beruf als Mannequin, die Sehnsucht nach Europa, nach einem einfachen ruhigen Leben, nach Büchern, Musik, Kindern und Bäumen. Auch sie träumte von einer Burg.

Das Telefon klingelte, ich ließ es weiterklingeln.

»Ich will dich ganz für mich haben«, sagte sie. »Du hast doch wirklich genug Geld. Lösen wir hier alles auf und gehen wir weg!«

Ich barg mich in ihren Armen, sie verkroch sich in den meinen, ich war ihr Vater, sie meine Mutter, wir waren Bruder und Schwester, meine Schulter war für ihren Kopf gemacht, ihr ganzer Körper war für den meinen bestimmt. Wenn ich mich neben sie legte und ihre Haut berührte, verspürte ich den Wunsch zu rufen: »Endlich! Endlich!« Sie schenkte mir den Frieden und das Leben. Ich wurde wiedergeboren.

Alles fand nun seine Ordnung, das Leben bekam einen Sinn. Ich hatte recht gehabt zu kämpfen, hartnäckig den Tod zurückzuweisen, zu glauben, daß eines Tages auch für mich die Zeit des Friedens kommen würde. Diese Zeit war spät gekommen, als ich beinahe nicht mehr darauf hoffte, als meine Großmutter sich nicht mehr über mein Glück freuen konnte. Aber nun war Dina bei mir, ich konnte sie sehen, sie hören, sie berühren, sie lieben. Sie war für mich der sanfte, freudvolle Friede, ich lachte an ihrer Seite, mein Körper war mit ihr voll Ruhe und Gelassenheit.

Mit ihr entdeckte ich eine völlig neue Welt: Ich lernte die Bücher kennen, diese geschriebenen Stimmen, die für den Menschen singen. Ich entdeckte die Musik. Ich lernte Dinas Freunde kennen, George Grosz, Rudolph Jacobi, viele Berliner Intellektuelle, die wie Brecht aus Nazideutschland geflohen waren und jetzt in der Umgebung von Huntington lebten. Ich beobachtete sie und machte mich mit einem neuen Gesicht des Menschen vertraut. Für sie bestand die Welt nicht aus Macht und Geld, sie schufen Ideen, sie lebten von Ideen. Dina setzte sich neben Jacobi, sie gehörte zu diesem Kreis, sie redete über Bach, kommentierte Jacobis Bilder.

Ich hörte zu, sie übersprudelte von Worten, Gedanken, Gelächter. »Dina Champagne«, sagte Jacobi über sie und zwinkerte mir dabei zu. Sie war das Leben.

Wir entschlossen uns, ohne Zeremoniell zu heiraten. Hochzeit feierten wir ohnehin jeden Tag. Ich rief meinen Onkel an, Dina sprach mit Margaret. Wir gingen langsam durch den City Hall Park und warteten auf sie. Die Rasenflächen waren schneebedeckt, die Bäume glitzerten. Wir hielten uns umschlungen.

»Erinnerst du dich an den ersten Abend, Martin? Ich habe von Kindern gesprochen. Mit dir werde ich lauter kleine eigensinnige Martins haben, wie du.« Und wir würden Mädchen haben, die Dina ähnlich wären.

Eine halbe Stunde später waren wir verheiratet und fuhren in das Geschäft in der Third Avenue zurück.

Bevor es Dina gab, war ich ein Einzelgänger gewesen, hatte niemandem als mir selbst vertraut. Ich hatte in einer Zeit leben müssen, in der es den Tod bedeutete, wenn man sich in einem Gesicht täuschte. Ich mochte nicht anderen etwas schuldig sein, gemeinsam mit ihnen vorgehen. Sogar in den polnischen Wäldern hatte ich oft allein gekämpft, später, als ich zur Roten Armee gehörte, hatte ich meinen Privatkrieg geführt. Mit Dina teilte ich alles, denn sie war ich. Unsere letzten Geschäfte schlossen wir gemeinsam ab: sie entwarf Zeichnungen für Lüster, die sich die Liebhaber in ganz Amerika aus den Händen rissen: sie konnte seltene Stücke erkennen, sie ließ Schönheit aufblühen. Mit ihr zusammen hätte ich meine Geschäfte endlos weiterentwickeln können.

»Aber wozu, Martin? Da wir doch genug haben? Wozu?«

Natürlich, wozu, jetzt da ich Dina kannte? Geld war für mich immer nur ein Mittel gewesen. Nach und nach machte ich mich von meinen Verträgen, Geschäftsverbindungen frei und bereitete unseren Rückzug vor. Niemand um uns herum begriff. Wolker, mein Konkurrent, glaubte an raffinierte Manöver.

»Das ist unmöglich«, sagte er immer wieder zu Margaret, »kein Mensch setzt sich mit fünfunddreißig, mit solchen Trümpfen, wie er sie in der Hand hält, zur Ruhe. Da muß irgend was anderes dahinterstecken.«

Was dahinter steckte, war das Glück.

Wir machten eine letzte Geschäftsreise nach Frankreich. An

Dinas Seite wurde Paris eine völlig andere Stadt für mich, sie war leuchtend, voller Sonne. Wir nahmen Zimmer in einem Hotel am Boulevard Saint-Michel. Dort lebte die Jugend, und wir waren jung. Dina lehnte den Luxus ab, sie mochte die Männer und Frauen nicht, die sich mit Gold, Manieren und Überheblichkeit panzerten. Wir hielten uns bei den Händen, sie zog mich vor Schaufenster, stieß kleine Freudenschreie aus, und ich hob sie in die Höhe. Auch in Paris regelte ich meine Geschäfte, machte Verträge, die ausreichende Einkünfte für später sichern sollten.

Dann fuhren wir nach dem Süden. Dina träumte von Sonne und Meer. Ich liebte das französische Land, diese maßvolle, regelmäßige Landschaft, die Wälder, die Geometrie der Felder, das Schachbrett der Farben. Die hinter ihre Wälle geduckten Städte gefielen uns, der langsame Schritt alter Frauen auf den gepflasterten Straßen, die Bauern mit ihren roten Gesichtern, die moosbedeckten Brunnen, die Bildwerke über den Türen, der vom Menschen abgenutzte Stein. Wir saßen unter Platanen und versuchten, die Gründe für ein plötzliches Lachen, für plötzliches Stimmengewirr zu verstehen, doch die sechs Französischstunden, die wir in der *Alliance française* auf dem Boulevard Raspail genommen hatten, reichten dafür nicht aus, wir liebten diese Stimmen dennoch, wir liebten dieses Land.

Hinter Aix-en-Provence begann die Sonne zu schwelgen, die fast dunkelblaue Barriere der Berge schloß lavendelbewachsene Ebenen ab, dann kamen die roten Felsen des Esterel.

»Hier, Martin, hier!« sagte Dina immer wieder.

Wir blieben in Nizza in einem kleinen Hotel. Jeden Morgen brachen wir auf, fuhren die Küste entlang oder die Hügel hinauf. Dina lachte und sang. Das aufgelöste Haar umfloß ihr Gesicht, sie streckte sich im Wagen aus.

»Ich trinke die Sonne«, sagte sie. »Ich lebe, ich lebe!«

Auch ich lebte. Wir fuhren langsam, streunten durch die Landschaft und durch unsere Träume. Manchmal überfiel mich blitzartig der Gedanke, dies alles sei nicht wahr, der Eisenring werde sich wieder um mich schließen, ich werde in die Grube stürzen und die Augen öffnen, wenn der gelbe Sand auf mich herunterfiel.

Doch dann hörte ich Dinas Stimme, sie legte mir den Arm um die Schultern. »Wir finden es bestimmt«, sagte sie. »Es wird ein Haus sein wie eine Burg, fast ein Schloß, stolz, edel, doch schlicht, es wird für sich allein stehen. Mit viel Platz darum, mit Bäumen, mit frischer Luft und Sonne.«

Ich mußte lachen. Sie schenkte Leben mit ihrer ruhigen Zuversicht auf ein mögliches und wirkliches Glück. Wir besichtigten Dutzende und Aberdutzende von Villen und provenzalischen Bauernhöfen.

Dina zögerte nie: »Nein, das ist es nicht«, sagte sie. »Ich weiß genau, was wir wollen.«

Eines Morgens verließen wir die Nationalstraße 7 hinter Cannes und fuhren nach Mandelieu. Über der Ebene erhob sich ein ungeschlachtes Felsmassiv wie ein gelber Fleck über die Landschaft: der Tanneron. Wir stiegen unter Mimosen langsam empor. Vor uns öffneten sich nach und nach die schimmernde Fläche des Meers, die Küstenlinie, die Inseln in der Ferne wie dunkle Felsriffe.

»Wie schön ist das«, sagte Dina immer wieder, »wie groß.«

Wir hielten an, gingen am Rand der schmalen Straße weiter. Unter uns erstreckte sich, nur ein paar Minuten weit entfernt, das Meer. Hier gab es Berge, hatten wir Pinien und Wald, und da und dort grüngelbe Flächen, Felder, Mimosen.

Plötzlich sahen wir auf einer flachen Strecke das Haus! Fest in der Erde verwurzelt, niedrig und stark, gedrungen wie eine Festung, großzügig und kraftvoll. Dina drückte ihre Finger in meinen Arm: »Das ist es«, sagte sie, »das ist es.«

Und es konnte nur dieses Haus sein, das abseits unter Bäumen lag, ein altes Haus, in dem das Leben seit langem seine Spuren hinterlassen hatte, dort zwischen Meer, Erde und dem unendlichen Himmel.

»Wir müssen schnell erfahren, wem es gehört«, sagte Dina.

Wir fuhren nach Cannes hinunter. Ich kannte dort einen Antiquitätenhändler, der uns Auskunft gab. Das Gut Les Barons hätte schon lange verkauft werden sollen, doch es gehörte sechs Personen, Schwierigkeiten waren aufgetaucht.

»Und ist es noch immer...«, fragte Dina. Zum erstenmal spürte ich, daß sie Angst hatte.

Doch das Gut Les Barons war noch immer zu kaufen. Also begann ich wieder zu rennen: Alles verlieren oder alles gewinnen, wir mußten dieses Gut besitzen, und würden es besitzen. Ich eilte von einem Eigentümer zum anderen, rang ihnen nacheinander das

Verkaufsversprechen ab, besiegelte die Übereinkunft mit einem Glas Wein. Dina war immer bei mir, sie küßte mich.

»Wir schaffen es, Martin, ich bin ganz sicher. Das wird unser Haus sein, ich weiß es.«

Wir sprachen noch nicht einmal französisch, dennoch haben wir an diesem Tag mit den Eigentümern verhandelt und Les Barons gekauft. Unser Haus, unser Schicksal. Am Abend fuhren wir noch einmal hinauf, um es zu betrachten. Wir schritten zum erstenmal über den Boden, auf dem wir leben, betraten zum erstenmal die Räume mit den dicken Mauern, die uns aufnehmen würden.

»Unsere Burg, Martin, wir sind zu Hause!«

Dina lief durch die kleinen Zimmer, sie redete, redete, die Mauern fielen, das hier würde ein großer Raum mit einem Kamin, dort käme eine Treppe hin, dort ein anderes Zimmer.

»Ein Musikzimmer, Martin.«

Ich zog sie an mich, in ihrem Traum sah ich meinen Traum.

»Ich werde malen«, sagte sie, »das Haus einrichten, und du wirst dich um die Bäume, die Pflanzen kümmern.«

Ich hob sie in die Höhe, hielt sie fest in meinen Armen, durch das zerlöcherte Dach sah ich den Himmel.

»Wir werden leben, Martin, endlich leben!«

»Es fehlen die Kinder«, sagte ich.

»Sei unbesorgt, Les Barons wird voll von kleinen Martins sein.«

Und doch war ich besorgt. Ich wollte Kinder haben: sie sollten für alle meine Lieben leben, für das Lächeln meiner Mutter und Mamas, die Stärke meines Vaters. Ich sehnte mich nach Kindern, die ihnen glichen, in denen ich Dina und alle meine Lieben wiederfinden, durch die ich zwischen meinen Toten, Dina, mir und der Zukunft ein Band knüpfen konnte.

Wir blieben noch ein paar Tage an der Côte. Jeden Morgen fuhren wir nach Les Barons hinauf, träumten, entdeckten den wechselnden Himmel, die Luft mit dem Geruch des Meeres oder der Pinien, den wilden Atem des heißen und trockenen Mistrals, die eisigen Windstöße aus dem Hinterland. Wir liebten diese Mauern, diese Erde. Dina war unermüdlich, sie traf sich mit Bauern, fand einen Maurer, zeichnete Pläne.

Zunächst aber mußten wir nach New York zurück: so leicht kann man sein Leben nicht ändern. Ich mußte all die Jahre vorbereiten, die wir in Les Barons verbringen wollten.

In New York gingen Dina und ich zu Dr. Kugel.

»Kinder«, sagte er, »nicht unmöglich, gar nicht, aber wir werden eine Behandlung, vielleicht sogar eine Operation machen müssen.«

Dina war optimistisch. Aber ich wollte nicht, daß man sie operiert.

Eines Abends kam Margaret mit Kunden zu Besuch. Als sie das Geschäft in der Third Avenue betraten, starrten Dina und ich das Mädchen an, das sie begleitete. Groß für ihr Alter, brünett, es schien unmöglich, daß das plumpe ältliche Bürgerpaar die Eltern sein sollten. Zweifellos ein adoptiertes Kind. Doch Dina wollte alles über die Leute erfahren.

Sie telefonierte mit Margaret und fand heraus, daß sie dreizehn Jahre lang auf dieses Kind gewartet und dann eines Tages von einem Dr. Gross gehört hatten. Er behandelte mit Fastenkuren, durch eine ausschließlich vegetarische Diät.

»Na also«, sagte Dina.

Ich war Stammgast in *Manny's Wolfe Steak House*, pflegte im *P. J. Clark Saloon*, einem berühmten Restaurant der Third Avenue, meine »Hamburgers« zu verschlingen, ich hatte mich von Wodka ernährt, sogar Industriealkohol aus der Parfümfabrik getrunken, aß mit Vorliebe halb durchgebratenes Fleisch. In einigen wenigen Tagen änderte sich das alles. Dina schleppte mich zu Vorträgen, morgens las sie mir laut aus Büchern von Naturaposteln und Vegetariern vor.

»Die Natur, Martin. Laß uns ein natürliches Leben führen.«

Wir hörten auf zu rauchen. Doch wir waren voller Freude, berauscht von unserer Einheit, unserer Einigkeit. Wir bauten uns ein eigenes Leben, entdeckten es gemeinsam und gaben in unserer Zuversicht die schalen Vergnügungen unserer einsamen Tage ohne weiteres auf. Wir aßen kein Fleisch mehr, verwendeten kein Salz mehr, ernährten uns von Nüssen, Grapefruits und Bananen.

»Es geht mir großartig, Martin, ich fühle mich ganz leicht.«

Einer durch den anderen wurden wir wiedergeboren. Dina unterzog sich in der Klinik von Dr. Gross einer fünfzehntägigen Fastenkur. Ich blieb bei ihr, reichte ihr das Glas Grapefruitsaft, überwachte ihren Schlaf, sah, wie sie sich verjüngte. Einen Monat später war sie schwanger.

»Siehst du«, sagte sie. »Man muß nur Vertrauen haben. Ich glaube an die Natur.«

Sie lag weich in meinen Armen, ihre Haut war so glatt. Ich küßte sie, streichelte ihren Leib, dort lag das Leben, ihr und mein Leben.

Auch ich wollte und mußte mich reinigen, ein anderer werden. Dr. Gross verlangte, ich müsse schlafen, aber wie sollte mir das gelingen, da mein Geist noch nie so lebhaft gewesen war, so rasch funktioniert hatte wie jetzt. Ich begriff den Sinn der Dinge, ich sah unser Leben in Les Barons vor mir, die Sonne, um uns Kinder, die zu wahren Menschen heranwachsen würden.

Achtunddreißig Tage Fastenkur. Meine Geschäftspartner bestürmten Dr. Gross und Dina mit Telefonanrufen: »Halten Sie ihn doch zurück«, sagten sie, »er bringt sich ja um!«

Doch im Gegenteil, ich wurde neugeboren. Ich ließ den Staub des Gettos hinter mir, befreite mich vom gelben Sand, dem Angstschweiß von Treblinka, ich warf den Schmutz der polnischen Wälder von mir und das gestockte Blut, das an meinen Händen klebte, schüttelte Schlacken und Tod ab. Ich hatte siebzehn Kilo abgenommen. Noch nie hatte ich mich so jung gefühlt und meine so oft geschlagenen, so oft gefolterten Knochen und Muskeln besaßen eine ganz neue Kraft und Geschmeidigkeit.

»Du bist ganz mager«, sagte Dina, »so richtig neu.«

Wir waren neu, füreinander, durcheinander.

Nicole kam am 27. November 1960 zur Welt. Wir hatten diesen Namen gewählt, weil wir an Les Barons, an Frankreich dachten, wo sie leben würde. Wir hatten gewollt, daß sie ohne fremde Hilfe zu Hause geboren werde, doch in New York war das unmöglich. Später, wenn unsere anderen Kinder kämen, wollten wir dabei in unserem Haus ganz allein sein, denn die Geburt ist die einfachste und wunderbarste Handlung des Lebens.

Ich sah Nicole nicht zur Welt kommen, sondern wartete im großen Saal des *Doctor's Hospital* in Manhattan. Hedy und Felix Glückselig, die bedeutenden Wiener Antiquitätenhändler, mit denen Dina mich bekannt gemacht hatte, saßen neben mir und neckten mich: »Du bist wie alle Ehemänner«, sagte Hedy.

Sie nahm meine Hände, versuchte mich zu beruhigen. Aber sie wußte nur zu gut, daß diese Geburt für mich sehr viel mehr bedeutete als die Geburt eines Kindes für irgendeinen anderen Vater. Durch dieses Kind würden die Meinen wiederaufleben. In ihrer aller Namen hoffte ich auf dieses Leben. Schließlich trat eine Schwester zu mir, sie strahlte: »Ein Mädchen«, sagte sie.

Danke, Dina, um der Meinen willen und um meinetwillen.

Ich ging hinter der Schwester her, wiederholte immer wieder das Wort Nicole, den Namen dieses neuen Lebens und den anderen Vornamen, Ida, den wir gewählt hatten, damit durch unser erstes Kind meine Mutter wieder lebe.

Dann sah ich Nicole, dieses Leben, das nun den Menschen übergeben war, dieses Körperchen, das nur mit Dinas und meiner Hilfe größer werden würde. Ich konnte nicht aus dem Zimmer gehen, konnte nicht aufhören, Dina und Nicole anzusehen. Sie waren mein Fleisch, und durch Nicole waren alle die Leben, Mutter, Zofia, Riwka, Mama, ihr alle, endlich gerettet. Danke, Dina!

Es kamen Tage voller Betriebsamkeit und Freude, es gab so viel zu tun, um dieses neue Leben zu schützen. Die Welt hätte verändert werden müssen, und wenn ich es vermocht hätte, hätte ich es unternommen. Aber ich konnte für Nicole nur meine Burg dort drüben in Les Barons bereit machen.

Nach einer Woche bestellte mich der Chefarzt des *Doctor's Hospital* zu sich. Er schüttelte bedenklich den Kopf.

»Ihre Frau wird heute entlassen. Sie müssen sie dazu bewegen, Fleisch zu essen, sonst wird ihr Kind nicht überleben.«

Ich beruhigte den Arzt. Dina wußte, was sie tat, Dina hatte recht, und Nicole kam von zu weit her, sie war nicht in Gefahr. Dina ernährte sich weiter von Grapefruits und Nüssen, und unser Kind war so schön und drall und lebendig, als sei es ein Teil von Dina, der an ihrer Brust lag.

Ich hatte nicht umsonst überlebt.

Hier ist euer Zeuge, ihr meine Lieben alle, hier ist euer Wunder, ihr, die ihr untergegangen seid. Hier ist das Leben!

Und ich nahm dieses neue Leben
in meine Hände

Wir fuhren nach Les Barons zurück. Wilde Mimosen wucherten auf unserem Land, sie wuchsen bis an die Mauer des Hauses. Ich begann, die Wege freizulegen. Dina trug Nicole von Raum zu Raum. Ich stutzte Bäume und grub die Erde um. Mein Traum lag in meinen Händen, er lag vor mir in dieser Erde, in meiner Burg, und alle meine Lieben sangen und schrien und lachten.

Der Maurer André, ein junger Italiener, begann mit seiner Arbeit. Er legte Innenmauern nieder, setzte ein neues Dach: wir wollten ein Haus haben, das völlig zu dieser Erde gehörte, aus der es gewachsen war. Wir schliefen in Zimmern, aus denen uns der Maurer an jedem Morgen vertrieb. Ich schnitt Holz, befreite einen weiteren Teil unseres Besitzes von Gestrüpp.

Ich stellte einige Männer ein, die mit der Erde umzugehen wußten, dann mietete ich eine Planierraupe, wir ebneten das Gelände ein, verschoben Erdreich, nivellierten die Beete. Der Motor keuchte, aber hier bedeutete sein Knattern und Dröhnen das Leben.

Wir legten einen Obstgarten und Gemüsebeete an, die uns unsere einzige Nahrung frisch und rein liefern sollten. Ich pflanzte meine ersten Pfirsichbäume, entdeckte in einem Winkel des Besitzes eine Quelle. Wir setzten uns alle drei daneben, ich schaute Nicole und Dina an, ja, sie waren wirklich, dieser unser Boden war wirklich, und das Hämmern, das man hörte, kam vom Maurer André, der in unserer Burg arbeitete.

Vom frühen Morgen bis in die Nacht verfolgten wir den Fortschritt der Arbeiten, beobachteten wir die Verwandlungen des Himmels, unsere Blicke verloren sich in der Weite des Horizonts, dieses Raumes, der uns umgab.

Wir lernten die Gesichter der Bauern von Tanneron kennen, es waren genaue, behutsame, ruhige Menschen. Sie gehörten hierher, zum Meer und zu den Bergen. Die große Stadt, das reiche, üppige

Cannes, lag handgreiflich vor ihren Augen. Sie aber blieben auf ihrer Erde, über dem Lärm, dem Spektakel. Und wir lebten wie sie.

Mit Dina und Nicole gingen wir auf der Landstraße bis ins Dorf hinunter. Wir waren die »Amerikaner«, aber Dina entwaffnete sie alle, sie war das Leben, war »Dina Champagne«, brachte die Menschen zum Lachen, sie lachte, sie lebte. Wenn ich die Hand auf ihre Schulter legte, sie Nicole an mich, an sich drückte, entdeckte ich in den Blicken der Bauern von Tanneron Freundschaft zu uns.

»Siehst du, hier sollten wir leben«, sagte Dina.

Ja, hier wollten wir leben. Hier lag unsere Burg, hier war unser Schicksal. Wenn wir am Morgen in dem Zimmer erwachten, in dem wir uns vorläufig eingerichtet hatten, horchten wir auf Nicole, die dicht bei uns schlief, und blieben lange unbeweglich Seite an Seite liegen, betrachteten unsere Tochter, unser Leben.

Manchmal flüsterte Dina, ehe sie aufstand: »Sprich mit mir, ich will wissen, ich will alles von dir wissen.«

Dann zwang ich aus meiner Erinnerung die barbarische Urzeit hervor, die ich durchquert hatte. Ich redete, und sie lagen neben mir, ich hatte die Henker besiegt, mein Volk lebte weiter: durch sie, durch dieses gesunde kleine Mädchen, durch uns, durch meine Familie.

»Jeden Tag kenne ich dich ein wenig genauer«, sagte Dina, »jeden Tag liebe ich dich mehr und besser.«

Nach und nach wurde unsere Festung Wirklichkeit, wir sahen den großen Wohnraum und den riesigen Kamin wachsen, wir sahen die breiten Glasfenster, die Dina entworfen hatte. Der Tischler hängte die Türen aus altem Eichenholz ein, aber ich wollte nicht zu viele Türen haben, ich wollte ein offenes Haus, in dem unsere Stimmen und die Musik von Raum zu Raum wandern konnten, das nur von Mauern und Außentüren umschlossen war. Wir sahen die Treppen emporwachsen, den hohen konischen Kamin im Musikzimmer, das bis unters Dach reichte. Auf Dinas Wunsch war die Decke entfernt worden.

»Hier soll die Kunst regieren«, sagte sie, »edel und groß wie in einem Schloß oder einem Tempel. Hier werden wir die Großen der Musik hören.«

Wir gingen mit dem Maurer in die kleineren Zimmer im ersten

Stock. Dina war gleichzeitig überall: »Wir müssen die Kinder unterbringen können, wenn sie wollen, später, wenn sie verheiratet sind.«

Ein Raum war schon darauf vorbereitet, zu einer eigenen Küche für die Kinder umgebaut zu werden. Der Maurer, die Arbeiter hörten auf Dina, sie lachten mit ihr. »Sie weiß, was sie will, diese Madame Gray, sie kriegt alles richtig hin.«

Ich schaute Dina an, ich konnte nicht aufhören, sie zu betrachten, ich liebte ihre Gebärden, ihre Stimme, die Bewegung ihrer Lippen, die Geste, mit der sie das Haar aus dem Nacken strich. Sie war das Leben, sie war stark und gesund, ging barfuß, wusch sich an der Quelle, sie war schön ohne Schminke, echt wie ein Baum.

Als der Sommer zu Ende ging, flogen wir in die USA zurück. Wir mußten es tun: Les Barons war noch nicht gänzlich bewohnbar, außerdem mußte ich meine letzten Unternehmungen liquidieren, unsere Zukunft organisieren, investieren, planen. Doch vom ersten Tag an bedrückte uns New York: wir waren nicht mehr Bewohner dieser riesigen, fiebernden Stadt, konnten uns nicht mehr trennen. Wir konnten nur noch miteinander leben in unserem Frieden, unter unserem Himmel, in unserer Burg, hinter Nicole herlaufen, die die ersten Gehversuche unternahm, über ihr Hinpurzeln lachen. Ich konnte nichts anderes mehr als Bäume pflanzen, Gemüse und Früchte ernten. Und wir konnten nicht mehr wie die anderen essen und leben. Wir hatten unser eigenes Leben begründet.

Die Monate in New York wurden uns lang. Oft fuhren wir in die Wälder, nach Fallsburg und Lakewood in New Jersey. Aber es waren nicht unsere Bäume. Wir waren voll Sehnsucht nach Les Barons, nach der Weite, den Mimosen und dem Meer.

Dina sagte mir, sie sei wieder schwanger. Sie fügte hinzu: »Es muß drüben zur Welt kommen, in unserm Haus.«

Es war Frühling, als wir zurückfuhren. Das Grün der Bäume und Sträucher war hell und zart; die Straße wand sich zwischen Mimosen aufwärts. Wir schwiegen, wir saugten Leben aus der Luft, der Stille, dem Himmel, der mit dem Meer verschmolz. Hinter der Biegung sahen wir Les Barons zwischen Bäumen. Ich hielt an: vor uns stand unsere Burg mit dem blassen Ziegeldach, die Steine der Mauern leuchteten weiß in der Sonne.

»Hier wird es zur Welt kommen.«

Dina ergriff meine Hand und legte sie auf ihren Leib. »Ich will, daß du es machst, du allein, in unserem Haus.«

Wir richteten uns im ersten Stock ein. Nicole war immer in unserer Nähe. Wir lasen einige Bücher über Entbindung, entschieden, daß es besser war, bei diesem ersten Kind, dessen Geburt ich sehen, dem ich auf die Welt helfen würde, eine Hebamme beizuziehen.

Dina arbeitete bis zum letzten Augenblick, schob Möbel herum, gab den Fliesenlegern Ratschläge, inspizierte die Küche. Bei den Arbeitern war sie bereits zur Legende geworden, es war, als sei sie schon immer ein Teil dieser Landschaft gewesen. Dina, die Tochter der Bäume, die sich nur von Früchten und Gemüse ernährt.

Der Maurer schaute zu, wie sie in einer Holzschüssel Salate bereitete. Er wärmte sich sein Ragout auf. »Das ist unmöglich«, sagte er, »niemals Fleisch?«

»Aber dieses Fleisch ist doch etwas Totes, dafür muß man Tiere töten.«

Er verstand, glaubte es nicht.

Eines Abends kam die Hebamme, wir stiegen ins Schlafzimmer hinauf, Dina legte sich aufs Bett.

»Ich will, daß es mein Mann macht«, sagte sie, »er allein.«

Und ich empfing dieses neue zuckende Leben mit meinen Händen, ich spürte den aufsteigenden Lebensschrei. Ich schaute in dieses neue Gesicht, das aus den Gesichtern der Meinen, aller Meinen entstanden war. Es gab keinen Tod und Tote mehr, nie hatte man Gruben in den gelben Sand gegraben.

Am 18. Mai 1963 nahm ich dieses neue Leben in meine Hände.

Suzanne hatte mit ihrer Geburt noch mehr Glück in unsere Burg gebracht. Und das Glück nahm kein Ende: es gab die rosige und violette Morgendämmerung, die Gespräche mit Dina im Schweigen unseres Hauses, ihre flüsternde Stimme, unsere Körper wie ein einziger Leib; es gab das Warten auf die Rufe der Kinder, Suzanne, die nach der Mutterbrust verlangte, Nicole, die mit nackten Füßen heranplatschte, sich zu uns ins Bett drängte, wir waren ein Leib und vier Herzen, die dicht beieinander schlugen. Es gab das Früchtefrühstück am Morgen, die Kühle, die frische Luft, die Bäume. Nicole, die ihre Hand in die meine gelegt hatte und ernsthaft die Bäume inspizierte. Es gab die Musik der Großen, die ich entdeckt hatte und die wir mit unseren Stimmen begleiteten. Ich hatte

Lautsprecher im Garten angebracht, die Musik verschmolz mit dem Wind. Es gab die brennende Sonne am Mittag, eine Explosion von Kraft und Lust, die großen Schüsseln voll roher Salate, Nicole, die gierig in die rote Wassermelone biß, dann das Meer, Nicole auf meinen Schultern, Suzanne in meinen Armen, Suzanne, die ich ins Wasser tauchte, die vor Freude jauchzte, die Heimkehr in unsere Stille, zu unserem dunkelblauen Himmel, die Sternenbahnen, Nicole, die an der Seite ihrer Mutter spielte, wer die erste Sternschnuppe sah, die zu uns herunterfiel und im Meer versank. Es gab das Feuer im Kamin, Kartoffeln, die wir in der Asche rösteten, wie damals in Polens Wäldern. Musik wie immer, Nicole, die ich schlafend in ihr Bett trug, völlig hingegeben in meinen Armen, ihre Ärmchen um meinen Hals geschlungen, dann die Kühle der Nacht, unsere Körper, die miteinander und füreinander lebendig wurden.

Alle Tage glichen einander und waren dennoch anders. Dina richtete das Haus ein, schmückte es aus, schuf aus den gleichen Salaten, den gleichen Früchten immer neue Gerichte. Ich hörte sie mit Madame Lorenzelli sprechen, die uns im Haus half. Dina versuchte, sie von Fett und Fleisch abzubringen.

»Ich kann es nicht, Madame Gray, ich kann es einfach nicht. Sie sind anders, Sie wissen alles. Wenn Sie sich zu etwas entschließen, dann können Sie es, aber ich.«

Die Kinder klammerten sich an ihren Rock und riefen: »Lelli, Lelli, hör auf Mammi.«

Sie war sanft und gut, sie gehörte zu uns.

Dina ließ nicht nach, denn sie wollte das Beste für die anderen. Sie half den Bauern, sie gab, sie kaufte ihnen Dinge ab, für die sie keine Verwendung hatte. Ich hörte ihr zu, konnte die Augen nicht von ihr wenden, sie nähte, brachte Vorhänge an, arrangierte Blumen in Vasen, jede ihrer Bewegungen war eine Gebärde der Liebe. Sie liebte die Geschöpfe, die Dinge, durch sie wurde alles schön.

Sie sprach viel mit Nicole, lehrte sie die ersten Ballettschritte. Nicole ahmte sie ernsthaft nach, ließ nicht ab, bis sie endlich Dina perfekt imitieren konnte. Ich stand bewegungslos dabei und sah zu, wie sie lebten. Manchmal dachte ich an meine eigene Kindheit, versuchte, die Jahre vor der Hölle heraufzubeschwören, aber es waren mir so wenige Erinnerungen übriggeblieben, der unmenschliche Orkan hatte meine Familie und die Senatorska-Straße hinweggefegt.

»Martin, später mußt du es deinen Kindern erzählen, du bist es deiner Familie, den Kindern schuldig.«

Ja, aber erst viel später, wenn sie stark sein würden. Zunächst schwieg ich. Unsere Freunde in Frankreich und die Bauern vom Tanneron glaubten, ich sei einer jener reichen Amerikaner, die nur Glück erfahren haben, denen ihr Geld durch Erbschaft zugefallen ist. Ich ließ sie in diesem Glauben, wir alle waren nun schon zu einer Legende für sie geworden.

Sie wußten, daß ich am 10. Oktober 1964 ganz allein Dina von Charles, unserem ersten Jungen, entband. Sie wußten, daß Dina ein paar Stunden später ihren Sohn im Garten herumtrug. Sie wußten, daß wir kein Fleisch aßen, Salz, Zucker, Fette, Impfstoffe, Medikamente und Ärzte ablehnten. Sie redeten über unsere mittäglichen Salate, die nur mit vielen Kräutern und Zitrone gewürzt waren. Sie kannten unser Glück, wer uns besuchte, vergaß uns nicht mehr. Sie hörten unsere Musik, sie lauschten Suzanne, die auf dem Klavier im Wohnzimmer spielte. Nicole tanzte dazu.

»Sind Sie auch Vegetarier?« fragte Nicole stets unsere Gäste. Sie lachten.

»Aber dann tötet ihr, um zu essen?«

Wir wollten nicht töten. Wir lebten in der Natur, sie erfüllte uns, wir gingen barfuß unter der Sonne über unser Land, wir sahen unsere Bäume wachsen, pflückten Pfirsiche und Erdbeeren. Wir stiegen zum Meer hinunter. Nicole und Suzanne nahmen Ballettunterricht bei Rosella Hightower in Cannes, und Dina nahm ebenfalls Stunden, um ihre Fortschritte besser verfolgen zu können. Ich liebte Dina, unter all diesen jungen Mädchen war sie die jüngste und schönste, die lebendigste, und Nicole, unsere Tochter, tanzte neben ihr. Abends kehrten wir nach Hause zurück, der anderen Menschen rasch überdrüssig, weil sie uns daran hinderten, unter uns, in unserer Burg zu sein und zu fühlen, wie unser Glück dahinströmte.

Jedes Jahr mußte ich meine Familie für fast zwei Wochen verlassen und mich in den USA um Geschäfte kümmern, telefonieren, das alte überstürzte und einsame Leben führen. Es waren schwierige Tage für mich. Sie begleiteten mich nach Nizza zum Flughafen, wir küßten uns, und dann war ich allein. Entsetzen packte mich, ich fürchtete, sie nicht wiederzusehen, durchlebte einen Alptraum, in dem sie für immer von mir gingen.

In New York arbeitete ich täglich sechzehn Stunden, erledigte die

Arbeit eines Monats in zwei Wochen, stürzte mich in Geschäftigkeit, um meine Angst zu ersticken. Ich traf Hedy Glückselig und redete unablässig von meiner Familie. Sonntagmorgens ging ich um acht Uhr nach East Side und kaufte in den geöffneten jüdischen Geschäften Kleider für sie alle. Ich kaufte Stapel von Blusen, Röcken, Kleidern und Spielzeug.

Endlich der Rückflug. Nicole rannte auf mich zu, Suzanne hinter ihr her. Dina stand mit Charles auf dem Arm vor mir. Sie schlossen mich in die Arme, ich drückte sie an mich, wir waren ein Leben, endlich wieder vereint.

Wenn ich in Les Barons ankam, empfingen sie mich mit Musik. Nicole und Suzanne sangen Stellen aus der Neunten Symphonie, Nicole tanzte. Alle zeigten mir, was sie getan und dazugelernt hatten: Suzanne das Bild, auf dem ein kleines Mädchen die Arme ausstreckte, Nicole das Heft, in das der Lehrer mehrmals geschrieben hatte, sie sei die beste Schülerin in Tanneron. Dann genoß ich meine wiedergewonnene Freiheit, ging barfuß, fand meine Erde wieder, meine Bäume. Charles hing an meinem Hals, Nicole und Suzanne tobten um mich herum. Ich erzählte von New York, machte meine Pakete auf, ließ die Farben der Stoffe schimmern, die Spitzen, aber all das hatte in Les Barons schon keine Bedeutung mehr für mich, denn meine Lieben waren bei mir, ich war bei ihnen, wir waren glücklich.

Darling, Lady und Yellow sprangen um uns herum, Nicole scheuchte sie weg, aber auch die drei Hunde wollten zu unserm Kreis gehören. Sie empfanden unser Glück mit uns, besonders Yellow, den ich auf einer Reise in Berlin seiner Besitzerin entrissen hatte. Er war traurig und böse, als ich ihn kennenlernte, aber er hatte sich mir sofort angeschlossen, war mir im Hotel, in dem er eingesperrt leben mußte, bis auf mein Zimmer gefolgt und nicht mehr von meiner Seite gewichen. Nach stundenlangem Hin und Her hatte ihn mir seine Besitzerin schließlich verkauft, und seither lebte Yellow bei uns in Les Barons, eine gewalttätige Muskelmasse, und spielte mit den Kindern, ließ sie auf sich reiten, wußte seine Kraft zurückzuhalten.

Wenn ich nach Hause kam, fand sich regelmäßig auch Laidak ein, als habe er das Datum meiner Rückkehr gewußt. Er war ein großer Kater, genauso wild und unabhängig wie der alte Laidak vom Weichselufer, der zu langen Streifzügen durch die Felder verschwand und plötzlich stolz und herablassend wieder auftauchte. Er hielt auf Distanz, doch wenn man ihn übersah und vergaß, begann er zu miauen, jemand von uns mußte ihn streicheln und auf den Arm nehmen, bis er uns deutlich machte, er habe nun seine Zuneigung zur Genüge bewiesen. Dann sprang er mit einem Satz davon und war für Stunden oder Tage verschwunden.

So vergingen die Jahre: das Glück eilt rasch vorbei.

Auf den Feldern ums Haus waren die Pfirsichbäume groß geworden, und die Zypressen standen stark und dicht längs der Straße. Auch wir waren stark: Charles rang mit mir, er lief neben mir her, er setzte sich auf das Motorrad hinter mich und wir fuhren zu langen Spazierfahrten durch die Felder. Er war mein Sohn, der Tag würde kommen, an dem ich ihm von meinem Vater und von Julek Feld, von unserem Kampf, vom Getto, das wir Stein um Stein verteidigt hatten, von Treblinka und den Wäldern erzählen würde. Ich spürte um die Brust seine Arme, mit denen er sich festhielt, spürte seinen Kopf an meinem Rücken. Ja, mein Junge, du kannst mir vertrauen, ja, mein Sohn, ich bin da.

Wir hielten vor dem Haus. Ich hörte Suzanne drinnen Klavier spielen. Ich bedeutete Charles, er solle still sein, und lauschte den klaren Tonfolgen, in denen meine Freude, die Freude der Menschheit durch alle Zeiten, die unzerstörbare Größe des Menschen perlte, der die Henker noch stets überlebt hat. Dieses Leben aber schuf meine Tochter, die ich als nasses kleines Wesen in meinen Händen gehalten hatte, als sie noch mit ihrer Mutter verbunden war, die sie mir mit ihrem ganzen Körper darbot. Meine Tochter. Ich war stolz auf sie.

Dann kam Richard. Am 9. Dezember 1968. Wir standen alle um Dinas Bett und schauten zu, wie dieses neue Stück von uns geboren wurde. Er schrie, Dina lächelte schweißüberströmt, Nicole durchtrennte die Nabelschnur. Nun gehörte er für immer zu uns. Kurz darauf erhob sich Dina, trug ihn in den Garten hinaus und taufte ihn mit Sonne und Wind. Mir scheint es heute, als habe sie ihn nie aus den Armen gelassen. Er wuchs rasch, strampelte, kroch auf allen Vieren durchs Gras, die Backen rot von Kirschsaft, Dina nahm ihn immer wieder vom Boden hoch und drückte ihn an sich. Ich sah sie an: nie war sie so schön, so jung gewesen.

Die Wochen zogen vorbei. Jeden Tag holten Dina, Richard

und ich die Kinder von der Schule ab. Sie konnten dort nicht zu Mittag essen.

»Die andern sind Fleischfresser«, pflegte Suzanne zu sagen. »Sie essen tote Tiere, die man vorher umgebracht hat.«

»So ist es nun mal«, sagte Dina, »sie wissen es nicht besser.«

Eines Tages fuhren wir nach Italien, in das Land unserer Lelli. Nicole wünschte sich einen Schulranzen, den man auf dem Rücken tragen konnte, vielleicht würden wir einen in Ventimiglia finden. Das Wetter war schön. Charles hüpfte im Auto auf und ab: Italien war für ihn ein weit entferntes Land. Als wir aber die Grenze passiert hatten, ließ er sich in den Sitz zurückfallen: »Ich sehe überhaupt keinen Unterschied«, sagte er.

Hartnäckig sagte er das immer wieder: er kannte die Menschen und ihre Gewalttätigkeit nicht, nicht ihre Kriege, die Narben, die sie im Boden zurücklassen und die sie entzweien. Er sprach wie ein Kind, er sprach wie ein wahrer Mensch.

Wir aßen zu Mittag Minestrone. Unsere Kinder machten Bekanntschaft mit gewürzten Speisen, sie brannten ihnen auf der Zunge.

»Aber warum müssen wir uns die Lippen verbrennen, Papa?« fragte Charles. »Gemüse schmeckt doch so gut. Laß uns rasch wieder nach Hause fahren, ja?«

Sie waren neue Menschen, geborgene Menschen. Aber ich hatte auch daran zu denken, daß sie eines Tages ins Leben hinaus mußten. Also kaufte ich rings um Les Barons Land für sie, auf dem sie später an unserer Seite als Architekten und Baumeister leben könnten. Wir planten ihre Zukunft, ebneten ihnen den Weg. Dina zeichnete die Pläne, ich überwachte die Arbeit auf der ersten Baustelle. Charles war bei mir und sah zu, wie der Fels abgetragen wurde, wie die ersten Mauern wuchsen. Später würden er und Richard Baustellen auf dieser Erde aufsuchen, auf der sie geboren waren, beim Haus, in dem ihre Eltern, ihre Schwestern gelebt hatten, und an unserer Burg weiterbauen.

Bei Tagesanbruch redete ich mit Dina. Ich sprach von der Erinnerung an meine Brüder, die in dem Zimmer in der Mila-Straße eingesperrt waren, verfolgt von Krieg und Tod: meine Söhne waren für mich auch meine Brüder, sie waren alle aus dem Getto gerettete Kinder.

»Du wirst das eines Tages alles aufschreiben müssen«, sagte Dina oft.

Wieder flog ich zu meinem jährlichen Besuch in die USA. Seit Monaten war das Wetter schön und trocken. In New York verbrachte ich die Zeit wie gewöhnlich mit Arbeit. Bei der Rückkehr erwarteten sie mich, und zu Hause zog Dina mich in einen Flügel unseres Hauses.

»Ich habe eine Überraschung für dich«, sagte sie.

In einem hellen Zimmer hatte sie einen Schreibtisch aufgestellt. »Er ist für dich, damit du aufschreibst, was du gesehen hast, für unsere Kinder, für uns alle.«

Ich zog sie an mich. Die Kinder trommelten und preßten sich gegen die große Fensterscheibe, die den Blick auf die Ebene und den Pinienwald freigab. Dina deutete auf einen weißen Sessel, der draußen im Windschatten stand.

»Da werde ich sitzen, immer. Ganz nahe bei dir. Ich werde dich sehen, dich aber nicht stören.«

Die Tage vergingen. Der Sommer wollte kein Ende nehmen. Die Kinder gingen wieder zur Schule ins Dorf. Die Bauern klagten: seit vielen Wochen, manche behaupteten, seit sechs Monaten, habe es auf dem Tanneron nicht mehr geregnet.

Lebt wohl, meine Lieben

Samstag, 3. Oktober 1970. Der Mistral war aufgekommen, ein trockener Wind, der in den Bäumen knatterte, die Pfirsichbäume peitschte und das gelbverbrannte Gras auf die von Dürre zerspaltene Erde niederdrückte. Das Meer in der Ferne war grau, von weißen Gischtbändern durchzogen.

Es war ein windiger Tag, wie sie hier so häufig waren: der Himmel war klargefegt, die Küste und der Esterel traten deutlich hervor.

»Überall sind Brände«, sagte Madame Lorenzelli, »in Toulouse, in La Garde. Bei diesem Wind...«

Sie redete und redete. Dina summte vor sich hin. Sie hatte vor, nach Cannes hinunterzufahren. Über ihre Schulter las ich die Glückwunschkarte, die sie zur Geburt des Sohnes eines unserer Freunde schrieb:

»*Willkommen, Michel, in dieser närrischen Welt. Ich hoffe, du wirst in dieser Welt etwas Gutes tun, aber vielleicht wirst du sie auch noch närrischer machen. Welcome. Dina.*«

Wir fuhren nach Cannes. Der Wind war so stark, daß ich das Steuerrad mit beiden Händen festhalten mußte. Gegen Mittag waren wir wieder zurück.

»Was für ein Wind, was für ein Wind«, sagte Madame Lorenzelli, bevor sie nach Hause ging.

Es war nur ein windiger Tag.

Wir begannen zu Mittag zu essen. Richard saß auf dem Schoß seiner Mutter. Nicole stellte Fragen auf Fragen, Suzanne versuchte zu antworten. Charles brummte: »Immer Mozart, warum nicht Tschaikowski!« Er wiederholte den Namen mehrmals, sein Klang gefiel ihm.

Sie waren es gewöhnt, ihr Wissen zu prüfen. Dina spielte dabei den Schiedsrichter.

Plötzlich drang ein heißer Hauch durch das offene Fenster herein, es roch nach verbranntem Holz. Ich stürzte hinaus: hinter dem Haus stand der ganze Hügel in Flammen, Rauchsäulen und Funken schossen zum Himmel, Flammen rasten gelb und rot empor, ich sah Pinien, die plötzlich lichterloh brannten, ein Meer von Flammen rückte auf unser Haus zu. Das Getto brannte, wieder sah ich die Brände, die Frau, die ihr Kind in den ausgestreckten Händen hielt, und ich schrie, damit sie es nicht fallen lasse, ich hörte, wie die Mauern zusammenbrachen. Ich sah den Mann wieder, der mit nacktem Oberkörper und erhobenen Armen brennend vorwärts stürzte. Hier war wieder das Getto, die Hölle raste auf uns zu, der Alptraum holte uns ein.

Die Kinder begannen zu weinen. Dina ging von einem zum anderen und tröstete sie. Plötzlich fiel mir der Wagen in der Garage ein, der Tank, der explodieren würde, das Heizöl im Keller, nur ein paar Meter von uns entfernt. Die Schreie der Kinder schrillten in meinem Kopf, der unmenschliche Orkan war wieder losgebrochen, ich war dieser Hölle niemals entronnen: hier war sie, Mietek, um dich herum.

Ich schrie: »Das Öl!«

»Ich bringe die Kinder weg«, sagte Dina hastig. Sie zerrte und schob sie auf ihren R 8 zu, Yellow stürzte hinter ihnen her. Dina winkte mir mit der Hand zu. Ich schrie zweimal: »Nach Mandelieu, Mandelieu!«

Dann lief ich zur Garage, versuchte den anderen Wagen zu starten. Vergeblich. Als ich herauskam, war die Flammenfront noch näher gekommen, ich spürte ihre heftige Hitze, die Hitze des brennenden Gettos, die mir Füße und Wangen versengt hatte. Der Hügel war ein einziges Flammenmeer.

Dort unten lag das Haus der Lorenzelli. Hier, in Les Barons, gab es nur Steine, meine Steine, doch nichts war kostbarer als das Leben. Ich schwang mich auf das Motorrad, fuhr auf einem schmalen Weg querfeldein auf die Flammenbarriere zu. Der glühende Hauch schloß mich ein, der Rauch brannte mir in den Augen, ich schoß vorwärts, ein plötzlicher Windstoß trieb den Rauch zu mir herunter: ich war am Ersticken. Das Getto, Mietek, das Getto. Ich warf das Motorrad hin, kratzte ein Loch in die Erde, drückte mein Gesicht hinein, wartete ein paar Sekunden. Der Rauch verzog sich, nur die Hitze blieb.

Ich packte die Maschine wieder, erreichte das Haus der Lorenzelli. Monsieur Lorenzelli hatte schwere Verbrennungen am Arm und an der Schulter. Er saß da und schüttelte nur immer den Kopf: »Ich bin blind, ich bin blind«, rief er.

Ich versuchte ihn zu beruhigen: es sei nur der Rauch. Man hörte das tosende Feuer, man sah, wie die Flammen vom Wind zu Boden gedrückt wurden und plötzlich wieder auflodern, gelb und heftig, mit bläulichen, rötlichen Zungen vom Öl der Mimosen.

»Sie müssen ins Krankenhaus. Ich bringe Sie hin!« Ich brüllte ihn an, Lorenzelli zögerte, war bereit, lehnte wieder ab.

Plötzlich sah ich, daß das Feuer fast bis zu meiner Garage vorgedrungen war. Ich fuhr los, das Motorrad holperte über das unebene Gelände. In der Garage hatten gestapelte Kisten Feuer gefangen. Ich setzte mich wieder ans Steuer, diesmal sprang der Wagen endlich an. Ich fuhr ihn vor das Haus, doch da es mir nicht gelang, das Verdeck zu schließen, nahm ich wieder das Motorrad.

Drüben auf dem andern Hügel drangen die Flammen weiter vor, kreisten einen Hof ein. Während ich fuhr, schlugen heiße Äste auf meine Schultern, ein glühendes Stromkabel brannte sich in meinen Hals. Ich steckte mitten im wiedererstandenen Wahnsinn. Endlich erreichte ich den Hof: »Lauft quer durch die Felder!« schrie ich den Bewohnern zu. »Kommt, helft mir. Ich hole Hilfe für Lorenzelli.«

Dann mußte ich nach Familie Magne sehen. Ich raste mit Vollgas los, um eine Rauch- und Feuerbarriere zu durchbrechen. Ein Windstoß half mir, ich kam durch. Die Familie Magne war ebenfalls verschont geblieben. Ich bat sie, die Straße frei zu machen, damit wir Lorenzelli Hilfe bringen konnten. Monsieur Magne holte andere Männer.

Ich war vollkommen erschöpft, hatte Verbrennungen am Hals, an den Händen, auf den Schultern, meine Kleider waren zerfetzt. Ich holte Atem. Plötzlich war der eiserne Reif wieder da, spannte sich um meine Schläfen, um mein Herz, meinen ganzen Körper. Nein, nein, Mietek, du bist wahnsinnig! Beruhige dich! Aber das Eisen hatte mich fest gepackt, ließ mich nicht mehr los. Ich war Mietek aus dem Getto, sah plötzlich meine Mutter und Riwka in der Menschenkolonne, die darauf wartete, zum Umschlagplatz zu gehen. Ich war in Treblinka und legte meine Familie, mein Volk in die Gruben. Ein Schrei zerriß meinen Leib. Nein! Mietek?

Madame Magne hatte sie nicht vorüberkommen sehen.

Ich stieg wieder aufs Motorrad, versuchte den Eisenring abzuschütteln: sie waren bis Mandelieu gekommen, sie waren in Sicherheit, alles war nur ein Alptraum! Vielleicht warteten Dina und die Kinder dort auf mich, vielleicht glaubten sie selber, ich sei umgekommen.

Ich stürzte mich in den Rauch der Straße voll brennender Äste; ich schrie, schleuderte mein Nein gegen meine Angst, jagte durch die kleinen Täler, an schwarzen Baumstümpfen vorbei, suchte.

Ich sah das Haus, das wir zu bauen begonnen hatten, die geschlossenen Fensterläden, Dina mußte sie im Vorbeigehen zugeschlagen haben. Ich hoffte wieder, aber vor diesen toten Bäumen, der Verwüstung, füllte sich mein Mund plötzlich mit gelbem Sand, die Grube öffnete sich unter mir, ich spürte ihre Leichen um mich herum, über mir, ich brüllte: »Nein!« Ich schrie, als hätte jemand mich hören können: »Helft mir! Helft mir!«

Ich fuhr nach Mandelieu. Die Luft war voll Qualm, dem Geruch der toten Bäume, Luft aus dem Getto, aus Treblinka. Ich war in einem Bunker, unter Ruinen, mitten unter den Meinen begraben.

In der Tiefe einer Schlucht sah ich ein Auto. Ich rannte hinunter, stürzte, kroch über den Boden, die brennenden Wurzelstümpfe. Die Türen des Wagens standen offen, das Blech glühendheiß. Es war unser Auto mit dem Gepäckträger auf dem Dach, der Sonnenbrille im Handschuhfach. Ich lag in der Grube. Die Nacht fiel herein, ich sah niemanden, keine Leiche. Vielleicht hatten sie fliehen können, vielleicht war der Wagen von selbst in die Schlucht gerollt? Ich stieg die Böschung wieder hinauf, zerfetzte mir die Hände an den Steinen, schrie: »Helft mir! Helft mir doch!«

Endlich erreichte ich die Straße. Ich kämpfte mit dem Motor, der nicht anspringen wollte. So lief ich auf unsere Burg zu, in der Ferne rötete das Feuer den Himmel. Gendarmen kamen mir entgegen.

»Helfen Sie mir! Helfen Sie mir! Wir müssen sie suchen.«

Ich führte sie zur Schlucht. Unter ohrenbetäubendem Knattern landete ein Hubschrauber auf der Straße. Sein Motor klopfte, wie damals die Planierraupe, der Bagger. Ich war wieder in Treblinka, dem endlosen Krieg, ein alter Autobus voller SS-Männer brannte. Lebt wohl, ihr alle, meine Familie, meine Brüder, ich versuchte, den Sand wegzuschieben, den Iwan über mich warf. Du bist tot, Kamerad mit den roten Haaren, vor meinen Augen erschlagen.

Der Motor des Hubschraubers stotterte, heulte auf, knatterte, die Maschine erhob sich und schwebte in die Schlucht hinab. Ab und zu sagte einer der Gendarmen etwas zu mir, einer von ihnen stieg den Abhang in die Schlucht hinunter, ging zum Wagen.

Ich hörte nur den ratternden Motor, die Planierraupe.

»Ich habe nichts gefunden«, sagte der Gendarm. Er war wieder heraufgekommen. Er schaute mich an. »Ein totes Schaf, nur ein Schaf. Sonst habe ich nichts gesehen.«

Ich wollte ihm glauben. Sie mußten in Mandelieu sein. Ich fuhr hin.

Im Bürgermeisteramt von Mandelieu herrschte Angst, Gruppen von Männern mit rauchgeschwärzten Gesichtern waren da. Sie wußten nichts. Ich fragte sie, sie wandten den Kopf ab.

Da stieg ich wieder zur Schlucht hinauf.

Am Straßenrand stand eine Gruppe Gendarmen, sie sahen mich kommen, wichen mir aus.

Ich schrie nicht mehr, doch in mir schrie es, ich hörte es nur in meinem Kopf. Nein, Mietek, nein! Die Gendarmen wichen beiseite, ich flehte mit den Augen: »Helft mir, helft mir!« Dann versank ich im gelben Sand Treblinkas.

Ein Mann trat auf mich zu, ich erkannte Augier, einen Mimosenpflanzer vom Tanneron. Er faßte mich bei den Schultern, begann zu sprechen: »Monsieur Gray, Monsieur Gray ...«

Ich sah die Tränen in seinen Augen, ich hörte und wollte nicht begreifen, was ich doch schon wußte. Ich schrie, um meinetwillen, um ihretwillen: »Nein! nein!« Und ich wollte einem Gendarmen den Revolver entreißen, um dieses Gebrüll in mir zum Verstummen zu bringen, diese Stimme, die seit so vielen Jahren unablässig wiederholte: »Lebt wohl, ihr meine Lieben, lebt wohl, meine Lieben, lebt wohl.«

Tag für Tag

Ich habe mich nicht umgebracht. Ich wollte es tun, aber ich konnte es nicht, denn man ließ mich nicht aus den Augen.

Von den Meinen sind mir nur tote Dinge geblieben. Drei Akkordeons, Spielzeug, Schulhefte. Die Zeichnung mit dem kleinen Mädchen, das die Arme ausstreckt. Ihre Kleider. Es bleiben mir Fotos, totes, ausdrucksloses Papier.

Wer kann mir ihr Leben wiedergeben? Wer kann mir mein Leben wiedergeben?

Ich habe mich nicht umgebracht. Ich rede, ich esse, ich bewege mich. Die Zeit liegt hinter mir, da Todessehnsucht mein einziger Freund war, eine Zeit, da die einzige Frage lautete: Warum? Warum ich? Warum zweimal meine ganze Familie? Hatte ich immer noch nicht genug Tribut an die Menschen, an das Schicksal entrichtet? Warum?

Ich spreche: ich spreche mein Leben vor mich hin, um diese Verkettung von Irrsinn, Elend und von Zufällen zu begreifen, die mich zermalmen.

Und ich lebe, ich esse und bewege mich.

Ich habe wissen wollen. Ich komme aus einer Welt, meiner Vorzeit, die mich gelehrt hat, den Tod zu sehen, wie er ist. Ich will die Menschen nicht hören, die mir sagen: Sie haben nicht gelitten. Ich weiß, daß sie entsetzlich gelitten haben, als sie aus dem Wagen flohen, vor den Flammen herliefen, als Dina sich die Absätze von den Schuhen riß, um besser laufen zu können, als sie die Kinder, die sich an sie preßten, umarmte, ein paar Meter Vorsprung vor dem Flammenmeer gewann. Und dann wurden sie alle plötzlich von den Flammen vernichtet. Mir sind diese Absätze geblieben, ein paar Knöpfe, aus denen das Feuer die Farbe weggebrannt hat, das Halsband Yellows.

Ich lebe. Gelben Sand im Mund, Sand, der den Geschmack des Todes hat. Warum? Wozu?

Nicht mein Schmerz zerstört mich: ich kenne den Schmerz. Ich leide ihretwegen, wegen meiner Kinder. Nicole, Suzanne, Charles und Richard, was wußtet ihr vom Leben? Nichts. Ich hatte sie in meinen Händen gehalten, ihre Mutter hatte sie mir mit all ihrer Kraft hingereicht, sie zu mir herausgestoßen. Ich hatte ihre Schritte begleitet, hatte sie zu wahren Männern, schönen Frauen aufwachsen sehen, hatte gesehen, wie sie getötet wurden, bevor es ihnen vergönnt war zu leben. Meine Familie. Ich hatte gesehen, wie Dina aufblühte. Ich hatte für all das gekämpft, hatte Jahrhunderte von Greueln durchlebt. Und nun muß ich wieder herausschreien: »Lebt wohl, ihr meine Lieben.«

Ich spreche, versuche zu begreifen. Ihr Tod hat alle Gruben wieder geöffnet. In ihnen lebten mein Volk, meine Eltern, Geschwister, Freunde wieder. Mein Volk, meine Familie sind in ihnen zum zweitenmal gestorben.

Ich spreche, gehe umher, ich irre durch mein Haus, diese Burg, die leer ist wie eine taube Nuß, ich betrachte die Bäume, die verwüstete Natur. Dies war unsere Burg, nun ist sie tot. Die Hündin Lady ist geflohen. Sie hatte uns, unser Glück geliebt. Wozu sollte sie bleiben? Laidak, der Kater, kommt auch nicht mehr. Wozu sollte er zurückkehren?

Ich gehe und höre auf die Schreie in mir. Der Kopf will mir zerspringen. Aber ich lebe. Ich bin wieder zu einem Doppelwesen geworden, gegenwärtig in der Welt, tot in mir drinnen. Ich betrachte ihre Fotos, blättere die Hefte durch, setze mich den Holzurnen gegenüber, die vor dem breiten Fenster stehen, das Dina entworfen hat.

Ich weine. Nicht über mich selber. Was bin ich? Ein Mann, der noch am Leben ist. Ich weine um sie, in ihnen, ich bin sie, ihre Qual, ihr vernichtetes Leben, die Zukunft, die sie nie kennen werden. Ich sehe sie, höre sie, euch, meine Lieben, alle meine Lieben; Suzanne, das erste Leben, das ich in meinen Händen hielt, Nicole, Charles und Richard.

Ich gehe in das Zimmer, in dem sie zur Welt kamen. Ich brauche die Augen nicht zu schließen: ich sehe ihre lebensatmenden Körper und ich sehe ihre totenstarren Körper. Lebe wohl für immer, meine Familie.

Ich steige auf die Terrasse, betrachte das Meer, den verwüsteten Wald. In einer Ecke lehnt noch die Hülle des Gewehrs, mit dem ich mich einige Tage nach diesem 3. Oktober erneut zu töten versuchte. Meine Freunde sind fort, sie vertrauen mir.

Ich gehe, rede, schlafe nicht, mein Kopf zerspringt mir. Aber ich lebe. Der Bürgermeister kam. Er brachte die Leichname. Er weiß. Er ist ein gerechter und aufrechter Mann. Er macht keine Phrasen. An jenem Samstag sind auch andere gestorben. Er forscht nach den Ursachen, sucht die Schuldigen.

Tagelang habe ich mich in meinem Elend vergraben. Ich war wieder in Treblinka, in der Baracke, auf dem Sammelplatz, im Lazarett. Ich erinnerte mich an alles, mein Gedächtnis war unter dem Schmerz in tausend Erlebnisse zersplittert. Ich erinnerte mich an den Gestank der Gruben, das Rattern der Planierraupe, den Blick des Offiziers mit den bleichen Augen. Ich erinnerte mich an meinen Vater, an Julek Feld, an alle meine Kameraden. An meine Söhne, meine Frau, meine Töchter. Ich erlebte wieder ihr Lachen, ihr Laufen über die Wiesen auf das Haus zu, während die Schulmappen in die Luft flogen und Darling, Lady und Yellow umhersprangen. Ich habe das Glück und die Barbarei kennengelernt. Ich weiß in meinem eigenen Fleisch, habe mit eigenen Augen gesehen, daß hier auf Erden alles möglich ist: Henker und Mensch, Krieg und Feuer, daß nichts jemals endgültig gewonnen ist, daß hinter jeder überwundenen Mauer eine andere aufragt, neben einem zerstörten Getto ein neues entsteht.

Ich weiß es. Die Meinen sind nicht mehr da, um es zu erfahren, um auf meine Stimme zu hören. Der Schreibtisch, an dem ich nun allein sitze, gibt mir den Blick frei auf ein lebloses Bild. Ein weißer Sessel bleibt leer, meine Kinder kommen nicht mehr, drücken nie mehr die Gesichter an das große Fenster. Ich weiß es. Aber es gibt so viele andere, die nichts wissen, so viele Kinder, die nicht erfahren, daß die Erde alles geben kann, daß das Feuer sich rasch ausbreitet und Vernichtung bringt.

So viele Kinder wissen es nicht. Mein Vater hatte im Getto gesagt, der sei ein Mann, der bis ans Ende geht. Ich sagte meinen Kindern, ein Mann werde an seinen Taten gemessen. Dies hatte ich sie lehren wollen, sie werden es nun nicht mehr hören. Aber ich bin vor ihnen, vor meinem ganzen Volk, vor mir selber verantwortlich. Ich habe nicht die Kugel gewählt, nun muß ich also leben, bis ans Ende gehen. Wieder bin ich Treblinka entkommen. Ich packe mein Elend mit der Faust und halte es den Menschen dieser Landschaft hin, in der ich den Frieden gefunden, die mich aufgenommen hatte. Alles verlieren oder alles gewinnen.

Ich führe wieder Krieg, meinen Krieg, für alle meine Lieben, auf daß ich mir nie wieder werde sagen müssen: »Du hast es gewußt, und du hast es nicht hinausgeschrien.«

Ich habe die Bürgermeister versammelt, über die Waldbrände gesprochen, die Gewissenlosigkeit und Dummheit der Menschen, die Dinge, die man den Kindern beibringen müsse, um sie vorsichtig zu machen. Ich sprach bei Ministern und Behörden vor, ließ Broschüren und Plakate drucken. Ich sprach im Fernsehen, machte eine Besuchstour durch die bedeutendsten Städte Frankreichs.

Ja, ich habe meine Toten, ihr Schicksal in meinen Texten und am Fernsehen vorgezeigt. Ja, ich habe es gewagt, meine Trauer hinauszuschreien und auszunützen. Denn ich will nicht, daß Dina und meine Kinder umsonst gestorben sind, vergessen werden, es soll ihre Zukunft sein, andere zu warnen, andere zu retten. Dafür kämpfe ich.

Es gibt andere Plagen, die man bekämpfen muß. Ich habe darunter gelitten, gegen sie angekämpft, für mein Volk, meine erste Familie.

Heute ist mir dieser andere Kampf wichtiger, denn es war das Feuer, das mich so vernichtend getroffen hat.

Ich lebe, ich bin tätig, ich gehe weiter. Ich entkam aus Treblinka, überlebte, habe meine Burg gebaut. Aber alle Festungen sind brüchig und vorläufig. Ich bin immer noch unterwegs, aber ich will nicht für mich selbst leben. Wozu denn? Gestern lebte ich für meine Familie gegen die Henker, heute lebe ich noch für und durch die Meinen, und weit über sie hinaus denke ich an dieses unbekannte, mein uraltes Volk, vor dem ich für meine Taten verantwortlich bin. Alle Gesichter verfließen ineinander. Ich bin nur das, was sie mir gegeben, was sie mir angetan haben. Und ich lebe nur durch das, was ich ihnen gab.

Allein bin ich nichts.

Ich bin tätig. Ich habe in wenigen Monaten die Dina-Gray-Stiftung aus dem Boden gestampft. Ich rief Journalisten nach Les Barons zusammen und sprach zu ihnen. Die Meinen leben, meine Frau, meine Kinder kämpfen, denn nur im Tun für die andern ist Leben wert, gelebt zu werden.

Ich arbeite, gehe weiter, berichte diese lange Lebensgeschichte.

Aber ich will weiterhin Zeugnis ablegen, weitergehen, Treue bewahren. Bis ans Ende leben und eines Tages, wenn es Zeit ist, wieder Leben schenken, um meinen Tod, den Tod der Meinen unmöglich zu machen, damit immer, solange Menschen auf dieser Erde sind, einer von ihnen im Namen der Meinen, meines ganzen Volkes spreche und Zeugnis ablege.

Noch ein Wort zum Schluß

Dies ist die achtzehnte Übersetzung meines Buches, vielleicht die letzte, sicher aber für mich die wichtigste. Denn ich bin Jude, ich habe die tragische Vernichtung des Warschauer Gettos und die Hölle von Treblinka miterlebt; eine deutsche Ausgabe mußte mir darum ganz besonders am Herzen liegen. Sie erscheint spät – entscheidend ist aber, daß sie erscheint und meine Gedanken und Absichten weiterträgt.

Ich möchte, daß meine Leser eines verstehen: Ich habe dieses, mein erstes Buch aus vollem überschwerem Herzen geschrieben. Ohne Haß. Und ich bin bereit, mein Leben dem zu überantworten, der in diesem Buch auch nur eine Spur von Haß gegen ein menschliches Wesen finden kann. Ich bin bereit, dem Rede und Antwort zu stehen, der daran zweifelt, daß ich damals wirklich so gefühlt und empfunden habe; und ebenso dem, der Haß gegen Deutschland oder die Deutschen zu entdecken glaubt. Ich hasse und verabscheue allein die Henker und Menschenschlächter, wo immer sie leben und welchem Volk sie angehören mögen.

Ich hoffe, ja ich bin überzeugt, daß meine Leser von diesen Gedanken ebenso wie ich erfüllt sind.

Seit dem Erscheinen dieses Buches lebe, arbeite und schreibe ich weiter. In den beiden Büchern »Le livre de la vie« und »Les forces de la vie« (erschienen bei Robert Laffont, Paris) versuche ich zu erklären, wozu wir leben und wie wir allem Leid zum Trotz Glück, Mut und Hoffnung finden können. In »Les forces de la vie« ist es mein besonderes Ziel, Mittel und Wege zum täglichen Glück zu zeigen.

Martin Gray

Ein Roman, in dem deutsches Schicksal der letzten 40 Jahre am Lebensweg einer ehemaligen Klassengemeinschaft lebendig wird

320 Seiten/Leinen

Mehr noch als in ihrem erfolgreichen Generationenroman «Die Enkelin» konfrontiert die Autorin uns in der Darstellung einer exemplarischen Schicksalsgemeinschaft mit einem Spiegel, der unser eigenes Leben und Erleben eindringlich reflektiert.

Manfred Bieler

„Auf reizvoll verschlungenen Wegen nähert sich der Roman seinem inneren Mittelpunkt, der Frage nach der Verwirklichung von Liebe und Treue in einer staatlich geplanten Welt, wo der ‚Untermieter Angst' nie ganz zum Schweigen kommt ... Ein eindrücklicher, farbiger Bilderbogen des ostdeutschen Alltags."
Neue Zürcher Zeitung
(6530)

Begrenzt in ihrer Einsicht, allein mit ihren Gedanken und Gefühlen und doch bereit zum Neuanfang: die Menschen dieses dramatischen Romans einer Ehe.
(3998)

Walter Kempowski

„Die Treffsicherheit, mit der Kempowski den 'Originalton' der Zeit wiedergibt, ist verblüffend, und man bewundert, wie all die Gesprächsfetzen, Alltagsszenen und sehr privaten Begebenheiten zu einem großen Zeitgemälde zusammenwachsen."

Aus großer Zeit
Roman. (3933)

Schöne Aussicht
Roman. (6721)

Tadellöser & Wolff
Roman. (3892)

STEFAN HEYM

Ahasver Roman 7113	**Wege und Umwege** 7112	**Gesammelte Erzählungen** 7111	**Märchen für kluge Kinder** 7109
Collin Roman 7110	**Der König David Bericht** Roman 7108	**5 Tage im Juni** Roman 7107	**Der Fall Glasenapp** Roman 7106

Der bittere Lorbeer
7101

Goldsborough
7102

Lenz oder die Freiheit
7103

Die Augen der Vernunft Roman
7105

Lassalle Roman
7104

GOLDMANN

Bernt Engelmann

Krupp
Die Geschichte eines Hauses –
Legenden und Wirklichkeit (8532)

Deutschland ohne Juden
Eine Bilanz (8531)

Trotz alledem
Deutsche Radikale 1777–1977 (8490)

Wir sind wieder wer
Auf dem Weg ins Wirtschaftswunderland (8456)

(Hrsg., mit Walter Jens)
Klassenlektüre
106 Autoren stellen sich vor mit von ihnen selbst ausgewählten Texten (6796)

Im Gleichschritt marsch
Wie wir die Nazizeit erlebten.
1933–1939 (6727)

Bis alles in Scherben fällt
Wie wir die Nazizeit erlebten.
1939–1945 (6786)

So deutsch wie möglich – möglichst deutsch
Hintergründliches in unserer Sprache (6707)

Einig gegen Recht und Freiheit
Deutsches Anti-Geschichtsbuch (6683)

Die goldenen Jahre
Die Sage von Deutschlands glücklicher Kaiserzeit (6665)

Die Macht am Rhein
Meine Freunde, die Geldgiganten.
Band I: Der alte Reichtum (6649)

Die Macht am Rhein
Meine Freunde, die Geldgiganten.
Band II: Die neuen Reichen (6650)

Meine Freunde, die Manager
Ein Beitrag zur Erklärung des deutschen Wunders (6609)

Meine Freunde, die Millionäre
(6608)

O wie oben
Wie man es schafft, ganz 'O' zu sein (6590)

Auf gut deutsch
Ein Bernt-Engelmann-Lesebuch (6539)

Wie wir wurden, was wir sind
Von der bedingungslosen Kapitulation bis zur unbedingten Wiederbewaffnung (6388)

Die vergoldeten Bräute
Wie Herrscherhäuser uund Finanzimperien entstanden (6363)

(Hrsg.) **Literatur des Exils**
Eine P.E.N.-Dokumentation.
Mit einem Verzeichnis der Mitglieder des P.E.N.-Zentrums Bundesrepublik Deutschland (6362)

Eingang nur für Herrschaften
Karrieren über die Hintertreppe (3699)

Preußen
Land der unbegrenzten Möglichkeiten (11300)

GOLDMANN

Goldmann Taschenbücher

Informativ · Aktuell
Vielseitig · Unterhaltend

Allgemeine Reihe · Cartoon
Werkausgaben · Großschriftreihe
Reisebegleiter
Klassiker mit Erläuterungen
Ratgeber
Sachbuch · Stern-Bücher
Indianische Astrologie
Grenzwissenschaften/Esoterik · New Age
Computer compact
Science Fiction · Fantasy
Farbige Ratgeber
Rote Krimi
Meisterwerke der Kriminalliteratur
Regionalia · Goldmann Schott
Goldmann Magnum
Goldmann Original

Goldmann Verlag · Neumarkter Str. 18 · 8000 München 80

Bitte
senden Sie
mir das neue
Gesamtverzeichnis

Name _____

Straße _____

PLZ/Ort _____